Die Nacht, als der Kojote schwieg

W0070081

Werner J. Egli

Die Nacht, als der Kojote schwieg

Roman

Scherz

Inhalt

Vorwort

Die Geschichte der freien Apachen beginnt für uns mit dem Einmarsch der spanischen Konquistadoren (1535) in den heutigen Südwesten der Vereinigten Staaten von Amerika und endet mit der Kapitulation des Bedonkohe-Chiricahua-Führers Geronimo im Jahre 1886. Dazwischen liegen 350 Jahre eines mörderischen Konfliktes, dem das Volk der Apachen trotz erbitterter Gegenwehr zum Opfer fiel.

Am Anfang waren es die Spanier, die eine zivilisationsfeindliche Wildnis, in der sie Schätze von Gold und Silber vermuteten, bezwingen wollten und bei diesem Unternehmen die Apachen beraubten, versklavten und niedermetzelten. Die spanische Kolonialregierung und die späteren Provinzregierungen von Mexiko setzten auf Apachenskalpe, auch auf die von Frauen und Kindern, hohe Preise aus. Professionelle Skalpjägerbanden durchstreiften die *Apacheria*, das Land der Apachen, das sich sowohl über die heutigen amerikanischen Staaten von Arizona und New Mexiko wie über die nördlichen Teile der mexikanischen Provinzen Sonora und Chihuahua erstreckte. Die Apachen, die ursprünglich aus Kanada gekommen und selbst noch nicht lange in diesem Gebiet zu Hause waren, vermochten den Spaniern und später den Mexikanern durch eine Kampfart, die heute als »Guerilla-Taktik« bezeichnet wird, die Stirn zu bieten, denn ihre ganze Lebensart war dem Land angepaßt, das sie bewohnten. List und Verschlagenheit waren fundamentale Eigenschaften, durch die sich ein Apache schon als Kind auszuzeichnen hatte. In einem Gebiet, in dem jedes Tier und jede Pflanze gepanzert und bewaffnet ist, um der Hitze, der Kälte, den Staubstürmen und Sommergewittern ein karges Leben abzutrotzen, war kein Platz für die Schwachen. Leben und Sterben gehörten zusammen, Töten war eine Aufgabe, die lebensnotwendig war. In den Augen der anderen Indianer des Südwestens waren die Apachen die Unterdrücker, die Räuber und Töter. Sie ihrerseits hatten mit den Papago, den Pima, den Maricopa und anderen Stämmen um ihre Existenz zu kämpfen. Während Stämme, die von Süden her in das Gebiet kamen, ihrer Tradition entsprechend, seßhaft wurden und überwiegend Ackerbau betrieben, blieben die Apachen, was sie bereits auf ihrem langen Weg von der Nordwestküste Kanadas in den Südwesten waren: ein Volk auf der Suche nach einem Gebiet, in dem es sich niederlassen konnte. Aber wohin sie auch kamen, sie trafen auf andere Stämme, die dort bereits seßhaft geworden waren, und so mußten sie, was sie zum Leben brauchten, erlegen oder erbeuten. Hier, in den Wüsten und Bergen des Südwestens, war es nicht anders. Aber die Apachen waren stark und kampfgeprüft. Sie verstanden es, sich schnell der neuen Umgebung anzupassen, ohne sich an einem bestimmten Ort niederzulassen. Sie durchstreiften das riesige Wüstengebiet und holten sich von den seßhaften Indianern, was sie haben wollten, ohne daß diese ernsthaft Gegenwehr leisten konnten.

Schon kurz nach dem Eintreffen der Apachen kamen die Spanier ins Land, gutbewaffnete, berittene Soldaten. Sie errichteten *Presidios* (Militärposten), bauten Straßen und besetzten die Wasserstellen. In den Gebirgen, in die sich die Apachen nach ihren Streifzügen immer wieder zurückzogen, betrieben sie Bergbau, um Gold, Silber und Kupfer zu gewinnen. Anfangs schauten die Apachen zu. Das Metall, das den Spaniern so wichtig war, bedeutete ihnen nichts, aber die »Männer des Südens« brachten andere Dinge, die das Interesse des Apachenkriegers wecken mußten: Waffen, Maultiere, Pferde, Vieh, Tabak, Schnaps. Zwangsläufig kam es zu Streitigkeiten zwischen den Apachen und den Spaniern, die sich mit anderen Indianern, Erbfeinden der Apachen, verbündeten. Die Auseinandersetzungen wurden zwar oft erbittert geführt und ab und zu kam es sogar zu kleineren Schlachten, aber meist handelte es sich nur um Überfälle, die einmal von den Apachen, ein anderes Mal von den Spaniern und ihren Verbündeten verübt wurden. Es gab keinen Sieger und keine Besiegten, obwohl genug Blut floß. Bald schlug man einander die Schädel ein, plünderte, raubte und schändete, dann wieder trieb man friedlich Handel, feilschte um Hab und Gut und Frauen, und jeder versuchte, den anderen übers Ohr zu hauen. Die Apachen lernten in dieser Zeit den Gott kennen, den ihnen die »Grauröcke« ins Land brachten, aber sie lernten auch, getötete Feinde zu skalpieren, wie es die Spanier und Mexikaner taten, die Leichen zu verstümmeln, wortbrüchig und heimtückisch zu werden und gegen die eigenen Gesetze und Regeln zu verstoßen, die bis zu diesem Zeitpunkt ihre Lebensart bestimmt hatten.

Nach den Spaniern und Mexikanern kamen die Amerikaner. Aus den unkontrollierten und unberechenbaren Scharmützeln wurde während der nächsten Jahrzehnte ein gründlich geplanter Vernichtungskrieg, der mit voller Kraft erst nach dem amerikanischen Bürgerkrieg (1860–1865) einsetzte, als die Politiker und Militärs im Osten für die reorganisierte US-Armee ein neues Betätigungsfeld finden mußten. Zu Tausenden marschierten wohlausgerüstete Soldaten, geführt von erfahrenen Bürgerkriegsgenerälen, in den Südwesten. Militärposten wurden errichtet, eine Reihe von sogenannten Camps und Forts, verbunden durch ein ausgedehntes Straßennetz, das den alten Indianerpfaden folgte und die Wildnis für die »Weiße Invasion« mit ihren Wagen, Postkutschen, Maultierkarawanen und Großgeschützen zugänglich machte. Am Apache-Paß, sozusagen im Herzland der *Apacheria*, entstand Camp Bowie. Tucson, ein altes Presidio der Spanier, wurde zum Geschäftszentrum des amerikanischen Südwestens, abgesichert durch Militärposten, mit denen die Armee die Macht der Vereinigten Staaten von Amerika demonstrierte. Im Bergland wühlten sich Tausende vom Goldfieber gebeutelte Abenteurer wie Maulwürfe in die Erde, und aus einer Ansammlung rohgehauener Blockhütten wurde die Hauptstadt des neuen Arizona-Territoriums, eines der an Bodenschätzen reichsten Gebiete der Vereinigten Staaten.

Was die Militärexperten als schnellen Vernichtungsfeldzug geplant hatten, entwickelte sich zu einem gnadenlosen Existenzkampf. Die Apachen, mit dem Land, in dem sie kämpften, vertraut, begegneten den amerikanischen Truppen mit der gleichen »Guerilla-Taktik«, mit der sie den Vormarsch der Spanier gestoppt und die Besiedlung der *Apacheria* durch die Mexikaner fast vollständig erstickt hatten. Einzeln und in kleinen Gruppen griffen sie, meist aus dem Hinterhalt, Armeepatrouillen an, überfielen Wagenzüge, Postkutschen, Prospektorengruppen, Gehöfte und kleine Niederlassungen. Sie kappten Telegrafendrähte, blockierten Zufahrtsstraßen, vergifteten die wenigen Wasserlöcher und versahen auch ihre Pfeilspitzen mit Gift, das nach geheimen Rezepten von Auserwählten ihres Stammes hergestellt wurde. Es war ein grausamer und gnadenloser Kampf, mit dem sich die Apachen zu beiden Seiten der mexikanisch-amerikanischen Grenze ihrer Haut wehrten. Anfangs gelang es ihnen, die Amerikaner im Arizona-Territorium nahezu an den Rand des Ruins zu bringen, aber sie bezahlten bitter dafür. Hunderte von Frauen, Kindern und Kriegern wurden von aufgebrachten Bürgern, die sich zu Milizeinheiten zusammenschlossen, niedergemetzelt. Ihre Dörfer und Vorräte wurden zerstört. Immer wieder fielen ihre großen

Häuptlinge auf die Versprechen der Amerikaner herein; sie brachten ihre Krieger zu den vereinbarten Beratungsplätzen, wo sie von Soldaten und Zivilisten aus dem Hinterhalt überfallen und niedergemacht wurden. Andere wurden die Opfer skrupelloser, profitsüchtiger Reservatsagenten, und am Ende, als General Nelson A. Miles an der Spitze seiner Armee die letzten freien Apachen jagte, kämpfte an der Seite des Bedonkohe-Führers Geronimo nur noch eine Handvoll verzweifelter Krieger ums nackte Leben.

Der lange Kampf gegen die Amerikaner, die von den Apachen »Weißaugen« genannt wurden, brachte unter dem Volk Männer hervor, deren Namen in die Geschichte eingingen, wie die der amerikanischen Pioniere und Heerführer. Die bekanntesten sind: Mangas Coloradas, der Hüne; Cochise, der Chief der Bedonkohe-Chiricahua; Victorio, der gefürchtete Mimbreno; Juh, der Nednhi-Apache und Geronimo, ein durchtriebener Bandenführer. Es gibt noch eine Reihe von Apachen, die heute weniger bekannt sind, obwohl sie damals für ihre Taten berühmt waren. Es sind Chiefs wie Chunz, Delshay, Chihuahua, Ulzana und Ezkimenzin. Sie waren die Führer der verschiedenen Stämme des Apachenvolkes, der Tonto, der Pinal, Coyotero, Cibeque, White Mountain, Bedonkohe, Mimbreno und Nednhi, die das Gebiet der *Apacheria* bevölkerten. Sie alle kämpften an der Spitze ihrer Leute um Freiheit und Leben. Sie alle waren große Apachen.

In diesem Buch erzähle ich die Geschichte des Kriegers Kahita. Schon als Junge hatte er erfahren müssen, wie die Weißaugen durch ihre Lügen, ihre Versprechen, ihr Feuerwasser, ihre Religion und ihre Politik sein Volk so entzweiten, daß es verwundbar wurde und dem Verderben ausgeliefert war. Die Figur des Kahita und die Stationen seines Lebens gewann ich aus den Geschichten von Jason Betzinez, eines Apachen, der mit Geronimo gekämpft hat, wie auch aus den Erzählungen des Mimbreno-Apachen Kaywaykla, eines Enkels des alten Häuptlings Nana. Sie wurden, ebenso wie die Geschichten des Asa Deklugie, Sohn des Nednhi-Häuptlings Juh, von der Historikerin Eve Ball niedergeschrieben. So wurde aus Kahita ein Apache, wie viele andere, obwohl sein Name in keinem Geschichtsbuch zu finden ist.

Kahita ist der Sohn eines Nednhi-Chiricahua, der sich eine Mimbreno-Squaw zur Frau nahm. Wie es unter den Apachen damals noch

Brauch war, zog er mit ihr und seiner Familie zu den Mimbreno. Kahita wird in eine Zeit hineingeboren, in der die Apachen schon seit Jahrzehnten Kontakt mit den eingewanderten Europäern haben, durch deren religiöse und weltliche Einflüsse ihre eigene Lebensart und Religion bereits gefährdet ist. Die Entstehungsgeschichte der Apachen, ihre Legenden und Erzählungen, wie sie heute überliefert sind und wie ich sie im Buch wiedergebe, sind zum Teil schon stark vom Versuch der spanischen Missionare geprägt, die Apachen zu »christianisieren«. Dennoch verdeutlichen sie noch immer die komplexe Mythologie und Religion dieses Volkes, nach denen seine strengen Regeln und Gesetze und seine ganze Lebensart ausgerichtet waren.

Alle geographischen Punkte, die in diesem Buch angeführt sind, alle Forts und Ortschaften, alle Straßen und Indianerpfade, hat es gegeben, und es gibt sie zum Teil heute noch. Ich habe sie, oder das, was von ihnen übriggeblieben ist, besucht, um Kahitas Geschichte die Authentizität zu verleihen, die sie beanspruchen darf. Wer glaubt, in diesem Buch jene heimtückischen, grausamen Barbaren zu finden, wie sie nur allzuoft in der Literatur und in Filmen dargestellt wurden, oder auch einen edlen Wilden wie »Winnetou«, der wird vergeblich suchen. Dieses Buch erzählt von Apachen.

Werner J. Egli, Tucson, Arizona, im Frühjahr 1986

Der Schrei des Falken

Einmal, auf einem Streifzug, bekam es einer der Männer mit der Angst zu tun, glaube ich. Als sie eines Nachts alle um ein Feuer herumstanden, sagte der Mann: »Was fürchtet ihr euch?« Sie wußten, daß ein Berglöwe in den Büschen herumschlich. So gingen sie weg von der Stelle und lagerten weit entfernt. Derselbe Mann sagte wieder: »Was fürchtet ihr euch?« In diesem Moment sprang der Berglöwe aus den Büschen, packte ihn und schleifte ihn davon. Das zeigt, daß ein Mann die Tabus zu befolgen hat, solange er auf dem Kriegspfad ist. Wenn er es nicht tut, geschieht ihm etwas in dieser Art. Dies ist wirklich passiert, deshalb respektierten wir alles. Jenseits des Gila Rivers nannten wir es Land des Weißen Mannes, und von dort an respektierten wir alles. Der Mann hatte seine Begleiter verspottet, indem er ihnen sagte, sie hätten Angst. Das war der Grund, warum ihn der Berglöwe getötet hat.

Goodwin und Basso:
Western Apache Raiding and Warfare
(siehe jeweils ausführliche Bibliographie am Schluß des Buches)

Kahita hatte das Gesicht mit Lehmdreck verschmiert, und er machte sich so klein, daß er aussah wie einer der Felsbrocken, die auf der Anhöhe herumlagen.

Es war kalt an diesem Nachmittag, und die Nacht würde früh kommen, vielleicht so früh, daß er bei Dunkelheit zum Lager zurückfinden müßte. Das war Kahitas einzige Sorge. Er fürchtete die Nachtgeister mehr als die Weißaugen.

Die Kälte brannte auf seiner nackten Haut. Kahita wünschte, er hätte ein Hemd angezogen. Er trug nur den Lendenschurz und seine alten, löcherigen Mokassins. Irgendwann, so dachte er, würde er sich aus einem dicken Stück Rohhaut neue Sohlen schneiden.

Kahita kniete im kahlen Geäst eines Busches, dessen Dornen seine Arme und Beine zerkratzt hatten. Aber es war ein guter Platz. Von der alten Wagenstraße aus, die das Tal hochführte, hätte ihn nur ein Mann mit den Augen eines Falken sehen können.

Neben Kahita, zwischen nassen Steinen, kauerte Lozen. Sie sah aus wie ein Mann, aber sie war ein Mädchen. Deswegen trug sie ein Hemd. Ihr Gesicht war mit Lehm beschmiert. Selbst das Haar hatte sie damit bepflastert. Das nasse Hirschlederhemd hing schwer an ihr herunter, und an ihren Mokassins klebten dicke Klumpen.

Es hatte fast den ganzen Tag geregnet. Dann war der kalte Wind aufgekommen. Er fegte über die schwarzen Hänge im Norden in das Tal hinein, als wollte er die Weißaugen davonjagen. Aber es war nicht mehr so wie in den alten Tagen, als Yusn, der Schöpfer, das Universum geschaffen hatte. Der Wind hatte keine Macht über die Weißaugen, und das war es vielleicht, was ihn so wütend machte, daß er wie ein Tier durch die Wälder fauchte und die Wolken zu Fetzen riß.

Es war ein grauer Tag, und die Leute im Dorf hielten sich in ihren Hütten auf und rätselten über die Weißaugen, die von der alten Soldatenstadt herkamen, jenseits der Hügel am großen Fluß, dem Rio Grande. Sie hatten Angst.

Die Leute redeten viel über die Weißaugen, die von Osten her ins Land drangen. Lozen hatte sie gesehen. Sie hatte von Männern erzählt, die wie Bären aussahen. Bären mit nackten, knöchernen Gesichtern und blassen Augen. Sie waren nicht wie jene Fremden, die vor langer Zeit aus dem Süden gekommen waren, um Löcher in die Berge zu graben und das wertvolle Metall herauszuholen, das sie Kupfer nannten. Jene Fremden aus dem Süden sahen wie Menschen aus, mit schwarzem Haar und dunklen Augen. Sie hatten sich Spanier genannt. Dann Mexikaner. Und sie waren Feinde des Volkes. Man mußte sie töten, wo man sie traf, um nicht von ihnen getötet zu werden.

Diese Weißaugen aber waren anders. Mangas hatte gesagt, es wäre vielleicht besser, sie nicht zum Feind zu haben. Aber Mangas war alt, und manchmal schien es, als sei er müde. Lozen sagte, Mangas habe nun genug gekämpft, und das stimmte. Lozen meinte auch, die Soldatenkugel, die ihn getroffen hatte, müsse etwas in ihm zerstört haben. Kahita wußte nicht, was sie damit sagen wollte. Aber deshalb hatte ihn Lozen hierher mitgenommen. Sie wollte ihm die Weißaugen zeigen, die wie Bären aussahen. Und vor Bären mußte man sich in acht nehmen. Bären waren böse Macht. Man mußte sich davor hüten, einem Bären zu begegnen. Einer der Ihren hatte als Junge nur eine Bärenfährte gekreuzt, und er war krank geworden davon, obwohl er sich lange Zeit eingeredet hatte, daß es die Spur eines Pumas gewesen sei. Bären waren wiedergeborene Geister von Menschen, die in ihrem Leben schlimme Dinge getan hatten. Ja, man mußte sich in acht nehmen vor ihnen.

Diese Weißaugen waren keine Bären, hatte Mangas gesagt. Aber Mangas war alt. Und müde. Vielleicht redete er es sich nur ein, um Unglück von sich und seinem Volk fernzuhalten.

Kahita schwitzte, obwohl es kalt war. Manchmal hatte er den eigenen Atem vor dem Gesicht. Er starrte hinunter zur letzten Biegung der Straße. Dort sollten die Weißaugen auftauchen. Er ließ keinen Blick von der Biegung und rührte sich nicht. Er war ein Stein zwischen anderen Steinen, und er war froh, daß Lozen da war, denn sie hatte *Macht*, mit der sie eine Gefahr erkennen konnte, bevor sie da war.

Es war jetzt schon spät am Nachmittag. Kahita sah den Falken, der über den Wipfeln der Kiefern auftauchte und sich im Wind treiben ließ. Es war seltsam, wie ihn der große Vogel berührte. Nicht nur an diesem Tag. Er hatte mit Victorio darüber geredet. Vielleicht ist der Falke dein Bruder, von dem du deine Macht erhalten wirst, hatte Victorio gesagt. Und Victorio kannte die Mächte.

Kahita schaute dem Falken zu, wie er im Wind trieb, hoch in die Wolken stieg, mit ruhigen Schwingen, als hätte er kein eigenes Leben.

Kahita fuhr zusammen, als Lozen ein leises Zischen ausstieß.

Durch das Geäst des Busches sah er, wie sich etwas auf dem alten Pfad bewegte. Es war ein Bär.

Kahita schloß die Augen, drückte sie fest zu. Er atmete nicht mehr. Er hätte davonlaufen sollen. »Ich sah einen Bären, aber das war im letzten Winter«, flüsterte er, ohne die Augen zu öffnen. Mit diesem Spruch konnte er das Übel von sich fernhalten. Wenn es lange her war, seit man einem Bären begegnet war, konnte man so leicht nicht mehr krank werden. »Vor einem Winter habe ich einen Bären gesehen«, flüsterte er.

»Die Weißaugen sind da«, hörte er Lozen sagen. »Mach die Augen auf!«

Die Weißaugen? Kahita blinzelte. Durch die halbgeschlossenen Lider konnte er nicht viel sehen. Nur schattenhafte Gestalten, dunkel im grauen Zwielicht.

Ein Maultier schrie. Lozen stieß ihn an. »Schau«, sagte sie leise. »Das sind keine Bären!«

Er öffnete die Augen weit. Unten bei der Biegung waren jetzt viele Gestalten. Und Maultiere. Männer und Maultiere. Gesichter ohne Haut, mit Fellhaar überall. Zottige Pelze, die der Wind aufblähte. Die Männer saßen auf großen, mageren Maultieren. Sie führten an langen Seilen andere Maultiere, die schwere Lasten trugen.

Langsam kamen sie das Tal hoch. Voran ging der Mann, den Kahita zuerst gesehen hatte. Er bewegte sich schwerfällig. Ein langer Fellmantel hing von seinen Schultern. Trotzdem konnte Kahita erkennen, daß er ein alter Mann war, der weiße Haare im Gesicht hatte.

Der Mann blieb unter einem mächtigen Cottonwood stehen, dessen Stamm vom Blitz gespalten war. Ein Teil des Baumes lag über dem Pfad. Der Mann blickte sich nach allen Seiten um, mißtrauisch wie ein Tier. Für einen Moment konnte Kahita das Weiß seiner Augen sehen.

»Sie werden hier lagern«, flüsterte Lozen. »Sie sind einen langen Weg gekommen. Siehst du, wie müde ihre Maultiere sind?«

Eines der Tiere bewegte sich nicht mehr vom Fleck. Die Männer zerrten am Seil und schlugen auf das Maultier ein, aber es wollte nicht mit ihnen gehen. Es war zu müde. Die Männer rissen es zu Boden, und einer kniete nieder und tötete es mit dem Messer. Es schlug eine Weile um sich, und die Männer schleiften es aus dem Blut und hinüber zum Baum. Sie warfen Seile über einen starken Ast und zogen das Maultier daran hoch, so daß es mit dem Kopf nach unten hing. Sie schlitzten ihm den Bauch auf und zogen ihm das Fell ab. Alles ging sehr schnell. Einige Männer schlugen Feuerholz aus dem Geäst des toten Baumes. Sie lärmten viel, und immer wieder führten sie große Tonkrüge zum Mund, als wären sie am Verdursten. Dann machten sie helle Feuer, über die sie Stücke des Maultieres hängten. Den anderen Tieren hatten sie ein Vorderbein und ein Hinterbein zusammengebunden, so daß sie sich bewegen, aber nicht davonlaufen konnten. Es gab wenig Gras hier. Nur dürre Büschel. Die Maultiere mußten die dünnen Zweige von den Büschen fressen und die stacheligen Ranken der Ocotillos. Es war Winter. Keine Zeit, in der Tiere fett werden konnten.

Lozen räusperte sich. Zum erstenmal, seit die Weißaugen hier waren, bewegte sie sich.

»Hast du genug gesehen?« fragte sie leise.

Kahita hatte so viel gesehen, daß ihm die Augen brannten. »Ich weiß nicht, wer sie sind«, flüsterte er. »Sie sind keine Bären, aber vielleicht wäre es besser, wenn wir denken, daß wir sie vor langer Zeit gesehen haben.«

»Siehst du, daß jeder von ihnen einen Donnerstock hat?«

»Ich sehe es.«

»Trotzdem sagt unser Häuptling Mangas, daß sie in Frieden kommen.«

»Hast du Angst vor ihnen?«

Lozen hob den Kopf. Die Lehmerde auf ihrem Gesicht war trocken und bröckelte.

»Sie bringen Unglück«, sagte sie leise. »Komm jetzt! Wir sollten zurück sein, bevor es dunkel ist.«

Es war fast dunkel. Sie beeilten sich, zum Lager zurückzukommen.

Das Lager der Tci-he-nde-Apachen, der Red-Paint-Leute, befand sich in der Nähe der kleinen Bergwerkstadt Pinos Altos. Die Männer aus dem Süden hatten die Stadt gebaut, mit Häusern aus Lehmziegeln rund um die Plaza, die jetzt verlassen zwischen den halbzerfallenen Gebäuden lag. Die Männer aus dem Süden hatten ihre Sachen zusammengepackt und waren weggezogen, aus Furcht vor Mangas Coloradas und den Tci-he-nde-Apachen, die sie Mimbreno nannten.

Es war Apachenland, solange die alten Leute zurückdenken konnten, und es war ein gutes Land. Im Norden ragten die Berge auf, schwarz und geheimnisvoll, wie eine Herde riesiger Tiere, die sich zum Schlafen niedergelegt haben. Die Mimbreno nannten diese Berge Black Mountains. Aus ihnen schien alles Leben zu kommen. Von ihnen floß der Winter, wenn unten in der Wüste die Sommerhitze den Boden austrocknete und die Erde zu einer harten Kruste brannte. In ihren versteckten Tälern nistete die Stille, in der Mensch und Tier Zuflucht fanden, wenn ihnen Gefahr drohte. In den Bergen wurden Träume geboren, die so alt waren wie die Felsen und so jung wie ein Kiefernsproß.

Auch Mangas Coloradas träumte über viele Jahre einen solchen Traum, und er war gut. Als er jung war, hatte er den Geschichten eines Mannes gelauscht, der die Welt kannte. Die alten Leute erinnerten sich an diesen Mann, der Häuptling der Mimbreno gewesen war. Er hatte die Männer aus dem Süden aufgenommen wie Brüder, und sie hatten ihn ihre Sprache gelehrt und ihm viel von ihrem Gott erzählt. Er traute ihnen, und sie gaben ihm einen Namen: Juan José Compas. Er war stolz auf diesen Namen, und er war stolz darauf, der Freund jener Männer zu sein, denn sie kamen in Frieden, und sie brachten Kunde von einem allmächtigen Schöpfer, der sie ausgeschickt hatte, um die Mimbreno von den bösen Mächten zu befreien. Juan José glaubte ihnen, und die Fremden, die sich Spanier nannten, lebten in Frieden.

Die Spanier bauten eine kleine Stadt, der sie den Namen Santa Rita del Cobre gaben. Sie fingen an, Löcher in die Berge zu graben und das Metall herauszuholen, so wie es ihnen der Schöpfer geboten hatte. Die Mimbreno schauten ihnen zu, wunderten sich über die Arbeit, die sich diese Fremden machten, und freuten sich über die Geschenke, die man ihnen reichte. Alles war gut, und Juan José Compas besuchte oft die Städte im Süden, und wenn er zurückkam, erzählte er von Yusn, den er jetzt Dios nannte und dem er ebenso dienen wollte wie die Grauröcke, die ihn zu einem gottesfürchtigen Mann gemacht hatten.

Später kämpften die Spanier untereinander. Sie nannten es Revolution. Als sie genug gekämpft hatten, wurden aus den Spaniern Mexikaner. Für die Mimbreno bedeutete das nicht viel.

Die Mexikaner nannten das Jahr 1837, als sie Juan Josés Vertrauen auf ihre Art belohnten. Sie töteten seinen Vater im Streit um ein Maultier. Von diesem Augenblick an änderte sich alles.

Juan José Compas rief seine Krieger zusammen und zog mit ihnen aus den Hügeln, um die Mexikaner zu bestrafen. Sie überfielen Maultierkarawanen auf dem Weg zu den Bergwerken, plünderten kleine Niederlassungen und töteten jeden Mexikaner, der ihnen begegnete. Nie hatte jemand Juan José Compas zorniger gesehen als in jener Zeit. Seine Zuneigung zu den Mexikanern war in Haß umgeschlagen. Er wollte sie aus dem Land jagen, wollte Santa Rita del Cobre zerstören und die Bergwerke zuschütten.

Weit im Süden, in der kleinen mexikanischen Stadt Oposura, mehrere Tagesritte von Santa Rita del Cobre entfernt, betrieb ein Amerikaner namens James Johnson einen Handelsposten. Er war ein alter Freund von Juan José, den er beherbergte, wenn er nach Oposura kam. Daß er sein größtes Geschäft mit Indianerskalpen machte, die er an die mexikanischen Provinzregierungen in Sonora und Chihuahua verkaufte, wußten die Mimbreno nicht, denn Johnson zeigte sich ihnen als zuvorkommender und freundlicher Mensch, dem sie vertrauten, obwohl er bei den Mexikanern lebte und für sie arbeitete.

So brauchte sich James Johnson auch nicht zu fürchten, als er eines Tages mit ein paar Freunden und einigen Maultieren die Straße hochkam, die nach Santa Rita del Cobre führte. Als er das Lager der Mimbreno in der Nähe von Santa Rita erreichte, wurde er vom Häuptling Juan José Compas empfangen. Johnson wußte nicht, daß kurz zuvor Mimbreno-Kundschafter im Süden einen mexikanischen Meldereiter abgefangen hatten, der eine offizielle Mitteilung bei sich trug, aus der hervorging, daß die mexikanische Regierung James Johnson einen Preis für jeden eingebrachten Apachenskalp anbot. Juan José Compas allerdings, selbst ein Mann von Ehre, hielt es für ausgeschlossen, daß sein weißer Freund ihn so hintergehen könnte.

Johnson hatte Geschenke mitgebracht. Ein Maultier trug Pinole, Maisschrot, der, mit Wasser angemacht, zu einem Gericht zubereitet werden konnte. Ein anderes Maultier jedoch trug, unter einer Plane verborgen, eine Haubitze, die Johnson mit Metallresten und Hufnägeln vollgestopft hatte. Während sich die Apachen, die durch den Krieg von ihren regelmäßigen Jagdausflügen abgehalten wurden, hungrig über den Maisschrot hermachten, nahm ein Mann namens Gleason den Häuptling zur Seite und zeigte ihm eines seiner prächtigsten Maultiere, das er ihm als ein Friedensangebot der Mexikaner zum Geschenk machen wollte. Niemand sah, wie Johnson unterdessen die Kanone vom Maultier hob und sie in Stellung brachte. Er selbst war es, der die Lunte anzündete und die mörderische Ladung in den Menschenhaufen hineinschoß, während Gleason hinterrücks seine Pistole zog und Juan José Compas niederstreckte.

Mangas Coloradas erinnerte sich an alles. Er erinnerte sich an die schreienden Kinder, an die Frauen, die sie zu schützen versuchten. Er sah den verwundeten Compas, wie er noch einmal aufsprang, seinen Freund James Johnson zu Hilfe rief und gleichzeitig Gleason mit dem Messer bedrohte. »Por dios«, rief Juan José seinem Freund James Johnson zu, »ich könnte deinen Gefährten töten, aber ich will es nicht.« Da eilte James Johnson zu ihm, zog seine Pistole und schoß ihm mitten in den Kopf.

Nie zuvor hatte Mangas Coloradas so viele Menschen miteinander sterben sehen. Es war, als prasselte der Tod auf sie nieder wie Hagelschlag – an einem Tag, an dem die Sonne schien und die Luft so klar war, daß man die weit entfernten Felszacken der Black Mountains sehen konnte.

Mangas erinnerte sich an diesen Tag, als wäre er gestern gewesen, denn an diesem Tag starb nicht allein Juan José Compas, sondern auch sein Traum von Frieden und Freundschaft.

Mangas war schon damals ein nicht mehr junger Mann gewesen, ein erfahrener Krieger und ein Führer, dem sich das Volk der Mimbreno in dieser Zeit der Trauer und des Zornes anvertraute. Sie wählten ihn zu ihrem Häuptling, und er führte sie zurück in die Berge, wo sie sich auf den Kampf gegen die Mexikaner vorbereiten konnten. Nein, Mangas träumte nicht mehr vom Frieden. Mangas neuer Traum kam aus den finsteren Spalten der Felsen, in denen die Schlange lauerte, aus den moderigen Löchern der Bäume, in denen Eulen nisteten, und aus dem Rachen des Bären, der plötzlich am Wegrand stand und ihm seinen stinkenden Atem ins Gesicht schnaubte. Es war ein böser Traum, und am Anfang fürchteten selbst die eigenen Leute diesen Mann, der den Mexikanern Tod und Verderben geschworen hatte. Später fürchteten ihn nur noch seine Feinde. Allein sein Name verbreitete im ganzen Land Schrecken, bis weit in den Süden zu den großen Städten der Mexikaner und nach Westen, wo die anderen Apachen lebten, die Nednhi, die Bedonkohe und die Coyotero, und nach Osten zu den Mescalero. Auch im Norden bei den White Mountains und noch weiter bei den Navajo kannte man den Namen des Mannes, der nicht ruhen wollte, bis die Erde wieder so war, wie sie Yusn für sein Volk geschaffen hatte.

Also herrschte Krieg zwischen den Apachen und den Fremden, solange sich Kahita erinnern konnte. Bis zu seinem zehnten Lebensjahr hatte er nicht einmal gewußt, daß Menschen auch eines natürlichen Todes sterben konnten.

Auf seine Mutter konnte sich Kahita nicht mehr besinnen. Aber Lozen hatte ihm oft von ihr erzählt. Sie hatte dem Stamm der Nednhi-Apachen angehört, die weit im Süden lebten. Eigentlich waren die Nednhi-Apachen Chiricahua, wie die Mimbreno auch, aber sie lebten für sich da unten im Süden, und nur ab und zu kamen sie in den Norden, um mit den Chiricahua zu jagen, Feste mit ihnen zu feiern und Tauschhandel zu treiben. So mochte es auch gewesen sein, als Kahitas Vater in jungen Jahren die Frau getroffen hatte, die Kahitas Mutter werden sollte. Und wie es sich gehörte, zog der Vater zum Stamm seiner Frau, wo er mit ihr lebte und für sie sorgte.

An seinen Vater erinnerte sich Kahita gut. Es war noch nicht lange her, seit ihn die Soldaten getötet hatten. Vater war ein großer Mann gewesen. Nicht so groß wie Mangas Coloradas, aber größer als der Chiricahua Chief Cochise, dessen Name überall unter dem Volk mit Ehrfurcht genannt wurde. Kahitas Vater war ein guter Jäger gewesen und ein Krieger, dem die Jungen nacheiferten und auf den die Alten stolz waren. Er hatte zwei Frauen gehabt: Kahitas Mutter und eine Frau, die er von den Mexikanern gestohlen hatte. Sie mußte viel arbeiten, obwohl sie jung und hübsch war. Kahita erinnerte sich an diese Frau, deren Name Dulce war, ein spanisches Wort, süß auf der Zunge wie die Schote der Mesquitebohnen. Für Kahita war Dulce mehr als eine Erinnerung, und oft, wenn Lozen ihm von jenen Tagen erzählte, die ihm wie Bilder im Dämmerlicht des Abends erschienen, wurde sie ein Teil seines eigenen Lebens und seiner Träume.

Eines Tages war sie verschwunden. Lange hatten Lozen, ihr Bruder Victorio und andere nach ihr gesucht. Vergeblich. Aber ihr eigener Sohn, Kahitas Halbbruder, noch nicht einmal zwei Jahre alt, lag verkohlt in einer kalten Feuerstelle, unweit des Ortes, wo man Dulce zuletzt gesehen hatte. Es gab Spuren, die nach Süden führten und dann nach Westen, und Victorio war diesen Spuren so lange nachgegangen, bis er die Stadt im Süden sehen konnte, auch die Soldaten. Dann war er zurückgekommen, und Dulces Name wurde niemals mehr ausgesprochen, auch nicht von Lozen. Denn man schadete den Geistern der Toten, wenn man ihre Namen aussprach.

Für Kahita war Dulce nicht tot. Oft vermeinte er, ihre Gegenwart zu spüren – und in diesen Augenblicken war sie ihm sogar näher als Lozen, die ihn zuweilen sanft berührte, als wüßte sie, daß ihn die Einsamkeit krank machte.

Zu viele waren getötet worden. Zu viele Namen wurden nie mehr genannt. Zu viele Gesichter waren nicht mehr als eine Bewegung des Windes im Gras, als der eigene Atem im grauen Licht des Winters.

Kahita war jung. Zu jung, um mit den Männern zu reden, die etwas zu sagen hatten. So hörte er oft Lozen zu. Mit ihren Worten erzählte sie Kahita die Geschichten, die sie von Dulce gehört hatte, wenn sie mit ihm am Wegrand saß und seine Hände mit frisch gesammelten Beeren füllte. In Lozens Worten fand er den Platz, wo er geboren wurde, den ersten Pfeil, den er danebenschoß, den Fluß, dessen Wasser so kalt war, daß seine Fußgelenke schmerzten und ihm die Tränen kamen. In ihren Worten hörte er das Lachen seines Vaters, der ihn, als er von einem Kriegszug heimkehrte, mit dem Hut eines getöteten Soldaten erschreckt hatte. Sie erzählte ihm vom Falken, den er im alten Schnee eines langen Winters gefunden hatte, ein kleiner Vogel mit lahmen Flügeln. Er hatte ihm unter dem Hemd Wärme gegeben, ihn heimgebracht und zu füttern versucht. Am nächsten Tag lag der Falke tot auf der weißen Kaninchendecke, und die Freunde kamen und wollten die Federn haben, die schönen gestreiften Balgfedern, deren Enden rötlich schimmerten, als hätte sie das Feuer der Sonne zum Glühen gebracht. Es war das erste Mal gewesen, daß Kahita jenes Gefühl verspürte, von dem Lozen sagte, daß es *Macht* sei. Aber was immer es war, es hatte ihn nur zornig gemacht, und er rannte mit dem toten Vogel hinaus, rannte im Schatten der Bäume hoch zu den Felsen, wo er mit sich und seinem großen Gefühl allein sein konnte. Er begrub den Falken, und als er zurückkehrte, lachten sie über ihn und seine seltsame Art, aber Kayetennae, ein junger Krieger, nahm ihn mit auf die nächste Jagd und zeigte ihm den Platz, wo die Falken nisteten, hoch im Geäst eines toten Baumes, der aus einer Felsspalte wuch. »Sie sind deine Freunde«, hatte Kayetennae damals gesagt.

Kahita war nicht dabeigewesen, als die Weißaugen-Soldaten seinen Vater getötet hatten. Lozen erzählte ihm davon. Lozen hatte es gesehen, denn sie war mit Mangas Coloradas und mit den Kriegern zu jenem Ort in den Bergen geritten, den die Weißaugen Apache-Paß nannten. Und während Lozen erzählte, konnte er den Vater sehen, mit dem roten Strich quer im Gesicht, zwischen mächtigen Steinbrocken über der Bergsenke, in der sich die Quelle befand. Der Vater war ein guter Mann. Er hatte viele Weißaugen getötet, und man wußte, daß er Macht besaß, aber an diesem Tag hatte sie ihn verlassen.

Kahitas Vater hatte Mangas Coloradas zu Hilfe eilen wollen, den eine Kugel in den Rücken getroffen hatte. Er rannte in das Feuer der Gewehre hinein, und wenn Lozen davon erzählte, hörte Kahita wieder die Schüsse, die ihn auch des Nachts so oft aus dem Schlaf rissen.

Vieles war anders geworden, seit Vater tot war. Kahita lebte jetzt im Wickiup von Victorio, den er nun Vater nannte. Lozen hatte ihren Bruder gebeten, Kahita aufzunehmen. Kahita hätte glücklich sein können, und viele seiner Freunde beneideten ihn. Andere redeten über ihn, denn es blieb ihnen nicht verborgen, daß Lozen sich um ihn kümmerte, als wäre sie sein großer Bruder. Aber Lozen war eine Frau, obwohl sie mit den Kriegern ritt und Pferde stahl, Weißaugen tötete und an Siegesfeiern teilnahm.

Für Kahita war Lozen Bruder und Schwester, Vater und Mutter. Er hatte Angst, sie zu verlieren, und er konnte sich auch seiner Gefühle nicht schämen, obwohl er bereits so alt war, daß ihm die Sitte gebot, ein Mädchen oder eine Frau nicht mit seinen Gefühlen zu berühren. Selbst Victorio ermahnte ihn oft, sich auf seine Aufgabe zu besinnen, damit aus ihm bald ein junger Mann werden konnte, ein Krieger, dessen Name unter den Weißaugen Furcht verbreiten würde.

Wenige Monde waren seit dem Kampf am Apache-Paß vergangen, und für einen Jungen, dessen Vater von Weißaugen-Soldaten getötet worden war, blieb wenig Zeit, zu lernen.

In der Nacht nach dem Tag, an dem die Weißaugen, die wie Bären aussahen, das Tal hochgekommen waren, herrschte im Lager der Mimbreno eine gefährliche Unruhe. Kundschafter brachten die Nachricht, daß sich von Osten Soldaten näherten. Es schien, als ob sie zu jener alten Soldatenstadt unterwegs wären, von der nur noch einige Ruinen standen und die sich weiter talabwärts befand. Die Soldaten waren nicht dieselben, gegen die Mangas Coloradas und Cochise am Apache-Paß gekämpft hatten. Es waren neue Soldaten. Weißaugen, die von weit her kamen.

Niemand wußte, was die Männer wollten, die wie Bären aussahen, aber es hatte nichts Gutes zu bedeuten, daß sie da waren.

An diesem Abend erzählte der alte Nana die Geschichte, wie es war, bevor es Nacht gab.

In Victorios Hütte brannte ein Feuer, es war warm. Der alte Nana kam herein. Er war einer der Ältesten des Volkes und ein weiser Mann, ein Di-yin. Sein Gesicht war rissig und dunkel wie die Rinde eines Mesquitebaumes. Er setzte sich auf die Decke beim Feuer. Draußen war Nacht, und die Nacht war kalt. Er hielt die Hände in die Wärme des Feuers. Niemand sagte etwas. Victorios Frau bot ihm ein Stück Maisbrot an, aber der alte Nana wollte nicht essen, und so erzählte er die Geschichte, wie es am Anfang war, bevor es Nacht gab:

»Am Anfang, da war keine Dunkelheit, und die Sonne schien immerfort. Nacht wurde in einem Sack gefangengehalten, und Yusn, der Schöpfer, gab Dachs den Sack zur Bewachung.

Eines Tages entdeckte Kojote Dachs mit dem Sack, und er dachte, es wären Dinge zum Essen darin. Kojote spazierte neben Dachs einher und sagte: ›Alter Mann, du siehst ziemlich müde aus. Warum läßt du nicht mich für ein Weilchen den Sack tragen?‹

Nun, Dachs wußte, daß Kojote ein listiger Genosse war und sagte: ›Nein, du denkst nur, es sei was zu essen darin, aber du irrst dich. Da ist nichts zu essen drin, gar nichts. Ich erhielt den Sack zur Bewachung und darf niemand hineinsehen lassen.‹

›Aber nein, alter Mann, ich wollte dir nur behilflich sein. Ich weiß, daß nichts zu essen in deinem Sack ist. Ich habe dich beobachtet, und du hast nicht ein einziges Mal hineingelangt, um dir etwas herauszuholen. Und doch sieht jeder, wie müde und hungrig du bist.‹

›Na, also‹, sagte Dachs. ›Ich glaube, ich bin wirklich müde.‹ Er gab den Sack Kojote, und sie gingen weiter. Nach kurzer Zeit mußte sich Dachs erleichtern. ›Ich geh mal schnell dort hinüber‹, sagte er.

Kaum war Dachs zwischen den Büschen verschwunden, sagte Kojote zu sich: ›Jetzt nehme ich mir etwas zu essen heraus.‹ Er öffnete den Sack an Ort und Stelle, und Nacht entfloh. Es wurde rundherum dunkel, so dunkel, daß man fast nichts mehr sehen konnte.

Die Kreaturen, die sich über Nacht freuten, waren die vierbeinigen Tiere, besonders die Räuber unter ihnen, und diejenigen von böser Macht, wie Bär und Schlange, aber auch Eulen-Mann-Riese und andere Monster, die es nicht mehr gibt. Die Vögel und die fliegenden Insekten wollten Nacht überhaupt nicht. Sie wollten immerfort Tag, und so trafen sie sich und schmiedeten einen Plan.

Joseph Reddeford Walker

Als es Zeit war für Yusn, den Schöpfer, Menschen zu erschaffen und auf die Welt zu bringen, rief er die Kinder von White-painted Woman zu sich. »Die Menschen brauchen Waffen, um zu jagen und sich zu versorgen«, sagte er.

Er legte ein Gewehr vor sie hin und einen Bogen und Pfeile. Killer of Enemies war älter, und er hatte die erste Wahl. Er nahm das Gewehr. Child of the Water blieben Pfeil und Bogen.

Killer of Enemies wurde zum Vater der Weißaugen, und Child of the Water wurde zum Vater der Indianer. Das ist der Grund, warum die einen anders sind als die anderen, sagt man.

Haley:
Apaches, A History
and Culture Portrait

Der Wind blies die ganze Nacht, und die Männer in der Senke fanden keine Ruhe. Die feuchte Kälte des Bodens drang durch Decken, Fellmäntel und Baumwollkleider bis in ihre Knochen. Die Feuer waren niedergebrannt, und der alte Mann, der ihr Führer war, hatte verboten, sie wieder zu entfachen, obwohl es am Rande der Senke genug Holz gab.

Der alte Mann konnte nicht schlafen. Seit das Wetter umgeschlagen hatte, plagten ihn seine Gelenke. Aber der Alte war zäh. Und er brauchte wenig Schlaf. Am Morgen war er immer als erster auf den Beinen, am Abend der letzte, der sich in seine Decken legte.

In dieser Nacht wanderte er ruhelos umher, sein Gewehr in der Armbeuge, den Kragen des knielangen Mantels hochgeschlagen und auf dem Kopf den alten Biberfilz, von dem er sich niemals trennte.

Der alten Mann umschritt den Kreis, den die Männer mit den Packen und Bündeln ihrer Ausrüstung angelegt hatten, so wie sie es seit Wochen jede Nacht taten. Manchmal verharrte er und lauschte dem Lärm der Kojoten, die sich in der Finsternis herumtrieben. Es klang, als wären es zehn oder mehr, aber der alte Mann hatte gelernt, ihre Laute zu unterscheiden. Es waren nur drei, höchstens vier, die da draußen durch die Gegend streiften und sich mit seltsamen Heul- und Kläfflauten verständigten, als hätten sich Hexen und Nachtgeister zu einem dämonischen Reigen getroffen. Der alte Mann hatte ein Leben in der Wildnis verbracht, aber noch immer erfüllte ihn das geheimnisvolle Treiben dieser seltsamen Geschöpfe, ihr irres Gelächter und das schaurige Geheul mit einem Gefühl der Beklemmung.

Er lehnte sich gegen den Stamm eines Baumes, den der Blitz getroffen hatte, und nahm seine Stummelpfeife aus dem Mantel. Am Schaft seines Gewehres riß er ein Schwefelholz an und suchte mit schützenden Händen den Tabakrest anzubrennen. Für einen Moment flackerte der Lichtschein der kleinen Flamme über sein Gesicht und zeichnete die Falten und Furchen nach, die wie in Stein gehauen schienen. Der Wind blies die Flamme aus, und die Finsternis umhüllte den Mann wie eine schwere Decke.

Sie nannten den alten Mann Captain. Er war ihr Führer, und sie konnten sich keinen besseren wünschen. Sein Name war längst Legende, seine Abenteuer waren Geschichte. Man kannte ihn im hohen Norden, an der Küste des Pazifiks und auch hier im Süden. Durch die Wildnis hatte er Pfade gelegt, die vor ihm noch keiner gegangen war, und auf denen ihm Tausende folgten. Berge trugen werden. Es waren gute Männer, zäh und ausdauernd, nur mit dem einen Ziel vor Augen: unversehrt dort anzukommen, wo die Felsen aus purem Silber und Gold waren. Sie vertrauten Walker und gehorchten ihm, so wie er als Junge jenen erfahrenen Männern vertraut hatte, mit denen er vor einer Ewigkeit zum erstenmal ausgezogen war.

Ein Schrei riß den alten Mann aus seinen Gedanken. Er rührte sich nicht, horchte hinaus in die Dunkelheit. Das Geheul der Kojoten war verstummt. Walker wußte: so schreit kein Tier! Ganz langsam nahm er das Gewehr hoch. Sein Finger lag am Abzug. Er lauschte, aber der Schrei wiederholte sich nicht. Der Wind ließ etwas nach. Vom Lager her, wo die Männer schliefen, näherten sich Schatten. Walker erkannte Jack Swilling, George Lount und Jake Schneider. Alle drei hatten Gewehre in den Händen.

»Dutchy hat mich aufgeweckt, und dann hörte ich den Schrei«, sagte Swilling. »Was ist los, Captain?«

»Die Kojoten sind weg«, sagte Walker leise. »Es ist still da draußen. Zu still für einen Morgen wie diesen.«

»Wir haben Biberfallen ausgelegt«, sagte George Lount. »Könnte sein, daß es einen Kojoten erwischt hat.«

»Das war kein Kojote«, erwiderte Walker. »Das war ein Mensch.«

»Ein Apache!« George Lount stieß das Wort scharf durch die Zähne. Es gab da draußen außer Kojoten und anderen wilden Tieren auch noch Apachen. Vor einigen Tagen hatten sie, mit den Füßen an einem Baum aufgehängt, drei Mexikaner gefunden, mit aufgeschlitzten Leibern, die Schädel in der Hitze der Feuer geplatzt, die man unter ihren Köpfen angezündet hatte: das Werk der Apachen.

»Gottverfluchte heimtückische Barbaren«, knurrte Jack Swilling, während er mit seinen Blicken die Hügelränder absuchte, nach einer Bewegung, einem Schatten, nach irgend etwas, das die Anwesenheit der Apachen verraten hätte. Aber im Halbdunkel konnte er nichts erkennen, nur Gras, das sich im Winde bewegte, Umrisse von Steinbrocken, Silhouetten von Kakteen und Büschen.

»Sie sind da«, sagte Jack Swilling. »Verlaßt euch darauf, sie sind da, und sie können uns sehen.«

»Wenn sie da wären, könnten wir sie auch sehen«, sagte Jake. »Es ist bestimmt ein Kojote in die Falle geraten.«

Niemand hörte auf ihn. Was Jake sagte, zählte nicht. Er war neu hier. Er hatte keine Ahnung.

»Weck die anderen, Jake«, sagte Lount.

Jake spuckte aus und entfernte sich. Noch war es in der Senke fast dunkel. Jake weckte zuerst Dan Conner und die Miller-Brüder. »Irgendetwas stimmt nicht da draußen«, sagte er.

Es war fast jeden Morgen das gleiche. Die Männer krochen aus ihren Decken und machten sich für die Apachen bereit. Sie suchten sich einen Platz, der ihnen Schutz bot, hinter einem Stein oder einem Busch, in einem Erdgraben oder hinter einer Böschung. Dann warteten sie, den Hammer am Gewehr gespannt, mit ruhelosen Augen, denen im heller werdenden Licht nichts mehr entging.

Sie waren darauf angewiesen, einen Weg zu finden, an dem es Wasser gab und Futter für die Maultiere. Unten in den trockenen Wüstenebenen war kein Durchkommen, obwohl sie dort die Berge hätten umgehen können. Aber die Wüste war ein feindseliges Land, das selbst von den Apachen gemieden wurde.

Und diese Apachen waren es, die sich in den Fußhügeln der Berge herumtrieben und Captain Walker die größte Sorge bereiteten. Seit Wochen sahen sie die Rauchzeichen über den Hügeln aufsteigen, und je weiter sie nach Westen vordrangen und sich den Bergen näherten, desto größer wurde die Gefahr, in einen Hinterhalt zu geraten oder im Lager überfallen zu werden.

»Wenn sie nur endlich angreifen würden, damit ich mir ein paar Ohren an den Gürtel hängen kann«, sagte Jack Miller. »Hast du den Schrei auch gehört, Dutchy?«

»Ein Kojote«, sagte Jake. »Nichts sonst. Wetten, daß du einen lausigen Kojoten in deiner Falle hast?« Jake zeigte zu Curly hinüber, der in der warmen Asche eines erloschenen Feuers lag. »Der Hund würde Apachen riechen.«

Das war einleuchtend. Jack Miller beruhigte sich.

Jake richtete sich etwas auf.

»Ich seh mich mal um«, flüsterte er Conner zu.

»He, bleib lieber hier! Curly ist aufgewacht.«

Curly schüttelte sich die Asche aus seinem gekrausten Fell. Es war ein mittelgroßer Bastard, der ihnen in Santa Fé zugelaufen war. Curly hatte ein Kämpferherz und den Mut eines Löwen. Seit er bei der Expedition war, erfreute er die Männer immer wieder durch Zweikämpfe mit Kojoten, die in die ausgelegten Biberfallen geraten waren. Nur einmal hatte er Mühe gehabt, als ein großer Rüde mit einem Vorderlauf in die Schnappfalle geraten war. Trotz der Anfeuerungsrufe der Männer konnte er seine Haut nur retten, weil Jack Swilling seinem Gegner das stumpfe Ende einer Axt auf den Schädel schmetterte. Natürlich verlor Swilling das Geld, das er auf einen Sieg Curlys gesetzt hatte.

Jake gab mit der Zunge ein schnalzendes Geräusch von sich. Curly stellte sein Ohr, wedelte mit dem Schwanz und kam zu ihm. Jake kraulte ihn am Hals und redete leise auf ihn ein. Curly schien Jake zu verstehen. Er folgte ihm durch die Büsche, am Rand der Senke entlang und eine Anhöhe hinauf. Jake wußte, wo Jack Miller seine Falle ausgelegt hatte. Er meinte, der Schrei sei aus dieser Richtung gekommen. Aber während er sich langsam und geduckt der Stelle näherte, wurde er unsicher. Er blieb stehen und wunderte sich über das seltsame Verhalten von Curly, der leise, winselnde Laute von sich gab. Wäre ein Kojote in der Falle gewesen, hätte Curly anders reagiert. Er haßte nichts mehr als Kojoten, besonders seit er nur noch ein Ohr hatte.

Jake konnte das Lager in der Senke nicht sehen. Er dachte daran, zurückzugehen, aber dann wäre er zum Spott der Männer geworden. Er nahm das Gewehr fester in die Hand und ging langsam weiter. Am Rande eines ausgetrockneten Grabens, der von einer steilen Böschung herunterführte, legte sich Jake auf den Bauch. Mit dem Hund hinter sich, kroch er durch ein Dickicht, an dem gelbe, schrumpelige Beeren hingen. Plötzlich vernahm er das Klirren einer Kette. Er stemmte sich etwas hoch und traute seinen Augen nicht, als er den Jungen sah, der im Graben kauerte und ihn aus großen, ängstlichen Augen anstarrte.

Jake sprang auf und richtete sein Gewehr auf den Jungen, der beide Hände erhoben hatte.

»Wer bist du?« fragte Jake. In der Aufregung redete er deutsch, ohne es zu merken.

Der Junge hockte am Boden. Die Steine um ihn herum waren voll Blut. Sein rechter Fuß war in ein Stück schmutziges Tuch gewickelt. Millers Schnappfalle hing noch an der Kette, aber der Stock, an dem sie festgemacht war, steckte nicht mehr im Boden. Der Köder, ein großes Stück vom Fleisch des am Vortrag geschlachteten Maultiers, lag unberührt zwischen den Steinen.

»Apache?« fragte Jake atemlos. »Apache?«

Der Junge schüttelte den Kopf.

Vor einigen Wochen war der Junge den Apachen in die Hände gefallen. Er war Mexikaner und konnte kein Englisch. Auf spanisch erzählte er, wie er während des Gewitters am Tag zuvor das Lager der Apachen verlassen hatte. Er war einfach davongelaufen, ohne daß seine Flucht bemerkt worden war. Seine furchtbaren Schmerzen wurden erst erträglicher, nachdem ihm Swilling etwas Laudanum eingegeben hatte.

Miller brachte dem Jungen in einer Blechtasse Whiskey. Ein anderer trug ihn zum Lager und legte ihn auf einige Decken.

»Wie heißt du, mein Junge?« fragt Jack Swilling in holprigem Spanisch. »Qué es tu nombre, chico?«

»Juan«, preßte der Junge hervor. »Martinez.« Er richtete sich auf und starrte Joseph Reddeford Walker an, der sich über ihn gebeugt hatte. Er hatte seinen Fellmantel ausgezogen und die Brille mit den kleinen runden Gläsern auf die Nase gesetzt. Das Gesicht des alten Mannes war finster. Jake Schneiders Alleingang ärgerte ihn, und auch die Männer wußten, daß darüber das letzte Wort noch nicht gesprochen war.

Vorsichtig löste Walker den blutigen Stofflappen vom linken Fuß des Jungen. Die stählernen Schnappbügel der Falle hatten ihm die Zehen derart zerquetscht, daß sie amputiert werden mußten. Da sich sonst niemand bereit erklärte, führte der alte Mann die Operation selber durch. Er band dem Jungen das Bein über dem Knie ab und ließ ihn auf ein Stück Holz beißen, während er mit seinem Bowiemesser einen Zeh nach dem anderen sorgfältig vom Fuß trennte. Zwei Männer hielten den Jungen fest, bis er in Ohnmacht fiel und nichts mehr spürte. Walker arbeitete schnell und sicher. Mit der Messerspitze entfernte er Knochensplitter. Dann bestreute er die Wunden mit dem Pulver aus einigen Patronen und zündete es an. Die Schmerzen rissen den Jungen aus der Ohnmacht, und einer mußte sich ihm auf die Brust setzen, um ihn niederzuhalten.

Walker bestrich einen Lappen dick mit Zinksalbe und machte daraus einen Verband. Dann stand er auf, steckte die Brille ein und wischte seine Hände an der Hose ab. Die Morgensonne hatte eine Lücke in den Wolken gefunden. Kaltes Licht floß von den Hügeln in die Senke hinein. Über den Wäldern im Norden waren jetzt die verschneiten Berge zu sehen.

»In einer Stunde brechen wir auf«, sagte Walker. »Wir nehmen den Jungen mit. Mister Schneider wird ihm sein Reittier zur Verfügung stellen.«

Jake Schneiders Gesicht rötete sich etwas, aber er wagte nicht, Walker zu widersprechen. Er wußte selbst, daß der Erfolg dieses Unternehmens vor allem von Walker abhing. Als die Expedition sich in Bewegung setzte, war er der einzige, der sein Maultier an den Zügeln führte. Im Sattel saß Juan Martinez, halb ohnmächtig, wimmernd vor Schmerzen und unfähig, sich selbst zu halten. Jake hatte ihn mit einem Seil festgebunden.

Kurz nach Mittag erreichten sie eine ausgefahrene Wagenstraße, die nach Norden führte. Walker, der in Fort Graig Erkundigungen eingezogen hatte, wußte, daß sich auf einer Ebene östlich San Vicente Arroyos, ungefähr sechzehn Meilen südlich von Pinos Altos, das verlassene Fort McLane befand. Die Militärstation war im Jahr 1860 bei Ausbruch des Bürgerkrieges errichtet und ein Jahr später, als die Südstaatentruppen einmarschierten, aufgegeben worden. Am Spätnachmittag entdeckte Jack Swilling, der ein Stück vorausritt, die Ruinen des Forts.

Walkers Expedition hatte an diesem Januartag des Jahres 1863 nur knapp zehn Meilen zurückgelegt. Es lag vor allem am Gelände, das stetig anstieg und den erschöpften Maultieren die letzten Kräfte abverlangte. Für Jake Schneider waren die zehn Meilen mehr, als seine Füße tragen konnten. Die Sohlen seiner Stiefel waren durchgelaufen, und seine Füße waren mit Blasen bedeckt. Trotzdem verrichtete er auch an diesem Abend die Arbeit, die ihm zugeteilt war. Als jedoch Dan Conner in seiner Nähe Feuerholz sammelte, hielt Jake kurz inne und ballte die Faust.

»Eines Tages zahle ich ihm alles heim!« knurrte er in seinem harten, kaum verständlichen Englisch. »Eines Tages trete ich ihm ganz einfach in den Arsch.«

Conner grinste.

»Du bist ein Idiot, Dutchy«, sagte er. »Dieser alte Mann führt uns zum Gold, und bevor der nächste Winter kommt, sind wir alle reiche Leute.«

So war es. Die Männer träumten vom Gold. Sie wären Walker in die Hölle gefolgt. Die meisten hatten irgendwo ein Leben zurückgelassen, das ihnen nicht gut genug war, und alle hatten diesen großen Traum. Er machte sie duldsam und trotzig, aber auch stark. Er trieb sie an, wenn sie müde waren, und er ließ sie nach neuen Wegen suchen, wenn es schien, als wären sie am Ende. Sie litten Durst und Hunger, trotzten Hitze und Kälte. Sie waren besessen von diesem

Traum, und keiner zweifelte daran, daß er eines Tages Wirklichkeit werden würde, auch Jakob Schneider nicht, den die anderen Jake nannten oder Dutchy.

Jake war achtundzwanzig Jahre alt und hatte in Kalifornien eine Frau zurückgelassen und zwei Kinder, eine alte Bretterhütte und einen Wagen mit gebrochener Achse. In einer dunklen Nacht hatte er einem Chinesen ein Brett über den Kopf geschlagen und ihm das Geld abgenommen, das er brauchte, um ein Maultier und Ausrüstung zu kaufen. Er hatte ein bißchen Geld auf den Küchentisch gelegt, dazu einen Zettel: »Komme zurück, Jakob«, und hatte sich Joseph Reddeford Walker angeschlossen. Seither war mehr als ein Jahr vergangen, und die Erinnerung an das, was er zurückgelassen hatte, verblaßte mit jedem Tag ein bißchen mehr.

Auch diesen ganzen Tag über hatten die Männer Rauchzeichen aufsteigen sehen. Längst war es klar, daß sie auf Schritt und Tritt von den Apachen beobachtet wurden.

Joseph Reddeford Walker wußte nicht, um welchen Apachenstamm es sich handelte und von welchem Häuptling er angeführt wurde. Man hatte ihn in New Mexico vor Mangas Coloradas gewarnt und vor Cochise, zwei Apachenführern, deren Namen nur erwähnt werden mußten, um die vorwiegend mexikanische Bevölkerung im Tal des Rio Grande in Angst und Schrecken zu versetzen. Er hatte vom Überfall am Apache-Paß gehört, bei dem Unionstruppen, die von Kalifornien auf der Südroute durch das Land marschierten, um das New-Mexico-Territorium aus den Klauen der Sezessionisten zu befreien, von einer gewaltigen Übermacht der Apachen angegriffen wurden. Nach einem kurzen, aber heftigen Gefecht um die einzige Quelle am Paß gelang es den Truppen, den Feind zu besiegen, wobei der gefürchtete Mangas Coloradas von einer Kugel des Soldaten John Teal getroffen worden war. Dieser Kampf hatte rund einhundert Meilen weiter westlich in den Chiricahua Mountains stattgefunden, am 15. Juli 1861, also vor einem Jahr und sechs Monaten.

Swilling war überzeugt, daß Mangas Coloradas die Apachen anführte, und als nun die Expedition in Fort McLane das Lager einrichtete, bestätigte sich seine Vermutung. Während er dem erschöpften Jungen den Fieberschweiß von der Stirn wischte und ihm anschließend etwas von dem brackigen Wasser aus seiner Blechflasche zu trinken gab, fragte er ihn über die Apachen aus, die ihn gefangengenommen hatten.

Juan, der nur kurze Zeit bei ihnen gewesen war, wußte immerhin, daß es sich um Mimbreno-Apachen handelte und daß ihr Anführer Mangas Coloradas war. Er beschrieb Mangas als einen hünenhaften Mann, den er nur selten gesehen hatte, obwohl er sich die meiste Zeit im Lager befand und sich nicht an den Streifzügen seiner Krieger beteiligte.

»Der offizielle Rapport von Captain Roberts besagt, daß Mangas in der Schlacht vom Apache-Paß schwer getroffen wurde«, sagte Swilling zu Walker. »Es heißt, daß seine Krieger ihn wegschaffen mußten, weil er selbst nicht mehr dazu fähig war. Kann gut sein, daß er auch jetzt noch unter seiner Verletzung zu leiden hat.«

»Frag ihn, wie viele Krieger Mangas bei sich hat.«

»Cuántos guerreros están con Mangas Coloradas?«

Der Junge überlegte. »Doscientos, màs o menos«, flüsterte er dann. »Hay màs mujeres y niños.«

»Zweihundert Krieger ungefähr. Etwas mehr Frauen und Kinder.«

»Keine Chiricahua von Cochise?«

»No Cochise«, sagte Juan mühsam. »Mangas Coloradas. Delgadito es el segundo. Y Victorio.«

»Cochise ist nicht da«, übersetzte Swilling. »Es scheint, daß sich der alte Schurke einen Mann zum Unterhäuptling ausgesucht hat, den sie Delgadito nennen. Und Victorio. Habe den Namen noch nie zuvor gehört, Captain. Mangas ist etwa sechzig Jahre alt, vielleicht älter. Lange wird er es so oder so nicht mehr machen, aber für ihn steht schon ein anderer bereit, und ich zweifle nicht daran, daß dieser Victorio ein genauso übler Bursche ist wie Mangas.«

»Vielleicht wäre Mangas bereit, einen kleinen Handel einzugehen«, schlug Sam Miller vor, einer jener Männer, die sich der Expedition in Kalifornien angeschlossen hatten. Sam und Jack Miller gehörten zu den zuverlässigsten Begleitern Walkers, und wann immer über wichtige Dinge beraten wurde, setzten die Miller-Brüder sich mit dem Captain, mit George Lount und Jack Swilling zusammen, um die Lage zu besprechen.

»Ich glaube nicht, daß der alte Schurke bereit wäre, uns einfach ziehen zu lassen«, wandte Jack Swilling ein. »Ganz abgesehen davon gibt es nichts, was wir ihm anzubieten hätten. Wir brauchen die Maultiere, die Waffen und die Ausrüstung selber. Unser Proviant ist knapp. Bis Tucson ist es ein weiter Weg; es wird nicht möglich sein, uns vorher mit Dingen einzudecken, die fürs Weiterkommen notwendig sind.«

»Wir könnten ihm unsere Freundschaft anbieten«, sagte George Lount. »Wir könnten ihm sagen, daß er keinen Ärger kriegt, wenn er uns in Ruhe läßt, und daß es ihm und seinen Leuten übel ergehen würde, falls er uns angreift. Wir müssen ihm klarmachen, daß sich ein Krieg mit uns nicht lohnt. Nicht für ihn und nicht für uns.«

Jack Swilling beugte sich über den Jungen, der keuchend auf den Decken lag und von heftigen Schmerzen gepackt wurde. »Wo ist das Lager der Mimbreno?« fragte er ihn. »Donde está la rancheria de los Apaches?«

»No está lejos de Pinos Altos«, keuchte der Junge.

»In der Nähe von Pinos Altos«, sagte Jack Swilling und richtete sich auf. »Das ist nicht weit von hier, und der Teufel soll mich holen, wenn ich da nicht auf eine glorreiche Idee gekommen bin, Captain.« Er grinste in die Runde. »Wir haben keinen Tabak zu verschenken, nicht? Wir haben keine Gewehre, keinen Proviant und nichts, was wir eintauschen könnten, um unbehelligt durch die Berge zum Gila River zu gelangen. Alles, was wir haben, ist dieser mexikanische Junge hier, den wir nicht mitnehmen können, weil er zu schwach ist mit seiner Verletzung.«

Swilling hatte plötzlich einen verschlagenen Ausdruck im Gesicht. Die Männer erkannten, daß er ernst meinte, was er sagte.

George Lount schüttelte ungläubig den Kopf. »Du würdest diesen Bestien den Jungen ausliefern, obwohl du am besten wissen müßtest, was mit ihm passiert, wenn er noch einmal in ihre Hände gerät? Swilling, deine Seele muß so schwarz sein wie ein Rabenflügel.«

»Mit meiner Seele hat das nichts zu tun, lieber Freund«, entgegnete Swilling kalt. »Das ist eine Sache des Verstandes. Wir wollen dorthin« – er zeigte mit dem Daumen nach Westen – »und bis jetzt hat mir keiner gesagt, wie wir das schaffen können, ohne von den Apachen massakriert zu werden.«

»Das Leben des Jungen für das Wort eines Apachen, das sowieso nichts taugt!« entgegnete George Lount und spuckte einen Strahl Tabaksaft in das kleine Feuer, an dem die Männer saßen.

»Das Leben des Jungen gegen unser Leben.« Jack Swilling warf einen Blick auf den Verletzten. »Wir können ihn nicht mitnehmen, zum Teufel! Und wenn wir ihn zurücklassen, fallen entweder die Kojoten über ihn her oder die Apachen. Wenn er Pech hat, krepiert er ganz langsam, weil er nichts zu essen hat und zu trinken und keine Kraft, sich selbst vorwärtszubewegen.«

»Es wäre höchst unmenschlich, ihn an die Apachen auszuliefern«, sagte Lount ärgerlich.

»Nicht unmenschlicher, als ihn einfach zurückzulassen!« Jack Swilling stand auf und warf den feuchten Lappen, mit dem er das Gesicht des Jungen abgewischt hatte, zu Boden. »Ihr könnt darüber denken, wie ihr wollt. Aber eines laßt euch gesagt sein: Sentimentalität ist hier fehl am Platze. Dieser Junge hatte Pech. Er wird so oder so nicht am Leben bleiben. Er könnte uns in wenigen Tagen an Wundbrand wegsterben, wenn wir ihn mitnehmen würden. Hast du schon mal einen Mann an Wundbrand sterben sehen, George? Und was weißt du schon, was die Apachen mit ihm machen? Du hast keine Ahnung. Ich kenne Mexikaner, die von Apachen gefangen wurden und kurze Zeit später mit den Kriegern auszogen, um die eigenen Leute zu massakrieren. Stimmt's etwa nicht, Captain?«

Walker hob den Kopf. Der Blick aus seinen dunklen Augen traf Jack Swilling.

»Warum sollte Mangas an einem Gefangenen interessiert sein, der halbtot ist, Jack?«

»Ich habe nicht gesagt, daß er an ihm interessiert ist, Captain. Ich habe gesagt, daß der Junge das einzige ist, was wir Mangas anzubieten haben. Aber George kommt vielleicht auf eine bessere Idee.«

»Ich muß zugeben, daß ich seinen Plan für nicht so abwegig halte, wie er sich anhört.« Walker wandte sich an Lount. »George, wir haben eigentlich gar keine Wahl, nicht wahr?«

»Dann lassen wir den Jungen aus dem Spiel, reiten nach Pinos Altos hoch und laden Mangas zu einem Palaver ein.«

»George, wir haben es hier mit Wilden zu tun! Außerdem halte ich Mangas Coloradas nicht für einen Narren, der durch gutes Zureden zu beruhigen ist.«

»Richtig, Captain!« Jack Swilling setzte sich wieder hin. Der Junge krümmte sich unter den Decken zusammen und wimmerte leise. Swilling beugte sich über ihn und legte ihm die Hand auf die Stirn. »Er hat hohes Fieber. Trotz des Laudanums. Wahrscheinlich eitert die Wunde und –«

»Warum bringst du ihn nicht einfach um?!« unterbrach ihn George Lount. »Herrgott noch mal, du kannst tun, was du willst, Swilling, aber mit meiner Hilfe brauchst du nicht zu rechnen.«

Swilling hob die Schultern. »Ich brauche nicht mehr als sieben oder acht Leute. Wenn wir zu viele sind, werden sie mißtrauisch. «

»Was hast du vor, Jack?« fragte Joseph Reddeford Walker ruhig. Jack Swilling holte tief Luft. Er wußte, daß die anderen seinen Plan kaum unterstützen würden. Dennoch – es gab auch hier genug Männer, die bereit waren, Himmel und Hölle herauszufordern, wenn dies notwendig war.

»Ich werde versuchen, den alten Schurken gefangenzunehmen, Captain«, sagte Jack Swilling nach kurzem Zögern. »Und wenn wir ihn haben, nehmen wir ihn so lange mit, bis wir in Sicherheit sind. Das ist es, was ich vorhabe, Captain, und der Teufel soll mich holen, wenn es mir nicht gelingt. «

»Du bist verrückt, Swilling! Rund zweihundert Apachen belauern uns auf jedem Schritt, und du willst nach Pinos Altos hochreiten und Mangas Coloradas gefangennehmen?« George Lount lachte auf. »Ich glaube nicht, daß du auch nur einen Mann findest, der dich begleiten würde. «

»Du irrst dich, George«, sagte Walker. »Ich werde Jack die Erlaubnis geben, sich die Freiwilligen auszusuchen, die er haben will. Ich selbst bin nicht bereit, mitzugehen und mein Leben aufs Spiel zu setzen. Denn ich führe diese Expedition und habe es mir nun einmal in den Kopf gesetzt, sie ans Ziel zu bringen. Jack ist ein erfahrener Mann. Er kennt sich mit Apachen aus und weiß, mit wem er es zu tun hat. «

»Trotzdem ist es ein Himmelfahrtskommando, Captain!« erwiderte George Lount. »Ganz abgesehen davon, daß dieser Junge, nach allem was er durchgemacht hat, ein besseres Los verdient. «

Joseph Reddeford Walker nahm den Hut vom Kopf und fuhr sich mit gespreizten Fingern durch das strähnige Haar.

»Das Schicksal dieses Jungen liegt nicht in unserer Hand, George«, sagte er, und es klang fast, als wollte er mit einem Gebet anfangen. »Die Apachen haben seine Leute umgebracht und ihn verschleppt. Er ist ein Opfer des Krieges, und ich will verdammt sein, wenn ich schuld an diesem Krieg habe, nur weil ich nicht selbst vor die Hunde gehen will. Überlegt euch lieber, was wir tun, falls Jacks Plan schiefgeht. Wir sind dreißig Männer. Draußen gibt es mehrere hundert, vielleicht über tausend Apachenkrieger der Mimbreno, Chiricahua, Coyotero und anderer Stämme. Überlegt euch, wie groß unsere Chance ist, jemals den Gila River zu erreichen, wenn sich diese

Barbaren zusammentun und wie Wölfe über uns herfallen.« Walker brach ab. In den Gläsern seiner Brille tanzten die Flammen des Lagerfeuers. Der Reihe nach sah er die Männer an. Dann setzte er sich den Hut auf den Kopf und lehnte sich gegen eine halbzerfallene Mauer. Wäre ich ein paar Jahre jünger, dachte er, und hätte ich nicht die Verantworung für diese Männer, die mir tausend Meilen gefolgt sind und mir ihr Leben anvertraut haben – ich würde Jack begleiten. Und diesen Mangas Coloradas würde ich mir persönlich an die Kette legen.

Für eine Weile sagte keiner der Männer ein Wort. Dann stand Sam Miller auf und spuckte ins Feuer. »Ich bin dabei, Jack«, sagte er. »Was ist mit dir, Bruder?«

Jack Miller rieb seine Hände über dem Feuer. »Ich hätte nie gedacht, daß es hier im Süden so kalt ist«, sagte er. »Nun, schon deshalb komme ich mit, Bruder. Mir wird nämlich ganz warm ums Herz, wenn ich daran denke, daß ich mir den Skalp von Mangas Coloradas an den Gürtel hängen kann.«

Jack Swilling legte ein Stück Holz ins Feuer. Es war jetzt fast dunkel. Der Wind hatte die Wolken vertrieben, der Mond schien. Die Mauerreste des Forts warfen lange Schatten über den Platz. Die Männer hatten die Maultiere entladen und sie auf der Ebene weiden lassen. Drei kleine Feuer brannten. Da sich das Lager von Mangas Coloradas in der Nähe befand, wurden Vorkehrungen getroffen, um einer plötzlichen Gefahr zu begegnen. Walker teilte Doppelwachen ein, die das Lager ohne Unterlaß umschritten. Außerdem wurden die Packen so angeordnet, daß sie zwischen den einzelnen Mauerstücken der Ruinen eine Brustwehr bildeten. Die Nacht blieb ruhig, und auch während der nächsten Tage, die Walkers Expedition im Fort McLane verbrachte, ereignete sich nichts Auffälliges.

Die Männer benutzten die Pause, um ihre Ausrüstung in Ordnung zu bringen und sich für den Weitermarsch vorzubereiten. Swillings Plan stand im Mittelpunkt der Gespräche, während sich der Zustand von Juan Martinez zusehends verschlechterte – ein sicheres Zeichen dafür, daß er Wundbrand hatte und kaum überleben würde.

In der dritten Nacht weckte Abner French die schlafenden Männer durch einen Warnruf. French, der mit Henry Cummings auf Wache war, hatte auf dem Rundgang plötzlich Hufschläge gehört. Sie kamen von der Straße her, die von Süden nach Fort McLane führte, und mußten von beschlagenen Pferden stammen, die im Schritt gingen.

Walker befahl den Männern, hinter den Packen und niederen Mauern in Deckung zu gehen und die Gewehre schußbereit zu halten. Alle Feuer wurden gelöscht. Rauch trieb über den Platz. Der Hufschlag wurde lauter. Gebißketten klirrten. Stimmen drangen durch die Nacht. Sattellederknarrte.

»Das sind keine Rothäute«, flüsterte Dan Conner, der neben Jake Schneider zwischen rußgeschwärzten Trümmern hinter einer Mauer kniete. »Das müssen Weiße sein.«

Bevor Jake ihm die Antwort geben konnte, tauchten die Reiter auf. Zuerst waren nur dunkle Umrisse zu erkennen, Männer, die Hüte trugen und auf großen Pferden saßen. Sie hielten sich in Zweierreihen, und als sie aus dem Schatten der Hügel in das Licht des Mondes ritten, glänzten an Pferden und Reitern Metallteile auf. Der Wind trug Worte in englischer Sprache herüber.

»Soldaten«, sagte Jake ungläubig. »Das sind Soldaten, Dan!«

»Yankees«, flüsterte Dan Conner, der als Sympathisant der Südstaaten Colorado fluchtartig verlassen und sich Walkers Expedition angeschlossen hatte. Er hatte Repressalien befürchtet, nachdem die Union Colorado und das New-Mexico-Territorium unter ihre Kontrolle gebracht hatte.

Der Zug der Soldaten hielt an, als ein Mann an der Spitze bemerkte, daß die Ruinen von Fort McLane besetzt waren.

Ein Uniformierter und ein Zivilist ritten etwas näher heran. Als plötzlich Walker hinter einer Brustwehr aus Packen auftauchte und sein Gewehr auf sich richtete, zügelten sie ihre Pferde.

»Das ist nahe genug, Gentlemen!« rief Walker den beiden Reitern zu. »Mein Name ist Joseph Reddeford Walker, und ich habe hier mehr als dreißig verdammt scharfäugige Männer, von denen ich selten ein gutes Wort über euch Yankees zu hören bekommen habe. Wer seid ihr, und was wollt ihr hier?«

Der Mann in der dunklen Uniform richtete sich im Sattel auf.

»Captain Walker, Sie sind mir als ehrbarer Mann bekannt und nicht als ein Anführer von Heckenschützen. Man hat uns mitgeteilt, daß sich ihre Expedition auf dem Weg nach Arizona befindet: General West rechnete damit, Ihnen zu begegnen.«

»California Volunteers«, grinste Jack Swilling. »Herrgott, eine bessere Gelegenheit kriegen wir nie mehr, diese Yankees in die Hölle zu befördern.«

»Jack, ich dachte, wir seien uns einig, daß es sich bei unserer

Expedition um ein privates Unternehmen handelt und daß uns der Krieg nichts angeht«, ermahnte Walker den Mann, der als Lieutenant bei den Texas Volunteers Dienst getan hatte.

Walker spürte die Erregung seiner Männer und die Gefahr, die von ihr ausging. Entschlossen stieg er über die Packen hinweg und ging den Soldaten ein Stück entgegen.

»Wo ist General West?« fragte er, als er stehenblieb.

»Wir sind seine Vorhut«, sagte der Mann in der Uniform. »Und ich bin Captain Shirland. Wir sind den ganzen Tag geritten, da Mister Cooley, unser Führer, von eurer Anwesenheit berichtet hat.«

Cooley, der Mann neben Captain Shirland, saß auf einem Maultier. Er trug keinen Hut, und das Licht des Mondes lag auf seinem flachen Gesicht mit dem dunklen Bart.

»Gut, euch zu sehen, Walker«, sagte Cooley. »Eigentlich rechneten wir damit, irgendwo auf eure Gebeine zu stoßen. Es wimmelt in der Gegend von Apachen, Chiricahua und Mimbreno.«

»Wir sind bis jetzt ohne Schwierigkeiten vorangekommen«, sagte Walker. »Aber es sieht alles danach aus, als ob sich das bald ändern würde. Mangas Coloradas, der alte Schuft, scheint persönlich daran interessiert zu sein, uns die Hölle zu bereiten.« Walker senkte das Gewehr, das er bis jetzt wie zufällig in Richtung der Soldaten gehalten hatte. »Captain, im Namen meiner Männer möchte ich Sie und Ihr Kommando in Fort McLane willkommen heißen. Bequemlichkeit wird hier allerdings nicht geboten, außerdem schlage ich vor, daß Sie und Ihre Soldaten sicherheitshalber etwas abseits von meinem Lager kampieren, damit wir uns nicht in die Haare geraten.«

Captain E. D. Shirland erteilte den Befehl, auf der anderen Seite der Ruine zu lagern. Ein Sergeant übernahm das Kommando und Shirland, ein großer, hagerer Mann mit einem dünnen Oberlippenbart, schwang sich aus dem Sattel. Er klopfte den Staub aus dem Uniformmantel und folgte Walker mit Corydon Cooley zum Platz zwischen den Ruinen, finster beobachtet von Walkers Männern.

Eines der Feuer wurde wieder entfacht, während Walker die beiden zu einer Lagebesprechung einlud, an der auch Jack Swilling teilnahm. Shirland berichtete, General Joseph R. West sei von Mesilla, einer Stadt am Rio Grande, aufgebrochen, um in einem großangelegten Feldzug die Gila-Apachen zu vernichten. General Carleton, der Kommandant des New-Mexico-Territoriums, hatte Truppen unter Colonel Christopher Carson gegen die Mescalero und die Navajo ins

Feld geschickt, während hier, im Süden des Territoriums, General West das Indianerproblem lösen sollte. »Es freut mich, Ihre Expedition wohlbehalten vorzufinden, Captain Walker«, schloß Shirland seinen Bericht. »Welches sind Ihre Pläne für den Weitermarsch?«

»Wir dachten daran, in nordwestlicher Richtung weiterzuziehen, bis wir zum Gila River stoßen«, sagte Walker. »Dann folgen wir dem Fluß, marschieren durch den Doubtfull Canyon und umgehen den Apache-Paß. Mister Swilling hat einen Plan, der uns die sichere Passage garantiert.« Walker wandte sich an Jack Swilling, der sein Gewehr über den Knien liegen hatte und Captain Shirland anstarrte, als wollte er ihm im nächsten Moment an die Kehle fahren.

»Jack, wenn du aufhören würdest, die Zähne zu fletschen, könntest du dem Captain vielleicht erklären, worum es geht.«

Jack Swilling spuckte aus. »Warum nicht«, sagte er grimmig, ohne Shirland aus den Augen zu lassen. »Wie wär's mit einem Ausritt morgen früh? Es würde mich freuen, einen kleinen Yankee-Captain an meiner Seite zu haben, wenn wir Mangas Coloradas eine Lektion erteilen, die er nie mehr vergessen wird.«

Captain Shirland schmunzelte über die offene Herausforderung. »Schießen Sie los, Mister Swilling«, sagte er ruhig. »Den Umständen entsprechend wäre ich vielleicht tatsächlich bereit, mit einem Rebellen gemeinsame Sache zu machen.«

»Sie könnten dabei leicht zum Helden werden, Captain«, warnte George Lount. »Ich habe mir sagen lassen, daß Narren und Helden meistens aus demselben Holz geschnitzt sind.«

Walker lachte und bot Shirland seinen Tonkrug an, aber der lehnte ab, da er seit dem frühen Morgen noch nichts gegessen hatte. »Wir sind knapp an Proviant, Walker, da der Nachschub erst mit unserer Hauptmacht folgt.«

»Wie wär's dann mit Maultierfleisch, Captain? Wir haben genug, um Ihre Männer zu versorgen, nicht wahr, Jack?«

»Vielleicht hätten wir die Innereien aufheben sollen«, sagte Jack Swilling, aber er grinste dabei, und die Schärfe war aus seiner Stimme gewichen. Während Walker einige Männer anwies, Fleisch von dem am Vortag geschlachteten Maultier an die Soldaten abzugeben, erläuterte Swilling dem Captain, was er vorhatte. Shirland hörte sich alles in Ruhe an, stellte ein paar Fragen und erklärte sich zur Überraschung von George Lount bereit, Swilling und seine Freiwilligen mit einigen seiner eigenen Leute zu begleiten.

Jack Swilling triumphierte, als habe er eine Schlacht gewonnen, und Walker war froh, daß diese zweifellos heikle Angelegenheit durch die Beteiligung der Unionsarmee einen offiziellen Charakter erhielt. So konnte ihm später niemand am Zeug flicken.

Was niemand erwartet hatte, wurde in dieser eiskalten Nacht Wirklichkeit. Während im ganzen Land der blutige Bürgerkrieg tobte, feierten Yankees und Rebellen einträchtig die Gefangennahme von Mangas Coloradas, obwohl diese erst am nächsten Tag stattfinden sollte. Die Soldaten aßen Maultierfleisch und tranken Whiskey, und niemand dachte mehr daran, sich aufs Ohr zu legen.

Captain Shirland stellte am nächsten Tag einen kleinen Trupp zusammen, der aus dem ortskundigen Führer Corydon Cooley, einem Sergeanten und zwölf Männern bestand. Er selbst übernahm das Kommando, und in den frühen Morgenstunden des 18. Januar 1863 machten sie sich auf den Weg nach Pinos Altos, um einen der gefürchtetsten Apachenhäuptlinge zu überwältigen und gefangenzunehmen.

Mangas Coloradas

Ich unterhielt mich oft mit Mangas Coloradas, dem Oberhäuptling aller Apachen, wie er sich selbst nannte . . . Er drückte wiederholt seinen ernsthaften Wunsch aus, mit den Amerikanern Frieden zu schließen, und sprach in höchster Achtung von deren Mut und Wissen, wollte aber nicht verstehen, daß wir Amerikaner die Mexikaner in Schutz zu nehmen hätten . . . Zweifellos hat er einen starken Einfluß auf verschiedene Stämme der Apachen, denn er ist ein Mann von ausgeprägtem Menschenverstand und scharfsinnigem Urteilsvermögen. Er hat nichts von der Wildheit, die seine Erscheinung vermuten lassen könnte und die ihm wegen seiner Taten und der vagen Gerüchte über ihn nachgesagt wird. Ponce und Delgadito sind ebenfalls Männer von überdurchschnittlichen Charaktereigenschaften, wie auch von Intellekt und Einfluß. Bis jetzt allerdings wurden sie von den Bewohnern dieses Landes als grausame und entwurzelte Wilde betrachtet und dieser Ansicht entsprechend bei jeder Gelegenheit auf die übelste Weise behandelt. Es wurden keine Versuche unternommen, sich mit ihnen zu einigen, im Gegenteil, man forderte ihr feindseliges Verhalten und ihre Verbitterung durch eine Reihe schändlichster Ungerechtigkeiten geradezu heraus.

Bartlett in einem Brief vom 19. Februar 1852

Kahita und Lozen beobachteten die Weißaugen, als sie aus der Abendsonne kamen, die hinter Pinos Altos unterging. Die Weißaugen hatten ihre Maultiere zurückgelassen. Es waren nur sechs Männer, und Nana sagte, daß man sie leicht töten könnte. Das stimmte vielleicht, aber in den Schatten der verlassenen Häuser hielten sich andere auf, und weiter entfernt, am Ende des Tages, wo sich die Ruinen der Soldatenstadt befanden, lagerten noch mehr. Kayetennae war zwei Tage zuvor mit einigen Freunden hergekommen und hatte berichtet, es seien noch weit mehr Weißaugen-Soldaten von Osten her unterwegs, mit Wagen und mit großen Donnerrohren auf Rädern, mit vielen Pferden und schwerbeladenen Maultieren. Deshalb wäre es nicht gut gewesen, die Weißaugen zu töten, die eine weiße Fahne an einer Stange trugen und ein Maultier dabei hatten, auf dem der entlaufene Mexikaner festgebunden war.

Die Weißaugen blieben stehen. Einer von ihnen, ein Soldat, schwenkte die Stange mit der Fahne hin und her. Goldene Winkel glänzten an seiner schwarzen Jacke. Es waren noch zwei Soldaten bei ihm.

Drei Weißaugen gehörten zu denen, die wie Bären aussahen. Kahita hatte sie nur einmal gesehen, aber er erinnerte sich an diese drei. Er erinnerte sich an den, der das Maultier führte, einen hageren Mann mit einem schmalen Gesicht, in dem rötliches Haar wuchs.

Lozen bewegte sich. Sie schaute sich nach Mangas Coloradas um, der neben ihrem Bruder Victorio am Boden kniete, hinter einer Brustwehr aus Steinen, die während der letzten Tage zum Schutze des Lagers errichtet worden war. Victorio gab Lozen ein Zeichen, sich still zu verhalten.

Die Sonne stand jetzt so tief, daß Kahita die Augen fast schließen mußte, um noch etwas sehen zu können. Und wie aus dem Nichts kam die Stimme der Weißaugen:

»Mangas Coloradas, venimos en paz y tenemos un regalo!«

Kahite duckte sich etwas, als fürchtete er, die Worte könnten ihn wie Kugeln treffen.

»Die Weißaugen kommen in Frieden, um Mangas zu sehen«, sagte Lozen leise. »Sie haben ein Geschenk mitgebracht. Es ist wie die Geschichte, die Mangas so oft erzählt hat, die Geschichte vom Tod unserer Leute an dieser Stelle hier, vor vielen, vielen Wintern, bevor du auf der Welt warst und sogar bevor ich auf der Welt war.«

Kahita kannte die Geschichte. Er kannte alle vom Volk erzählten

48

Geschichten: die von den Mächten, vom Kojoten und von den Dämonen und auch die Geschichten von der Zeit, da es noch keine Menschen gab. Er hatte diese Geschichten so oft gehört, daß er viele selbst hätte erzählen können, aber dies blieb den Alten vorbehalten, deren Erinnerungen so weit zurückreichten, daß sie den Geschichten Leben geben konnten. Ein Junge konnte das nicht. Ein Junge konnte zuhören, und das war gut so.

Niemand antwortete den Weißaugen. Es gab nichts zu sagen. Lozen drückte die Wange gegen den Schaft des Gewehres. Sie hatte den Finger am Abzug. Kahita wußte, daß sie auf den Mann mit der Fahne zielte, während er den Mann, der das Maultier hielt, aufs Korn nahm.

Langsam ging die Sonne unter. Von den Hängen flossen lange blaue Schatten durch das dürre Gras. Die Spitzen der Yuccablätter glühten, und Kahita sah den Falken über den Wäldern, weit entfernt, fast so weit wie die Berge, auf denen Schnee lag.

»Wir kommen vom Großen Weißen Vater!« rief die Stimme der Weißaugen. »Wir bringen dem Volk der Apachen Frieden, der so lange bestehen soll wie die Berge und die Täler und die Steine unter den Flüssen. Wir kommen zu euch, um euch vor den Mexikanern zu schützen und mit euch gegen sie zu kämpfen! Sie sind eure Feinde, also sind sie auch die unseren!« Die Stimme der Weißaugen verlor sich in den Nachtschatten.

»Leere Worte«, flüsterte Lozen. »Ich würde ihnen nicht trauen. Aber wer weiß, was unser Häuptling tut. Wer weiß, wo seine Mächte geblieben sind, die ihn zu unserem Führer gemacht haben.«

Lozens Worte machten Kahita unruhig. Was war mit ihr? Warum sagte sie Dinge, die so respektlos waren, daß leicht Unglück über sie kommen konnte? Mangas Coloradas war der Chief.

»Apaches!« rief der Mann, der das Maultier hielt. »Amigos! Wir sind Amerikaner, und der Weiße Vater grüßt euch! Hier ist mein Geschenk!«

Der Mann ließ das Maultier los und schlug es mit der Hand, so daß es zu laufen anfing. Es kam über die Ebene auf die Felsbrocken zu, hinter denen die Mimbreno lagen.

Kahita ließ keinen Blick von dem Maultier, das langsamer wurde und dann, nicht weit von den Felsen entfernt, stehenblieb.

»Er ist tot«, sagte Kahita. »Siehst du, der Sklave bewegt sich nicht.«

»Mangas Coloradas! Dieser Mexikaner, der dein Lager verraten hat, ist unser Geschenk!« rief das Weißauge. »Nimm es zum Zeichen des Friedens und der Freundschaft.«

Kahita blickte sich nach dem Häuptling um. Mangas Coloradas erhob sich hinter der Brüstung aus Steinen. Er war ein hünenhafter Mann, der um die Stirn ein rotes Tuch gebunden hatte, das sein langes grausträhniges Haar bändigte. Deutlich war die Narbe zu sehen, dort, wo er von der Kugel des Weißaugen-Soldaten getroffen worden war; eine Vertiefung über dem rechten Brustmuskel, bedeckt von verkrusteter Haut.

Kahita hielt den Atem an. Seine Blicke hingen an Mangas Coloradas, von dem die Leute sagten, daß er sogar den Tod besiegt hatte, und den er aus tiefstem Herzen verehrte. Das Gesicht des Häuptlings war ernst. Das Licht des roten Abendhimmels leuchtete in seinen Augen. Unbewegt blickte er zu den Weißaugen hinüber, aber seine Miene verriet nicht, ob er sie überhaupt wahrnahm.

»Mangas Coloradas, jefe muy grande!« rief der Mann, der das Maultier weggejagt hatte. »Der Große Weiße Vater grüßt dich!«

Kahita glaubte zu erkennen, daß ein Lächeln über die Züge des Häuptlings glitt, wandte sich an seinen Sohn Mangus, der ein junger und erfolgreicher Krieger war und eine Mexikanerin zur Frau hatte.

»Der Sklave gehört deiner Frau, mein Sohn«, sagte Mangas. »Das Geschenk der Weißaugen taugt weniger als ihre Worte, denn sie bringen uns etwas, was uns gehört und nicht ihnen. Ich will das Geschenk nicht!«

Mangus hatte einen Strich mit roter Farbe in sein Gesicht gemalt. Er führte unter seinen Augen hindurch von einer Wange zur anderen und über die Nase. Er besaß ein Gewehr, auf das er sehr stolz war, weil er es einem toten Weißaugen-Soldaten weggenommen hatte. Er legte das Gewehr an und zielte lange. Er drückte erst ab, als das Weißauge wieder zu reden anfangen wollte. Das Maultier brach vorne ein und stürzte schwer, und Mangus jagte über die Steine hinweg wie ein Schatten, das Messer in seiner rechten Hand. Er rannte auf das Maultier zu, nackt bis auf den Lendenschurz und die Mokassins, und sein Schrei erschreckte die Weißaugen mehr als der Schuß. Einige fingen an zu laufen, andere wichen langsam zurück. Nur zwei rührten sich nicht vom Fleck.

Mangus warf sich über das Maultier und erstach den Sklaven. Dann sprang er auf, hob die Faust mit dem Messer und brüllte:

»Esto es mi regalo!« Einen gellenden Kriegsschrei ausstoßend, drehte er sich um und rannte zu seinem Vater zurück, der noch immer aufrecht hinter den Steinen stand.

Die beiden Weißaugen schienen erschrocken und verwirrt und gingen zu dem Haus zurück, wo sich die anderen befanden. Sie verschwanden darin und kamen nicht mehr heraus, denn es wurde jetzt schnell dunkel, und wahrscheinlich hatten sie Angst.

»Wir können sie im Morgengrauen angreifen und alle töten«, sagte Victorio, als sie zum Lager zurückkehrten und nur die Wachen zurückließen. Aber Mangas Coloradas hatte sich anders entschieden.

»Wenn wir sie töten, kommen neue Weißaugen«, sagte er. »Wenn wir mit ihnen Frieden schließen, haben wir im Kampf gegen die Mexikaner Verbündete. Ich werde morgen hingehen und mit ihnen reden, und ich werde erkennen, ob sie die Wahrheit sagen.« Augenzwinkernd fügte er hinzu: »Danach können wir sie immer noch angreifen und töten.«

Kahita konnte nicht schlafen. Es war ihm zu heiß unter der Decke, er schlug sie zurück. Der Wind drückte gegen das Fell am Eingang des Wickiups, und die Kälte kroch durch das Gras, mit dem das runde Astgerüst abgedeckt war.

Es war still im Lager. Schon am frühen Morgen hatten Nana und Mangas Coloradas die Frauen und Kinder in die Hügel geschickt. Einige Krieger, deren Aufgabe es war, über ihr Wohlbefinden zu wachen und sie notfalls zu beschützen, hatten sie begleitet. Es war gut zu wissen, daß sie sich in Sicherheit befanden. Die vielen Fragen waren es, die Kahita keine Ruhe ließen. Er wünschte, Victorio oder der alte Nana hätten ihm erklären können, warum die Mexikaner und die Weißaugen in dieses Land kamen, das Yusn nicht für sie geschaffen hatte. Welche Mächte hatten sich mit den Weißaugen verbündet? Eulen-Mann-Riese vielleicht, von dem Nana erzählte, daß Child of the Water ihn getötet hätte. Kahita wußte nicht, ob es jener Eulen-Mann-Riese war, der von den Vögeln getötet worden war. Wahrscheinlich war es derselbe, denn es konnte nicht zwei von ihnen geben, und vielleicht war es sein Geist, der keine Ruhe fand und deshalb die Weißaugen ins Land brachte.

Am Anfang war White-painted Woman mit Yusn. Sie hatte keine Mutter und keinen Vater. Yusn hatte sie erschaffen und auf die Welt geschickt. Ihr Heim war eine Höhle.

Es gab wenig Menschen auf der Welt, und sie lebten in Angst, denn die Monster ernährten sich von der Jagd auf diese Menschen. Es waren vier Monster. Sie töteten Menschen und fraßen sie. Es waren Eulen-Mann-Riese, Büffel-Monster, die Adler-Monster-Familie und Antilopen-Monster.

Eines Tages fing Eulen-Mann-Riese eine Frau und tat sie in einen Korb. Anstatt sie nach Hause zu nehmen und zu essen, nahm er sie zu einem hohen Felsgrat hoch und ließ sie heraus. »Ich will mit dir Geschlechtsverkehr haben«, sagte er.

»In Ordnung«, sagte die Frau.

»Geh dort hinüber und bücke dich«, sagte er.

Eulen-Mann-Riese stellte sich hinter sie. Als sein Penis hart wurde, stieß er damit die Frau in den Abgrund. Eulen-Mann-Riese wurde furchtbar zornig und sagte: »Dies passiert mir nicht noch einmal!«

Er nahm ein Messer und schnitt das meiste von seinem Glied ab, so daß nur noch ein kleines Stück stehenblieb.

Eulen-Mann-Riese war wirklich furchtbar, aber einige Male entkamen ihm die Leute. Eines Tages gingen zwei Frauen hinaus, um Beeren zu pflücken. Da sahen sie Eulen-Mann-Riese kommen. Sie wußten, daß sie nicht schnell genug davonlaufen konnten. So zogen sie ihre Kleider aus und legten sich hin wie tot. Eulen-Mann-Riese aß nichts, was schon tot war.

Als er die Frauen sah, beugte er sich über sie, drückte an ihren Brüsten herum und spielte mit ihrer Vagina. Nach einer Weile wurde ihm das zu langweilig, und er ging. Die Frauen warteten, bis sie ihn nicht mehr sehen konnten. Dann sprangen sie auf und liefen davon.

An einem anderen Tag pflückten eine Frau und ein Junge Beeren, als Eulen-Mann-Riese kam. Er fing sie ein und tat sie in seinen Korb, um sie nach Hause zu tragen und zu essen. Als er unter einem großen Baum hindurchging, sprangen sie heraus und kletterten auf einen Ast hoch oben im Baum. Nach einer Weile wurde Eulen-Mann-Riese müde, und er setzte sich hin, um auszuruhen. Er öffnete den Korb und sah, daß die Frau und der Junge nur ihren Stuhl zurückgelassen hatten. Er wurde furchtbar wütend und blickte zurück. Da sah er sie laufen, und er hetzte hinter ihnen her. Er war schneller als sie, und sie schrien, während sie so schnell rannten, wie sie konnten.

Die Krötenechse sah sie laufen und sagte: »Wartet! Bleibt stehen. Was ist mit euch beiden los?«

Sie sagten, Eulen-Mann-Riese sei hinter ihnen her, um sie zu töten.

»Hebt mich auf«, sagte die Krötenechse. »Dieser riesige Geselle hat Angst vor mir.«

Sie hoben die Krötenechse vom Boden auf, aber just in diesem Moment hatte sie Eulen-Mann-Riese eingeholt und begann, auf sie einzuschlagen. Da streckte ihm die Frau die Krötenechse entgegen, und es war so, wie diese gesagt hatte: Eulen-Mann-Riese schrie und brüllte und lief davon. Er fürchtete sich vor der Krötenechse.

In diesen Tagen, als die Erde noch jung war, befand sich ein Junge mit dem Namen Killer of Enemies bei White-painted Woman. Er war entweder ihr Bruder oder ihr Sohn. Eulen-Mann-Riese belästigte den Jungen schlimm, versuchte aber nie, ihn zu töten. Eines Tages beobachtete er, wie der Junge zum Fischen ging, und auf dem Rückweg nahm er ihm den Fang weg. Immer wieder ließ er sich neue Schandtaten einfallen, aber Killer of Enemies wehrte sich nie und heulte nur los. Vielleicht taugte er nichts.

Das Leben in jener Zeit war hart, und eines Tages klagte White-painted Woman darüber. Da hörte sie eine Stimme: »Wenn es das nächstemal regnet, mußt du hinübergehen zu dem Platz, wo der Regen einen kleinen Wasserfall macht. Dort legst du dich hin und hältst deine Beine auseinander, so daß das Wasser in dich hineinfließen kann.« Sie tat, wie ihr geheißen war, und als das Wasser in sie eindrang, traf sie viermal der Blitz, und sie war schwanger.

Der Geist sagte zu ihr: »Du mußt dem Kind den Namen Child of the Water geben.« Das tat sie.

Als das Kind geboren wurde, kam der Geist zurück und sagte: »Wenn Eulen-Mann-Riese das Kind findet, wird er es töten und aufessen. Er sucht danach überall und jeden Tag. Du mußt es unter einem Feuer verstecken. Wenn du dieses Kind aufziehen kannst, bis es einen Pfeil abschießen kann, wird es alle Monster töten. Sobald es nach einem Bogen verlangt, schnitzt du ihm einen. Mach dir keine Sorgen, auch wenn es noch sehr klein sein sollte.«

White-painted Woman verbrachte viel Zeit mit Weinen und

Beten, aus Angst, das Kind zu verlieren. Sie versteckte es in einem Loch unter der Feuerstelle vor der Höhle. Jeden Tag nahm sie es heraus, um es zu füttern und es sauberzumachen und mit ihm zu spielen.

Eines Tages sagte ihr die Stimme: »Eulen-Mann-Riese ist auf dem Weg hierher.« Sie hatte gerade noch Zeit, Child of the Water unter dem Feuer zu verbergen, ehe er zu ihrem Lager kam.

»Ich hörte ein Kind weinen«, sagte er. »Gib es mir, damit ich es essen kann!«

White-painted Woman blickte ihn traurig an. »Es ist kein Kind hier. Ich bin es, die geweint hat, weil ich mir so sehr ein Kind wünsche. Deshalb weinte ich wie ein Kind.«

»Laß hören, wie du das tust«, verlangte der Eulen-Mann-Riese.

White-painted Woman bemühte sich sehr, Laute von sich zu geben wie ein schreiendes Kind. Eulen-Mann-Riese war nicht zufrieden, aber er ging trotzdem weg. Danach kam er öfter vorbei.

Ein andermal, als sie Child of the Water unter dem Feuer hervorgeholt hatte und gerade dabei war, es sauberzumachen, hörte sie die Warnung erneut: »Eulen-Mann-Riese kommt!« Sie versteckte Child of the Water unter dem Feuer, aber es war zu spät, um die schmutzigen Tücher zu verbergen.

Eulen-Mann-Riese sah sie sofort. »Hoh, ich dachte mir, daß du ein Kind hast! Das sind Babytücher, voll mit Babyschmutz.«

White-painted Woman fing zu weinen an. »Ich selbst habe die Tücher so beschmutzt, als wären sie von einem Baby«, sagte sie.

»Ich glaube, du lügst mich an«, sagte Eulen-Mann-Riese. »Zeig mir, wie du es gemacht hast.«

White-painted Woman ging zu einer Agave, deren Blütenstengel voller Bienen war. Sie nahm etwas vom Honig und mischte ihn mit dem Saft der Pflanze. Sie tat den Brei neben die Exkremente des Babys auf die Tücher, und Eulen-Mann-Riese konnte keinen Unterschied erkennen. »Ich sehne mich so nach einem Kind«, jammerte White-painted Woman. »Ich tue diese Dinge, so als ob ich eines hätte.« Eulen-Mann-Riese schimpfte und ging weg.

Jedesmal, wenn er vorbeikam, um sich umzusehen, ließ sich White-painted Woman etwas Neues einfallen.

Nach einigen Jahren war Child of the Water noch ein kleiner Junge, aber er hatte keinen Platz mehr unter dem Feuer, und White-painted Woman versteckte ihn im hintersten Winkel der Höhle. Eines Tages brach ein furchtbares Gewitter über das Land herein, mit Blitz und Donnerschlag. Child of the Water blickte aus der Höhle und sagte: »Ich will hinausgehen und Eulen-Mann-Riese und die anderen Monster töten.«

White-painted Woman holte ihn vom Eingang der Höhle zurück. »Nein«, sagte sie. »Es ist zu gefährlich da draußen. Warte noch eine Weile, bis du etwas größer bist.«

Dies geschah viermal. Beim vierten Mal zeigte Child of the Water in den Sturm hinaus und sagte: »Das ist mein Vater, der seine Stimme erhoben hat und zu uns spricht.«

Da nahm ihn White-painted Woman bei der Hand und ging mit ihm aus der Höhle. »Dein Sohn hat dich erkannt«, sagte sie zu Blitz.

Blitz sagte: »Woher weißt du, daß er mein Sohn ist?«

»Prüfe ihn«, erwiderte sie.

Blitz ließ Child of the Water nach Osten blicken, und ein schwarzer Feuerstrahl traf ihn. Er mußte sich nach Süden drehen, und ein blauer Blitz traf ihn. Ein gelber Blitz traf ihn, als er sich nach Westen drehte, und von Norden ein weißer. Child of the Water fürchtete sich nicht und war nicht verletzt.

Nachdem er ihn geprüft hatte, sagte Blitz: »Du bist mein Sohn.« Dann sagte er zu White-painted Woman: »Laß ihn machen, was er will.«

Wenig später machte ihm White-painted Woman vier Pfeile aus Gramagras und einen kleinen Bogen.

Child of the Water sagte: »Ich gehe jagen.«

Bis zu diesem Tag hatte Killer of Enemies schon viele Hirsche getötet, aber Eulen-Mann-Riese hatte sie ihm abgenommen, bevor er sie heimbringen konnte. Als er seinen Bruder mit dem Bogen und den Pfeilen sah, wollte er unbedingt mitgehen. Child of the Water wollte ihn nicht dabeihaben, aber er ging trotzdem mit.

Killer of Enemies erlegte einen Hirsch, und sie waren dabei, das Fleisch zuzubereiten, als sie Eulen-Mann-Riese kommen hörten. Killer of Enemies fürchtete sich und fing zu jammern an.

Eulen-Mann-Riese kam auf die Lichtung. »Hoh, ihr habt für mich einen Hirsch erlegt«, sagte er. »Ich bin hungrig und werde sofort essen.« Er nahm das Fleisch vom Feuer, entfernte sich ein paar Schritte und wollte zu essen anfangen.

Child of the Water ging zu ihm und nahm ihm das Fleisch weg. »Du ißt kein Fleisch mehr, das uns gehört«, sagte er.

»Ich sollte dich auf der Stelle töten«, sagte Eulen-Mann-Riese. »Aber zuerst esse ich euer Fleisch.« Er nahm das Fleischstück und ging weg.

Child of the Water holte das Fleisch zurück. »Du hast unser Fleisch zum letztenmal gegessen«, sagte er.

Viermal ging das Fleischstück hin und her.

Killer of Enemies saß da und weinte.

»Was denkst du, wer du bist?« fragte Eulen-Mann-Riese. »Mit was willst du gegen mich kämpfen? Zeig mal deine Pfeile her!«

Child of the Water hielt ihm vier kleine Gramagraspfeile entgegen. Eulen-Mann-Riese lachte ihn aus und nahm ihm die Pfeile weg. Er betrachtete sie eine Weile, dann wischte er sich mit ihnen seinen Hintern ab und warf sie so weit weg, wie er konnte.

Child of the Water mußte sie suchen und abwischen. Als er zurückkam, sagte er: »Nun laß mich deine Pfeile sehen.«

Eulen-Mann-Riese zeigte auf vier große zugespitzte Kiefernstämme. »Das sind meine Pfeile«, sagte er. Child of the Water ging hinüber und betrachtete sie. Sie waren so groß, daß er sie nicht aufheben konnte. So lüftete er seinen Lendenschurz und wischte seinen Hintern an den Bäumen ab, damit sie quitt waren.

»Ich bin Child of the Water«, sagte er. »Ich werde euch Monster alle töten, und mit dir fange ich an. Wir werden auf der Stelle kämpfen. Jeder von uns kann viermal schießen.«

Eulen-Mann-Riese lachte immer noch. »In Ordnung«, sagte er. »Aber du wirst mich zuerst schießen lassen müssen.«

»Gut«, sagte Child of the Water.

Killer of Enemies weinte vor Angst.

Child of the Water saß am östlichen Rand der Lichtung, dem Westen zugewandt. In der Ferne waren Blitz und Donner. Dort, wo er stand, lag ein blauer Stein am Boden. Der Stein sagte: »Heb mich auf, dein Vater hat mich geschickt.« Er nahm den Stein auf und behielt ihn in der Hand.

»Paß auf!« rief Eulen-Mann-Riese.

Child of the Water sah den ersten Pfeil auf sich zufliegen. Er hob den Stein und sagte: »Laß ihn über mich hinwegfliegen.« Der Stamm flog über seinen Kopf und zersplitterte hinter ihm.

Als er den zweiten Pfeil kommen sah, hob er den Stein erneut. »Laß ihn vor mir aufschlagen!« Der Stamm zersplitterte vor seinen Füßen.

im Sommer 1862 von Kalifornien aus durch das Territorium marschiert und hatte die Truppen der Konföderierten, der Südstaatler, zurückgeschlagen, wo immer er auf sie gestoßen war. Auch die Chiricahua-Apachen vermochten ihn nicht aufzuhalten, als sie seine Vorhut unter Captain Roberts am Apache-Paß überfielen.

Es war damals Carletons Ziel gewesen, sich mit General Canbys Truppen im New-Mexico-Territorium zu vereinen, um dadurch den gesamten Südwesten unter die Kontrolle der Union zu bringen. Im Herbst des Jahres erreichte Carleton Santa Fé, die Hauptstadt New Mexicos, und richtete dort sein Hauptquartier ein. Während Canby nach Washington reiste, wo er für seinen siegreichen Einsatz mit einem neuen Stern ausgezeichnet wurde, übernahm Carleton das Kommando über alle im Südwesten befindlichen Truppen, und während im Osten der Bürgerkrieg tobte und große Schlachten geschlagen wurden, fand Carleton seine Aufgabe in der planmäßigen Unterwerfung und Vernichtung sämtlicher Indianerstämme, die sein Territorium bevölkerten.

Hätte Captain E. D. Shirland die Wahl gehabt, er wäre niemals hier in dieser Wildnis geblieben, in der es für einen ehrgeizigen Offizier kaum Ruhm und Ehre zu erringen gab. Hier war der Krieg vorbei, bevor er richtig angefangen hatte. Aber er hatte die Wahl nicht. Er gehörte zu General Carletons Armee, und in diesen frühen Morgenstunden des 18. Januar 1863 brauchte er sich nur nach seinen Männern umzublicken, um wieder einmal zu erkennen, wie weit er von jenen Hoffnungen und Träumen entfernt war, mit denen er Kalifornien verlassen hatte. Seine Soldaten unterschieden sich kaum von den Leuten, die mit Joseph Reddeford Walker unterwegs waren: junge Burschen mit fiebrigen Augen, unrasierten Gesichtern, schmutzigen Kleidern, Jacken über zerrissenen Unterhemden, Wollschals und schwarzen Mänteln, Schildmützen und Ohrenwärmern, Löchern in den Schuhsohlen. Jeder lief herum, wie es ihm gefiel. Nur wenige trugen Uniformstücke.

Es gab nichts, worauf Captain E. D. Shirland hätte stolz sein können, aber es tröstete ihn zu wissen, daß diese Freiwilligen bereit waren, dem Teufel ins Auge zu spucken, und vielleicht waren sie für Carletons Krieg die richtigen Soldaten: verschlagen wie der Feind, gegen den sie eingesetzt wurden, gnadenlos und ohne Skrupel.

Captain Shirland warf einen Blick auf seine Taschenuhr, ein Geschenk seines Vaters zur Promotion. Es war sieben Uhr am

Morgen, kurz vor Sonnenaufgang. Draußen, etwa zweihundert Yards vom Gebäude entfernt, lagen das tote Maultier und der Junge, den Jack Swilling den Apachen zurückgebracht hatte. Auf der Anhöhe rührte sich immer noch nichts, und allmählich ließ die Anspannung nach.

Jack Swilling grinste herüber.

»Nervös, Captain?« fragte er.

»Wenn sich Mangas Coloradas zum Angriff entschlossen hat, wird er noch vor Sonnenaufgang attackieren«, erwiderte Shirland.

»Könnte es nicht sein, daß die Apachen die Nacht dazu ausgenutzt haben, sich davonzuschleichen?«

»Das glaube ich nicht«, sagte Corydon Cooley. »Diese Stille ist zu verdächtig . . .«

Jack Swilling lachte leise auf. »Für einen Yankee bist du nicht schlecht, Cooley. Apachen sind wie Schatten in der Dämmerung. Man hört sie nicht, und man sieht sie nicht, aber man weiß, daß sie da sind.«

»Dann sollten wir rausgehen und ihnen zeigen, daß wir stark genug sind, einen Angriff abzuwehren«, schlug Shirland vor.

»Nicht vor Sonnenaufgang, Captain. Dann wissen wir Bescheid.«

Jack Swilling war der einzige, der immer noch an seinen Plan glaubte. Er war so überzeugt, es werde ihm gelingen, Mangas Coloradas übers Ohr zu hauen, daß er in der Nacht sogar ein paar Stunden geschlafen hatte und an diesem Morgen recht frisch wirkte.

Shirland hatte kein Auge zugetan. Für ihn stand zu viel auf dem Spiel. Er durfte nicht einmal daran denken, daß Swillings Plan fehlschlagen könnte. General West hatte ihn ermahnt, keinesfalls mit dem Feind Kontakt aufzunehmen oder sich und seine Kompanie einer Gefahr auszusetzen, falls dies irgend zu vermeiden wäre. West hatte ihn von Mesilla aus als Vorhut auf den Marsch geschickt, um die Gegend auszukundschaften. Mehr nicht. Kein Wort, mit dem Shirland diesen Einsatz hier hätte rechtfertigen können. Und West haßte nicht mehr als eigenmächtige Handlungen eines untergebenen Offiziers, durch die der Erfolg des Feldzuges und seine eigene Karriere gefährdet werden konnten.

Im Gegensatz zu Shirland hatte Jack Swilling nichts zu verlieren außer seinem Leben. Und das wollte er notfalls so teuer wie möglich verkaufen. Jack Swilling hieß eigentlich John W. Swilling, aber schon als Junge hatte man ihn Jack genannt. Er war zweiunddreißig Jahre alt, ein Mann mit einem schmalen Gesicht und tiefliegenden hellen Augen. Er war im Staat Georgia aufgewachsen, und daß er mit den Konföderierten sympathisierte, mochte eher darauf zurückzuführen sein als auf seine Gesinnung. Anfang der fünfziger Jahre hatte er sich als Farmer in Missouri versucht, hatte geheiratet und war Vater einer Tochter geworden. Nach vier Jahren starb seine Frau. Jack Swilling gab die Farm auf, ließ seine Tochter zurück und suchte sein Glück in Texas. Die nächsten Jahre trieb er sich im Gebiet von El Paso und im New-Mexico-Territorium herum. In dieser Zeit lernte er Land und Leute kennen und tötete um ihrer Skalpe willen einige Apachen. Schließlich fand er eine Beschäftigung als Postkutschenbegleitmann für die neugegründete *Butterfield Overland Mail Company* auf dem Streckenabschnitt zwischen Tucson und El Paso. Bei Ausbruch des Bürgerkriegs wurde der Postkutschenverkehr eingestellt. Swilling war arbeitslos. So meldete er sich zu den Texas Volunteers, marschierte mit den *2nd Texas Mounted Refles* des Colonels Baylor und wurde 1862 zum Lieutenant im Bataillon von Captain Sherod Hunter befördert. Hunters Soldaten besetzten im Februar 1862 Tucson, aber diese Invasion der Konföderierten war nur von kurzer Dauer. Carletons California Volunteers marschierten von Kalifornien nach Fort Yuman, zogen den Gila River entlang und schlugen die Rebellen in einem Scharmützel beim Picacho Peak. Sie eroberten Tucson, die einzige Stadt von Bedeutung zwischen dem Colorado River und dem Rio Grande.

Als die Konföderierten das New-Mexico-Territorium aufgegeben hatten, blieb Jack Swilling zurück und zog seine graue Südstaatleruniform aus. Er verpflichtete sich als Meldereiter für die Unionstruppen, schloß sich aber bei der ersten Gelegenheit Walkers Expedition an, die auf einen erfahrenen Mann wie ihn nicht verzichten konnte. An diesem 18. Januar wollte Jack Swilling zeigen, was wirklich in ihm steckte.

Langsam ging die Sonne auf und formte sich zu einem Feuerball. Lange, dünne Schatten flossen durch das spärliche Gras am Hang der Anhöhe. Ein leichter Wind kam auf und bewegte die weiße Fahne.

Jack Swilling senkte sein Gewehr.

»Das wär's, Captain«, sagte er. »Jetzt ist es nur noch eine Frage der Zeit, bis wir den alten Schurken in unserer Gewalt haben, verlassen Sie sich darauf.«

Shirland behielt die Anhöhe im Auge, und kaum hatte Swilling ausgeredet, tauchten über den Felsbrocken einige Gestalten auf.

»Sie kommen!« rief Sergeant McKenna, der draußen hinter einer niederen Adobemauer kniete. »Captain, Sir, ich glaube, jetzt geht es los!«

Jack Swilling fuhr herum.

»Sagen Sie Ihren Leuten, daß jeden, der einen Schuß abfeuert, die Hölle schlucken wird!« stieß er rauh hervor, während er aus engen Augen zu den Apachen hinüberstarrte, die sich offen zeigten.

»Haltet das Feuer!« rief Shirland hinaus. »Keiner schießt ohne mein Kommando!«

Swilling holte tief Luft. »Der Riese ist Mangas Coloradas«, sagte er beinahe tonlos. »Das ist er, Captain, der hinterhältigste und blutrünstigste rote Bastard, den die Sonne bescheint.«

»Er schwenkt eine weiße Fahne«, sagte Corydon Cooley ruhig. »Es scheint, als sei er bereit, mit uns zu verhandeln.«

Captain Shirlands Augen tränten, aber er sah den riesigen Mann, neben dem die anderen Apachen aussahen wie Zwerge. Er kam den Hang herunter, aufrecht und mit den geschmeidigen Bewegungen eines Mannes, der im Zweikampf den Puma besiegt und in jungen Jahren einen Hirsch zu Tode gehetzt hatte. So viele Geschichten hatte Shirland über diesen Mann gehört, daß er oft nicht sicher gewesen war, ob es ihn tatsächlich gab oder ob ihn die Leute, die in diesem Land lebten, als Schreckgespenst erfunden hatten, um ihre eigenen Schandtaten etwas menschlicher wirken zu lassen.

Mangas Coloradas war von etwa einem Dutzend seiner Leute umgeben, dunkelhäutigen Männern in kniehohen Ledermokassins, mit nacktem Oberkörper und langen schwarzen Haaren, die sie mit einem Tuch um den Kopf bändigten. Mangas Coloradas überragte den größten von ihnen um mehr als einen Kopf. Er war der einzige, der ein Hemd trug und dessen Stirn von der flachen Krempe eines Strohhutes beschattet war. Die anderen hatten sich mit roter Farbe einen Strich quer durchs Gesicht gemalt. Sie waren mit Gewehren bewaffnet, die sie in der Armbeuge trugen.

Sie kamen ein Stück den Hang herunter und hielten an, als Mangas Coloradas stehenblieb. Der weiße Stoffetzen flatterte über ihnen: ein Zeichen, daß sie in Frieden kamen.

Swilling wandte sich vom Fenster ab. Seine Augen glitzerten, als er Shirland ansprach: »Captain, suchen Sie sich drei Männer aus!

Schärfen Sie den anderen ein, unter keinen Umständen von der Waffe Gebrauch zu machen. Es kommt jetzt nur noch darauf an, daß wir das Vertrauen dieser durchtriebenen Halunken gewinnen. Dann ist die Sache erledigt.«

»Und wenn das eine Falle ist, Swilling?«

»Es ist keine Falle, verflucht noch mal! Ich habe eine Nase dafür.« Swilling ging zur Tür, winkte drei Männer zu sich und rief: »Machen Sie vorwärts, Captain! Wir wollen Mangas nicht warten lassen.«

Shirland übergab das Kommando Sergeant McKenna. »Behalten Sie die Hügelkuppe im Auge, Sergeant. Falls wir angegriffen werden, halten Sie das Feuer zurück, bis der Feind nahe genug heran ist. Wir wissen nicht, wie viele Apachen sich hinter den Steinen verborgen halten, aber ich nehme an, daß sie in großer Übermacht sind. Versuchen Sie die Stellung hier unter allen Umständen zu halten, und warten Sie auf Verstärkung. Kein Rückzug, Sergeant! Im offenen Gelände wäre es dem Feind ein leichtes, dieses Kommando zu besiegen.«

»Worauf ihr Gift nehmen könnt, Yankees!« rief Swilling, der die Stange mit der weißen Fahne in den Händen hielt. »Und falls es zum Kampf kommt, schießt auf alles, was sich bewegt, nur nicht auf uns, verdammt noch mal!«

Ohne auf die anderen zu warten, setzte er sich in Bewegung. Er schwenkte die Fahne hin und her, während er den Apachen entgegenging. Als Shirland und Corydon Cooley ihn einholten, hörten sie, wie er leise »Dixie« vor sich hinpfiff.

Etwa fünfzig Schritte von den Apachen entfernt blieben sie stehen.

»Das ist nahe genug«, stieß Swilling zwischen den Zähnen hervor, während er die Apachen angrinste. »Der alte Schuft soll seine Krieger zurückschicken, bevor ich mich mit ihm an einen Tisch setze.«

»Sagen Sie etwas zu ihm«, flüsterte Captain Shirland, der Mühe hatte, neben Swilling eine stramme Haltung einzunehmen. »Herrgott, dies ist eine Situation, die mir nicht gefällt, Swilling.«

Swilling grinste noch breiter.

»Mir auch nicht, Captain«, erwiderte er. »Es wäre alles viel einfacher, wenn wir es mit Yankees zu tun hätten. Sehen Sie sich den Kerl genau an. Sieht er nicht fast wie ein Mensch aus? Man sagt, daß seine Mutter eine Mexikanerin war, aber ich bin nicht sicher, ob er überhaupt eine Mutter hatte, dieser alte Bastard.«

»Ein gewaltiger Mann«, sagte Corydon Cooley fast bewundernd.

»Siebzig Winter soll er zählen, der Bastard«, murmelte Swilling. »Im Juni hat ihm einer von euren Yankee-Soldaten eine Kugel in den Leib geschossen, und jetzt steht er vor uns wie ein Berg! Prägen Sie sich das Bild ein, Captain, damit Sie Ihren Enkelkindern eine hübsche Geschichte erzählen können!«

»Worauf warten Sie, Swilling? Sagen Sie ihm, daß wir Frieden mit ihm und seinem Volk schließen wollen. Sagen Sie ihm, daß er sich mit seinen Kriegern ergeben soll und daß ihm nichts passiert, wenn er tut, was wir von ihm verlangen. Sagen Sie –«

»Sachte, Captain«, unterbrach ihn Swilling. »Das ist ein Spiel zwischen ihm und mir, ein Spiel, das Regeln hat. Grinsen Sie, Captain! Das macht Eindruck. Zeigen Sie ihm, daß Sie ein freundlicher Mensch sind, und halten Sie ihr Gewehr in drei Teufels Namen so, daß es zum Himmel zeigt.«

Fast eine Viertelstunde verstrich, ohne daß sich einer der Apachen rührte. Mit unbewegten Gesichtern standen sie zu beiden Seiten ihres Häuptlings, und Shirland hatte Zeit, sie genau zu mustern. Es waren die ersten wilden Apachen, die er zu Gesicht bekam, außer einigen Streunern, die nach Fort Graig gekommen waren, um Lebensmittel zu erbetteln. Aber dieser Mangas Coloradas und seine Begleiter übertrafen seine kühnsten Vorstellungen. Er fragte sich ernsthaft, ob das wirklich Menschen waren und nicht etwa Geschöpfe einer Welt, die er nicht kannte. Er spürte die urwüchsige Gefahr, die von ihnen ausging, eine Gefahr, die ihm bewußt war, seit er sich in diesem Land befand – ohne daß er ihr jemals begegnet war. Und er erinnerte sich an den Befehl von General Carleton an seine Truppenkommandanten, Indianer umzubringen, wo man sie traf, und auch an den Bericht über das Gemetzel, das Colonel Kit Carson mit seinem New-Mexico-Volunteers auf Befehl Carletons vor knapp zwei Monaten unter den Mescalero-Apachen angerichtet hatte. Diese hier gehörten einem anderen Stamm an, aber in dem Moment, als Shirland die dunklen, unbewegten Gesichter sah, wußte er, daß er bereit war, genau das zu tun, was Carson und seine Soldaten getan hatten und was ihm bis zum heutigen Tag als eines Soldaten und Offiziers unwürdig erschienen war.

»Swilling«, rief er. »Wir kehren um und reiten zurück nach Fort McLane, wo wir auf das Eintreffen von General West warten. Ich garantiere Ihnen und Captain Walker eine sichere Passage nach Arizona.«

Auf Swillings Gesicht verlor sich das Grinsen. Er drehte den Kopf. Aus engen Augen starrte er Shirland an.

»Sind Sie wahnsinnig geworden, Captain?« fragte er leise, aber seine Stimme klang messerscharf. »Die halbe Nacht haben Sie davon geredet, diesen Apachen zu zeigen, mit wem sie es von nun an zu tun haben. Verdammt, wenn wir ihnen jetzt den Rücken zukehren, sind wir tot!«

»Swilling, wir gefährden durch dieses Spiel, wie Sie es nennen, einen bis in Detail geplanten Feldzug der Armee.«

»Captain, das hätten Sie sich vorher überlegen sollen«, gab Swilling kalt zurück. »Jetzt ist es zu spät!«

Ohne eine Antwort abzuwarten, ging er auf die Apachen zu, bis er etwa in der Mitte zwischen ihnen und den Soldaten stehenblieb. Noch einmal hob er die weiße Fahne und rammte dann die Stange hart in den Boden.

»Mangas Coloradas, jefe muy grande de los Apaches Mimbrenos!« rief er mit lauter Stimme. »Hier an diesem Platz treffen wir uns und schließen Frieden. Hier an diesem Platz werden wir Brüder. Du bist ein mutiger Mann, großer Häuptling, ein Mann, dessen Name gefürchtet ist wie der des Berglöwen. Schicke deine Krieger zurück und komme hierher in Frieden!«

Mangas Coloradas bewegte sich nicht. Aber er fragte:

»Quien eres, hombre?«

»Mein Name ist Jack Swilling, und ich bin ein Bote des großen Nantan. Ich komme in Frieden, und ich komme als Freund.«

»Wie könnte ich einem Weißauge vertrauen, das Soldaten in unser Land bringt, in dem wir in Frieden lebten, bevor die Männer des Südens kamen?« fragte Mangas Coloradas in fließendem Spanisch.

»Die Männer des Südens sind eure Feinde, und sie sind auch unsere Feinde. Hast du nicht mit dem Mann einen Frieden geschlossen, dessen Name Bartlett war? Hat er dir nicht gesagt, daß wir Brüder sind? Du hast den Frieden gebrochen, als du zusammen mit Cochise die Soldaten angegriffen hast. Jetzt bringe ich dir einen neuen Frieden und neue Freundschaft, die alles auslöschen werden, was uns zu Feinden gemacht hat.«

»Bist du es, der die Macht hat, für das Volk der Weißaugen zu sprechen?« fragte Mangas Coloradas.

»Ich spreche für Nantan, den Großen Weißen Vater!« gab Swilling ohne Zögern zurück.

»Und wozu hast du Soldaten hergebracht, wenn du in Frieden kommst?«

»Aus dem gleichen Grund, aus dem du deine Krieger mit dir hast, jefe!« Swilling trat einen Schritt zurück. »Schicke deine Krieger weg! Wir wollen uns hier treffen und uns die Hand geben, wie es Brüder tun!«

Mangas schüttelte den Kopf. »Ich werde kommen, aber nicht allein. Ich werde vier Männer mitnehmen und eine Decke. Du nimmst vier Männer mit und eine Decke. Wir werden reden, und es wird sich zeigen, ob wir uns die Hand geben, wie Brüder, oder ob wir als Feinde auseinandergehen.«

Jack Swilling brauchte nicht lange zu überlegen. Im Grunde genommen war es genau das, was er hatte erreichen wollen. Er hob die rechte Hand.

»Bueno«, sagte er. »Muy bueno.« Er drehte sich auf dem Absatz und ging gemessenen Schritts zurück zu den wartenden Männern.

»Jetzt habe ich ihn«, sagte Swilling, als er vor Shirland stehenblieb. »Sobald er mit seinen vier Männern zur Fahne kommt, richten wir die Gewehre auf ihn. Es muß schnell gehen, Captain, denn es soll eine Überraschung sein. Und keine Panik, verdammt, nur keine Panik! Sie kommen am besten mit, Cooley. Und Sie auch, Captain. McCrackin und Johnson sind dabei. Die anderen gehen jetzt gleich zurück. Sagen Sie dem Sergeanten Bescheid, French. Kein Schuß. Nichts, was die Apachen falsch auslegen könnten. Keine Panik, verdammt noch mal, nur keine Panik!«

»Und falls den Apachen das Leben des alten Mannes nicht so viel wert ist, wie Sie denken, Swilling?« fragte Cooley ruhig.

Swilling warf den Kopf herum. Er hatte eine scharfe Antwort auf den Lippen, entschied sich aber dafür, nichts zu sagen.

Auf dem Hügel verschwanden die Apachen. Es dauerte eine Weile, bis Mangas Coloradas zurückkam, begleitet von vier Männern, deren ältester hundert Jahre alt sein mochte. Swilling hatte keine Ahnung, daß dies der alten Nana war. Und zur Rechten des Häuptlings befand sich Delgadito, ein hagerer Mann mit scharfgeschnittenem Gesicht und einem feuerroten Kopfband. Neben Nana standen Victorio und Mangus, der Sohn von Mangas Coloradas. Aber Swillings Aufmerksamkeit galt dem Häuptling allein.

Kahita kauerte in der Nähe von Lozen, während er zusah, wie sich Mangas Coloradas für das Treffen mit den Weißaugen vorbereitete. Ein letztes Mal warnten ihn Victorio und Delgadito, dem Mann mit der weißen Fahne zu vertrauen. Auch Kahita konnte nicht verstehen, daß Mangas die Gefahr nicht erkannte, die ihm und seinem Volk drohte. Es schien, als wäre er mit Blindheit geschlagen. Hatte er vergessen, wie oft er schon von den Weißaugen betrogen worden war, seit sie sich in diesem Land befanden? Spürte er nicht mehr die Wunden auf seinem Rücken, die man ihm mit Peitschen geschlagen hatte, als er ihren Worten glaubte und zu ihnen ging, um über den Frieden zu reden? Erinnerte er sich nicht mehr daran, daß Cuchillo Negro, einer der großen Häuptlinge, von Weißaugen-Soldaten getötet worden war, als er friedlich vor seiner Hütte saß und seinen Enkelkindern von Kojote erzählte? Sollten all die Frauen und Kinder ungerächt bleiben, die Krieger, deren Namen nie mehr genannt werden durften, und die alten Leute, die nicht schnell genug laufen konnten, als die Soldaten Delgaditos Dorf überfielen, obwohl seine Leute dort in Frieden lebten?

Kahita sah Mangas Coloradas aus seinem Wickiup kommen, begleitet von Delgadito und Victorio. Der Häuptling trug ein kariertes Hemd. Es war ein Geschenk jenes Mannes, der lange Zeit versucht hatte, den Mimbreno den bereits vertraglich garantierten Frieden zu bringen. Kahita hatte diesen Mann nie gesehen, aber so oft von ihm gehört, daß er seinen Namen kannte, als wäre er ein Freund der Mimbreno gewesen. Dr. Michael Steck war vom Großen Weißen Vater ausgeschickt worden, und Mangas hatte ihm genauso vertraut wie Victorio und Delgadito und Cuchillo Negro, aber wo war dieser Mann jetzt, und wo war der Friede, den er gebracht hatte?

Mangas Coloradas setzte den Hut auf. Dann blickte er sich ein letztes Mal um. Er sagte kein Wort, als er durch die Lücke zwischen den Felsen ging, begleitet von Victorio, Nana, Delgadito und Mangus.

Kahita richtete sich auf, so daß er einen freien Blick auf die Weißaugen hatte, die Mangas Coloradas entgegenkamen. Seine Hände umklammerten das Gewehr, aber Victorio hatte ihm verboten, einen Schuß abzufeuern.

Die Weißaugen blieben stehen. Etwa zehn Schritte trennten sie von der Stange, an der die weiße Fahne hing. Die Sonne schien in ihre Knochengesichter. Kahita prägte sich das Gesicht des Mannes ein, der in der Mitte stand. Er würde es nie mehr vergessen, solange er lebte.

Mangas Coloradas hatte seine rote Decke über dem Arm. Das grausträhnige Haar hing ihm über die Schultern. Er ging aufrecht, und seine Bewegungen waren die eines jungen Mannes, aber Kahita wußte, daß ihm die Schußwunde noch Schmerzen bereitete und daß seine alte Kraft noch nicht zurückgekehrt war. Nie hatte er ihn so aufrecht und stark gesehen, seit ihn die Krieger von seinem letzten Kampf zurückgebracht hatten, bis auf die Knochen abgemagert und nicht in der Lage, sich ohne Hilfe zu bewegen. Aber an diesem Morgen ging Mangas Coloradas aufrecht und stolz, so wie ihn Kahita in Erinnerung hatte: ein Mann, den er für unbesiegbar hielt.

Unbesiegbar. Dieses Wort erfüllte Kahita mit neuem Mut. Er blickte hinüber zu Lozen, die hinter einem Manzanitastrauch kauerte, das Gewehr in den Händen. Und Lozen lächelte. Es tat gut, dies zu sehen. Es war wie neues Leben.

»Friede ist besser als Krieg«, rief Lozen herüber. »Ja ist besser als Nein, mein Bruder. Und Eulen-Mann-Rieses Geist ist vielleicht mehr als der Schatten einer Wolke, die am Himmel vorüberzieht.«

Kahita lachte. »Ich will kein Schattenjäger sein«, sagte er, und er tat so, als hielte er einen Bogen, mit dem er einen Pfeil zum Himmel schießen wolle.

In diesem Moment hatten die Häuptlinge die Stange mit der Fahne erreicht. Mangas hob seine rechte Hand zum Gruß, und der Wind wehte seine Worte herüber.

»Hier bin ich«, sagte er mit ruhiger, aber kräftiger Stimme. »Laßt uns darüber reden, wie wir Brüder werden können. Laßt uns über den Frieden reden, den ich nicht kenne, und laßt uns den Weg suchen, den wir zusammen gehen können.«

Mangas Coloradas nahm die Decke vom Arm und breitete sie vor sich auf dem Boden aus. Dann trat er zurück und verschränkte die Arme vor der Brust.

Der Mann, der in der Mitte der Weißaugen stand , trat vor. »Der Weg, den wir gemeinsam gehen werden, führt zum Gila River«, sagte er laut, und seine Worte waren noch nicht verhallt, als die Weißaugen plötzlich ihre Gewehre auf Mangas Coloradas gerichtet hatten.

»Keine Bewegung, Mangas!« rief der Mann. »Wir töten euch

alle, wenn ein einziger Schuß fällt, aber es passiert dir nichts, wenn du mit uns gehst!«

Kahita kauerte hinter den Steinen, unfähig, sich zu rühren. Er konnte nicht glauben, was er sah, und die Freude in ihm erlosch wie ein Feuer im kalten Regen. Er hörte den gellenden Schrei, den Lozen ausstieß, und er sah, wie Mangas Coloradas beschwörend beide Hände hob.

»Ich stehe unter der Fahne des Friedens!« rief er mit lauter Stimme in der Sprache der Mimbreno. »Brüder, ich bin bereit, für mein Volk zu sterben, aber dies ist nicht der Tag, an dem es geschehen soll, und diese Weißaugen sind nicht die Männer, die mich besiegen können. Bleibt ruhig, meine Brüder, und vertraut mir!«

»Schick deine Männer zurück!« rief der Mann mit dem Revolver.

»Andale! Andale! Zurück, sage ich! Vamos poco pronto!«

Die Stimme des Mannes überschlug sich. Er hatte nichts als Angst in den Augen, und sein Gesicht war die häßliche Fratze eines bärtigen Monsters.

»Eulen-Mann-Rieses Geist ist kein Schatten«, rief Kahita so laut, daß ihn Mangas Coloradas und die anderen hören konnten. Victorio drehte den Kopf. Seine Augen blitzten im Licht der Sonne auf. Für einen Moment blickte er zum Hügel hoch, dann duckte er sich und richtete das Gewehr auf die Weißaugen.

Mangas Coloradas ermahnte ihn leise. »Geh und sorge dafür, daß deine jungen Krieger nichts Unbesonnenes tun«, sagte er. »Sei getrost, Victorio, und warte auf meine Rückkehr. Du auch, Delgadito. Zeig den Leuten, daß du mich mit deinem Vertrauen ehrst. Gib ihnen Mut und Kraft. Sag ihnen, daß der Krieg Leben kostet und der Friede Geduld verlangt. Nimm Mangus mit dir und behalte ihn im Auge, denn er ist ein zorniger junger Mann.«

»Ich bleibe bei dir, Vater!« rief Mangus.

»Du tust, was ich dir sage, mein Sohn! Geht jetzt. Alle! Laßt mich mit diesen Weißaugen allein!«

Victorio war der erste, der sich umdrehte und den Hang hochging. Sein dunkles Gesicht war wie aus Stein gehauen. Der Wind zerrte an seinem langen Haar. Nana folgte ihm. Dann Delgadito und Mangus.

Kahita sprang auf. »Laßt ihn nicht allein!« schrie er. »Laßt ihn nicht allein!« Lozen packte ihn und zerrte ihn zu Boden. Kahita versuchte sich loszureißen, aber sie kniete über ihm und hielt ihn fest.

»Bleib ruhig!« keuchte sie, während er sich unter ihr aufbäumte.
»Wir werden über Mangas Coloradas wachen und diese Weißaugen
töten, wenn es Zeit dazu ist. Bleib ruhig, mein Bruder!«

Kahita blickte sie an. Er konnte in ihren Augen den Schmerz und
die Enttäuschung sehen. Aber sie lächelte und berührte mit ihrer
Hand sein Gesicht, bis er ruhig lag.

Als die Weißaugen mit Mangas Coloradas Pinos Altos verlassen und
sich auf den Rückweg nach Fort McLane gemacht hatten, ließ
Victorio Kahita zu sich kommen. Er wirkte ruhig und beherrscht,
aber Kahita wußte, daß es in ihm anders aussah. Der rote Strich in
seinem Gesicht war verschmiert, seine dunkle Haut glänzte von
Schweiß.

»Du mußt lernen, deine Gefühle zu verbergen«, sagte er. »Wer
seine Gefühle zeigt, ist leicht verwundbar. Es fällt mir wahrlich
schwer, die Krieger nicht zum Kampf aufzurufen. Es fällt mir schwer,
zu glauben, daß alles in Ordnung ist. Und trotzdem vertraue ich der
Weisheit unseres Häuptlings.«

Kahita hatte den Kopf gesenkt, so daß man ihm seinen Trotz
nicht ansehen konnte. Victorio legte ihm die Hand auf die Schulter.
»Wir werden den Weißaugen folgen, wohin sie auch gehen. Es gibt
keinen Platz in diesem Land, wo sie sich verstecken könnten. Sie
werden nirgendwo Ruhe finden, solange ich lebe und kämpfen
kann.«

Jetzt hob Kahita den Kopf. »Was ist der Friede, den sie uns
versprochen haben?« fragte er.

Victorios Gesicht wurde noch ernster.

»Der Tod für unser Volk, mein Sohn«, sagte er.

Kahita folgte Victorio zum Platz in der Mitte der Wickiups, wo
sich die Krieger versammelt hatten und bereit waren, den Weißaugen
zu folgen. Die Sonne stand hoch, und Delgadito trieb zur Eile an.
Kahita holte seine Sachen aus dem Wickiup, den Bogen seines Vaters,
den Köcher mit den Pfeilen und seine Decke. Lozen brachte
ihm sein Pferd. Auch sie hatte sich einen roten Strich ins Gesicht
gemalt, und sie trug die Kette aus geflochtenem Pferdehaar und dünnen Hirschlederstreifen. Mangas Coloradas hatte ihr die Kette
gemacht, als sie zum erstenmal die Männer auf dem Kriegspfad
begleitete. Zwei Krallen eines Pumas hingen daran, einige kleine
Pfeilspitzen aus Obsidian, zwei Federn eines Adlers und drei kleine

Lederbeutel, die jene Dinge enthielten, die Lozen Macht gaben. Lozen trug diese Kette nur auf dem Kriegspfad; sie war wie ein Schild gegen die Macht der Feinde und schützte sie vor allen Gefahren.

Kurz nach Mittag verließen die Mimbreno das Lager bei Pinos Altos, angeführt von Delgadito und Victorio. Statt den Weißaugen durch das Tal zu folgen, ritten sie nach Osten über die steilen Ausläufer der Berge und folgten einem alten Pfad südwärts in das Tal des Mimbres River. Victorio und Delgadito schickten Kundschafter voraus, die am Spätnachmittag die Nachricht brachten, bei der alten Soldatenstadt hielten sich jetzt so viele Soldaten auf, daß man sie nicht zählen konnte. Sie waren mit vielen Maultieren und Pferden gekommen, hatten Zelte aufgeschlagen und führten auch die großen Wagengewehre mit sich. Noch nie zuvor hatten die Kundschafter so viele Weißaugen-Soldaten auf einmal gesehen, und sie wußten, was das bedeuten konnte, denn einige von ihnen hatten am Apache-Paß gekämpft.

Victorio schickte Reiter auf schnellen Pferden in die Berge, um die Leute in den Dörfern zu warnen, ließ sich aber nicht anmerken, daß ihn die Nachricht der Kundschafter beunruhigte. Er führte die Mimbreno über eine Anhöhe hinweg, und als es Nacht wurde, lagerten sie in einem Seitental des Mimbres River, etwa acht Meilen von Fort McLane entfernt. Die Mimbreno zündeten keine Feuer an. Victorio verbot es den Kriegern auch, sich vom Lager zu entfernen, aber Kahita schlich sich kurz vor Mitternacht davon, zusammen mit Lozen und Kayetennae, der zu Nanas Leuten gehörte. Kayetennae war nur um zwei Jahre älter als Kahita, aber während der letzten Monate hatte er sich im Kampf gegen die Weißaugen und die Männer des Südens einen Namen gemacht. Seine Mutter lebte bei den Chiricahua, sein Vater war tot, und obwohl er kein Häuptling gewesen war, meinten die Leute, der Sohn könne wohl einmal ein Führer des Volkes werden, wie Victorio oder Delgadito, wenn es ihm nur gelänge, seine Wildheit zu zähmen. Kayetennae war jung und ungestüm, der schnellste Läufer von Nanas Leuten und der mutigste aller Krieger. Über seine Feinde fiel er her wie ein Berglöwe, oft nur mit einem Messer bewaffnet oder einer Lanze, beschützt von einem Rohhautschild, den Nana für ihn gemacht hatte. In dieser Nacht ließ er seinen Schild im Lager. Er hatte sein Gesicht mit schwarzer Farbe bestrichen und war bis auf den gegürteten Lendenschurz und die

Mokassins nackt; sein Messer steckte im Gürtel. Leichtfüßig lief er vor Lozen und Kahita durch die Nacht, den schmalen Wildpfad hoch, der über die Hügel zur Soldatenstadt führte. Kayetennae fürchtete die Nachtgeister nicht.

Der Friede der Weißaugen

Kojote ging in den Wald und sah einen Bären. Er tötete ihn und zog ihm das Fell ab, um einen Köcher für seine Pfeile daraus zu machen. Da kam jemand. »Was machst du mit diesem Fell?«

»Ich mache einen Köcher daraus.«

»Hör lieber auf damit, es würde dir großes Unglück bringen.«

»Ich mache trotzdem einen Köcher daraus«, sagte Kojote und nähte sich aus dem Fell einen Köcher und eine Hülle für seinen Bogen. Als er damit fertig war, hängte er sich beides über den Rücken und ging weiter, bis er zu einem Nußbaum kam. Viele Nüsse lagen auf dem Boden, und einige hingen noch am Baum. Kojote nahm den Köcher und die Bogenhülle vom Rücken und stellte beides gegen den Stamm des Baumes. Dann fing er an, Nüsse zu sammeln.

Der Köcher begann sich zu bewegen und lebendig zu werden. Kojote hörte das Geräusch, aber er schenkte ihm keine Beachtung. »Es ist nur der Wind«, sagte er zu sich.

Aber nach einer Weile verwandelte sich der Köcher in einen Bären, und der Bär fing an, ihn zu jagen. Kojote rannte durch das Dickicht, bis er müde war und nicht mehr weiter konnte. Er wollte schon aufgeben, als er ein Erdhörnchen sah.

»Was rennst du hier herum?« fragte das Erdhörnchen.

»Bär ist hinter mir her. Hilf mir!«

»Versteck dich in meinem Mund«, sagte das Erdhörnchen.

Kojote schlüpfte in Erdhörnchens Mund und versteckte sich in seiner Backentasche, just als der Bär kam.

»Hast du jemand hier durchlaufen sehen?« fragte der Bär.

»Nein«, erwiderte Erdhörnchen.

»Was hast du denn in deinem Mund?«

»Zähne.«

Bär trat Erdhörnchen so kräftig in den Bauch, daß Kojote aus seinem Mund fiel. Bär rannte weiter hinter Kojote her, aber Kojote entkam ihm.

Opler:
Myths and Tales of the
Chiricahua Apache Indians

General West bestand darauf, Mangas Coloradas in Gewahrsam zu nehmen, aber Joseph Reddeford Walker weigerte sich, ihm den Gefangenen auszuliefern. Erst nach einem heftigen Wortwechsel, bei dem West dem alten Pfadfinder mit Arrest drohte, was den weiteren Verlauf der Expedition in Frage stellte, willigte Walker mürrisch ein und ließ Mangas zum Kommandozelt des Generals bringen. Mangas hatte auf dem Weg hierher kein Wort gesagt. Sein Gesicht war finster, seine Augen waren voller Verachtung. Der Marsch von Pinos Altos nach Fort McLane hatte ihn geschwächt, aber er ließ sich nichts anmerken, als ihn die Soldaten in ihre Mitte nahmen und ihm die Hände auf den Rücken fesselten. Erst als dies geschehen war, trat West aus dem Zelt in die Abendsonne und musterte den alten Häuptling von Kopf bis Fuß, so als hätte er die Absicht, ihn als Sklaven zu behalten.

»Das ist er also, der Mann, der mehr Menschenleben auf dem Gewissen hat als jede andere Kreatur auf dieser Welt. Nun, es ist unsere Pflicht, dafür zu sorgen, daß er keine Gelegenheit mehr bekommt, unschuldige Leute zu töten, Frauen zu schänden und Kinder zu verschleppen. Gentlemen, Mangas Coloradas ist nunmehr ein Gefangener der Vereinigten Staaten von Amerika, mit dem einzigen Recht, das einem blutrünstigen Barbaren zugestanden werden kann: für seine Sünden zu büßen und anschließend in die Hölle zu fahren.«

Der General lächelte zynisch, als er dem Sergeanten der Wache befahl, Mangas Coloradas abzuführen.

General Joseph Rodman West war ein untersetzter Mann, der den Kopf in den Nacken legen mußte, um Mangas Coloradas ins Gesicht zu sehen. 1822 in New Orleans geboren, promovierte er an der Universität von Pennsylvania und leistete während des mexikanisch-amerikanischen Krieges bei der US-Armee Dienst. Nach dem Krieg zog er nach Kalifornien, ein energischer junger Mann, der seine berufliche Laufbahn bei einer Zeitung in San Francisco begann. Aber der Bürgerkrieg gab ihm Gelegenheit, sein Betätigungsfeld zu wechseln. Er trat der Unionsarmee bei und führte mit Carleton die California Volunteers durch Arizona nach New Mexico. Wenige Monate vor der Gefangennahme von Mangas Coloradas wurde er zum Brigadiergeneral befördert und von General Carleton, seinem unmittelbaren Vorgesetzten, mit dem Befehl auf Marsch gesetzt, die Apachen im Gila-River-Gebiet zu unterwerfen und notfalls zu vernichten. Genau wie seine untergebenen Offiziere war sich West bewußt, daß der Bürgerkrieg ohne ihn ausgefochten wurde, aber er haderte weniger mit seinem Schicksal als Captain Shirland, den er an diesem Abend zu sich ins Zelt rief.

»Captain, ich glaube, wir können jetzt schon einen Erfolg verbuchen, der alles in den Schatten stellt, was Colonel Carson mit seinen New-Mexico-Freiwilligen erreicht hat.« West öffnete eine Schatulle und bot Shirland eine Zigarre an, die dieser höflich ablehnte. Er sah zu, wie der General die Zigarre über der Flamme eines Streichholzes sorgfältig anbrannte, bevor er sie zwischen die Zähne nahm. »Nehmen Sie Platz, Captain«, sagte er und deutete auf einen der Faltschemel, die neben dem Feldbett standen. West war dafür bekannt, daß er auch unterwegs nicht auf Komfort verzichten wollte. Sein Zelt war mit einer großen Schiffstruhe, einem Drehstuhl und einem Schreibpult ausgestattet. Auf dem Pult stand ein gerahmtes Bild seiner Frau, die er in Kalifornien zurückgelassen hatte.

Shirland setzte sich und legte seine Mütze auf die Knie.

»Captain, ich werde Sie selbstverständlich für eine Beförderung vorschlagen«, sagte West und paffte blauen Rauch vor sich hin, so daß sein hageres Gesicht beinahe dahinter verschwand. »Ich möchte Sie allerdings um eine Gefälligkeit bitten, Captain. Ich nehme an, daß sie uns beiden zum Vorteil gereicht.«

Shirland hob die Brauen. »Sir?« fragte er neugierig.

Der General beugte sich vor. Er lächelte, aber seine blauen Augen blickten eiskalt. Shirland konnte sich nicht von dem Gedanken trennen, daß West besser Politiker geworden wäre, denn er hatte das Zeug, um anders zu denken, als zu reden, und trotzdem Vertrauen zu gewinnen. Wenn Swilling ein ungeschliffener Halunke war, so unterschied sich West von ihm nur durch die feine Art, die er seiner Herkunft und Bildung verdankte.

»Captain, ich würde es zu schätzen wissen, wenn in Ihrem Bericht über die Gefangennahme von Mangas Coloradas die Namen Joseph Reddeford Walkers und seine Gesellen nicht erwähnt wären. Außerdem dürfte der Bericht ruhig den Eindruck erwecken, als hätten Sie unter meinem Befehl gehandelt. Das würde meinen Vorschlag für Ihre Beförderung erst ins rechte Licht rücken.« West schnippte die Asche von der Zigarre, ohne den Blick von Captain Shirland zu wenden. »Ich hoffe, Sie verstehen mich, Captain.«

»Ich verstehe, was Sie meinen, Sir«, sagte Shirland, und als ihm

West daraufhin ein Glas Whiskey anbot, nahm er dankend an. Es schien eine Ewigkeit her zu sein, seit er Whiskey aus einem Glas getrunken hatte. Der General prostete ihm zu und beglückwünschte ihn noch einmal zu seiner Heldentat. »Ich bin überzeugt, daß wir weiterhin ausgezeichnet miteinander zurechtkommen werden, Captain«, sagte er und hob sein Glas. »Auf den Sieg der Union, Captain Shirland, und auf Mangas Coloradas und seine Apachen, ohne die wir in diesem gottverlassenen Land nicht Geschichte machen könnten.«

General West trank sein Glas auf einen Zug leer, erhob sich und ging zum Zelteingang. Im Vorbeigehen klopfte er Shirland flüchtig auf die Schulter. »Kommen Sie, Captain. Ich will versuchen, dem alten Bastard ein paar Informationen zu entlocken.«

Shirland stellte das Glas aufs Pult und sah bei der Gelegenheit, daß West sich bereits darangemacht hatte, seinen Bericht für das Hauptquartier abzufassen. Shirland hätte gerne gewußt, wie West die Sache hindrehte, um sich selbst gebührend herauszustreichen, aber das war schließlich Wests Sache. Für ihn war nur wichtig, daß er von nun an in West einen einflußreichen Gönner hatte, durch den es ihm gelingen sollte, seine eigene Karriere schneller voranzutreiben.

Draußen gesellte sich Major McCleave zu ihnen, und gemeinsam suchten sie den Platz auf, wo der Apache gefangengehalten wurde. Mangas saß auf seiner Decke am Boden. Ein kleines Feuer brannte. Seine Hände waren gefesselt, und rund um ihn herum standen Männer, die sich diesen berüchtigten Häuptling aus der Nähe ansehen wollten. Jemand hatte einen Blechnapf mit Bohnenbrei vor Mangas Coloradas hingestellt. Es schien, als hätte man versucht, ihn zu füttern. Sein Gesicht war mit Brei verschmiert, Breiklumpen hatte er auch auf seinem Hemd, dem Lendenschurz und auf der verwaschenen Hose, deren Beinlinge er unterhalb der Knie abgetrennt hatte.

West ließ den Sergeanten der Wache antreten und befahl ihm, die Schaulustigen zu vertreiben. Die Soldaten entfernten sich, aber einige von Walkers Männern lümmelten in der Nähe herum.

General West versuchte vergeblich, Mangas Coloradas zum Reden zu bringen. Der Häuptling saß mit ausdruckslosem Gesicht da, und es schien, als hörte er überhaupt nicht zu. Er rührte sich auch nicht, als ihn ein Wachsoldat mit dem Bajonett anstieß. Seine Blicke waren in die Ferne gerichtet, über die Zelte hinweg, die zu einem großen Viereck um den Platz herum aufgestellt waren. Die Fahne der Union wehte im Abendwind. Die Sonne war untergegangen. Es wurde empfindlich kalt.

West schlug den Kragen seines Mantels hoch, drehte sich ärgerlich auf dem Absatz um und winkte den Sergeanten heran.

»Sorgen Sie dafür, daß dieser verstockte alte Kerl keine Gelegenheit mehr kriegt, zu entkommen, Sergeant«, sagte West mit schneidender Stimme. »Ich will ihn morgen hier vorfinden, Sergeant. Tot oder lebendig.«

Der Sergeant verzog das Gesicht zu einem Grinsen. »Sir, Sie können sich auf mich verlassen.« West marschierte davon. Shirland blickte für einen Moment in das grinsende Gesicht des Sergeanten, und in diesem Moment wußte er, daß Mangas Coloradas den Sonnenaufgang nicht mehr erleben würde.

West zog sich in sein Zelt zurück, und die Nacht brach über Fort McLane herein. Captain E. D. Shirland stieß der Whiskey auf, als er zum Küchenzelt ging. Er hatte eigentlich keinen Hunger, aber er ließ sich einen Teller füllen.

Beißende Kälte kroch von den Bergen. Die Wachsoldaten hielten das Feuer in Gang, an dem der Häuptling in seinen Decken lag. Es mochte kurz vor Mitternacht sein, und nur im Lager der Walker-Expedition wurde noch gefeiert.

Der Mond stand über den Hügeln. Die Ruinen von Fort McLane warfen Schatten über den steinigen Boden. Das Viereck der Armeezelte sah im fahlen Licht des Mondes aus wie eine große Falle, in der Mangas Coloradas gefangengehalten wurde. Kayetennae sagte, daß es schwierig sein würde, den Häuptling zu befreien. Die Wachen gingen, das Gewehr geschultert, im Schein des Feuers auf und ab. Die aufgepflanzten Bajonette blinkten.

Kahita schlich in den Schatten zwischen zwei Zelten. Dort legte er sich flach auf den Bauch und rührte sich nicht mehr. Der Wind trieb Rauch vom Feuer herüber, und es stank nach den Weißaugen-Soldaten. Kahita war dieser Gestank fremd. Er war es gewohnt, Menschen zu riechen, Schweiß auf nackter Haut, nicht ungewaschene Kleider und alte Fußlappen. Es war ein widerlicher Gestank; Kahita drückte seine Nase in die Armbeuge, während er zum Feuer hinübersah.

Kayetennae kroch lautlos durch das dürre Büschelgras, sein Messer zwischen den Zähnen. Mondlicht traf ihn für einen Moment, dann verschwand er im Schatten der Überreste einer Adobemauer, einige Schritte von Kahita entfernt.

Lozen richtete sich etwas auf und bedeutete Kahita, nicht näher an das Feuer heranzuschleichen.

Zwei Soldaten bewachten Mangas Coloradas. Sie gingen auf und ab, so daß sie sich immer wieder beim Feuer trafen. Dann redeten sie leise miteinander. Einer stieß den Häuptling mit dem Schuh an. Mangas Coloradas bewegte sich nicht.

Lozen hob den Kopf und legte ihre Hände an den Mund. Leise, als kämen die Laute aus weiter Ferne, ahmte sie den Ruf eines Erdkäuzchens nach. Die Wachsoldaten reagierten nicht. Auch Mangas blieb still liegen, als schliefe er.

Einer der Wachsoldaten legte Holz ins Feuer. Der Wind riß Funken und Flammen hoch. Es wurde hell auf dem Platz. Kahita konnte jetzt das Gesicht des Häuptlings sehen. Er hatte die Augen geöffnet.

Die Wachsoldaten wärmten sich am Feuer. Einer sagte etwas zu Mangas Coloradas, beugte sich nieder und zerrte ihm die Decke von den Beinen. Der andere lachte und hielt das Bajonett in die Flammen. Dann wandte er sich dem Häuptling zu und bewegte die Bajonettspitze vor dessen Augen hin und her. Kahita hörte ihn lachen, und er sah, wie der eine seine Blechflasche aus dem Mantel nahm und sie zum Mund hob. Während er trank, drückte der andere den heißen Stahl gegen die Mokassinsohlen von Mangas Coloradas, bis sie zu rauchen anfingen. Mangas versuchte mit seinen gefesselten Beinen, die Decke wieder über sich zu ziehen, aber die Wachsoldaten traten nach ihm und bedrohten ihn mit ihren Gewehren.

Kahita konnte sich kaum mehr zurückhalten. Er warf einen Blick hinüber zu Kayetennae, der hinter der Mauer kniete. Warum liefen sie nicht hinüber und töteten die beiden Soldaten? Warum gab Kayetennae nicht endlich das Zeichen? Mit einem Blick aus den Augenwinkeln bemerkte Kahita, wie Lozen zu den Ruinen hinüberzeigte. Dort stand ein Mann im Mondlicht, das Gewehr in der Armbeuge. Der Hut beschattete sein Gesicht, und ein knöchellanger Mantel hing von seinen Schultern. Er mußte einer der Weißaugen sein, die wie Bären aussahen.

Der Mann kam zum Feuer, und die beiden Wachsoldaten setzten sich hin und taten, als sei nichts passiert. Der Mann knöpfte den

Mantel auf und hielt ihn so, daß er die Wärme auffangen konnte. Dann ging er wieder weg, und der Wind wehte ihm den Atem vom Mund. Er ging bis zu den Ruinen. Dort blieb er im Schatten stehen. Kahita konnte nur noch seine dunkle Silhouette erkennen, aber er wußte, daß sie Mangas Coloradas nicht befreien konnten, solange der Mann dort war, mit seinem Gewehr in den Händen. Kahita wünschte, er hätte den Bogen mitgenommen.

Die beiden Wachsoldaten flüsterten miteinander. Erneut hielten sie ihre Bajonette ins Feuer. Dann standen sie auf und drückten die heißen Stahlspitzen gegen die nackten Beine des Häuptlings.

Mangas Coloradas richtete sich jäh auf.

»No soy niño! No juegen con migo!« sagte er so laut, daß Kahita jedes Wort verstehen konnte.

Die Soldaten sprangen zurück, als wollte er sie angreifen.

»Bleib liegen, du gottverfluchter Hurensohn!« rief einer von ihnen laut, und der peitschende Knall seines Gewehres zerriß die Stille der Nacht wie ein Donnerschlag. Mangs Coloradas hob seine gefesselten Hände. Es sah aus, als wolle er aufspringen, aber die Kugel des anderen Soldaten stieß ihn auf seine Decke zurück. Beide Soldaten zogen ihre Revolver, sprangen vor und schossen so lange, bis sie keine Kugeln mehr hatten.

Als das Echo der Schüsse verhallt war, lag Mangas Coloradas still, so wie er zuvor gelegen hatte, das Gesicht dem Mond zugewandt, die Augen offen. Der Mann, der im Schatten gestanden hatte, kam eilig herüber. Soldaten krochen aus ihren Zelten. Auch vom Lager der Weißaugen, die wie Bären aussahen, kamen Männer herüber. Sie umringten die beiden Wachsoldaten und Mangas Coloradas, so daß Kahita nur noch die dunklen, lärmenden Gestalten sehen konnte.

Kahita starrte in die sich bewegenden Schatten hinein. Er merkte nicht, wie sich seine Augen mit Tränen füllten. Er hörte den Schrei des Nachtfalken nicht, den Kayetennae ausstieß. In seiner Verzweiflung preßte er das Gesicht in die kalte Erde unter ihm, und der Lärm der Weißaugen wurde in seinen Ohren zu einem schaurigen Trimphgeheul, das aus dem Nichts kam und in dem er zu ersticken drohte wie in einer Sturmflut.

Kahita warf sich herum und starrte in das Gesicht Kayetennaes, der sich über ihn gebeugt hatte.

»Die Weißaugen haben unseren Häuptling getötet«, stieß Kayetennae hervor.

Kahita schüttelte den Kopf.

»Die Monster«, sagte er. »Es waren die Monster!«

Kayetennae bleckte die Zähne. Er sah wild aus, haßerfüllt, noch vom Schrecken gezeichnet.

»Hast du nicht gesehen?« fragte er atemlos. »Monster sind nicht wirklich. Monster sind Schatten. Es sind die Weißaugen, die ich töten werde, so wie ich eine Schlange töte, wenn ich eine sehe!« Er riß sein Messer aus dem Gürtel und machte eine blitzschnelle Bewegung, so, als schnitte er mit einem einzigen Streich einer Schlange den Kopf ab. »Komm, es gibt nichts, was wir noch für unseren Häuptling tun könnten. Komm und denke nicht an deine Träume!«

Kahita stand auf. Er folgte Kayetennae und Lozen den Pfad hoch, der in die Hügel führte. Er war müde, aber es schien ihm, als würde er von Flügeln getragen und seine Füße berührten den Boden nicht mehr. Der kalte Wind trocknete die Tränen von seinem Gesicht.

Als der Tag graute, lag der steifgefrorene Leichnam von Mangas Coloradas noch immer unberührt auf der Decke wie in der Nacht zuvor. Daniel Conner, der Mann von Walkers Expedition, der im Schatten der Ruine gestanden hatte, als die Soldaten den Apachen-Häuptling töteten, war als erster auf den Beinen. Er kniete bei dem Leichnam nieder und entfernte eine Kette von dessen Hals, an der ein paar Türkise hingen, zwei Muschelringe und ein blankgeschliffenes Stück Holz, rechteckig und an einer Lederschlaufe befestigt, die groß genug war, um eine Hand hindurchzustecken.

Da Conner nicht wußte, was er mit dem Zeug anfangen sollte und Jack Swilling spottete, daß die Kette nur Unglück bringen könne, übergab er sie einem jungen Lieutenant, der sie seiner Braut in Boston schicken wollte, sobald er dazu Gelegenheit fand. Aber Swilling bot dem Lieutenant ein Goldstück für die Kette an, und er bekam sie. Er legte sie sich um den Hals und sah zu, wie ein Soldat das lange Haar von Mangas Coloradas packte und ihn umständlich skalpierte.

Sie begruben den Leichnam, als die Sonne aufging, nicht weit vom Armeelager entfernt, in einem Loch, da sie zu diesem Zweck ausgehoben hatten. Es war kalt an diesem Morgen, die Soldaten beeilten sich, die Grube zuzuschütten und an die warmen Feuer zurückzukehren.

»Jetzt hat der alte Schurke Ruhe«, sagte Jack Swilling zu Captain

Shirland, der frisch rasiert war und nach Seife roch. »Die Frage ist nur, wer uns jetzt für einen sicheren Weitermarsch garantiert.«

»General West wird das Überraschungsmoment zu nutzen wissen und sofort losschlagen, Swilling«, erklärte der Captain. »Ab heute lassen wir ihnen keine Ruhe mehr. Noch heute wird Major McCleave mit einer Abteilung der ersten Kavallerie in Marsch gesetzt. Die Chance, daß er in den Hügeln auf Apachen stößt, die noch nichts von dem Vorfall wissen, ist groß.«

»Für einen Yankee-General scheint West einen klugen Kopf zu haben, Captain«, erwiderte Swilling sarkastisch. »Solange die Armee den Apachen zu schaffen macht, haben wir kaum etwas zu befürchten, es sei denn, die Chiricahua versuchen uns aufzuhalten. Aber um die werden wir uns kümmern, wenn wir in ihr Gebiet eindringen.«

Swilling besprach sich noch am gleichen Morgen mit Captain Walker, und die beiden Männer entschieden, daß ein Trupp ihrer Expedition den Major McCleave begleiten sollte. General West hatte dagegen nichts einzuwenden. Kurz vor Mittag verließen drei Kompanien der 1. Kavallerie der California Volunteers unter Kommando von Major William McCleave, begleitet von zwei Dutzend Männern der Walker-Expedition, Fort McLane.

General West nützte unterdessen die Zeit, um seinen Schlachtplan auszuarbeiten. Der Tod von Mangas Coloradas beschäftigte General West nicht weiter, aber er stimmte dem Feldarzt Captain D. B. Sturgeon zu, als dieser ihm den obskuren Vorschlag machte, der Wissenschaft einen Dienst zu erweisen. Sturgeon ließ den Leichnam des Häuptlings ausgraben, trennte ihm mit einem Skalpell den Kopf ab und kochte ihn aus, bevor er ihn dem Phrenologen Orson Squire Fowler nach New York schickte, mit dem Hinweis, daß es sich bei diesem Schädel trotz seiner Größe um den eines Wilden handle, der seine Lebenserfüllung in Plünderung, Raub und Mord gefunden habe.

Joseph Reddeford Walker plante unterdessen den Weitermarsch. Seine Erfahrungen im Umgang mit Indianern anderer Stämme hatten ihn gelehrt, daß nach einem bedeutenden Ereignis, wie es der Tod von Mangas Coloradas für die Mimbreno-Apachen zweifellos war, für einige Zeit Ruhe herrschte.

Er schickte seine Männer mit kleinen Trupps der Armee aus, um sich in der Gegend umzutun. Die Nachrichten, die sie zurückbrachten, bestätigten seine Vermutungen. Es schien, als hätten sich die

Apachen in alle Richtungen verstreut, um in ihre Dörfer zurückzukehren, den Tod ihres Häuptlings zu beklagen und um ihn zu trauern.
Major McCleave stieß in der Nähe von Pinos Altos nur auf eine kleine
Gruppe von Mimbreno, wahrscheinlich Angehörige von Mangas
Coloradas, die darauf warteten, den Leichnam zu bergen und heimzu-
bringen. Major McCleaves Soldaten und die Männer der Walker-
Expedition, die ihn begleiteten, überfielen das kleine Lager und
töteten elf Mimbreno; bis auf zwei ältere Männer waren es Frauen
und Kinder. Wenige Tage danach näherten sich einige Apachen dem
Trupp von Captain E. D. Shirland, ebenfalls in der Nähe von Pinos
Altos. Sie schwenkten weiße Tuchfetzen. Der Captain ließ sie
herankommen, gab aber dann den Befehl zum Angriff. Es gelang
Shirlands Soldaten, neun Mimbreno zu töten; die anderen entkamen
in wilder Flucht. Als die siegreichen Truppen nach Fort McLane
zurückkehrten, hingen die Skalpe der Apachen zur Verzierung am
Zaumzeug und an den Zügeln ihrer Pferde.

General West hatte unterdessen seinen Bericht über den ersten
großen Erfolg seines Feldzuges abgeschlossen. Er schickte ihn mit
einem Detachement und Corydon E. Cooley zurück nach Fort Graig
und setzte Major McCleave mit seiner Kavallerie auf den Marsch zum
Gila River, wo an exponierter Stelle eine Armeestation als Basislager
für Operationen gegen die Mimbreno und Chiricahua eingerichtet
werden sollte.

Die Walker-Expedition verließ Fort McLane wenige Tage danach.
Die Maultiere waren ausgeruht, die Proviantpacken voll, und auch
der Wasservorrat war ausreichend. Walker folgte dem Trail von
Major McCleave zwischen den Kleinen und den Großen Burro
Mountains hindurch in das Tal des Mangas Creek, der etwa dreißig
Meilen nordwestlich von Pinos Altos entfernt in den Gila River
mündete. In seinem bewaldeten Tal stieß Walker auf die Überreste
einiger niedergebrannter Wickiups und auf die Leichen mehrerer
Apachen, die von Kojoten, Wölfen und Truthahngeiern übel zugerichtet waren. Immerhin war zu erkennen, daß Soldaten die Toten
skalpiert und verstümmelt hatten. Joseph Miller, der jüngste unter
Walkers Männern, fand den Leichnam einer Frau, die im Tod ihr
gerade geborenes Kind an sich gedrückt hatte, die Nabelschnur war
noch nicht einmal durchgetrennt.

Jake Schneider mußte sich bei diesem Anblick übergeben, aber
keiner der Männer fand es notwendig, die Toten zu begraben. Als

über den Baumwipfeln Rauch aufstieg und man dreimal hintereinander den Schrei eines Falken hörte, ohne den Vogel zu sehen, drängte Jack Swilling darauf, diesen Platz so schnell wie möglich zu verlassen. »Das war ein Apache«, sagte er grimmig. »Ich kenne den Unterschied.«

Kayetennae gab sich nicht damit zufrieden, daß Delgadito den Weißaugen Rache schwor. Er hörte nicht auf Victorio, der seine Leute aufforderte, Ruhe zu bewahren, und er folgte Nana nicht zurück in die Berge, um sich zu verstecken. Da er keine Familie hatte, brauchte er auf niemanden Rücksicht zu nehmen. Der Tod von Mangas Coloradas erfüllte ihn mit Zorn und Haß. Auch er schnitt sein Haar kurz, aber dies tat er mehr aus Respekt dem alten Häuptling gegenüber und weil es die anderen taten. Sogar Victorio trug sein sonst hüftlanges Haar kurz und trauerte mit den anderen seines Dorfes tage- und nächtelang, aß nichts und redete kaum ein Wort. In den kleinen Rancherias der Apachen herrschte lähmendes Entsetzen. Es gab keinen Ersatz für den Häuptling, der während der letzten Jahrzehnte die verschiedenen Banden der Mimbreno durch seine Führungskraft vereint hatte. Niemand hatte seine Erfahrung, seine Weitsicht und seine Stärke. Niemand hatte seine Macht. Es erhob sich kein neuer Mangas Coloradas, und in ihrer Verzweiflung und Verwirrung folgten die Mimbreno bald diesen, bald jenen Führern. Sie schlossen sich Nana an, Victorio, Delgadito, Loco und einigen anderen. Sie suchten ihr Heil in den entlegenen Bergtälern der Black Mountains und der San Mateo Mountains. In kleinen Gruppen fühlten sie sich sicherer. Sie verhielten sich still in ihren versteckten Dörfern, wo sie nichts als die Kälte des Winters zu fürchten hatten, fernab von den Pfaden der Weißaugen, den Soldatenstädten und der Agentur im Tal des Almosa Rivers bei den heißen Quellen, die sie Ojo Caliente nannten.

Es war eine schlimme Zeit der Unwissenheit, des Abwartens und der Angst. Delgadito führte eine Kriegerschar in die Chiricahua Mountains, um dem Häuptling Cochise die Nachricht von der Ermordung Mangas Coloradas zu überbringen und ihn vor den Weißaugen-Soldaten zu warnen. Cochise war für seine Chiricahua-Apachen oder die Bedonkohes, wie sie sich selbst nannten, das, was Mangas Coloradas für die Mimbreno gewesen war. Mangas hatte seine Bindung mit ihm dadurch gestärkt, daß er Cochise eine seiner

Töchter heiraten ließ. Aber als Delgadito die Rancheria des Chirica-
hua-Häuptlings in den Dragoon Mountains aufspürte, war Cochise
nicht bereit, sich erneut mit den Mimbreno zu verbünden. Er hatte
im Sommer zuvor an der Seite von Mangas am Apache-Paß gegen die
Amerikaner gekämpft, aber nach der Niederlage war er geneigt,
Frieden zu schließen. Es fehlte Delgadito an der Überzeugungskraft,
die Mangas Coloradas ausgezeichnet hatte, und so kehrte er unver-
richteter Dinge in das Land der Mimbreno zurück, zornerfüllt und
bereit, allein den Kampf aufzunehmen.

Uneinigkeit und Unfrieden herrschten auch in Victorios und Nanas
Lager. Einige Tage nachdem die Weißaugen Mangas Coloradas
getötet hatten, kehrten Kayetennae und Lozen mit mehreren Kriegern von einem Erkundungsritt zurück. Sie hatten unterwegs einen
Krieger jenes Volkes getötet, dem die Männer des Südens den Namen
Coyotero gegeben hatten. Er war, zusammen mit anderen Kriegern,
in der Nähe des Platzes gewesen, wo die Weißaugen einige Mimbreno
getötet hatten. Die Coyotero hatten von ihrer Macht geprahlt und
davon, daß die Weißaugen ihre Freunde wären, und so kam es zu
einem kurzen Kampf. Kayetennae tötete einen von ihnen, obwohl sie
gesagt hatten, daß ihr Geist weiterleben und dem Volk der Mimbreno
Unglück bringen würde.
    Lozen nannte diese Männer »Besessene«, und eigentlich hätte
Kayetennae sich vor den Geistern fürchten müssen, aber er ging nur
hinunter zum Fluß, wo er sich mit dem weichen weißen Flaum des
Schilfgrases vom Blut des getöteten Feindes säuberte.
    An diesem Abend kam Kayetennae in das Wickiup von Nana.
Kahita war dabei, ein Paar dicke neue Rohhautsohlen an seine
Mokassins zu nähen, während ihm Nana die Geschichte vom »Na-
menlosen Monster« erzählte, das eine Echse war. Kayetennae ließ
sich schweigend nieder. Erst als Nana fertig war und sich zurück-
lehnte, verriet Kayetennae, daß er aus einem besonderen Grund
gekommen war.
    »Ich habe mich entschlossen, den Weißaugen zu folgen, die wie
Bären aussehen«, sagte Kayetennae. »Delgadito ist mit seinen Leuten
weggeritten. Loco ist nicht mehr hier. Victorio will mit uns in das
Land der Männer des Südens gehen. Sollen die Weißaugen für ihre
Schandtaten nicht bestraft werden, Großvater?« Kayetennaes Worte
waren voll Zorn und Verachtung. Er konnte nicht verstehen, daß man

die Weißaugen einfach ziehen ließ, und er sagte, daß Lozen ihn begleiten würde. »Ich bin hergekommen, um dich zu fragen, ob Kahita bereit ist, seinen ersten Feind zu töten?«

Kahita blickte von seiner Arbeit auf. Er sah die Blicke von Nana und Kayetennae auf sich gerichtet, und er zeigte ihnen seine Mokassins. »Ich werde einen weiten Weg gehen können, bevor diese Sohlen durchgelaufen sind«, sagte er, obwohl er wußte, daß er noch nicht erfahren genug war, Kayetennae auf den Kriegspfad zu begleiten. Er hatte keine »Macht gegen Feinde«, keinen Schild, der ihn schützen konnte. Er kannte noch nicht einmal die Sprache der Krieger, und obwohl er oft nicht sicher war, ob seine Träume Wirklichkeit waren, glaubte er selbst nicht, daß er die Berggeister auf seiner Seite hatte. Dazu war er zu jung und zu unerfahren.

»Dieser Junge, der mir seit langem dient und den ich jene Dinge lehre, die er wissen muß, ist noch kein Krieger«, sagte Nana mit ruhiger Stimme. »Er könnte getötet werden, denn er hat keine Macht.«

Kayetennae wagte es nicht, Nana zu widersprechen. Er senkte für einen Moment den Kopf und bezeigte Nana dadurch seinen Respekt. Aber als er ihn wieder hob, waren seine Augen hart und zornig wie zuvor.

»Du bist der Mann, der ihm Macht geben kann, Großvater«, sagte Kayetennae. »Du bist es, der aus ihm einen Krieger machen kann. Du hast ›Macht gegen Feinde‹. Begleite uns! Die Weißaugen müssen bestraft werden. Der Tod unseres Häuptlings muß gerächt werden. So war es immer. So war es, als du ein junger Krieger warst. So verlangt es Yusn. Dieser Coyotero, den ich getötet habe, hat mich ausgelacht. Er hat gesagt, daß wir schwach sind wie alte Frauen. Er hat gesagt, daß wir keinen Verstand haben und daß sich die Geister von uns abgewandt haben. So ist es, Großvater. Frag diesen Jungen hier. Er hat Träume. Er hat die Schatten gesehen, die in unser Land kamen, schon ehe sie da waren.«

Nana nahm Tabak aus seinem Beutel und stopfte seine Stummelpfeife. Mit einem brennenden Holzstück gab er sich Feuer. Ohne ein Wort zu sagen, rauchte er. Kahita wechselte verstohlene Blicke mit Kayetennae. Er wünschte nichts mehr, als diesen Krieger zu begleiten, der vom Volk für seinen Mut und seine Tapferkeit bewundert wurde. Und als ihm Kayetennae zunickte, fand Kahita den Mut, das Schweigen zu brechen.

»Großvater, mach einen Krieger aus mir«, sagte er. »Schnell.«
Nana lächelte, das konnte Kahita sehen, obwohl sein Gesicht hinter dem Rauch beinahe verschwand.

»Sind vier Tage schnell genug, mein Sohn?« fragte er.

Kahita hätte vor Freude aufspringen und Nana um den Hals fallen mögen. Ja, vier Tage waren schnell genug. In vier Tagen würde er mit Kayetennae und Lozen gehen, und selbst, wenn er dann noch keine »Macht über Feinde« hatte, würde er sich nicht davor fürchten, gegen die Weißaugen zu kämpfen.

»Wir haben wenig Zeit«, sagte Nana und beugte sich vor. »Als ich ein Junge war, nahm mich mein Großvater zu sich. Er hat mir in vier Tagen gezeigt, wie man an einen Feind heranschleicht, der Augen wie ein Falke und Ohren wie ein Wolf hat. Er hat mich gelehrt, so leise zu sein wie eine Echse, die über einen Stein huscht. Er hat mich die Sprache der Krieger gelehrt, und er hat mir einen Bogen und vier stumpfe Pfeile gegeben. Keinen Schild, denn wenn ein Junge zum erstenmal auszieht, hat er keine Macht über Feinde.« Nana richtete die Augen zum Rauchloch, in dem ein einzelner Stern am Nachthimmel zu sehen war. »Ich folgte den erfahrenen Kriegern. Mein Herz pochte. Ich mußte alles richtig machen, wenn ich nicht Unglück über sie bringen wollte. Manchmal hielten sie an, und ich mußte Medizin machen und beten. Aber als wir beim Dorf der Feinde ankamen, ließen sie mich auf einem Hügel zurück. Ich durfte nur zusehen, wie sie Pferde stahlen, ohne daß die Feinde etwas merkten. Es gab keinen Kampf. Ich hatte alles richtig gemacht, und wir erbeuteten viele Pferde. Der Mann, der mich mitgenommen hatte, gab mir zwei davon, aber mein Vater mußte ihn dafür bezahlen, daß er für mich gesorgt hat. Jetzt ist das anders, mein Sohn. Wenn du mit Kayetennae gehst, wirst du kämpfen müssen.«

»Ich werde von Kayetennae lernen, wie man kämpft«, sagte Kahita. »Und von Lozen.«

Nana legte seine Pfeife weg, drehte sich um und zog unter seinem Lager ein Pumafell hervor, das mit einem roten Stoffstreifen umwickelt war. Er hielt das Fell in den dünnen Rauch des Feuers und schloß die Augen. »Es ist ein Junge hier, der stark sein will wie ein Krieger«, sagte er mit leiser Stimme. »Er hat keine Macht über Geister, und er kennt die Geister nicht. Dieser Junge ist mein Sohn. Helft ihm, stark zu sein. Helft ihm, die Schatten zu verjagen, die aus seinen Träumen kommen. Helft ihm, ein Krieger zu werden.«

Nana ließ die Hände sinken und legte das Fell auf seine Knie. Er öffnete den roten Stoffstreifen und entnahm dem Fell einen Schild und die Federn eines Falken. Ohne Kayetennae oder Kahita anzusehen, befestigte er die Federn am Rand des Schildes, das mit einem Band aus rot gefärbtem Hirschleder gesäumt war. In der Mitte des runden Lederstückes war ein schwarzer Kreis aufgemalt, von dem ein keilförmiger roter Strich zum äußeren Rand führte.

»Ich habe diesen Schild für dich gemacht, mein Sohn«, sagte Nana. »Eigentlich ist es noch nicht die Zeit, ihn dir zu geben, aber es ist jetzt alles anders. Ich werde beten, daß die Geister dich auf deinem Weg begleiten. Das ist alles, was ich tun kann. Komm morgen früh, wenn die Sonne aufgeht. Ich erwarte dich hier.«

Bevor Kahita aufstand, nahm Nana seine rechte Hand und drückte sie leicht gegen die glatte Oberfläche des Schildes.

Vier Tage hintereinander, sobald die Sonne aufging, mußte Kahita den alten Nana besuchen. Die Leute im Dorf wußten, daß er Kayetennae und Lozen begleiten sollte, und jeden Morgen warteten vor dem Wickiup, das Kahita und Kayetennae bewohnten, die Jungen und Mädchen, um ihn zu sehen. Aber auch die alten Leute blickten ihm nach, wenn er durch das Lager ging.

Kahita machte sich jeden Morgen unten am Fluß frisch, so wie ihn Nana geheißen hatte. Er kämmte sein Haar sorgfältig und achtete darauf, daß sein Lendenschurz und seine Mokassins sauber waren.

Jeden Morgen erwartete ihn Nana in seinem Wickiup, in dem ein kleines Feuer brannte, das der alte Mann während dieser Zeit nie ausgehen ließ. Kahita wußte, daß Nana nachts nicht schlief. Er versuchte die Geister zu sich zu rufen, und bat sie, Kahita zu beschützen, ihm beizustehen, wenn er in Not war, und ihm den Weg zu zeigen. Und wenn Kahita kam und sich auf seinen Platz setzte, erzählte ihm Nana von seinen eigenen Erlebnissen als Krieger und lehrte ihn jene Dinge, die Kahita wissen mußte, wenn er Kayetennae und Lozen begleiten wollte.

Es gab Tabus, die er unbedingt zu beachten hatte. So durfte Kahita während der ersten vier Tage auf dem Kriegspfad nicht mit Wasser in Berührung kommen. Zum Trinken mußte er ein Schilfrohr benutzen, das ihm Victorios Frau geben würde. Es war ihm auch nicht erlaubt, sich mit den Fingern zu kratzen. Dazu war ein Stock da, der am Trinkröhrchen befestigt war.

»Vier Tage mußt du vor den anderen hergehen und niemals zurückblicken«, erklärte ihm Nana. »Jede Drehung könnte dir und den anderen Unglück bringen. Denk immer daran! Was auch hinter dir geschieht, dreh dich nicht um. Schau nicht zurück. Wenn du müde bist, setz dich hin. Die anderen werden sich hinter dir hinsetzen und warten, bis du weitergehst.«

Kahita prägte sich alles ein, was Nana ihm gesagt hatte. Jeden Mittag, wenn er zurückging in sein Wickiup, legte er sich auf den nackten Boden, einen Stein unter dem Kopf, und dachte über alles nach. Es war wichtig, keinen Fehler zu machen und genau das zu tun, was Nana sagte.

Während der Tage, in denen Nana Kahita für seinen ersten Ausritt auf den Kriegspfad vorbereitete, waren ihm keine Tabus auferlegt, außer daß er auf einem Stein liegen mußte, der ihn davor bewahrte, tief zu schlafen, so daß er auch nachts an seine Aufgaben denken konnte. Außerdem durfte er nicht mit einem Mädchen zusammenkommen. Aber das war auch sonst so. Als Kahita an einem Morgen zum Fluß hinunterging, sah er Victorios Tochter, die einen Sommer älter war als er selbst. Sie war ein hübsches Mädchen, das von vielen Jungen begehrt wurde, nicht nur, weil sie die Tochter eines Häuptlings war. Ihr Name war Guyan, und es war Kahita nicht verborgen geblieben, daß sie sich oft mit den anderen Mädchen hinter Büschen versteckte, wenn er, Kayetennae und ihre Freunde irgendwo zusammensaßen oder sich in Spiel und Wettkampf maßen. An diesem Morgen war Guyan allein, und obwohl sie tat, als habe sie Wasser geholt, vermutete Kahita, daß sie auf ihn gewartet hatte.

Sie stand hinter einem Weidengestrüpp. Kahita sah von ihr nicht mehr als eine Bewegung und ihr langes schwarzes Haar, das lose von ihrem Kopf hing. Schnell drehte er ihr den Rücken zu, blieb aber stehen.

»Ich hörte, daß Großvater einen Krieger aus dir machen will«, sagte Guyan.

»Du hast gute Ohren«, sagte Kahita. »Und du kümmerst dich um Dinge, die nicht für ein Mädchen bestimmt sind.«

Guyan lachte. »Bist du zornig, weil ich hier auf dich gewartet habe, oder willst du mir nur zeigen, daß du ein Mann geworden bist?«

»Ich bin nicht erst heute ein Mann geworden«, sagte Kahita. »Was tust du hier?«

»Ich habe Wasser geholt und auf dich gewartet.«

»Wozu? Du weißt, daß ich mit dir nicht reden sollte.«

»Dann rede nicht. Ich wollte dir nur sagen, daß ich Kayetennae zum Mann nehmen werde, wenn du nicht zurückkommst.«

»Wer sagt, daß ich nicht zurückkomme?«

»Niemand.«

Kahita hätte fast gelacht. »Und was tust du, wenn ich zurückkomme?«

»Das kommt darauf an.«

»Auf was?«

»Das kommt darauf an, ob du dann ein Krieger bist. Das kommt darauf an, wie viele Pferde zu zurückbringst. Denk nur immer daran, daß du Pferde zurückbringen mußt, wenn du mich zu deiner Frau machen willst.«

»Ich habe nie gesagt, daß ich dich zu meiner Frau machen will.«

»Lüge nicht. Ich weiß es. Du hast es deinen Freunden gesagt.«

»Du bist ein hübsches Mädchen. Das habe ich gesagt. Du bist hübsch, aber du bist alt.«

Für eine Weile gab sie ihm keine Antwort. »Gut«, sagte sie. »Dann werde ich Kayetennae sagen, daß er mich zur Frau machen kann, wenn er zurückkommt. Und dir wünsche ich, daß du gute Sohlen an deinen Mokassins hast.« Kahita hörte sie davonlaufen. Er ging hinunter zum Fluß und wusch sich. Als er zum Dorf zurückging, sah er Guyan beim Feuer vor Victorios Wickiup sitzen, zusammen mit anderen Frauen. Sie senkte schnell den Kopf.

Nana lehrte Kahita die Sprache der Krieger. Während der ersten vier Tage auf dem Kriegspfad durfte er keine anderen Worte benutzen. Es gab für viele verschiedene Dinge ein Kriegerwort. Ein Maultier wurde nicht mehr Maultier genannt, sondern »Schüttelt-seinen-Schwanz«. Das Wort für einen weiblichen Menschen war »Die-sich-verändernde-Frau«, auch wenn es sich um ein Mädchen handelte. Der Weg vom Lager in das Land der Feinde wurde »Wenn-sich-Gras-zwischen-deinen-Zehen-verfängt« genannt und der Weg zurück »Verwehtes-Gras-im-Wind-geneigt«. Andere Worte blieben dieselben, aber ein Krieger muß wissen, welche das waren, damit er sie nicht durcheinanderbrachte.

»Wenn du auf eine Fährte von Feinden stößt, sagst du nicht, hier gingen Feinde vorbei«, erklärte Nana. »Du sagst: ›Etwas-wurde-hier-vorbeigeschleift.‹« Nana wiederholte die Worte immer und immer wieder, und er erzählte Kahita Geschichten von Kriegern, die auf dem Kriegspfad waren, und immer wenn er einen der Krieger etwas sagen lassen wollte, wartete er, bis Kahita die richtigen Worte fand, ehe er mit der Geschichte fortfuhr.

»An einem Tag, vor langer Zeit, kam es zwischen einem Krieger und seiner Frau fast zu einem Streit, weil sie seine Worte nicht verstand. Er verlangte Wasser. Das Wort für Wasser ist ›Es-bewegt-sich-immerfort‹. Aber die Frau brachte ihm Zweigenden von einem Busch, und er wurde wütend und schlug nach ihr.«

Am vierten Tag lehrte Nana Kahita, alles zu respektieren, was seine Sinne unterwegs wahrnahmen. »Mache dich über nichts lustig. Höre auf deine innere Stimme. Sie wird dich vor einer Gefahr warnen, die du nicht sehen kannst. Respektiere deine Gefährten und alles, was sie tun und was sie sagen.« Und Nana erzählte ihm die Geschichte von einem Krieger, der sich über seine Gefährten lustig gemacht hatte, als sie ihr Lager verlegten, weil ein Puma in der Nacht herumschlich. Und er erzählte von Loco, der als junger Mann von einem Bären angefallen wurde, der ihm ein Stück von seinem Bein weggebissen und das Auge ausgekratzt hatte. »Die Leute sagen, daß Loco seither nicht mehr richtig ist in seinem Kopf. Die, die dabei waren, sagen, daß er eine Bärenfährte gekreuzt hat, obwohl er wußte, daß dies Unglück bringen würde.«

Die Nachmittage und Abende verbrachte Kahita damit, Vorbereitungen für den Ritt zu treffen. Er schnitt sich zwei Paar Mokassinsohlen und packte seine Sachen zusammen. Victorios Frau gab ihm einen Beutel mit Proviant. Sie hatte ihm gerösteten Mescal eingepackt, Stücke vom Herz der Agave, Maisschrot und Fladen aus getrockneten Früchten des Prickly-Pear-Kaktus. In einem kleinen Sack fand Kahita getrocknete Beeren, die mit Wasser und Maisschrot vermischt werden konnten. Während der ersten vier Tage durfte er nichts Warmes essen und nicht mit Fett in Berührung kommen. Also hatte man ihm kein Trockenfleisch eingepackt.

In der Nacht nach dem vierten Tag wurde Kahita zu Ehren eine kleine Feier abgehalten. Die Feuer brannten, und die Männer saßen im Kreis, die Frauen und Kinder etwas abseits. Nana erzählte alte Geschichten von der Entstehung der Welt und aus jener Zeit, die so lange zurücklag, daß nicht einmal er sie erlebt hatte. Er benutzte die Worte seines Vaters, und im Schein des Feuers entstanden Bilder, in denen die Leute ihre Vorfahren sehen konnten, wie sie von Norden

Kahita sah weder Kayetennae noch Lozen, aber er wußte, daß sie am Ende der Reihe auf ihn warteten. Als er unter den Männern Victorio sah, blieb Kahita stehen. Die Leute jubelten und lärmten. Die Frauen drängten sich hinter ihm, und er mußte sich vorbeugen, um Victorios Worte zu verstehen.

»Ich hatte einen Traum, mein Sohn«, sagte Victorio. »Ich sah dich weggehen, weit weg von hier, in ein fremdes Land, zu einem fremden Volk, das eine andere Zunge spricht. Ich sah Kayetennae zurückkehren und Lozen, aber du warst nicht mit ihnen. Trotzdem hörte ich deine Stimme, und ich fühlte deine Nähe. Ich habe mich überall nach dir umgesehen, hier und dort, in den Bergen und Tälern, im Licht der Ebenen und in den Nachtschatten der Wälder. Als ich dich nirgendwo finden konnte, legte ich mich hin, und ich sah Wolken über mir, die im Wind trieben, und ich wußte, daß du mit ihnen ziehst, obwohl ich dich nicht sehen konnte. Ich wollte mich erheben, aber ich konnte nicht. Mein Gesicht wurde zu Stein, meine Glieder zerfielen zu Staub, und ich hörte deine Stimme, die mich vom Boden hob und wegtrug.« Victorio blickte Kahita in die Augen. »Ich weiß nicht, was der Traum bedeuten mag, mein Sohn, aber ich glaube, es ist heute das letzte Mal, daß wir uns sehen.«

»Wir werden lachen und froh sein, Vater«, sagte Kahita. »Und ich werde mit Kayetennae und Lozen zurückkehren.«

»Träume sind nicht wirklich«, sagte Victorio. Er legte beide Hände auf Kahitas Schultern. »Du wirst deine Macht erkennen, wenn es Zeit dazu ist. Tu, was wir dich gelehrt haben.« Er griff in die Tasche seines Hemdes und schenkte Kahita eine Halskette, an der er während der letzten Wochen heimlich gearbeitet hatte. Es war eine Kette aus dünnen Lederstreifen, die sorgfältig ineinander verflochten waren. Vier blaue Glasperlen hingen an einer gedrehten Pferdehaarschleife, die an einer rundgeschliffenen Perlmuttmuschelscheibe festgemacht war. Ein kleiner Lederbeutel, zugeknotet und mit Sehnen umwickelt, enthielt Dinge, die Kahita Glück bringen und ihm Kraft geben sollten.

Kahita legte die Kette um den Hals. Dann umarmte er Victorio, wie es Männer tun durften. Als Kahita an Nana vorbeiging, sagte der alte Mann:

»Höre auf deine innere Stimme, mein Sohn.«

Kahita sagte nichts darauf. Er hätte kein Wort mehr hervorgebracht, und er ging jetzt schneller und ohne noch einmal aufzublicken.

Kahita war ohne Pferd. Er ging Lozen und Kayetennae voran durch die Hügel hinunter in die Ebene, wo die alte Straße der Weißaugen war. Über seinem Rücken hing der Köcher mit den vier Pfeilen und der Bogen in der Hülle. In seinem Gürtel steckte das Messer, das ihm Nana geschenkt hatte. Den Schild trug er am linken Arm, und an seinem Gürtel hingen ein Kürbis mit Wasser, der Kratzstock und das Trinkröhrchen. Er trug seinen Proviantbeutel auf dem Rücken, und all die anderen Dinge, die er brauchte, hatte er in den Falten seiner Mokassinschäfte untergebracht: die Mokassinsohlen, einen Feuerschläger aus Eisen, Pfeilspitzen, eine Nadel und ein Sehnenstück, dessen Fasern er als Faden verwenden konnte, und einen Goldring, der seinem Vater gehört hatte.

Am Abend des ersten Tages lagerte Kahita am Fuße eines Hügels. Kyetennae gebot ihm, zu einem Baum hochzulaufen und so zu tun wie ein Kojote. Kahita gehorchte. Er umrundete den Baum viermal, urinierte gegen den Stamm und heulte anschließend zum Nachthimmel auf. Er wußte, daß er dadurch die Schläue eines Kojoten erlangen konnte.

Die Nacht verbrachte Kahita auf einem harten Stein, wie es ihm Nana befohlen hatte. Er schlief nicht, und ab und zu stand er auf und umrundete das Lager viermal. Er hütete sich davor, stillzustehen und sich umzudrehen. Er wagte auch nicht, zum Mond aufzusehen. Er aß nur wenig von seinem Proviant, trank mit dem Röhrchen etwas Wasser aus dem Kürbis und dachte über seine seltsamen Träume nach, von denen er nie wußte, ob sie nicht Wirklichkeit waren.

Drei Tage und drei Nächte waren sie unterwegs, ehe sie in der Nähe eines Bergzuges auf die Fährten beschlagener Pferde stießen. Kayetennae hatte Kahita gesagt, in welcher Richtung er gehen sollte. Er brauchte ein Pferd, wenn er den Weißaugen folgen wollte, die wie Bären aussahen. Und der Raub eines Pferdes war die erste Prüfung, die Kahita bestehen sollte. Danach erst würde er in der Lage sein, einen Feind zu töten. So war es abgemacht. So hatte es Nana gesagt. Aber Kahita hoffte, ein Pferd zu erbeuten und einen Feind töten zu können, so daß dessen Macht auf ihn übergehen würde.

Am Abend des dritten Tages sahen sie drei Männer, die der alten Postkutschenstraße folgten. Es waren Mexikaner. Sie lagerten am Fuße eines Hügels am ausgetrockneten Bett eines Flusses. Einer der Männer hatte ein großes schwarzes Pferd, das er sehr liebte. Am Abend, als sie lagerten, versorgte er zuerst das Pferd. Er ließ es

Wasser aus seinem großen Hut trinken und redete mit ihm. Als er sich zum Schlafen hinlegte, machte er das Pferd in seiner Nähe fest, während die anderen Pferde herumstreunten.

»Es ist ein schönes Pferd«, sagte Kayetennae. »Wenn es dir gefällt, sollst du es haben.«

Und Lozen sagte: »Ich zeige dir, wie du das Pferd bekommen kannst. Komm, es ist eine helle Nacht, du brauchst die bösen Mächte nicht zu fürchten.«

Kahita lernte in dieser Nacht, wie man ein Pferd stiehlt. Es war einfach. Die schlafenden Männer merkten nichts. Auch der Mann, der sein Pferd liebte, wachte nicht auf. Sie hätten die Männer töten können, aber das wollte Kayetennae nicht. Man tötete Feinde nicht in der Nacht, wenn man nicht von ihren Geistern verfolgt werden wollte. Man tötete Feinde im Morgengrauen.

»Wie willst du den Mann töten, dem das Pferd gehört?« fragte Kayetennae, als sie sich wieder auf dem Hügel befanden.

»Ich zeige es dir«, sagte Lozen.

Sie grub mit dem Messer im Boden eine tiefe Mulde, bis sie auf feuchte Erde stieß. Damit strich sie ihr Gesicht ein, das Haar, die Beine.

Sie rollte sich im Staub, bis sie die Farbe der Erde und der Steine überall an sich hatte, selbst in ihrem langen schwarzen Haar.

Kurz bevor der Tag graute, gingen Kahita und Lozen auf einen Hügel, auf dem es nichts gab außer einigen kleinen Büschen und Steinen. Lozen band das Seil des schwarzen Pferdes an einem Busch fest, so daß es aussah, als hätte es sich verfangen. Dann entfernten sie sich ein Stück und ließen sich in einer Erdgrube nieder.

Als es Tag wurde, konnten sie das Lager sehen. Nacheinander wachten die Männer auf, gähnten, rieben sich die Augen aus und krochen aus den Decken. Der Mann, der sein Pferd liebte, sah sofort, daß es nicht mehr da war. Er zeigte zum Hügel hoch und stieß einen Pfiff aus, der das Pferd unruhig werden ließ. Aber es war festgebunden und konnte nicht weggehen. Da ließ der Mann seine Gefährten stehen, aber sie rannten ihm nach und hielten ihn zurück. Sie redeten laut auf ihn ein, als stritten sie miteinander. Der Mann, der sein Pferd liebte, stieß die anderen weg. Er ging noch einmal zum Lager zurück und nahm sein Gewehr vom Boden auf. Dann kam er den Hügel hoch, und die anderen lärmten hinter ihm her, aber er beachtete sie nicht. Er ein kleiner Mann, und er trug keinen Hut. Als die Sonne aufging, schien sie ihm ins Gesicht. Schwarze Haare wuchsen ihm aus der Nase, und auf dem Kopf war seine dunkle Haut nackt und glänzend. Kahita konnte seinen keuchenden Atem hören, als er näher kam. Der Anstieg war steil. Einmal blieb er stehen und schaute sich um. Er wischte sich mit dem Ärmel seines weißen Hemdes den Schweiß von den Augen, bevor er weiterging. Sein Pferd schnaubte und zerrte am Seil. Der Mann blickte auf und sagte etwas zu dem Pferd. Kahita legte einen Pfeil auf die Sehne. Die Finger seiner linken Hand schlossen sich fest um das Holz des Bogens. Mit der rechten Hand zog er die Sehne an, so langsam, daß die Bewegung kaum zu erkennen war.

Der Mann blieb stehen. Er redete mit dem Pferd, um es zu beruhigen, aber das Pferd tänzelte, und der Staub hob sich von seinen Hufen. Da merkte der Mann, daß etwas nicht stimmte. Sein Pferd sagte es ihm. Er schaute zurück zu den anderen, die bereit waren, aufzubrechen. Für einen Moment drehte er Kahita die Seite zu. Der Pfeil traf ihn unter dem linken Arm in die Brust. Sein Gewehr entlud sich. Das Pferd stieg, und der Mann stürzte den Hang hinunter.

Die anderen Männer flohen, die Maultiere mit den Packen ließen sie zurück. Sie ritten genau auf die Stelle zu, wo sich Kayetennae versteckt hielt. Kayetennae tötete beide, und als Kahita vom Hügel herunterkam, mit dem schwarzen Pferd und dem Gewehr des Mannes, lag ein stolzer Zug auf Kayetennaes Gesicht. Er kam herüber mit Blut an den Händen, denn er hatte einem der Männer das Herz aus dem Leib geschnitten. Das tat er mit allen Feinden, die er selbst tötete, seit jenem Tag, an dem seine Brüder und Schwestern, sein Vater und seine Mutter von Mexikanern ermordet worden waren.

»Du hast deinen ersten Feind getötet«, sagte Kayetennae und hielt Kahita seine Hände mit dem Herz entgegen, ein blutiger Klumpen, in dem kein Leben mehr war. »Es bleibt dir wenig Zeit, die Dinge zu lernen, die du wissen mußt, um deine Macht zu erkennen, damit sie dich schützen kann. Hier, mache dich stark.«

Kahita nahm das Herz und hob es zum Mund. Seine Zähne gruben sich in das warme, feste Fleisch. Der bittere Geschmack betäubte ihn. Er fror. Kayetennaes Gesicht löste sich auf, ein schwebender Schatten. Kayetennaes Stimme ging unter im Rauschen mächtiger Schwingen, und Kahita merkte nicht, wie er in die Knie sank.

Der Falke flog über ihm, groß wie eine Wolke, deckte ihn zu mit seinem Gefieder, in dem das gleißende Licht der Sonne gefangen war. Der Boden unter ihm war weiß und kalt, bedeckt mit Schnee im Schatten eisbehangener Felsen. Kahita schrie und versuchte sich zu befreien. Er merkte nicht, wie Lozen sich über ihn beugte und ihm half, sich aufzurichten.

Lozens Stimme drang wie aus weiter Ferne in sein Bewußtsein vor. Das Licht der Sonne blendete ihn, als sich die Schatten auflösten und das Rauschen sich entfernte.

»Hast du den Ruf des Falken gehört, mein Bruder?« fragte Lozen mit Freude in ihrer Stimme.

Ja, er hatte den Ruf des Falken gehört, und als er Lozen später fragte, was geschehen war, wollte sie nicht davon reden.

Nach dem vierten Tag ritt Kayetennae voran. Jetzt war er der Anführer, und er folgte den Fährten der Weißaugen das Tal des Mangas Creek hinunter. In diesem Tal war er geboren worden, vor sechzehn Wintern. Er kannte die Stelle genau, denn seine Eltern hatten sie ihm oft gezeigt. Der Geburtsort eines Kriegers war für ihn und für seine Familie von besonderer Bedeutung. Kahita erinnerte sich daran, weil ihn sein Vater einmal in die Berge gebracht hatte, die von den Männern des Südens Sierra Madre genannt wurden. Dort, in einem Tal, wo die Nednhi-Apachen lebten, hatte er ihn auf einen Hügel geführt, dem ein kleiner Bach entsprang. Kahita war damals noch so klein gewesen, daß ihn sein Vater hinter sich auf dem Pferd mit einem Seil festgebunden hatte, bevor er den schmalen Bergpfad hochritt. Oben auf dem Hügel hatte er ihn vom Pferd gehoben und auf die Erde gelegt, zuerst mit dem Kopf nach Osten, dann in die anderen drei Himmelsrichtungen. Kahita erinnerte sich, wie Vater am Boden kniete und seine Hände hob, während er zu Yusn betete. Kahita wußte nicht mehr, was Vater damals gesagt hatte; er war nie mehr an jenen Ort zurückgekehrt. Aber Kayetennae tat hier am Mangas Creek das gleiche. Er ritt allein auf eine Lichtung hinaus, stieg vom Pferd und legte sich auf den Boden. Er drehte sich nach Osten, nach Süden, Westen und Norden, kniete und verharrte in stillem Gebet, so daß ihn seine Gedanken zurücktragen konnten in jene Zeiten, die ihn mit glücklicher Erinnerung erfüllten.

Kayetennae war ein schweigsamer Gefährte. Er redete kaum ein Wort mit Lozen, auch nicht, als sie am Abend beisammensaßen und ein wenig von ihren Vorräten aßen. Lozen suchte sich für die Nacht einen Platz, abseits von Kahita und Kayetennae, so wie es sich für ein weibliches Wesen gehörte.

Nach drei Tagen erreichten sie jene Stelle, wo die Soldaten ein kleines Dorf von Häuptling Cuentas Azules überfallen hatten. Kayetennae ritt voraus und entdeckte die Weißaugen, die wie Bären aussahen. Er ließ dreimal den Ruf des Falken hören, so daß Lozen und Kahita gewarnt waren. Erst als die Weißaugen talwärts weiterzogen, näherten sie sich dem Platz, wo die Toten lagen. Es waren kaum Männer unter ihnen. Die Weißen hatten sogar kleine Kinder in ihren Tragkrippen getötet. Kojoten lauerten im Waldschatten, und im kahlen Geäst der Bäume hockten Truthahngeier mit roten Köpfen. Es war ein schlimmer Platz, und Kahita fragte sich, wo die Männer des Dorfes waren und die Frauen und Kinder, die davongelaufen sein mußten. Kayetennae sagte die ganze Zeit kein Wort, aber er ging von einem Leichnam zum anderen, blieb stehen und starrte lange auf ihn nieder.

»Die Leute werden zurückkehren«, sagte Lozen. Sie blieben dort, bis es Nacht wurde, so daß die Vögel und die Tiere des Waldes sich nicht mehr heranwagten. Als der Mond aufging, tauchten aus den Schatten ein paar Leute auf; Frauen, die ihre Kleinsten auf dem Rücken trugen und die älteren Kinder an der Hand führten, ein paar alte Männer und ein Krieger, dem die Soldaten den rechten Arm weggeschossen hatten. Sie jammerten nicht. Sie waren still und begruben ihre Toten bis zum Morgengrauen. Dann zogen sie davon, ohne Pferde und Maultiere, lautlos wie sie gekommen waren.

Kayetennae hatte von ihnen erfahren, daß die Krieger sich Delgadito angeschlossen hatten, der zu Cochise unterwegs war. Die Leute hatten sich hier sicher gefühlt, und niemand hatte die Soldaten gesehen, die in der Nacht das Tal hochkamen und über das Dorf herfielen, als der Morgen graute. Jetzt wollten sie an einen anderen Platz ziehen, jenseits der Berge, vielleicht dorthin, wo Nanas Leute wohnten, aber der Weg war lang und die Weißaugen lauerten überall.

Den ganzen Tag hindurch ritten Kayetennae, Lozen und Kahita nordwestwärts. In der Nacht lagerten sie auf einem Hügel, von dem aus sie im Tal die Feuer der Weißaugen sehen konnten. Kayetennae wollte versuchen, ihre Reittiere in Stampede zu versetzen, aber aus der Nähe konnte er erkennen, daß sie allen Maultieren ein Vorderbein und ein Hinterbein mit einem Seil gefesselt hatten. Diese

Weißaugen waren nicht wie die Soldaten. Ein alter Mann führte sie, und er war schlau und wachsam. Er machte keine Fehler, und die Männer gehorchten ihm.

»Ich werde den alten Mann töten«, sagte Kayetennae in dieser Nacht. Im Morgengrauen schlich er sich an das Lager der Weißaugen heran, aber der Hund entdeckte ihn, und er mußte weglaufen. Die Weißaugen riefen den Hund zurück, als Kayetennae wie ein Puma brüllte und verärgert zu Lozen und Kahita zurückkehrte, die auf dem Hügel warteten.

Major MacCleave und seine Einheit hatten sich für den Bau des Forts einen Hügel südlich der Stelle ausgesucht, wo der Bear Creek in den Gila River mündete. Als die Walker-Expedition dort ankam, waren die Soldaten bereits dabei, die ersten Gebäude zu errichten. Ihr Zeltlager befand sich auf einer etwas erhöhten Ebene, nicht weit vom Flußufer entfernt, an dem mächtige alte Cottonwoodbäume wuchsen. Walkers Männer suchten sich einen Platz unter den Bäumen, etwa eine halbe Meile vom Zeltlager der Armee entfernt, in einer graßbewachsenen Niederung.

Das Bett des Gila Rivers war an dieser Stelle etwa zweihundert Yards breit, aber der Fluß selbst floß in mehreren verzweigten Rinnen um Sandbänke herum, so daß er eine natürliche Furt bildete und leicht zu durchqueren war.

Es gab in der Talniederung genug Futter für die Maultiere, und die Hügel schienen reich an Wild zu sein. Captain Walker entschloß sich, einen Erkundungsritt nach Westen zu unternehmen, ohne die Packtiere und nur mit einem Teil der Männer. Er unterhielt sich mit Major McCleave darüber, und dieser erbot sich, Walker mit einer Eskorte zu begleiten.

Unter den vier Männern, die zurückblieben, um über die Packtiere und die Ausrüstung zu wachen, befanden sich Jake Schneider und Daniel Conner. Vor dem Abritt schärfte ihnen der Captain ein, vor allem die Maultiere nie aus den Augen zu lassen und dafür zu sorgen, daß die Yankeesoldaten nicht an die Packen herankamen. Es schien fast, als traute er ihnen weniger als den Apachen.

Kaum hatten Walker und Major McCleave mit etwa vierzig Männern den Fluß durchquert und waren hinter dem nächsten Hügelrücken verschwunden, hoben sich im Norden und Osten Rauchsignale. Aber während der nächsten Tage passierte nichts.

Connor und Jake Schneider zogen mit den Maultieren ein Stück weit das Tal hoch und ließen sie die satten Wiesen abweiden. Jeden Abend kehrten sie zum Lager zurück, wo die anderen Männer inzwischen das Essen hergerichtet hatten. Nachts lösten sie sich im Wachen ab, umrundeten das Lager und die Maultiere und wechselten einige Worte mit den patrouillierenden Wachen der Armee, und keiner von ihnen rechnete ernsthaft mit einem Überfall der Apachen, die sich offenbar nicht in die Nähe des großen Armeelagers wagten.

Wochen vergingen. Auf dem Hügel standen die ersten Gebäude. Die Rinderherde der Armee wurde von den Lagerwachen gehütet, während die Sattelpferde und Packtiere jeweils von einem Trupp von fünfzehn Soldaten zu den Weideplätzen geführt wurden. Für Walkers Männer konnte das Leben kaum mehr eintöniger werden. Ein Tag glich dem anderen. Es war trocken. Die Sonne schien vom Morgen bis zum Abend. Die Nächte waren eiskalt, die Tage heiß. Der Fluß brachte Schmelzwasser aus den Bergen. Ab und zu gelang es ihnen, ein Reh oder einen Hirsch zu schießen, und Jake Schneider fing Fische mit einem Geflecht aus Weidenruten. Der Whiskey ging aus, und die Soldaten wurden der täglichen Routine überdrüssig. Ihre Wachsamkeit ließ nach. Es gab keine Anzeichen dafür, daß sich Apachen in der Gegend aufhielten. Die Jägertrupps stießen auf keine neuen Spuren. Es gab auch keine Rauchzeichen mehr.

Eines Tages befanden sich Conner und Jake Schneider mit vier Maultieren unterwegs, knapp eine halbe Meile vom Hügel entfernt, auf dem die Soldaten Fort West errichteten. Es war kurz nach Mittag. Die Maultiere grasten, und Jake Schneider erzählte von seiner Heimat jenseits des Atlantischen Ozeans. Conner saß im Schatten einiger Büsche und schrieb in sein Tagebuch, das er führte, seit er sich Walkers Expedition angeschlossen hatte. Er hörte Jake nur mit einem Ohr zu, denn der Deutsche war schlecht zu verstehen und seine Geschichte ziemlich langweilig. Conner schrieb, daß es im Februar hier schon so heiß sei wie anderswo auf der Welt im Hochsommer. Er schrieb, dies sei ein gottverlassenes Land, das zu nichts tauge und deshalb für die Vereinigten Staaten von Amerika keinen Wert habe. »Es gibt hier gerade genug für die Maultiere zu fressen«, schrieb er. »Der Fluß ist fast ausgetrocknet und mein Mund auch, aber dieser German J. S. quatscht die ganze Zeit.«

Conner blickte auf, und in diesem Moment sah er zwischen den

Büschen am Rande der Niederung, die sich zwischen ihm und dem Hügel mit dem Armeelager ausbreitete, mehrere Reiter auftauchen.

»Herrgott!« rief Conner aus und sprang auf die Beine. »Herrgott, das sind Apachen.«

Jake Schneider rief etwas in seiner Muttersprache, packte sein Gewehr und rannte auf die weidenden Maultiere zu. In diesem Moment brachen die Apachen in lautes Kriegsgeschrei aus. Mehr als zwei Dutzend jagten auf ihren Pferden durch die Niederung auf die Herde zu. Sie schwangen Kriegskeulen und Lanzen. Schüsse krachten. Die Pferdeherde geriet in Stampede und jagte in panischer Angst das Tal hoch, getrieben von den Apachenkriegern. Bevor die Soldaten dazu kamen, einen Schuß abzufeuern, hatten die Apachen den buschbewachsenen Hang erreicht, wo sich Conner und Jake Schneider aufgehalten hatten. Jake rannte zu einer Anhöhe hoch und kniete nieder. Er legte den Karabiner an und feuerte, aber er traf nicht.

»Schieß auf das Pferd, nicht auf den Reiter!« rief ihm Conner zu, während er die Maultiere daran hinderte, ebenfalls davonzulaufen. Hastig lud Schneider seinen Karabiner und schoß. Wieder verfehlte er sein Ziel, denn die Apachen hingen mehr an ihren Pferden, als daß sie auf ihnen saßen.

»Auf das Pferd, Jake! Auf das Pferd!«

Jake warf den Kopf herum. »Kümmere dich um deine Angelegenheiten, du Arschloch!« brüllte er, das Gesicht von Erregung und Zorn gerötet. Mit dem nächsten Schuß traf er ein Pferd, das mitten im Lauf zusammenbrach. Sein Reiter flog durch die Luft, prallte am Boden auf, rollte sich ab und rannte davon. Bevor Jake sein Gewehr wieder schußbereit hatte, war der Apache in den Büschen verschwunden.

»Himmel Arsch noch mal!« schrie er auf deutsch. »Jetzt habe ich ein Pferd abgeschossen, und die verdammte Rothaut läuft davon!«

Jetzt krachten im Tal die Gewehre. Kugeln fetzten durch das Astwerk der Büsche. Jake warf sich flach auf den Bauch. Conner hatte Mühe, die Maultiere festzuhalten. Er sah die Soldaten in einer Senke knien. Pulverrauch löste sich von den Mündungen ihrer Gewehre.

»Die Soldaten schießen auf uns!« rief Conner und ließ die Maultiere los. Er warf sich zu Boden und robbte zu seinem Gewehr hinüber, das am Stamm einer Krüppeleiche lehnte. Kugeln fuhren über ihn hinweg, schlugen in den Baum und rissen Äste los. Jake Schneider warf seinen Hut über die Büsche hinweg.

»Wir sind es, verfluchte Idioten!« brüllte er, aber die Soldaten feuerten eine Salve nach der anderen ab, und Jakes Hut, der im Geäst des Busches hängengeblieben war, wurde von den Kugeln durchlöchert.

Jake sprang auf. Er rannte aus den Büschen heraus wie ein Verrückter.

»Gottverfluchte Yankees, habt ihr keine Augen im Kopf? Ich bin's! Jake Schneider! Seht her, Idioten! Hier! Ich bin's!« Er riß sich das Hemd vom Leib und schwenkte es hin und her. Es war ein Wunder, daß er von keiner Kugel getroffen wurde, denn die Soldaten hörten erst auf zu schießen, als sich der Staub, den die davongelaufenen Pferde aufgewirbelt hatten, legte.

Jake holte seinen Hut, bestaunte die Löcher und setzte ihn mit grimmigem Gesicht auf. »Ich habe diesen Hut aus Europa mitgebracht, verdammt. Es ist ein guter europäischer Hut, und diese Yankeesoldaten werden mir dafür geradestehen, sonst zünde ich ihnen ihr verdammtes Fort an allen vier Ecken an, sobald es Nacht wird!«

»Sie hätten dich töten können, du Narr«, sagte Conner wütend. »Was läufst du auch rum wie eine verdammte Zielscheibe!«

»Du sollst dich um deine eigenen Angelegenheiten kümmern, habe ich gesagt!« schnaubte Jake. »In Deutschland würden Idioten wie die da unten niemals eine Uniform tragen, verlaß dich darauf. In Deutschland würde man Idioten wie die da unten höchsten vor einen Karren spannen.« Jake drehte sich um und ging hinter den Maultieren her, die davongelaufen waren.

»Heh, komm zurück, da könnten sich ein paar Apachen versteckt halten!« rief Conner.

»Das sind nicht deine Angelegenheiten!« rief Jake über die Schulter zurück. Er hatte Glück, denn auch der Apache, dem er das Pferd unter dem Hintern weggeschossen hatte, war verschwunden.

Die Armee hatte mehr als hundert Pferde verloren. Der Captain, der während der Abwesenheit von Major McCleave das Kommando führte, wagte es nicht, die Apachen von einem Trupp verfolgen zu lassen, da er in den engen Bergtälern eine Falle fürchtete. Er verstärkte die Wachen, und das war alles, was er tun konnte.

Kayetennae konnte den alten Mann nicht töten, denn der war mit einigen Soldaten und seinen Männern nach Westen geritten. Nur vier Weißaugen bewachten die Maultiere und das Lager am Fluß, in der Nähe der Soldatenstadt.

Tagelang beobachteten Kayetennae, Lozen und Kahita von ihrem Versteck aus die Flußniederung mit dem Hügel, auf dem die Soldaten ihre Stadt errichteten. Nachts schlichen sie sich oft so nahe an die Zelte heran, daß sie die Soldaten miteinander reden hörten, aber es gelang ihnen nicht, einen von ihnen zu töten, da sie sich immer in Gruppen aufhielten und helle Feuer entfachten, sobald es dunkel wurde.

Die Rauchzeichen, die überall im Norden aufstiegen, machten Kayetennae unruhig. Es waren Rauchzeichen von White-Mountain-Apachen, einem Stamm, mit dem die Mimbreno ab und zu Krieg führten und ab und zu Frieden hatten. Die White-Mountain-Apachen sprachen zwar in der gleichen Zunge wie die Mimbreno, aber sie waren diesen fast so fremd wie die Tonto, die noch weiter im Westen lebten und die sie »Leute ohne Verstand« nannten.

Kayetennae warnte Kahita davor, sich den White-Mountain-Leuten zu zeigen, da sie sich zweifellos auf dem Kriegspfad befanden und einen einzelnen Mimbreno, der ein gutes Pferd und gute Waffen besaß, wahrscheinlich getötet hätten. So hielten sich Kayetennae, Lozen und Kahita die meiste Zeit in den Wäldern auf und versteckten sich in einer Höhle über dem Tal, zu der ein schmaler und steiler Pfad hochführte.

Eines Tages, als sie sich nicht weit von der Höhle entfernt befanden, verhielt Kayetennae plötzlich den Schritt und bedeutete Kahita, sich zu ducken. In einem engen Tal vor ihnen tauchten aus den langen Morgenschatten einiger Kiefern Gestalten auf, die in einer Reihe hintereinander gingen.

»White-Mountain-Leute«, sagte Kayetennae leise.

Kahita zählte sie. Es waren sieben. Sie folgten einem Wildwechsel, der sich wie eine dünne Linie durch das Büschelgras zog. Der Krieger, der an der Spitze ging, blieb stehen. Er sagte etwas zu den anderen und zeigte zum Hang hoch, wo sich Kayetennae und Kahita befanden.

»Sie haben gute Augen«, sagte Kayetennae. Er richtete sich etwas auf, so daß die White-Mountain-Leute ihn sehen konnten. Er hob die Lanze und seinen Schild über den Kopf. Dann stieß er einen gellenden Schrei aus, der von den steilen Hängen und den Felsen zurückschlug und sich in den Wäldern verlor. Mit diesem Schrei gab sich Kayetennae als ein Mimbreno zu erkennen, aber die White-Mountain-Leute schienen davon nicht beeindruckt. Sie gingen weiter hinter ihrem

Anführer her, erreichten einen Hügelrücken und verschwanden dahinter.

Am gleichen Tag beobachteten Kayetennae und Kahita eine Kriegerschar, die von Norden her zum Tal des Gila Rivers hinunterritt. Sie tränkten ihre Pferde im Fluß, rasteten kurz am anderen Ufer und verschwanden wieder in einem Seitental. Kayetennae und Kahita verbrachten diese Nacht auf einem Hügel, auf dem eine einzelne, abgestorbene Eiche stand. Sie konnten in der Ferne den Widerschein der Soldatenfeuer sehen, und der Wind trug ihnen schwach den Geruch von Pferden entgegen. Kayetennae wußte nicht, wie viele White-Mountain-Leute sich in der Gegend aufhielten, aber es mußten viele sein.

Vier oder fünf Tage streunten die White-Mountain-Leute herum wie hungrige Kojoten. Viele von ihnen hatten keine Pferde oder Maultiere. Deshalb fielen sie über die Pferdeherde der Soldaten her und trieben sie talaufwärts davon, ohne daß die Soldaten etwas dagegen tun konnten.

Kahita erwachte, als Lozen aufstand.

Es war Nacht. Schwarz ragten die zerklüfteten Felswände des Canyons in den Sternenhimmel. Der Canyon wurde von den Weißaugen Mangas Creek Canyon genannt, aber die Mimbreno nannten ihn Tal der Stille.

Lozen ließ die Decke von ihren Schultern gleiten. Sie gähnte und rieb die Hände gegeneinander. Die Nacht war kalt. An den Wänden der Höhle, dort wo das Wasser heruntertropfte, glitzerte Eis.

Kayetennae war nicht da. Seine Decken lagen unberührt in einer Mulde, die er mit dürrem Laub vom vergangenen Herbst angefüllt hatte. Seine Lanze stand gegen den Felsen gelehnt, und auf seinem Bündel lagen die Kriegskeule und sein Schild. Kayetennae hatte nur sein Messer mitgenommen.

Lozen merkte, daß sie Kahita aufgeweckt hatte. Sie kauerte neben ihm nieder.

»Ich hatte einen bösen Traum«, sagte sie leise. »Geister aus dem Schattenreich haben mich in eine Falle gelockt.« Sie lächelte. »Ich bin tot, Bruder.«

»Du hast unruhig geschlafen«, bemerkte Kahita. »Kayetennae ist nicht da. Es scheint, als suche er den Tod, da draußen in der Nacht. Wir sollten ihn nicht weggehen lassen, nicht in der Nacht.«

Eines der Pferde wieherte. Lozen wandte den Kopf zum Eingang der Höhle. Der Mond war nicht zu sehen, aber sein Licht tropfte wie flüssiges Silber von den Felsrändern.

»Ich sehe nach den Pferden«, sagte Lozen und erhob sich. Sie ging zum Höhleneingang und blieb dort stehen. Kayetennaes Pferd lag am Boden, aber ihr eigenes Pferd bewegte sich unruhig im Schatten der Bäume. Lozen hob den Blick zum Himmel. »Die Sterne verblassen. Bald ist es Tag, und der Tag bringt das Licht und die Wärme in mein Herz zurück, Bruder«, sagte sie.

Kahita setzte sich auf. Wieder wieherte das Pferd. Er erkannte es an seiner Stimme. Es war Lozens Pferd. Kahita war jetzt hellwach. Er griff nach seinem Köcher und hängte ihn sich über den Rücken. Dann nahm er den Bogen aus der Hülle.

»Bleib hier«, sagte Lozen.

Bevor ihr Kahita eine Antwort geben konnte, war sie verschwunden. Auch Kahita verließ die Höhle. Lozens Pferd hielt den Kopf in den Wind, die Nüstern aufgebläht.

Der Schrei eines Nachtfalken zerriß die Stille.

Kahita blickte sich nach allen Seiten um. Es war nichts zu sehen. Der Mond schien durch das Astgewirr einer knorpeligen Eiche, die aus einer Felsspalte herauswuchs. Der Wind bewegte die Äste der Kiefern am Steilhang, wo der schmale Pfad von der Höhle ins Tal hinunterführte. Irgendwo mußte Lozen sein. Und Kayetennae. Kahita ging zu Lozens Pferd und legte ihm die Hand auf die Nüstern, um es zu beruhigen, aber das Pferd drängte weg von ihm. Plötzlich krachten Schüsse. Männer brüllten. Kahita sah einen Schatten, der hinter einem Busch auftauchte, ein hageres bleiches Gesicht, in dem ein wilder Bart wucherte. Das Blut gefror in Kahitas Adern. Das Gesicht gehörte dem Mann, der Mangas Coloradas betrogen und gefangengenommen hatte. Kahita langte über seine Schulter und zog einen Pfeil aus seinem Köcher. Der Mann bewegte sich. Jetzt konnte Kahita seinen Oberkörper sehen. Er legte den Pfeil auf den Bogen, zog die Sehne zurück und ließ ihn fliegen. Im selben Moment duckte sich der Mann. Ein greller Mündungsblitz blendete Kahita. Ein harter Schlag riß ihn von den Beinen. Er stürzte, schlug am Boden auf, sprang aber sofort wieder hoch. Überall erschienen jetzt Weißaugen und schossen mit ihren Gewehren auf ihn. Lozens Pferd brach zusammen. Kayetennaes Pferd hatte sich losgerissen und jagte davon. Kahitas Hengst stürzte. Staub wirbelte im Mondlicht. Kahita rannte zum Rand des Steilhanges hinüber. Er hörte die Kugeln, aber er beachtete sie nicht. Mit einem Satz warf er sich über den Hang hinunter. Geröll löste sich unter ihm. Er überschlug sich, brach durch Büsche und versuchte nicht, sich irgendwo festzuhalten. Er schlug gegen den Stamm eines Baumes, prallte von ihm weg und fiel in eine tiefe, vom Regenwasser ausgewaschene Erdspalte hinein. Nach Atem ringend blickte er zum Hang hoch, wo sich einige Gestalten über den Abgrund beugten. Lose Steine kullerten auf ihn nieder. Kahita schloß die Augen und blieb regungslos liegen. Er wußte, daß ihn die Weißaugen sehen konnten, aber sie schossen nicht mehr auf ihn. Sie redeten miteinander. Dann verschwanden sie. Kahita richtete sich sofort auf. Die Schußverletzung an seiner Seite brannte, die Schmerzen trieben ihm Tränen in die Augen. Seine Arme und Beine waren von scharfkantigem Gestein aufgerissen. Kahita zog sich an einem Bärengrasbüschel hoch, aber das Geröll unter ihm geriet in Bewegung, er rutschte aus. Die messerscharfen Gräser schnitten ihm tief in die Finger, er mußte sie loslassen. Er rutschte einen Abhang hinunter in eine Senke hinein. Auf allen vieren kroch er in die Büsche.

Als der Tag graute, kauerte Kahita in einer Felsnische, tief im Canyon und hinter mächtigen, rundgeschliffenen Felsbrocken. Die Sonne kroch an den Felswänden herunter und vertrieb die Kälte. Die Wunde an seiner Seite blutete. Kahita preßte sein zusammengeknülltes Hemd gegen sie. Obwohl es wärmer wurde, begann er zu frieren. Hufschläge schreckten ihn auf. Zwischen den Felsen hindurch sah er Reiter, die aus dem Licht der Sonne kamen und in den Schatten des Canyons eintauchten. An der Spitze ritt der alte Mann, den Kayetennae hatte töten wollen. Hinter ihm kamen Soldaten und andere Weißaugen. Ihre Pferde waren müde, staubbedeckt. Quer über einem Maultier lag Lozen, mit Seilen festgebunden, bis auf den Lendenschurz nackt. Kahita konnte nicht erkennen, ob sie noch lebte.

Er duckte sich und ließ die Weißaugen vorbeireiten. Erst als sie den Canyon verlassen hatten, kroch Kahita aus der Felsnische und folgte ihnen.

In kleinen Gruppen durchstreiften die Weißaugen das Tal und den Canyon. Und sie fanden Kayetennae, der halbtot unter einem Baum lag. Sie grölten und lärmten, als sie ihn fanden. Dann hängten sie ihn mit dem Kopf nach unten am Ast des Baumes auf, rissen ihm die

Kleider vom Leib und bewarfen ihn mit den Ablegern von Chollakakteen, die fingerlange Dornen hatten. Es war ein Spiel für sie, aber Kayetennae, den eine Kugel in die Brust getroffen hatte, gab keinen Laut von sich. Sie hörten erst auf, als von Kayetennae kaum mehr etwas zu sehen war, weil die Kakteen an ihm hängenblieben wie Kletten. Sie schnitten ihn vom Baum und rollten ihn zu einem Abgrund. Einer gab ihm mit dem Fuß einen Stoß, und Kayetennae fiel über steile Felswände hinunter in die Tiefe des Canyons.

Kahita befand sich kaum zweihundert Schritte von den Weißaugen entfernt, aber er konnte nichts für Kayetennae tun. Er war sicher, daß die Weißaugen Kayetennae getötet hatten. Trotzdem wartete er, bis es Nacht wurde. Dann kletterte er die Felswände hinunter. Aber als er den Canyongrund erreichte, suchte er vergeblich nach der Leiche. Kayetennae war spurlos verschwunden.

Kahita bahnte sich einen Weg aus dem Canyon hinaus, und am nächsten Morgen versteckte er sich zwischen freigespülten Wurzelarmen einer alten Eiche, die am Rande eines Arroyos wuchs. Den ganzen Tag blieb er dort. Er aß etwas vom Trockenfleisch, das er in den Falten seiner Mokassins untergebracht hatte. Die Wunde an seiner Seite blutete nicht mehr, aber jede Bewegung bereitete ihm Schmerzen. Er hatte gelernt, Schmerzen zu ertragen, und verstand auch, lange ohne Wasser auszukommen. Er besaß nichts mehr außer seinen Kleidern, dem Bogen und den Pfeilen. Und in seinem Gürtel steckte das Messer.

Als es Nacht wurde, verließ Kahita das Versteck. Er folgte der Fährte der Weißaugen, die Lozen gefangen hatten. Von einem Hügel aus sah er die Feuer bei den Zelten der Soldaten und im Lager der Weißaugen am Fluß. Er wußte nicht, wo die Weißaugen Lozen hingebracht hatten, und wagte auch nicht, sich den Feuern zu nähern. Erst als in den Lagern Ruhe einkehrte, schlich er sich zum Fluß hinunter. Er versteckte sich in den Büschen und stieß dreimal hintereinander den Ruf eines Erdkäuzchens aus, bekam aber keine Antwort. Nun war er überzeugt, daß Lozen tot war. Kahita verließ das Tal des Gila Rivers und begann den Anstieg zu den Felsen. Dämmerung kroch über die Hügel, als er die Höhle vor sich sah, in der er Wochen mit Kayetennae und Lozen verbracht hatte. Er schreckte einen Kojoten auf, der sich an den beiden Pferdekadavern sattgefressen hatte. Es war ein großer Rüde, dem das zottige Winterfell von den Knochen hing. Er lief ein Stück weit weg, dann blieb er stehen und drehte sich Kahita zu, der sich keuchend aufrichtete und sich auf den Bogen stützte.

»Was willst du, Kojote?« fragte er atemlos. »Du bist satt, und ich habe Hunger. Hast du vielleicht Kayetennae gesehen?«

Der Kojote leckte sich mit der Zunge die Lefzen und trottete davon.

Kahita fiel in diesem Moment ein, daß es vielleicht besser wäre, wenn er weder den Namen von Kayetennae noch den von Lozen jemals wieder aussprach. Erschöpft und verzweifelt näherte er sich dem Höhleneingang. Der Geruch der halbverwesten Pferdekadaver hing in der Luft. Hoch über den Felsrändern kreisten Vögel.

In der Höhle nistete noch die Nacht. Das einzige Geräusch war das Tropfen des Wassers, das aus den Felsspalten sickerte und im Gestein einen kleinen Tümpel bildete. Kahita tastete sich zu seinem Lager und ließ sich darauf nieder. Er lehnte sich gegen die kalte Felswand, und allmählich gewöhnten sich seine Augen an die Dunkelheit. Lozens Decke lag dort, wo sie sie hatte zu Boden gleiten lassen, aber Kayetennaes Decke und seine Waffen fehlten. Nur sein Kürbis lag am Boden. Die Weißaugen hatten ihn zertreten.

Kahita kroch zum Tümpel und schöpfte mit seinen Händen Wasser. Er trank ein bißchen und benetzte mit dem Rest Gesicht und Nacken. Als er sich aufrichtete, bemerkte er die drei übereinanderliegenden Steine im hintersten Winkel der Höhle. Er war sicher, daß sie zuvor nicht dagewesen waren, aber er konnte sich nicht ausdenken, weshalb die Weißaugen die Steine übereinandergelegt haben sollten. Es war ein Zeichen, das Mimbreno benutzten, um wichtige Plätze zu markieren, wo sie Waffen versteckt hielten oder eine unterirdische Vorratskammer angelegt hatten. Kahita kroch hinüber und entdeckte zu seinem Erstaunen seinen Schild, der in einer Felsspalte steckte, so als hätte ihn dort absichtlich jemand verborgen. Er nahm ihn heraus, suchte aber vergeblich nach den anderen Dingen, die ihm gehörten.

Er hielt sich nicht mehr lange in der Höhle auf, obwohl er nicht damit rechnete, daß die Weißaugen hierher zurückkehrten. Zwar wußte er nicht, was er jetzt tun und wohin er gehen sollte, aber er folgte dem alten Pfad südwestwärts, bis er zu müde war, um noch weiter zu gehen. Er verkroch sich hinter einigen Felsbrocken und legte sich in den Schatten.

Fremdes Land

Kojote ging durchs Land. Er fand einen Biber, der am Flußufer unter einem Baum schlief. Kojote hob ihn auf, ohne daß der Biber erwachte, und trug ihn weit weg vom Fluß. Dann schüttelte er ihn und sagte: »Also, alter Mann, wach auf. Ich wußte gar nicht, daß du in einem solch trockenen Land lebst.«

Der Biber blickte sich verschlafen um, aber da war nirgendwo ein Fluß zu sehen. »Alter Mann, würdest du mich zum Fluß bringen«, bat er Kojote.

»Nein«, sagte Kojote, »das werde ich nicht tun. Mein Rücken schmerzt so sehr, daß ich keinen Biber tragen kann.« Das war es, was er sagte, und er ging davon. Der Biber fing an, sich abzurollen, und er rollte und rollte, bis er in einen Fluß fiel. Von da an wartete der Biber nur darauf, Kojote diese Schmach heimzuzahlen, und er suchte überall nach ihm.

Endlich fand er Kojote schlafend am Flußufer. Biber hob ihn auf und schwamm mit ihm in den Fluß hinaus zu einer Insel. Dort legte er Kojote hin und weckte ihn auf. »Heh, alter Mann, seit wann lebst du auf einer Insel?«

Kojote sprang auf und sah nur Wasser um sich herum. Er konnte aber nicht schwimmen. »Alter Mann«, sagte er, »würdest du mich bitte zum Ufer tragen?«

»Nein, das werde ich nicht tun«, sagte der Biber. »Mein Rücken schmerzt. Ich kann keinen Kojoten tragen.«

Der Biber ließ sich ins Wasser gleiten und tauchte unter. Da stand der Kojote auf der Insel und wagte es nicht, ins Wasser zu springen.

Schließlich tat er es trotzdem. Er trieb lange im Wasser, und als er endlich ans Ufer geschwemmt wurde, war er fast tot.

Opler:
Myths and Tales of the
Chiricahua Apache Indians

Vier Tage lang suchte Kahita vergeblich nach Kayetennae. Er fand nicht einmal eine Spur von ihm, und so glaubte er, daß die Mächte den Toten aufgehoben und weggetragen hatten, vielleicht in das Reich der Gahes, der Berggeister. Eine andere Erklärung konnte er nicht finden, denn er hatte gesehen, wie die Weißaugen Kayetennae zu Tode gequält und dann in den Abgrund gestoßen hatten.

Kahitas Wunde heilte langsam. Er pflegte sie mit einem Brei, den er aus zerkauten Harzknoten und verschiedenen Kräutern herstellte. Aber immer wieder brach sie auf und fing an zu bluten, weil er sich nicht genug Ruhe gönnte. Zwar versteckte er sich tagsüber, aber am Abend, wenn es kühler wurde, durchstreifte er die Hügel, ohne einen Grund dafür zu haben. Oft dachte er daran, umzukehren und Victorio und seine Leute zu suchen, die sich inzwischen auf dem Weg nach Süden befinden mußten. Aber er fürchtete sich davor, die Nachricht vom Tod Lozens und Kayetennaes heimzubringen, ohne versucht zu haben, sie zu rächen. Er wünschte sich nichts mehr, als das Weißauge zu töten, dessen bärtiges Gesicht er jede Nacht sehen konnte, wenn er die Augen schloß, um Ruhe in seine Gedanken zu bringen. Aber das gelang ihm nicht. Er wußte nicht, was er tun sollte. Er konnte nicht allein gegen die Soldaten kämpfen oder gegen die Weißaugen, die wie Bären aussahen. Er konnte sich auch nicht den White-Mountain-Leuten anschließen, denen es noch zweimal hintereinander gelang, Soldatenpferde in Stampede zu versetzen und davonzutreiben. Die White-Mountain-Leute hätten ihn vielleicht gefangengenommen oder getötet. Vielleicht auch nicht.

Fünf Tage nachdem die Weißaugen Kayetennae getötet hatten, brachen sie das Lager am Fluß ab und zogen südwärts. Kahita beobachtete sie lange, bevor er sich entschloß, ihnen zu folgen, wo immer sie auch hingehen mochten. Er war zu Fuß und allein, ohne Proviant für einen langen Marsch und ohne Wasser. Er kannte das Land nicht, das sich zu beiden Seiten des Flusses ausbreitete. Er wußte nur, daß sich irgendwo im Süden die Chiricahua Mountains befanden, das Heimatland von Cochise und seinem Volk. Es schien, als wollten die Weißaugen geradewegs dorthin ziehen, denn sie folgten dem Flußlauf südwärts und dann westwärts auf eine Bergkette zu. Kahita hatte keine Mühe, ihnen zu folgen. Sie beeilten sich nicht, solange sie sich am Fluß aufhielten. Nur einmal blieb Kahita zurück, als er Fährten von unbeschlagenen Pferden kreuzte und wenig später in einem ausgetrockneten Flußbett sieben Reiter entdeckte, die ein paar Maultiere und Pferde mit sich führten. Die Reiter ließen die Weißaugen vorbeiziehen, ohne sich ihnen zu zeigen. Kahita wußte nicht, wer sie waren, wahrscheinlich White-Mountain-Leute, die von einem Raubzug im Süden zurückkehrten. Sie lagerten im Flußbett, nicht weit von Kahita entfernt, der sich nicht vom Fleck rührte. Am nächsten Morgen ritten sie nordwärts davon. Sie kamen so dicht an Kahita vorbei, der zwischen einigen Steinbrocken lag, daß er sie lachen hören konnte, während einer von ihnen eine Geschichte erzählte. Sie waren alle glücklich und benahmen sich nicht so, wie sich Krieger zu benehmen hatten. Während Kahita ihnen nachschaute, dachte er an die Soldaten im Norden und daran, daß diese White-Mountain-Krieger vielleicht lachend in ihr Unglück ritten.

Am Morgen dieses Tages fand Kahita ein lediges Pferd, das auf einer Anhöhe stand und graste. Ein Seil hing von seinem Hals. Es trug keinen Sattel, und seine Hufe waren nicht beschlagen.

Das Pferd fraß zähes Büffelgras. Manchmal hob es den Kopf und sicherte nach allen Seiten. Dann ging es wieder ein paar Schritte. Es schien völlig ungestört. Kahita näherte sich ihm langsam. Es bemerkte ihn lange nicht, denn er glitt von einer Zeder zur anderen, ohne ein Geräusch zu machen. Manchmal hob das Pferd den Kopf, blähte die Nüstern auf und sog die noch kühle Morgenluft ein. Kahita wußte, daß er das Pferd nicht erschrecken durfte, deshalb zeigte er sich ihm, als er noch mehr als fünfzig Schritte von ihm entfernt war. Es hob seinen Kopf und stellte neugierig die Ohren. Es war ein schönes Pferd, dessen Fell fast die Farbe der Erde hatte, mit dunklem Langhaar und dunklen Fesseln. Kahita setzte sich auf den Boden und bewegte sich nicht mehr. Er beobachtete das Pferd, und das Pferd beobachtete ihn. Als es wieder zu fressen anfing, erhob sich Kahita. Das Pferd fraß weiter, drehte ihm aber das Hinterteil zu. Kahita ging ein Stück weit einen schmalen Graben entlang und kam dabei dem Pferd ein paar Schritte näher. Das Tier ließ sich nicht stören. Wieder blieb Kahita stehen. Das Pferd äugte herüber, entfernte sich und graste hinter einer der verkrüppelten Bergzedern, die überall auf der Anhöhe wuchsen.

»Heh, Pferd, es wäre schön, wenn ich dich kriegen könnte«, sagte Kahita mit sanfter Stimme. Das Pferd hob den Kopf, und Kahita redete weiter, ohne die Stimme anzuheben oder eine Bewegung zu machen. »Ich glaube, du bist kein Weißaugen-Pferd«, sagte er. »Du bist klug, und ich werde gut zu dir sein. Ja, du hast kluge Augen.

Meinst du nicht auch, daß es besser für dich und mich ist, wenn wir uns zusammentun? Ich kenne zwar die Wege nicht und weiß auch nicht, ob sie zu saftigen grünen Weiden führen, aber meine Füße sind müde, und mein Rücken schmerzt. Du bist groß und stark. Du könntest mich tragen, und ich werde gut für dich sorgen.«

Das Pferd kam hinter der Zeder hervor, warf den Kopf hoch, drehte sich um und machte ein paar Galoppsprünge. Staub hob sich in den Wind, und Kahita warf einen besorgten Blick hinunter ins Tal, aber die Weißaugen waren nirgendwo zu sehen. Das Pferd schnaubte, schlug in Kahitas Richtung aus und schüttelte seine Mähne.

»Pferd, sei nicht dumm. Benimm dich nicht wie ein störrisches Maultier. Du bist ein kluges Pferd, denk daran. Wenn du wegläufst, finden dich vielleicht Weißaugen-Soldaten. Willst du einen Weißaugen-Soldaten tragen? Nein, siehst du, das wäre eine Schande.«

Das Pferd fraß von einem Strauch, der kaum Blätter hatte.

»Wo immer unser Weg hinführt, ich finde für dich einen Platz, wo das Gras grün ist und wo du keine Büsche zu fressen brauchst. Schau her, Pferd. Ich komme jetzt. Und ich bin dein Freund. Schau mich nur an. Ich bin dein Freund.«

Kahita näherte sich dem Pferd Schritt für Schritt, beide Arme ausgestreckt, um es nicht im letzten Moment mit einer Bewegung zu erschrecken, wenn er nach dem Seil griff.

Das Pferd blickte ihn lange an, die Ohren nach vorn gerichtet, die Nüstern groß.

»Sei schön brav, Pferd«, sagte Kahita leise. »Ja, du kannst mir vertrauen. Ich zeige dir mein Herz, siehst du. Und ich sage dir, daß ich dein Freund bin, und das ist keine Lüge. Ich bin kein Weißauge. Weißaugen lügen. Weißaugen sagen nie die Wahrheit, weil sie die Wahrheit gar nicht kennen. Sie sind arme Geschöpfe. Man müßte Mitleid mit ihnen haben, aber wenn man Mitleid hat, nützt das nichts. Das hat Nana gesagt, als er uns die Geschichte von Child of the Water und von Killer of Enemies erzählte, dem Vater der Weißaugen. Mitleid nützt nichts. Es wäre Verschwendung. Sie lügen und sie töten, weil sie keine Ahnung vom Leben haben. Das hat Nana gesagt, und er hat auch gesagt, daß sie gefährlich sind, viel gefährlicher als die Männer des Südens, die wir im Kampf leicht besiegen können.«

Das Pferd graste. Kahita bewegte sich langsam und vorsichtig.

»Ist es nicht gut, daß wir uns gefunden haben, Pferd? Du bist allein. Ich bin allein. Wir haben viele Freunde verloren. Es ist mir, als hätte ich alles verloren, was mich glücklich gemacht hat.«

Das Pferd stand still und ließ Kahita herankommen. Er ergriff das Seil, das ihm vom Hals hing, und das Pferd tänzelte zur Seite. Kahita legte ihm die Hand über die Nüstern, lachte und streichelte den schmalen Kopf und den Hals. »Jetzt habe ich dich, Pferd«, sagte er. »Mein Herz zerspringt vor Freude.« Er legte seinen Kopf gegen den Hals des Pferdes und kraulte es am Widerrist, so daß es die Oberlippe kräuselte, während seine angespannten Muskeln sich lösten.

Es war ein gutes Pferd, das Kahita den ganzen Tag hindurch trug, ohne müde zu werden. Es ging leicht am Zügel, den Kahita aus dem Seilstück hergestellt hatte, indem er dem Pferd die Schlinge um den Unterkiefer legte.

Am Abend hatte Kahita die Weißaugen eingeholt. Zwischen einigen Felsen auf einem Hügel suchte er Schutz. Im Südwesten breitete sich die Wüste aus, durchbrochen von zerfurchten Tälern und den Ausläufern einer Bergkette, hinter der die Sonnne untergegangen war. Die Weißaugen hatten den Fluß verlassen und näherten sich einem tiefen Einschnitt in den Bergen, durch den die alte Straße der Weißaugen führte. Im Süden hob sich ein einzelner Berg aus der Ebene. Kahita erinnerte sich, daß er mit Victorio und einem Jagdtrupp hier gewesen war, bevor die Nächte kalt wurden und die Cottonwoods ihre Blätter verloren. Im Morgenschatten des Berges standen die Überreste eines Steinhauses, dessen Dach eingebrochen war. In der Nähe dieses Hauses hatten Victorio und seine Krieger einige Mexikaner getötet, die aus Pinos Altos geflohen waren und die Falle nicht gesehen hatten, die ihnen Victorio stellte. Einige Mexikaner waren entkommen, aber im Einschnitt der Berge waren sie von Delgadito und Kayetennae abgefangen worden, und am Abend lebte keiner mehr.

Der alte Mann und seine Weißaugen schienen zu ahnen, daß dies kein guter Platz zum Lagern war. Mitten in der Nacht stahlen sie sich davon und ließen die Feuer brennen. Kahita verpaßte fast ihren Abritt. Er erwachte, als der Hund der Weißaugen bellte, und im fahlen Licht des Mondes sah er die dunkle Linie der Reiter und Packtiere, die in den Schatten der Felsen verschwanden.

Kahita blieb die Nacht auf dem Hügel und ritt früh am Morgen auf der Fährte der Weißaugen durch den Canyon, der sich in engen Krümmungen durch die Berge wand. Zu beiden Seiten ragten zerklüftete Felsen auf. Der Boden war steinig und von tiefen Wasserrinnen durchzogen. Im Schatten eines Felsturmes, der wie ein großer Finger aus dem Canyongrund aufragte und zum Himmel zeigte, lagen die ausgebleichten Knochen von Maultieren, Pferden und Menschen. Die Weißaugen hatten hier kurz angehalten, aber Kahita trieb sein Pferd an, um den Platz schnell hinter sich zu lassen. Am Mittag öffnete sich vor ihm ein weites Wüstental. In der Ferne hoben sich dunkel die Chiricahua Mountains aus dem Dunst, der über dem Tal lag. Kahita konnte von den Weißaugen nur den Staub sehen, der wie eine große helle Fahne hinter ihnen herwehte. Er wartete lange, bis er ihnen folgte, und er hoffte, daß die Chiricahua Mountains ihr Ziel waren.

Joseph Reddeford Walkers Expedition verließ Fort West am Gila River im März 1863, einen Monat, nachdem Mangas Coloradas ermordet worden war. Die Maultiere und die Männer waren ausgeruht, die Proviantpacken und die Wasserbehälter voll. Jack Swilling plagte sich zwar mit einer eiternden Pfeilwunde herum, aber er hatte immerhin seinen Spaß mit jenem Apachenkrieger gehabt, bei dem es sich zur allgemeinen Überraschung herausgestellt hatte, daß es sich um eine junge Frau handelte. Jack Swilling ärgerte sich noch immer darüber, daß ihm das Weib entkommen war, als er es gegen Bezahlung an die Soldaten weitergeben wollte.

Die Expedition folgte dem Gila River nach Süden, bis der Fluß in einem weiten Bogen nach Westen abschwenkte. Von dort führte Walker die Männer zum Doubtfull Canyon in der Nähe des Steins Peak, wo sich die alte Station der Butterfield-Postkutschenlinie befand. Es gab keine Anzeichen dafür, daß ihnen Apachen folgten oder daß sich welche in der Gegend aufhielten. Aber der Doubtfull Canyon war berüchtigt genug, um Walker zu veranlassen, kein unnötiges Risiko einzugehen. Er durchquerte ihn bei Nacht und befand sich am nächsten Tag im San Simon Valley, einer weiten, öden Talsenke, die sich nach Westen hin bis zu einigen niederen Bergzügen ausbreitete und im Süden vom Massiv der Chiricahua Mountains begrenzt wurde. Die Butterfield-Postkutschenstraße führte durch das ausgetrocknete Bett des San Simon Rivers und über den Apache-Paß durch die nördlichen Ausläufer der Chiricahuas. Walker verzichtete darauf, der Straße zu folgen und über den Apache-Paß zu reiten, wo die Armee inzwischen eine Militärstation eingerichtet hatte. Er suchte sich einen Weg westwärts, nördlich an den Dragoon Mountains vorbei durch den Texas Canyon, eine Talenge mit riesigen Felsformationen, die Wind und Wetter zu seltsamsten Formen geschliffen hatten. Im Süden, über den Wäldern der Dragoon Mountains, stiegen Rauchzeichen in den Himmel, aber Walker hatte keine Ahnung, daß sich in diesen Bergen der Schlupfwinkel von Cochise befand und daß die Chiricahua die durchziehende Expedition längst entdeckt hatten.

Walker lagerte im Tal des San Pedro Rivers, wo der Wasservorrat aufgefrischt werden konnte und die Maultiere genug Gras vorfanden, um sich satt zu fressen. Die Cottonwoods an den Uferbänken trugen frisches Grün und boten den Männern tagsüber Schutz vor der kaum erträglichen Hitze, die ihnen auf dem Weg zu schaffen gemacht hatte.

Jack Swilling fühlte sich jetzt saumäßig schlecht. Er hatte Fieber, und Walker vermutete, daß der Apachenpfeil, der ihn am Oberarm gestreift hatte, vergiftet gewesen war.

Die Expedition befand sich am San Pedro River, noch etwa sechzig Meilen von Tucson entfernt, jener kleinen Stadt, die von den Konföderierten aufgegeben worden war, als Carlestones California Volunteers einmarschierten. Swilling kannte die Stadt und hoffte, sich dort behandeln lassen zu können. Er drängte Walker zum Weitermarsch bis zu den Cienega Wells, einer Quelle an den südlichen Ausläufern der Rincon Mountains, wo sich eine Postkutschenstation befand. Der Weg dorthin führte über eine zerfurchte Wüstenebene, die steinig und ohne Bäume war und übersät mit Kakteen der verschiedensten Arten.

Walker folgte der Postkutschenstraße, und die Expedition kam trotz der Hitze gut voran. Es schien, als hätten es die Apachen aufgegeben, sich für sie zu interessieren. Aber als sie die Cienega Wells erreichten, war der Quelltümpel vergiftet. Der halbverweste Kadaver eines Kojoten lag aufgebläht im Wasser, und Walker fand an einer sandigen Stelle schwache Mokassinabdrücke eines Indianers, der sein Pferd getränkt hatte und dann den Cienega Wash hinuntergeritten war. Den Spuren nach war der Indianer einen Tag vor ihnen hier angekommen und hatte den Kojoten beim Trinken überrascht. Walker und vier seiner Männer folgten der Pferdespur, bis sie das ausgetrocknete Bachbett verließ und auf dem harten, felsigen Grund nicht mehr zu erkennen war.

Von Cienega Wells bis nach Tucson hielten die Männer vergeblich nach Apachen Ausschau. Sie erreichten die kleine Stadt am Santa Cruz River spät am nächsten Tag. Zur Überraschung von Jack Swilling, der sich knapp ein Jahr zuvor hier aufgehalten hatte, mußten sie feststellen, daß fast alle Bewohner das Weite gesucht hatten. Tucson war fast eine Geisterstadt. Die meisten der kleinen Adobehäuser standen leer, und es gab keinen Arzt, der sich um Swilling hätte kümmern können. Die Bevölkerung bestand zum größten Teil aus Mexikanern, für die der Einmarsch der Unionssoldaten kein Grund gewesen war, die Stadt zu verlassen. Im Süden der Stadt befand sich Camp Tucson, eine Armeestation, die aus zwei Zeltreihen und einigen Lehmhütten bestand. Am Mast, an dem zuvor die Fahne der Südstaaten gehangen hatte, wehte jetzt das Sternenbanner im Wind, ein Anblick, der Jack Swilling fast mehr Schmerzen bereitete als die Verwundung. Trotzdem ließ er sich von einem Yankeesanitäter behandeln, während sich Walker mit dem Kommandanten von Camp Tucson in einer Cantina traf.

Von ihm erfuhr Walker, daß der Kongreß im Februar ein Gesetz zur Teilung des riesigen New-Mexico-Territoriums wie auch zur Gründung des Arizona-Territoriums erlassen hatte. Am 24. Februar 1863 war es von Präsident Abraham Lincoln unterzeichnet worden. Die Union versuchte mit diesem Schritt der Gefahr zu entgehen, daß Arizona in die Hände der Konföderierten fallen könnte. Seit Jahren vermutete man im Gebiet des Colorado River und in Zentral-Arizona reichhaltige Erzvorkommen. Die Union benötigte dringend Gold und Silber, um die Kriegsmaschinerie weiter auszubauen. Da Arizona im Westen durch das angrenzende Kalifornien geschützt war, während im Osten das New-Mexico-Territorium an den konföderierten Staat Texas anschloß, konnte es als eigenes Territorium besser kontrolliert werden. Für Joseph Reddeford Walker bedeutete dies im Moment nicht viel, denn sein Ziel war Zentral-Arizona, ein Gebiet, in dem die Zivilisation bis jetzt noch nicht Fuß gefaßt hatte. Der Offizier rechnete jedoch damit, daß Tucson Hauptstadt des Arizona-Territoriums werden und dadurch einen neuen Aufschwung erleben würde. Von Kalifornien aus hatte ihn die Nachricht erreicht, daß im Osten bereits die Territoriumsregierung zusammengestellt wurde, mit deren Ankunft im Herbst zu rechnen war.

Walker und seine Männer hielten sich gerade lange genug in Tucson auf, um der alten Missionskirche San Xavier del Bac einen Besuch abstatten zu können. Die Kirche war von spanischen Missionaren und christianisierten Papago-Indianern gegen Ende des 18. Jahrhunderts errichtet worden, ein riesiger Bau aus Adobe mit zwei Türmen und einer Rundkuppel. Sie stand wie das Mahnmal einer vergangenen Welt auf der Westseite des Santa Cruz Rivers inmitten von armseligen Papago-Hütten und kleinen Maisfeldern. Rundherum breitete sich die Wüste aus, mit unzähligen Säulenkakteen, einem Gewirr von Dornenbüschen und stacheligen Mesquitebäumen, die zur Zeit blühten und später im Jahr mit Büscheln von Bohnenschoten behangen sein würden.

Die Papago waren seit jeher der Feind der Apachen, und die Ankunft der Spanier, die im Jahre 1776 Tucson als Presidio gründeten, war für sie so etwas wie eine Gottesgabe, so daß es den Missionaren leichtfiel, sie zum christlichen Glauben zu bekehren. Die Spanier, und später die Mexikaner, boten ihnen wenigstens etwas Schutz gegen die Apachenbanden, die regelmäßig über die Papago-Dörfer herfielen, Frauen und Kinder verschleppten und die Männer töteten. Als die Vereinigten Staaten das Gebiet übernahmen, lebten die meisten Papago in Frieden um die Missionskirche herum, bebauten ihre Felder, hielten Rinder und Schweine und zogen ab und zu, angestiftet von der weißen und der mexikanischen Bevölkerung von Tucson, in die Berge, um den Apachen heimzuzahlen, was sie ihnen über Jahrzehnte angetan hatten.

Walkers Expedition verließ Tucson Anfang Mai und marschierte weiter westwärts, durch eine wasserlose Wüste, den Dörfern der Pima und Maricopa entgegen. Sie näherten sich jetzt wieder dem Gila River. Mehr als dreihundert Meilen hatte sie zurückgelegt, seit sie Fort West verlassen hatten.

Kurz bevor sie den Fluß erreichten, trafen sie auf drei Pima-Indianer, die zwei Kinder mit sich führten. In ihrer Kleidung unterschieden sich die Pima kaum von den Mexikanern, denen Walker in Tucson begegnet war. Alle drei trugen Hüte aus Stroh, weiße Hemden und Hosen, aber ihre Füße steckten nicht in Sandalen, sondern in Mokassins mit dicken Rohhautsohlen. Wie die Papago, begegneten ihnen auch diese Pima mit einer fast aufdringlichen Freundlichkeit. Sie schüttelten sämtlichen Mitgliedern der Expedition die Hand und beteuerten in gebrochenem Spanisch ihre Freundschaft mit den Amerikanern, die sie als Verbündete im Kampf gegen die Apachen, ihren Erbfeinden, betrachteten. Sie erzählten, wie sie zusammen mit anderen Kriegern ihres Stammes vor einigen Tagen ein Apachendorf überfallen und zehn Skalpe erbeutet hatten. Die beiden Kinder sahen furchtbar aus, halb nackt, das Mädchen barfuß und mit kurzgeschnittenem, verfilztem Haar, einer Kruste von Dreck in seinem schmalen Gesicht. Es mochte etwa zwölf Jahre alt sein, der Junge vielleicht fünf.

Walker fragte die Pima, was sie mit den Kindern vorhatten, und sie gaben ihm zu verstehen, daß gefangene Apachenkinder in Mexiko als Sklaven verkauft werden konnten.

»Muchos pesos«, grinste einer von ihnen, dem ein Ohr und die Schneidezähne fehlten. Er zeigte auf den Jungen. »Esto es Pedrito. Son of a bitch. Diabolo Apache.« Er trat nach dem Jungen, der schnell zurückwich und sich hinter dem Mädchen zu Boden warf. Das Mädchen hatte nichts als Verachtung und Trotz in seinen Augen.

Die Pima blieben im Lager der Amerikaner, bis diese sich auf den Weiterweg machten. Dann zogen sie zu Fuß davon, auf der alten Postkutschenstraße in Richtung Tucson.

Kahita hatte sein Pferd am Gila River getränkt, ehe die Weißaugen dort ankamen. Er versteckte sich auf der Nordseite des Flusses auf einem schmalen Hügelrücken, der weit in das Flußtal hineinführte. Von hier aus beobachtete er die drei Männer. Sie hatten zwei Kinder bei sich und gingen zum Lager der Weißaugen, als hätten sie nichts zu befürchten.

Kahita wußte nicht, wer diese Männer waren, aber sie mißhandelten die Kinder, stießen sie vorwärts, wenn sie zu müde waren, weiterzugehen, zogen sie mit sich und schlugen sie. Diese Männer waren keine Weißaugen.

Einer hatte ein Gewehr. Er benutzte es oft, um die Kinder mit harten Schlägen voranzutreiben. Er war der größte von ihnen, und in seinem Gürtel steckten ein Revolver und ein Messer. Ein anderer hatte einen Köcher auf dem Rücken und einen Bogen in der Hand, und der dritte war mit einem Revolver und einer Kriegskeule bewaffnet.

Sie begegneten den Weißaugen wie Freunde und blieben lange in ihrem Lager, tranken mit ihnen, redeten und lachten viel. Als die Weißaugen aufbrachen, zogen die drei Männer weiter, und Kahita folgte ihnen, ritt einen Bogen und lauerte ihnen in einem Arroyo auf, an dem die Straße vorbeiführte.

Es war Mittag, als sie sich dem Arroyo näherten. Die Sonne stand hoch. Über der Wüste bewegten sich heiße Luftströmungen, die ein Leben vortäuschten, das sie nicht besaß. Im Norden schwammen dunkle Bergketten wie Inseln in einem kochenden Meer. Der Himmel war blaß und leer.

Kahita kauerte hinter den dicken graublauen Blättern einer Agave, die einen riesigen Blütenstengel ausgeworfen hatte. Seine Augen brannten vom gleißenden Licht, in dem die sich nähernden Gestalten aussahen wie formlose Schatten.

Dort, wo die Straße eine Biegung um einen Hügel herum machte, blieben die Männer stehen. Sie tranken Wasser aus ihren Kürbissen, und einer von ihnen gab dem Jungen ein bißchen zu trinken. Der Wind wehte die Stimmen der Männer herüber, und Kahita hörte Worte, die er nicht verstehen konnte. Das Mädchen stand in der Nähe einiger Büsche. Es hielt den Kopf gesenkt, als der Mann dem Jungen Wasser gab, aber als es für einen Moment niemand beachtete, sprang es über die Straßenböschung hinunter und rannte davon. Es war flink wie ein Kaninchen und jagte durch die Dornenbüsche auf ein Mesquitedikkicht zu. Der Mann mit dem Gewehr nahm sofort die Verfolgung auf, während die anderen beiden mit dem Jungen auf der Straße zurückblieben. Er war ein großer, hagerer Mann und ein guter Läufer. Er bewegte sich leichtfüßig, sprang über Steinbrocken und Kakteen hinweg und holte schnell auf. Er lachte, während er rannte, und dann blieb er stehen und legte sein Gewehr an die Schulter. Kahita hörte das Klicken, als der Zündstein des Gewehres Funken schlug, ohne daß sich ein Schuß löste. Der Mann warf das Gewehr weg und rannte weiter hinter dem Mädchen her, das im Dickicht verschwunden war.

Die beiden Männer, die bei dem Jungen blieben, hockten sich am Straßenrand hin. Einer hielt den Jungen am Handgelenk fest.

Der Mann, der das Mädchen verfolgte, erreichte das Dickicht. Er blieb geduckt stehen und zog den Revolver aus dem Gürtel. Den Hut hatte er verloren. Langes schwarzes Haar wehte im Wind. Er rief seinen Gefährten etwas zu. Sie lachten. Der Mann suchte sich einen Weg durch das Dickicht, duckte sich unter den Ästen hindurch und erreichte den Arroyo. Er blickte sich nach allen Seiten um und fand die Spur des Mädchens, das am Rand des Arroyos entlanggelaufen war. Der Mann folgte der Spur, und dabei näherte er sich Kahita, der einen

Pfeil auf die Bogensehne gelegt hatte und geduldig wartete. Er konnte das Gesicht des Mannes sehen, ein narbiges Gesicht, dunkel und schweißbedeckt. Der Mann ging gebückt, den Blick auf die Spur gerichtet, die zu einigen Felsen hinführte.

Aus den Augenwinkeln sah Kahita das Mädchen aus dem Arroyo kommen und weiterlaufen, ohne sich umzublicken. Es rannte um sein Leben. Seine Augen waren geweitet, es hatte den Mund offen. Kahita konnte seine keuchenden Atemzüge hören.

Der Mann mit dem Revolver sah das Mädchen, aber er schoß nicht. Er durchquerte den Arroyo, wo die Böschung flach war, und als er wieder zu laufen anfing, sprang Kahita auf. Der Mann sah ihn und warf sich herum. Ein ungläubiges Staunen breitete sich auf seinem Gesicht aus. Er stieß ein paar Worte hervor, die Kahita nicht verstehen konnte.

»Apache!« rief ihm Kahita zu. »Apache Mimbreno! Wer bist du, Bruder?«

Der Mann stand still. Er sagte etwas, seine Stimme klang gepreßt. Plötzlich ging der Revolver in seiner Hand los. Kahita duckte sich und zog die Sehne zurück, bis der Bogen durchgespannt war. Der Mann schoß noch einmal und noch einmal, aber er traf nicht. Kahita zielte ruhig und ließ den Pfeil fliegen, als der Mann davonlaufen wollte. Der Pfeil traf ihn in die Seite. Der Mann schrie und taumelte ein paar Schritte. Dann brach er in die Knie.

»Apache!« brüllte er. »Diabolo Apache!« Der Revolver entfiel seiner Hand, er griff nach dem Schaft des Pfeiles und riß ihn mit einem kräftigen Ruck aus seinem Leib. Die Pfeilspitze blieb stecken, der Mann schleuderte den Schaft von sich, taumelte auf die Beine und lief schreiend davon. Kahita traf ihn mit einem zweiten Pfeil in den Rücken, und der Mann fiel vornüber. Er kroch noch ein Stück, dann lag er still.

Seine beiden Gefährten flohen Hals über Kopf. Sie ließen den Jungen auf der Straße zurück, und Kahita verfolgte sie nicht. Er ging zu dem Toten und schnitt ihm den Pfeil sorgfältig aus dem Rücken, denn es war ein guter Pfeil, an dem Vater lange gearbeitet hatte. Auch die Spitze des gebrochenen Pfeils war Kahita zu wertvoll, als daß er sie zurückgelassen hätte.

Als er sich erhob, stand das Mädchen am Rande des Arroyos. Die Äste der Dornenbüsche hatten ihm das Hemd vom Leib gerissen. Kahita hob seine Hände und lächelte.

»Komm her«, sagte er.

Das Mädchen drehte sich um und rannte zur Straße hinunter. Es nahm den Jungen bei der Hand, und zusammen eilten sie davon, weg von der Straße und auf die Hügel zu, die sich jenseits der Flußbiegung befanden. Kahita ließ sie laufen. Er holte das Gewehr des Toten. Es war ein altes Gewehr. Kahita erinnerte sich daran, daß sein Vater ein solches besessen hatte und daß er sehr stolz darauf gewesen war. Aber dieses Gewehr funktionierte nicht mehr, und so warf er es weg.

Kahita beeilte sich nicht. Er holte sein Pferd und durchquerte den seichten Fluß. Langsam ritt er den Hang zum Hügel hoch. Als er oben ankam, konnte er den Jungen und das Mädchen sehen. Es gab keinen Platz, wo sie sich verstecken konnten. Das Mädchen blickte zurück, ohne anzuhalten.

Sie kauerten in einem Erdgraben, dicht beisammen. Das Mädchen hatte den Arm um den Jungen gelegt. Sein Atem ging schnell, es leckte sich das Blut von den aufgeplatzten Lippen, als Kahita sein Pferd zügelte und ruhig im Sattel sitzen blieb.

»Mein Name ist Kahita«, sagte er.

Der Junge hatte den Kopf gesenkt und die Augen geschlossen. Aber das Mädchen starrte ihn an, mit trotziger Herausforderung in den schmalen dunklen Augen.

Kahita schwang sich vom Rücken des Pferdes und nahm es beim Zügel. Er führte es zu einer Senke, wo er es am Ast eines Eisenholzbaumes festband. Dann setzte er sich in den Schatten und trank etwas von dem Wasser aus dem Kürbis des Mannes, den er getötet hatte.

Kahita blieb den ganzen Nachmittag im Schatten des Baumes, und die beiden Kinder wagten nicht, den Graben zu verlassen, in dem sie ohne Wasser und Essen ausharrten. Als die Sonne unterging, erhob sich Kahita. Er legte den Kürbis an den Rand des Grabens und nahm aus seinem Proviantbeutel etwas Maisschrot, der ihm in einer Papago-Hütte in der Nähe der Weißaugen-Stadt in die Hände gefallen war, ohne daß der betrunkene Besitzer etwas davon gemerkt hatte.

Kahita mischte den Schrot auf einem flachen Stein mit Wasser und verrührte ihn zu einem festen Brei. Er wußte, daß die beiden Kinder Hunger und Durst hatten, und er bedeutete ihnen mit Handzeichen herauszukommen und zu essen. Sie rührten sich nicht.

Kahita ging zum Baum zurück und legte sich auf seine Decke.

Langsam wurde es dunkel. Der Mond ging auf. Irgendwo in der Ferne heulten Kojoten. Die beiden Kinder hätten jetzt versuchen können, davonzulaufen, aber sie blieben im Graben, bis der Morgen graute. Kahita erwachte, als er ein Geräusch hörte. Er öffnete die Lider einen Spalt und sah, wie sich das Mädchen an den Kürbis heranschlich. Blitzschnell griff es danach und kroch zurück in den Graben. Kahita lachte und setzte sich auf. Der Junge hockte neben dem Mädchen, das den Kürbis in beiden Händen hielt. Kahita gähnte und stand auf. Er ging zum Grabenrand und setzte sich nieder. »Trink«, sagte er aufmunternd.

Das Mädchen zog den Holzpfropfen aus dem Hals des Kürbisses und trank. Dann besann es sich und gab den Kürbis dem Jungen. Das Mädchen starrte Kahita an. Es war mager, mit einem schmalen Gesicht und einer kleinen Tätowierung am Kinn.

»Wir werden zusammen von hier weggehen«, sagte Kahita, während der Junge trank. »Ich weiß nicht, wer ihr seid und woher ihr kommt. Dies ist nicht mein Land, und ich kenne den Weg zu eurem Dorf nicht. Ich folge den Weißaugen, die wie Bären aussehen, denn ich will einen von ihnen töten.« Kahita legte die Hand auf seine Brust. »Kahita«, sagte er. »Mein Name ist Kahita.«

Das Mädchen hob den Kopf.

»To-shi«, sagte es.

»Toshi«, sagte Kahita und lächelte. »Kahita. Apache Mimbreno.«

»Apache«, flüsterte das Mädchen, und es klang, als ob ihm allein das Wort angst machte. Kahita überließ ihnen den Kürbis und den Brei, der über Nacht hart geworden war. Sie aßen ein wenig davon und ließen ein Stück auf dem Stein zurück. Kahita faltete seine Decke zusammen und legte sie auf den Pferderücken. Dann bedeutete er dem Mädchen, aufzusitzen. Das Mädchen brachte ihm das Stück Mais vom Stein und hängte sich selbst den Kürbis über die Schulter.

Lange bevor die Sonne aufging, marschierte Kahita vor seinem Pferd her durch die Hügel auf die Berge zu, die sich im Nordwesten aus der Wüste hoben. Kahita führte das Pferd, auf dem das Mädchen und der Junge saßen. Noch immer hatte ihm der Junge seinen Namen nicht gesagt, aber Kahita redete, während er marschierte. Er erzählte ihnen von seiner Heimat, die weit hinter ihm lag, dort, wo die Sonne aufging. Und er erzählte von seinem Weg hierher, von der Weißaugen-Stadt und dem großen Haus mit den Türmen, das er gesehen hatte. Als er einmal zurückblickte, sah er, daß der Junge auf dem

Pferd eingeschlafen war und daß ihn das Mädchen festhielt, damit er nicht herunterfiel.

Kahita lächelte, und das Mädchen lächelte zurück. Er wußte, daß es kein Wort verstanden hatte, denn diese beiden Kinder gehörten einem anderen Volk an, das eine andere Zunge sprach.

Die Walker-Expedition machte bei den Maricopa Wells halt und schlug ein Lager auf.

Die Quelltümpel befanden sich in der Nähe mehrerer kleiner Hüttenansammlungen der Maricopa-Indianer, die zusammen ein großes Dorf bildeten. Die Maricopa unterschieden sich kaum von den Pima. Sie hatten die gleiche Sprache und den gleichen Erbfeind: die Apachen. Ihr Häuptling war ein verwitterter alter Krieger, den die spanischen Missionare Juan Chivaria getauft hatten. Er war von unbändigem Haß gegen die Apachen beseelt und bot sich an, Walkers Männer nach Norden zu führen, wenn sich die Amerikaner bereit erklärten, mit den Maricopa zusammen in den Bergtälern nach versteckten Apachendörfern zu suchen und sie zu überfallen. Walker unterhielt sich lange mit Chivaria, fragte ihn über das Land im Norden aus und ließ sich den Weg zum Hassayampa River beschreiben. Chivaria warnte ihn vor einem anderen Indianerstamm, der die Berge im Norden bevölkerte. Es waren kriegerische Leute, wie die Apachen, obwohl sie mit denen nichts zu tun hatten und eine andere Sprache redeten. Er nannte die Leute Yavapai und ließ von einigen seiner Krieger zwei Frauen und einen Jungen herbringen, die er auf dem letzten Streifzug in den Norden gefangengenommen hatte. Jack Swilling versuchte vergeblich, sich mit den Frauen zu unterhalten. Sie sprachen weder Spanisch noch Englisch, und Juan Chivaria mußte ihre Worte übersetzen, denn ihre Sprache war derjenigen der Maricopa und Pima ähnlich. Durch sie erfuhr Walker den Namen eines ihrer Häuptlinge, der Wah-poo-eta genannt wurde, was so etwas wie Großer Körper bedeutete.

Walkers Expedition hielt sich zwei Tage bei den Maricopa von Juan Chivaria auf, und die Männer ließen es sich gutgehen. Die Maricopa waren gastfreundliche Leute, die ihnen ihre weiblichen Gefangenen und einige ihrer eigenen Frauen gegen kleine Geschenke und wertlosen Zierat anboten. Juan Chivaria, ein untersetzter Mann mit einem dunklen, faltigen Gesicht und tückischen Augen, versorgte die Amerikaner mit Lebensmitteln und Trockenfleisch, und Walker versprach, bevor er das Lager abbrach, später gemeinsam auf Apachenjagd zu gehen. Eine größere Freude konnte er Juan Chivaria nicht machen, und als sie sich voneinander verabschiedeten, umarmte der Indianer Joseph Reddeford Walker wie einen alten Freund und beteuerte die Freundschaft und den Frieden, die zwischen seinem Stamm und den Amerikanern herrschen sollte.

»Tod den teuflischen Apachen!« rief er aus, und das ganze Dorf nahm den Ruf auf, als die Walker-Expedition in einer Reihe davonritt. »Tod den teuflischen Apachen!« Die Krieger schwenkten die Waffen, an denen die Skalpe ihrer getöteten Feinde hingen, und manch einer von ihnen trug eine Kette aus Apachenzähnen.

»Eine blutrünstige Bande«, sagte Joseph Reddeford Walker zu Jack Swilling, der zu ihm aufgeschlossen hatte. »Dieser Chivaria ist ein besessener alter Teufel, den ich nicht an meiner Seite haben möchte.«

»Wir können uns in diesem Land die Freunde genausowenig aussuchen wie die Feinde, Captain«, gab Swilling zurück. »Aber mir ist es lieber, ihn zum Freund zu haben. Ich hätte sein Angebot angenommen.«

Der Captain wischte sich mit dem Ärmel seiner Hirschlederjacke den Schweiß vom Gesicht. Er trug diese Jacke selbst bei brütender Hitze und trennte sich auch nachts ebensowenig von ihr wie von seinem alten Schlapphut.

»Würden die Maricopa mit uns ziehen, wäre dies eine einzige Herausforderung an die Rothäute, die da oben in den Bergen wohnen und uns zweifellos beobachten werden. Ich will keinen Krieg, wenn er sich vermeiden läßt, Swilling. Da oben gibt es Gold und Silber, und wir werden die ersten Weißen sein, die sich damit ihre Taschen füllen können. Dazu brauchen wir Zeit und Frieden.«

»Chivaria hätte uns zu diesem Wah-poo-eta geführt, und wir hätten ihn uns schnappen können wie Mangas Coloradas.«

»Mister Swilling, die Situation am Mimbres River war eine andere. Wir befanden uns dort auf dem Durchmarsch. Hier aber wollen wir zumindest eine Zeitlang bleiben, und sollte es uns gelingen, Wah-poo-eta aufzuspüren, werde ich versuchen, ihn zu einer Friedensverhandlung einzuladen. Vorerst allerdings werden wir in aller Ruhe in die Berge ziehen und uns dort umsehen. Die Rothäute werden uns im Auge behalten, und der Teufel soll den Mann holen, der den ersten Schuß abfeuert.«

Jack Swilling sah ein, daß Walker nicht unrecht hatte, aber er war davon überzeugt, daß es nicht lange dauern würde, bis die Expedition auf Apachen oder Yavapai stieß. Dann würde es schneller zu Feindseligkeiten kommen, als Walker glaubte. Swilling hatte zumindest mit den Apachen genug Erfahrungen gemacht, und nach dem, was Juan Chivaria über die Yavapai erzählt hatte, waren diese kaum bereit, Eindringlinge mit offenen Armen zu empfangen.

Von den Maricopa-Quellen führte Walker seine Expedition westwärts durch einen Wüstenstrich, in dem es außer Kakteen, Dornenbüschen und nacktem Gestein nichts gab. Walker hätte dem Gila River folgen können, aber Juan Chivaria hatte ihm eine Abkürzung beschrieben, die ebenfalls zur Einmündung des Hassayampa Rivers in den Gila River führen sollte. Jedoch die Männer suchten während der nächsten Tage vergeblich nach dem Fluß, und die Wasservorräte wurden schnell knapp. Walker hatte keine Ahnung, daß er den Hassayampa River verpaßt hatte, weil der Fluß einige Meilen nördlich des Gila Rivers in der Wüste versickerte. Einige Mojave-Indianer, die sich von den Dörfern der Maricopa aus auf dem Weg zurück zum Colorado River befanden, wo sie zu Hause waren, boten sich an, die Amerikaner gegen Bezahlung zum Hassayampa River zu führen. Dieses Mal hatte Walker keine Wahl. Seine Maultiere waren der Erschöpfung nahe, und seine Männer hatten kaum genug Wasser, um am Tag mehr als zwei, drei Schlucke zu trinken. Dabei stiegen die Temperaturen auf über vierzig Grad, und der Wind trieb heißen Sand wie Nebel über die Wüste.

Der Unterlauf des Hassayampa Rivers war ausgetrocknet. Die Männer mußten im sandigen Bett tiefe Löcher graben, in denen sich Wasser sammeln konnte. Je weiter die Expedition flußaufwärts marschierte, desto schwieriger wurde es, voranzukommen. Der Hassayampa River zog sich in vielen Windungen und Krümmungen durch eine rauhe Einöde felsiger Hügel und Canyons. Ein alter Indianerpfad führte am Ostufer entlang in die kahlen Ausläufer eines Bergmassivs, das sich weit im Norden hoch in den Himmel hob. Das Flußbett wurde zunehmend enger und das Vorwärtskommen mühsamer und schwieriger. Walkers Sattelgurt riß, als er sein Maultier einen Steilhang hochtrieb. Das Maultier blieb jäh stehen, und Walker flog kopfüber von seinem Rücken, rollte den Hang hinunter und landete in einem stacheligen Prickly-Pear-Kaktus. Wenig später rutschte ein anderes Maultier aus und stürzte über einen Steilhang dreißig Yards in die Tiefe. Niemand rechnete damit, daß das Maultier gerettet werden konnte, aber als sich einige Männer auf den Abstieg machten, um die Packen zu bergen, kam es auf die Beine, schüttelte sich den Staub aus dem Fell, nahm einen Anlauf und kletterte zum Pfad hoch.

Nachdem die Expedition wieder einen der Bergausläufer hinter sich hatte, entdeckten die vorausgehenden Mojave einige Dutzend Indianer, die sich in den Felsen am Rande einer Talenge versteckt hielten. Walker ließ die Expedition sofort anhalten, und die Männer bezogen hinter Felsbrocken und in Furchen und Gräben Stellung, die Gewehre schußbereit. Walker schickte Irotaba, den Chief der Mojave, aus, um mit den fremden Indianern Kontakt aufzunehmen. Das gelang ihm leicht, denn es handelte sich bei diesen um Yavapai, die hier auf die Ankunft der Weißaugen gewartet hatten. Der Chief der Yavapai war ein gewaltiger Mann mit einem muskulösen Körper. Eine Kette mit den Krallen eines Bären hing von seinem Hals. Auf der rechten Brustseite hatte er eine schlecht verheilte Brandnarbe, die schrumpelige Haut darüber war weiß. Er traf sich, begleitet von einige Kriegern, mit Irotaba unter Cottonwoodbäumen in der Mitte der Talsenke. Sie hatten keine Waffen bei sich, aber Walker war sich darüber im klaren, daß hinter den Felsen Krieger lauerten.

»Jetzt wird es sich zeigen, ob es nicht besser gewesen wäre, Chivaria und seine Maricopa mitzunehmen«, sagte Jack Swilling grimmig. »Sehen Sie sich diese halbnackten Wilden an, Captain. Sie hocken in den Spalten und Löchern wie Ratten, um über uns herzufallen, wenn wir einen Moment nicht aufpassen. Anstatt mit ihnen zu verhandeln, sollten wir sie über den Haufen schießen.«

»Sachte, Swilling, sachte«, entgegnete Walker. »Wir wollen diese Leute kennenlernen, und je enger unser Kontakt mit ihnen wird, desto leichter fällt es uns, ihre Art zu verstehen. Es ist kein Wunder, daß sie Angst haben. Wir sind die Eindringlinge, Mister Swilling. Von uns droht ihnen Gefahr, und das merken selbst Ratten.«

Die Chiefs der Yavapai und Irotaba unterhielten sich keine zwanzig Schritte von Swilling und Captain Walker entfernt, wobei sie erhebliche Mühe hatten, sich zu verständigen.

»Wahrscheinlich ist das dieser Wah-poo-eta, von dem Chivaria gesprochen hat«, sagte Swilling. »Kein freundlicher Zeitgenosse, Captain. Mit dem kriegen wir Ärger.«

Irotaba kam zurück und informierte Captain Walker über sein Gespräch mit den Yavapai. Er gab ihm zu verstehen, daß es besser wäre, umzukehren, denn die Yavapai waren nicht bereit, die Expedition ungehindert ziehen zu lassen.

»Sag ihnen, daß wir fremd sind in diesem Land und daß wir in Frieden und als Freunde kommen«, sagte Walker ernst. »Sag ihnen, daß wir nicht umkehren werden, sondern weiterziehen wollen, um in den Bergen das Gold zu holen, für das sie keine Verwendung haben. Sag ihnen, daß wir in Frieden mit ihnen leben können, solange sie uns in Ruhe lassen und nicht versuchen, unsere Maultiere zu stehlen und meine Männer zu töten. Sag dem Chief, daß wir sonst kämpfen werden, und daß es dann schlimm für ihn und sein Volk wird.«

Irotaba kehrte zu den Yavapai zurück und unterhielt sich weiter mit ihnen. Der Häuptling hörte sich an, was Irotaba zu sagen hatte, dann hielt er selbst eine lange Rede, von der außer den Mojave niemand ein Wort verstehen konnte. Aber der Yavapai-Chief schien verärgert, seine Worte klangen drohend. Jack Swilling richtete das Gewehr auf ihn und wartete nur darauf, daß irgend etwas passieren würde.

»Ich habe ihn genau im Visier, Captain«, sagte er leise. »Wenn ich jetzt abdrücke, sind wir einige Sorgen los.«

»Swilling, wenn Sie jetzt abdrücken, werde ich dafür sorgen, daß für Sie diese Expedition zu Ende ist«, gab Walker ruhig zurück, aber Swilling nahm den Finger nicht vom Abzug.

Irotaba und der Yavapai-Chief verabschiedeten sich voneinander. Der Mojave kam zurück, das dunkle, rissige Gesicht unbewegt. Er ließ sich bei Walker nieder und gab ihm zu verstehen, daß die Yavapai nicht zulassen wollten, daß die Weißaugen in ihr Land eindrangen, ganz gleich, ob sie nur Gold holen wollten oder etwas anderes im Sinn hatten.

»No agua«, sagte er und deutete nach Norden. »No bueno para burros y hombres. No agua, nada.«

»Der Kerl lügt«, sagte Swilling wütend. »Wenn es irgendwo Wasser gibt, dann in diesen Bergen da oben.«

Walker schickte Irotaba zurück, um dem Yavapai-Chief zu sagen, daß sie weiter den Hassayampa River hochziehen würden. Die Indianer gingen davon und verschwanden zwischen den Felsen.

»Das wär's«, sagte Jack Swilling spöttisch. »Jetzt wissen wir, woran wir sind, und die nächste Rothaut, die ich zu Gesicht bekomme, schieße ich nieder, bevor ich ihr Fragen stelle.«

Mehr als die Hälfte von Walkers Männern war der Meinung, daß man mit den Indianern kurzen Prozeß machen mußte, und nur wenige stellten sich hinter Walker, der den Frieden so lange wie möglich bewahren wollte.

In der Nacht stahlen sich Irotaba und seine Leute aus dem Lager und machten sich unbemerkt davon. Erst am nächsten Morgen stellten die Männer fest, daß der Packen mit dem gesamten Tabakvorrat fehlte. Jack Swilling wollte den Mojave sofort nachreiten. »Wir sollten diesen diebischen Halunken eine Lektion erteilen und sie mit blutigen Köpfen nach Hause schicken, damit sie ihren Leuten erzählen können, daß es sich nicht lohnt, uns etwas zu stehlen.«

»Ich habe ihnen Bezahlung versprochen, Swilling, und diese Mojave haben uns davor bewahrt, in der Wüste steckenzubleiben und zu verdursten«, entgegnete Walker, der selbst ein Raucher war und jetzt an seiner kalten Pfeife saugen mußte.

»Die einen sind wie die anderen«, sagte Swilling wütend. »Ich bin sicher, daß Irotaba das mit den Yavapai abgesprochen hat.«

»Möglich. Leider aber nicht mehr zu ändern«, sagte Walker und befahl den Männern, das Lager abzubrechen.

Die Expedition zog in den nächsten Tagen nordwärts durch das enge Tal des Hassayampa Rivers und machte sich schließlich auf das letzte Teilstück ihres langen Weges. Der Indianerpfad brachte sie in einen Canyon, dessen bewaldete Hänge beinahe senkrecht mehrere hundert Yards aufstiegen. Die Maultiere tasteten sich Schritt um Schritt auf dem schmalen Pfad voran. Tief unter ihnen floß der Hassayampa River als wilder Bergbach talwärts. Nur über Mittag fiel Sonnenlicht in den Canyon. Die Luft wurde dünner und kühler. Schließlich erreichten Walkers Männer das Quellgebiet des Hassayampa inmitten unberührter Kiefernwälder, in denen es kaum Unterholz gab. Sie schlugen auf einer Ebene nahe des Quellflüßchens ihr Lager auf, und einer von ihnen stieß noch am selben Abend auf den Kadaver eines Hirsches, der kurz zuvor mit einem Pfeil erlegt worden war. Er schleifte den Hirsch mit seinem Maultier zum Lager und ersparte sich dadurch die Mühe, selbst zu jagen.

Nach monatelangem Marsch war die Expedition endlich an ihrem Ziel angelangt, und die Männer feierten an diesem Abend mit Wildbret und dem letzten Schnaps, der ihnen verblieben war. Einer spielte auf der Mundharmonika, ein anderer holte seine Fiedel hervor. Die Männer tanzten und sangen bis lange nach Mitternacht, und keiner von ihnen bemerkte, daß sie die ganze Zeit von wachsamen Augen beobachtet wurden.

Während der nächsten Tage waren die Männer damit beschäftigt, die Gegend auszukundschaften und die Quellflüßchen auf ihren Goldgehalt zu prüfen. Wo immer sie den Flußsand auswuschen, blieb genug erzhaltige Erde in ihren Pfannen zurück, um ihnen Gewißheit zu geben, daß sich der lange und mühsame Marsch hierher gelohnt hatte. Die Männer bauten einen rechteckigen Korral aus Kiefernstämmen, in dem sie die Maultiere und ihr Hab und Gut unterbringen konnten. Gleichzeitig bot ihnen der Korral im Notfall gegen angreifende Indianer Schutz. Aber es schien, als wagten sich die Yavapai nicht in ihre Nähe.

Am 10. Mai 1863 hielten Walkers Männer die erste Goldgräberversammlung ab, bei der man sich über fundamentale Regeln und Gesetze einigte. Walkers Expedition nannte sich jetzt *Walker Prospecting and Mining Company*, und während der Versammlung wurde mit einer Länge von hundert Yards und einer Breite von fünfzig Yards die Größe der Claims festgelegt. Jedes Mitglied der Expedition bezahlte zweieinhalb Dollar Eintragungsgebühr, und das Protokoll wurde von allen Anwesenden unterschrieben. Somit entstand im neugegründeten Arizona-Territorium der erste offizielle Bergbaudistrikt, und die Kunde, daß Walkers Expedition in Zentral-Arizona auf vielversprechende Goldvorkommen gestoßen war, erreichte über den Gila Trail bald Kalifornien, von wo sich sofort Scharen von Goldgräbern und Glücksrittern auf den Weg machten.

Der jagende Falke

Alles, was es auf der Welt gibt, hat Macht – die Tiere, die Pflanzen, der Himmel und die Sterne und der Blitz. Alle haben Macht in sich, die sie tun läßt, was sie tun. Was man sehen kann, ist nur eine Kleinigkeit vom Ganzen. Die Macht ist der Geist aller Dinge. Es gibt Leute, die lernen können, den Geist als einen Teil des Ganzen zu erkennen, und dadurch werden sie zu Schamanen.

Alles hat Macht!

Haley
Apaches, a History and
culture Portrait

Eines Morgens, als Kahita erwachte, weil ihm die Sonne durch die Äste einer Kiefer ins Gesicht schien, mußte er feststellen, daß er allein war. Sein Bogen und der Köcher fehlten. Das kleine Feuer war niedergebrannt, die Asche weiß und kalt. Dort, wo sich die Kinder am Abend zuvor zum Schlafen niedergelegt hatten, richtete sich das Gras in der Frische des Morgens auf.

Kahita erhob sich. Es war still im Wald. Trotzdem spürte er die Nähe eines Menschen. Er faltete seine Decke zusammen und legte sie dem Pferd auf den Rücken. Als er die Hobbel an den Fesseln des Pferdes löste, sah er unter dem Pferdebauch hindurch den Mann zwischen den Bäumen stehen. Der Mann hatte seinen Oberkörper und das Gesicht mit roter Farbe bemalt. Sein Kinn war schwarz, und er hatte einen schwarzen Strich auf der Stirn und unter den Augen. Vier helle Schlangenlinien zogen sich senkrecht über seine Brust. Er hatte ein Schild am linken Arm und eine Lanze in der rechten Hand, von der zwei Adlerfedern herabhingen. Sein langes Haar war in der Mitte gescheitelt und hing ihm strähnig über die nackten Schultern.

Ohne sich um den Mann zu kümmern, legte Kahita seinem Pferd die Zügelschlinge um den Unterkiefer. Er führte es zum Lagerplatz, nahm seinen Beutel und den Kürbis auf und folgte, mit dem Pferd am Zügel, der frischen Spur der Kinder. Der Mann stand noch immer zwischen den Bäumen, keine dreißig Schritte entfernt, aber als sich Kahita das nächstemal verstohlen nach ihm umsah, war er verschwunden.

Er sah ihn erst wieder, als die Sonne hoch am Himmel stand. Er tauchte auf einer Anhöhe auf, zwischen mächtigen Granitbrocken, die von glitzernden Quarzadern durchzogen waren. Er saß auf einem Pferd, einem mageren Schecken mit einem Ramskopf und wilder Mähne.

Kahita zügelte sein Pferd. Er legte die Hand gegen die Stirn und beschattete seine Augen, um den Mann besser sehen zu können, aber in diesem Moment drehte dieser sein Pferd und verschwand wieder.

Kahita ritt weiter. Er wußte, daß er beobachtet wurde, und vermutete, daß es sich bei dem Mann um einen Yavapai handelte. Während der Wochen, die er mit den Kindern durch die Wüste gezogen war, hatte er von ihnen einige Worte gelernt und einiges erfahren. Er wußte, daß ihr Chief Par-a-muck-a, ihre Hütten Uwahs und ihre Dörfer Che-wa-kis genannt wurden. Es war schwierig, ihre Sprache zu verstehen, die keine Ähnlichkeit mit seiner eigenen

Sprache hatte. Toshi hatte ihm erklärt, daß Par-a-muck-a mit seinen Kriegern oft auszog, um Maricopa und Pima zu töten, oft aber auch gegen die Krieger eines Volkes im Osten kämpften, das sie Apa nannten, was anscheinend nichts anderes als »die Männer« bedeutete. Viel war es nicht, was Kahita von den Kindern erfahren hatte. Er kannte den Namen der Antilope, die Mu-ul genannt wurde, wußte, daß Ti-yatch Mais bedeutete, Maisbrot aber Mi-el-la hieß und Brot aus den Samen des Saguarokaktus Ah-ah'h. Mit diesen Worten konnte er zwar dem, der ihm folgte, kaum zu verstehen geben, daß er kein Feind war, aber er nahm sich vor, ihn das nächstemal nicht einfach wegreiten zu lassen.

Am Spätnachmittag erreicht Kahita eine Anhöhe, von der er eine weite Übersicht hatte. Rund um ihn hoben sich bewaldete Bergzüge aus dunklen Tälern. Das Land erinnerte ihn an die Black Mountains, in denen er aufgewachsen war. Die Luft war kühl und klar, so daß er im Norden am Horizont Bergketten sehen konnte. Fast schien es ihm, als wäre er heimgekehrt, und er wünschte, Kayetennae und Lozen wären an seiner Seite. In diesen stillen Wäldern konnte es keine Weißaugen geben. Hier herrschte der Friede, wie er ihn als Kind erlebt hatte, und zum erstenmal, seit langer Zeit, fühlte Kahita, wie die Unruhe von ihm wich. Sollte dieses Land seine neue Heimat werden, von der Victorio gesprochen hatte? Kahita ließ sich auf dem Hügel nieder und wartete auf die Nacht. Er sah den Falken, der über dem Tal im Abendwind flog, hörte seinen Ruf und breitete die Arme aus.

»Ich bin hier, Bruder Falke!« rief er, und der Wind trug seine Stimme in das Tal hinein.

Die Nacht kam schnell, und Kahita wachte auf dem Hügel, bis es Morgen wurde. Er aß einige Kiefernkerne, die Toshi auf dem Weg durch die Wälder gesammelt hatte, trank Wasser aus seinem Kürbis und sah, wie im Osten über den Wipfeln der Bäume die Sonne aufging. Dann brach er auf und folgte einem schmalen Pfad den Hang hinunter in das Tal, das von einem wunderbar klaren Bach durchflossen wurde.

Vergeblich hielt er nach dem Mann Ausschau. Es war noch früh am Morgen, als ihm der Wind den Geruch eines Feuers zutrug. Kahita hielt an und glitt vom Pferd. Er führte es an den Zügeln weiter durch den Wald und blieb stehen, als er die Hütte sah, die auf einer Lichtung an einer Biegung des Baches stand. Vor der Hütte stand ein alter

Mann, der ihm das Gesicht zugewandt hatte. Er stand gerade wie ein Pfahl und trug ein weißes Hemd, das ihm von seinen schmalen mageren Schultern hing, Leggings aus weichem Hirschleder und einen Lendenschurz. Sein Haar war weiß wie der Schnee, sein Gesicht dunkel und rissig wie die Rinde eines alten Baumes.

»Komm her, mein Sohn«, sagte der Mann plötzlich, und Kahita war so überrascht, seine eigene Sprache zu hören, daß ihm für einen Moment das Herz stillzustehen schien. »Bringe dein Pferd und komm an mein Feuer. Du hast einen langen Weg zurückgelegt. Komm her, mein Sohn!«

Kahita hätte seine Freude herausschreien mögen. Er führte das Pferd hinter sich her aus dem Wald. Der Mann folgte ihm mit seinen Augen, aber als Kahita ihm näher kam, erkannte er, daß ihn diese Augen nicht sehen konnten. Sie waren blau wie der Himmel und ohne Glanz. Kahita blieb stehen.

»Der Falke hat mir gesagt, daß du kommst«, sagte der alte Mann. »Bist du hungrig?«

»Ich habe Kiefernkerne«, sagte er.

Der alte Mann lachte. »Aber du hast keinen Bogen und keine Pfeile, nicht wahr, mein Sohn?«

Kahita senkte den Blick. »Kinder haben mir den Bogen und die Pfeile weggenommen.«

»Meine Kinder«, sagte der alte Mann, und er streckte seine Hand aus. »Gib mir deine Hand, mein Sohn, damit ich dich erkennen kann.«

Kahita ergriff die Hand des alten Mannes. Sie war kühl und leicht. Der alte Mann hielt Kahitas Hand fest, und sein faltiges Gesicht glättete sich.

»Du kommst aus dem Land der Red-Paint-Leute, mein Sohn. Ich kenne das Land. Ich kenne deine Leute. Ich war dort, als ich ein Junge war wie du. Erzähl mir von dem Mann, dem die Männer des Südens den Namen Mangas Coloradas gegeben haben.«

»Sprich seinen Namen nicht aus, alter Mann«, sagte Kahita schnell. »Er war ein großer Führer des Volkes. Weißaugen haben ihn getötet, und ich bin diesen Weißaugen hierher gefolgt. Die Weißaugen bringen Unglück und den Tod.«

»Ich weiß«, sagte der alte Mannn. »Komm, da ist jemand, der dich sehen will.« Der alte Mann führte Kahita zum Eingang der Hütte. Dort ließ er seine Hand los und bedeutete ihn einzutreten.

Halbdunkel umfing Kahita. Durch den Rauchfang fielen Sonnenstrahlen auf das Feuer, das in der Mitte der kleinen Hütte in einer Vertiefung brannte. Der Geruch von Salbei stieg in Kahitas Nase. Auf einer Felldecke saß der Mann, den Kahita am Tag zuvor zweimal gesehen hatte. Über seinen Knien lag Kahitas Bogen und sein Köcher. Der Flammenschein leuchtete auf dem roten Gesicht und auf seinem Körper. Zu seiner Linken saß der Junge, rechts neben ihm das Mädchen. Das Mädchen hatte ein Lächeln in seinem Gesicht. Es trug ein Kleid aus weichem hellem Hirschleder, und sein Haar war frisch gekämmt.

Der alte Mann trat ein und legte einen Arm um Kahita. Dann sagte er etwas, was Kahita nicht verstehen konnte. Der Mann am Feuer nickte, und auch er sagte etwas.

»Par-a-muck-a sagt, daß er dich dafür belohnen wird, daß du seine Kinder zurückgebracht hast«, sagte der alte Mann. »Er wird dich in sein Dorf bringen, und die Leute werden dich ehren, als wärst du einer von ihnen und nicht ein Apache.«

»Ich bin ein Mimbreno«, sagte Kahita. »Mein Vater war ein Nednhi und meine Mutter eine Mimbreno.« Das klang beinahe trotzig, aber der alte Mann lachte.

»Er wird dir sein schönstes Pferd schenken, und er wäre glücklich, dich zu seinem Sohn zu haben. Er ist ein guter Mann und ein großer Führer, mein Sohn. Er hat vier Frauen und viele Kinder und Enkel, und in seinem Uwah hängen die Skalpe seiner Feinde. Für uns ist er wie der Chief deiner Red-Paint-Leute, den die Weißaugen getötet haben und dessen Namen ich nicht mehr sagen darf.«

»Ich weiß nicht, ob ich hier bleiben werde, alter Mann«, sagte Kahita.

»Wohin willst du gehen, mein Sohn? Die Berge, die wir Hoo-wal-ka-ya-na-ya-na nennen, sind unsere Heimat. Die Berge sind rund um uns, so weit dein Auge reicht. Ich weiß, daß die Weißaugen gekommen sind. Du bist ihnen gefolgt, um sie zu töten, aber es sind viele von ihnen, und du bist allein.«

»Du kennst meine Geschichte, obwohl du mich nie gesehen hast.«

»Du irrst dich, mein Sohn. Es bleibt mir nicht viel verborgen in diesem Land. Ich sah dich kommen, bevor du hier warst.«

Der alte Mann ging zum Feuer. Dünner Rauch, in dem das Sonnenlicht spielte, zog an ihm hoch. Er hob die Hände und fing leise zu singen an, Worte, die Kahita nicht verstehen konnte. Par-a-muck-a erhob sich und legte den Bogen und den Köcher mit den Pfeilen in die Hände des alten Mannes. Dann öffnete er einen Beutel, den er am Gürtel trug und entnahm ihm einen Klumpen trockener Farbe. Davon kratzte er etwas auf seine Handfläche, zerrieb die Krümel und vermischte sie mit Spucke zu einem Brei. Dann trat er vor Kahita hin und malte ihm mit dem Zeigefinger einen roten Strich unter die Augen, quer durch das Gesicht. Kahita rührte sich nicht, und als der Yavapai-Chief zurücktrat, hörte der alte Mann zu singen auf. Er richtete den Blick zur Rauchöffnung und hob Kahitas Bogen und den Köcher hoch über seinen Kopf.

»Es ist der Falke, der mir von deinem Kommen erzählt hat, mein Sohn«, sagte er feierlich. »Es ist der Falke, der dich hierher geführt hat. Es ist der Falke, der dich beschützen wird.« Er machte eine kleine Pause und holte tief Luft. »Es ist der Falke, der in dir ist, mein Sohn.«

Er wandte sich Kahita zu. »Sag mir deinen Namen, damit er mit dem Rauch aufsteigen kann, dorthin, wo die Mächte sind. Sag mir deinen Namen, mein Sohn.«

Kahitas Kehle war trocken. Seine Lippen formten den Namen den ihm Nana gegeben hatte. »Kahita«, sagte er, und der Klang seiner Stimme schwebte im Raum, als würde er von Schwingen getragen.

Kahita blieb bei den Yavapai, obwohl ihm einige der Leute mit Mißtrauen begegneten und Par-a-muck-a davor warnten, einen Fremden aufzunehmen, der mit den Weißaugen ins Land gekommen war. Er lebte im Dorf von Par-a-muck-a, der ihn mit einem Pferd beschenkte und dessen Frauen und Töchter für Kahita ein Uwah aufrichteten, das sich kaum von den Wickiups unterschied, in denen er aufgewachsen war. Er lernte die Sprache der Yavapai, ritt mit den Kriegern aus, jagte mit ihnen das Bergschaf, das Reh und den Hirsch. Er war ein guter Jäger, der mehr Fleisch einbrachte, als Par-amuck-as große Familie brauchte. So ritt er auch oft hinaus in das Tal zur Hütte des alten Mannes, den er jetzt Großvater nennnen durfte, und brachte ihm seine schönsten Hirschfelle und die besten Fleischstücke.

Der alte Mann lebte allein. Er war ein Pasemache, der große Heilkräfte besaß. Wenn jemand krank wurde, kamen die Leute zu ihm und baten um seine Hilfe. Sonst aber ließen sie ihn allein, denn er war zu alt, um mit ihnen zu ziehen, wenn sie im Winter die Bergtäler verließen und im Tal des Salt Rivers Schutz suchten. Außerdem weigerte sich der alte Mann, das Tal zu verlassen, und selbst die Anwesenheit der Weißaugen und die Gefahr, die von ihnen ausging, vermochten ihn nicht von seinem Entschluß abzubringen, den Winter seines Lebens dort zu verbringen, wo er den Mächten nahe war.

Der Name des alten Mannes war Sekwala, was in der Sprache der Yavapai »Jagender Falke« bedeutete. Er war so alt, daß man in seinen Gesichtszügen eine Geschichte lesen konnte, die weit zurückreichte in jene Zeit, als die Männer des Südens da waren, zusammen mit den Grauröcken und den Soldaten, die Hüte aus Eisen trugen. Die Grauröcke hatten ihn getauft, aber der Name, den sie ihm gegeben hatten, war seiner Erinnerung entflogen.

Ja, die Grauröcke hatten ihn von seinem Volk genommen und ihm einen neuen Namen gegeben. Sie hatten ihn lesen gelehrt, schreiben und rechnen. Er hatte mit vielen anderen Steine aus dem Berg gehauen, Steine für das große Haus, in dem ein Herrscher wohnen sollte, größer und mächtiger als alle Kräfte, die aus dem Inneren der Erde kamen, und größer als die Mächte im Reich der Geister. Das Haus stand irgendwo im Süden, erbaut von jungen, kräftigen Männern, von Kindern, Frauen und Greisen, die ausgepeitscht wurden, wenn sie müde waren, und denen man die Hände abhackte, wenn sie nicht mehr arbeiten wollten. Aber irgendwann war es genug. Irgendwann töteten sie die Grauröcke und rannten davon, zurück in die Berge.

Es gab keinen guten Grund, sich an den Namen zu erinnern, den ihm die Grauröcke gegeben hatten, denn dieser Name hatte dem alten Mann keinen Ruhm gebracht und keine Ehre. Mit diesem Namen war er blind durch die Welt gegangen, die ihm so fremd gewesen war wie die weiße Wüste im Osten, die er als Junge gesehen hatte.

Der Name, den ihm die alten Männer des Stammes gegeben hatten, war besser. Es war der Name eines Kriegers, der hier und dort war, fast zur selben Zeit, genau wie der Raubvogel, der sich im Winde treiben ließ und plötzlich niederstach und sich seine Beute holte:

Sekwala, der Jagende Falke.

Ein Lächeln glitt über das zerfurchte Gesicht des alten Mannes, der hoch oben auf dem Hügel stand, der untergehenden Sonne zugewandt. Das silberne Haar hing ihm in langen Strähnen über die knochigen Schultern. Die alten Narben auf seinem Körper brannten. Er trug nur den Lendenschurz und die Mokassins, seinen Medizinbeutel und die vier Pfeile, die ihm Ko-wid-e-ma-puk-e-weh gegeben

137

hatte, die alte Medizinfrau, die Macht von der Erde hatte und die von hinter den Wolken gekommen war, um ihn aus den Klauen der Grauröcke zu befreien.

Die Augen des alten Mannes waren fast blau, aber der Schein in ihnen war verblaßt.

»Meine Augen leuchten nach innen«, sagte er, als ihn Kahita eines Tages nach dem Licht fragte, das früher in seinen Augen gelebt hatte. Er war blind, der alte Mann, aber er stolperte nie über einen Stein, er erkannte jeden, der ihm begegnete, er rief einem einzelnen Vogel am Himmel einen Gruß zu, und er sprach mit der Krötenechse, die in einer Felsspalte darauf wartete, daß die Hitze des Tages dem kühlen Abendwind weichen würde. Er verstand die Sprache der Pferde und des Wildes, er hörte dem Wind zu, der durch die Wälder rauschte, und er kannte die Geheimnisse der Felsen und Steine. Wer ihn zum Lehrer hatte, konnte stolz und glücklich sein.

Als Kahita zu den Yavapai kam, hatten die Weißaugen dem Land hier noch keine Wunden geschlagen, aber das änderte sich in den Monaten, bevor der Winter ins Land kam. Sekwala erkannte die Gefahr, die seinem Volk drohte, und wenn er von den Tagen sprach, die noch kommen würden, wurde sein Gesicht finster, und in seiner Stimme hörte Kahita die Trauer um das, was vergangen war.

Aber noch war Friede in seinem Tal. Noch herrschte hier der Schöpfer, und alles hatte seinen Sinn.

Der alte Mann hob beide Arme und streckte seine Hände Nya entgegen, der Sonne, die tief über der Bergkette stand, auf der schon der erste Schnee des Winters lag. Es war spät im Jahr. Der Wind, kühl und frisch, wehte ihm das Haar ins Gesicht, spielte mit den Gräsern auf dem Hügel, und die Wipfel der Kiefern und Fichten verbeugten sich wie der alte Mann vor der Sonne, die ihre letzten Strahlen über die Hänge hin in das Tal fließen ließ, so daß die Felsen aufglühten, als wären sie aus purem Gold.

Der alte Mann konnte den Reiter nicht sehen, der auf einem schnellen Pferd das Tal durchquerte und durch den Wald geritten kam, auf dem alten Pfad der Wölfe und des Wildes. Er konnte ihn nicht sehen, aber er hörte den Hufschlag und vernahm die Stimme des Pferdes und den Geist des Reiters, lange bevor dieser die Hügelkuppe erreichte und in seiner Aufregung den alten Mann fast niederritt.

»Ich bin froh, daß ich dich gefunden habe, Großvater«, rief der Reiter. »Ich habe dich gesucht. Es sind Weißaugen hier. Soldaten.«

»Sie folgt dir oft wie ein Schatten, habe ich gehört. Und man sagt, daß sie bald kein Kind mehr ist. Man sagt, daß sie mit ihren Augen an deinen Lippen hängt, wenn du eine Geschichte erzählst. Ich kenne dein Herz, mein Sohn. Vergiß nicht, daß wir oft zusammengesessen haben.«

»Du hast geredet, Großvater«, gab Kahita zurück. »Ich habe geschwiegen und zugehört.«

»Das stimmt. Du hast wenig geredet.« Der alte Mann legte den Arm um Kahitas Schultern. »Siehst du She-te-ka?«

Kahitas Blicke glitten durch die Büsche.

»Nein, ich kann sie nicht sehen, Großvater.«

»Sie hat den Bach durchquert. Sie ist dort drüben, wo die Biber angefangen haben, den Damm zu bauen. Komm, lassen wir She-te-ka in Ruhe jagen.«

Kaum hatte der alte Mann ausgesprochen, als die Rehe plötzlich, wie durch eine lautlose Warnung hochgeschreckt, die Flucht ergriffen und mit weiten Sprüngen das Tal hinunterjagten. Nur das eine Reh stand etwas länger am Ufer des Baches, mit großen Augen und aufgestellten Ohren. Als es die Gefahr erkannte, war es zu spät. She-te-ka war schnell wie ein Schatten, und bevor das Reh sich umdrehen und davonlaufen konnte, sprang sie es von der Seite her an und schlug ihm die Zähne tief in den Nacken. Das Reh und der Puma stürzten, rollten die Uferböschung hinunter, und She-te-ka grub ihre Fänge tief in die Kehle des Rehs.

Kahitas Pferd schnaubte und tänzelte. She-te-ka blickte herüber. Das sterbende Reh unter ihr schlug mit seinen spitzen Hufen den Boden auf.

»Komm jetzt, mein Sohn«, sagte der alte Mann. »Komm, damit die Jungen keine Angst zu haben brauchen und zu ihrer Mutter gehen können.«

Kahita zog sein Pferd hinter sich her. Er ging neben dem alten Mann das Tal hoch bis zu jener Stelle, wo nackte Felsen zerklüftet und rissig durch die Hänge brachen und sich wie Rückgrate riesiger Tiere in das Tal hineinzogen.

Da hinten auf einer Lichtung, zwischen Weidenbüschen und im Schatten hoher Bäume, stand Sekwalas Uwah, eine kleine Rundhütte aus Ästen, abgedeckt mit Bärengras und alten Hirschfellstücken. Der alte Mann lebte allein. Er hatte kein Pferd und keinen Hund. Er nährte sich von den Früchten des Waldes, Beeren und Nüssen, von

Pilzen und von Wildgemüse, das im Talgrund wuchs. Manchmal aß er, was ihm Tiere wie She-te-ka von ihrer Beute übrigließen, und manchmal, so sagt man, brachten ihm die Falken, was sie entbehren konnten.

Nicht einmal im Winter, wenn der Schnee so hoch lag, daß nur noch der oberste Teil seiner Hütte herausragte, verließ der alte Mann das Tal, um bei seinen Leuten zu wohnen. Aber dieses Mal war Kahita gekommen, ihn wegzuholen. Dieses Mal war alles anders. Die Weißaugen waren da.

»Komm, mein Sohn«, sagte der alte Mann. »Ich habe Tabak und etwas zu essen. Komm, wir machen es uns gemütlich.«

Der alte Mann bückte sich durch den niederen Eingang der Hütte. Kahita ließ sein Pferd frei. Er wußte, daß es nicht davonlaufen würde.

In der Hütte war es warm, und es roch angenehm nach Salbei und Kiefernharz. Die Einrichtung bestand aus zwei Lagern: dicke Aststücke, die mit Rohhautstreifen aneinandergebunden waren, so daß sie je ein Pfostenbett bildeten. Über einem Rost aus dünneren Ästen türmten sich Fellstücke und Decken, wie sie von den Navajo im Norden gewoben wurden.

Von den dickeren Ästen, die das Hüttengerüst bildeten, hingen Körbe und bemalte Rohhauttaschen, in denen der alte Mann seine Habseligkeiten aufbewahrte. Einige der Körbe, die von den Yavapai-Frauen aus gespleißten Weideästen geflochten wurden, waren dick mit Kiefernharz bestrichen, so daß sie Wasser halten konnten. Kahita kannte die meisten Andenken an ein langes Leben, das den Alten zu einem weisen Mann gemacht hatte. Jedes Stück hatte seine eigene Geschichte. Der Brustpanzer eines spanischen Soldaten hing über dem Kopfende des einen Bettes. Das Metall war blank und spiegelte die Flammen des kleinen Feuers. Über dem Brustpanzer hing ein alter Kopfschmuck aus den Federn des Truthahns, des Falken und des Adlers und aus den kleinen bunten Federn eines Vogels, der nicht in diesem Land lebte. Der alte Mann besaß die schönsten Ketten, die Kahita jemals gesehen hatte, mit geschliffenen Türkisen und Steinen, die die Sonne gefangenhielten. An einigen Stangen waren die Kleider aufgehängt, die Sekwala bei den Tänzen trug oder wenn er einem Kranken Hilfe gab gegen die bösen Geister, die aus dem Schattenreich kamen. Über ihnen hingen zwei Fächer aus Flügeln des Falken und der Kopf eines Hirsches, dessen Geweih rot bemalt war.

Kahita kannte alle Geschichten des alten Mannes. Es war fast, als hätte er sie selbst erlebt, als wäre er selbst ein Stück von Sekwala, der ihm alles beigebracht hatte, was wichtig war.

Kahita legte ein paar trockene Aststücke in einem bestimmten Muster in die Flammen des kleinen Feuers. Unterdessen nahm der alte Mann Platz und stopfe seine Pfeife, die einen schwarzen Kopf aus Stein hatte. Von dem langen Mundstück aus dem Holz des Sumac hingen zwei Krallen eines Falken herab, dazu die rotgefärbte Feder eines Adlers, der weiße Schwanz eines Hermelins und der mumifizierte Kopf einer Krötenechse.

»Ich freue mich, daß du da bist, mein Sohn«, sagte Sekwala. »Es gibt etwas, was ich dir heute erzählen will. Die Geschichten, die du kennst, sind mein Leben. Heute will ich dir von meinem Sterben erzählen.«

Kahita blickte auf. »Du lebst, Großvater«, sagte er. »Wie könntest du die Geschichte von deinem Sterben kennen?«

Sekwala nahm ein brennendes Ästchen aus dem Feuer und zündete die Pfeife an. Er schenkte den Rauch den vier Winden, mit Worten, die er mehr sang als sprach. Dann reichte er die Pfeife Kahita. Kahita hatte bei seinem Volk noch nicht geraucht, weil Rauchen nur den Kriegern erlaubt war, die ihre Bestimmung gefunden hatten und von einem älteren Krieger zu einer besonderen Zeremonie eingeladen wurden. Hier war das anders. Sekwala hatte ihm kurz nach seiner Ankunft das erste Mal die Pfeife gereicht und ihn auf die Veränderung aufmerksam gemacht, die in ihm vorging, wenn er den Rauch tief einsog. Kahita nahm vier Züge, die er nach Osten, nach Süden, nach Westen und nach Norden blies.

»She-te-ka kam gestern nacht«, sagte der alte Mann, als er sich zurückgelehnt hatte und mit seinen knöchernen Fingern Beeren aus einer Schale aus geflochtenem Bärengras nahm, bevor er sie Kahita reichte. »Iß, mein Sohn. Und höre meine Geschichte.«

Kahita beugte sich vor, nahm noch einen Zug aus der Pfeife und gab sie dem alten Mann.

»She-te-ka kam und sagte mir, daß dies mein letzter Winter sei. Sie hatte keines der Jungen dabei, was ziemlich ungewöhnlich ist. Sonst gehen die Jungen überallhin mit ihr. Sie folgen ihrer Mutter, die ihnen alles zeigt, was sie wissen müssen. Aber gestern nacht kam She-te-ka allein. Sie umrundete meine Hütte. Ich hörte sie. Da ging ich hinaus. Sie hatte sich vor dem Eingang hingelegt. Der Mond stand hoch. Ein silberner Schein lag über ihr. Ich verhielt mich still und sah sie an. Sie war nicht mehr die Berglöwin. Sie war die Frau, die Macht von der Erde hat und die gekommen war, als mich die Schwarzröcke gefangenhielten. Sie war die Frau, die mir meine vier Medizinpfeile gegeben und mir den Weg gezeigt hat, der zu deinem Volk führte und hierher zurück. Du erinnerst dich wohl an diese Geschichte, nicht wahr?«

»Ja, Großvater«, sagte Kahita schnell. »Ich war dabei.«

Ein Lächeln flog über die Züge des alten Mannes. »Ja, du warst dabei«, sagte er. »Die Frau kam, um mir zu sagen, daß mein Leben hier bald zu Ende gehen würde. Es wird Herbst sein, sagte sie. Die Blätter fallen von den Bäumen im Tal. Die Äste der Weiden werden rot, und der Schnee bedeckt die hohen Berge. Die Kälte kriecht in meine Knochen, und sie wird nicht mehr von mir weichen. Ich werde sterben, mein Sohn, bevor die Sonne wieder Kraft hat und die Erde erwärmt.«

Kahita schüttelte den Kopf. »Nein, Großvater, das lasse ich nicht zu. Ich werde dich wegbringen von hier, weit weg. Dorthin, wo kein Schnee fällt. Dorthin, wo die Erde niemals kalt wird und wo die Bäume ihre Blätter nicht verlieren.«

»Kennst du einen solchen Platz, mein Sohn?«

»Bei meinem Volk gibt es ein Tal, wo das Wasser heiß aus dem Boden kommt. Es ist ein Platz, wo dir die Kälte nicht in die Knochen kriechen kann. Victorio ist dort.«

»Du hast mir von Victorio erzählt, mein Sohn. Ich sehe ihn. Er ist ein großer Mann, aber er ist nicht dort, wo du denkst. Und der Platz, den du meinst, ist weit weg von hier. Zu weit für mich. Mein Sohn, würdest du versuchen, den alten Baum hinter meiner Hütte dorthin zu bringen? Nein, das wäre töricht, nicht wahr? Wie kämst du also dazu, mich von hier wegzubringen in ein Land, das nur in meiner Erinnerung ist. Ich würde sterben, noch bevor der Winter kommt.«

»Dann geh mit deinem Volk in die Ebene, die ihr Ma-te-koo-te-ba-ba nennt, hinunter zum großen Fluß. Par-a-muck-a hat mich hergeschickt. Er will, daß du mitgehst. Er will nicht, daß du allein bleibst, hier, wo die Weißaugen dich finden können.«

»Ich habe hier gelebt und nicht woanders. Das ist der Platz, wo ich sterben werde. Willst du mir zuhören, oder willst du dich mit mir streiten?«

Kahita senkte den Kopf. »Ich könnte weinen, Großvater«, sagte er leise.

»Mein Sohn, du kannst denken, was du willst, aber ich höre dein Herz. Und was ich höre, stimmt mich traurig. Du willst nicht, daß ich dorthin gehen kann, wo ich noch nie war. Ich freue mich darauf, mein Sohn. Ich freue mich, Dinge zu erleben, die bis jetzt nur in meinen Träumen waren. Ich will meine Träume erleben, Kahita.«

Kahita zwang ein Lächeln in sein Gesicht.

»Ich wollte, ich könnte mit dir gehen, Großvater.«

»Wozu? Du bist ein junger Mann, mein Sohn. Du hast noch nicht einmal alles erlebt, was es hier zu erleben gibt.«

»Hast du nicht selbst gesagt, daß nicht mehr viel Gutes kommt? Die Weißaugen sind hier, um uns zu töten. Du hast gesagt, daß ein Schatten über dem Land liegt, ein Schatten, in dem wir alle sterben wie Gräser und Büsche, Bäume und Blumen, die nie die Sonne sehen.«

»Das ist nicht wahr, mein Sohn. Du wirst es erleben. Du mußt es erleben. Aber du wirst kämpfen. Ich bin zu alt zum Kämpfen.«

Flackern der Lichtschein tanzte auf dem Gesicht des alten Mannes. Seine Augen waren Kahita zugewandt, aber nur das Feuer lebte in ihnen.

»Bring mich auf den Berg, wo du mich heute gefunden hast. Bring mich dorthin, wenn mein Geist den Körper verlassen hat. Laß mich dort oben liegen, denn die Falken werden kommen und mein Herz wegtragen. Gib mein Herz den Falken, mein Sohn!«

Kahita würgte den Kloß hinunter, der in seiner Kehle steckte. Er starrte in das Gesicht des alten Mannes. Es war ihm, als würde sein Herz in diesem Moment schwer und kalt wie Stein. Der alte Mann lehnte sich zurück, und ein zufriedener Ausdruck breitete sich auf seinem Gesicht aus.

»So, mein Sohn, und jetzt erzähle mir von Toshi, dem Mädchen, das dir wie ein Schatten folgt. Toshi ist die Tochter von Par-a-muck-a, der nicht glauben will, daß die Weißaugen ihn töten werden, wie sie den großen Chief deines Volkes getötet haben. Er kann die Zeichen nicht sehen. Er hört nicht meine Stimme, die die Stimme der Geister ist. Laß ihn nicht allein, wenn er von hier weggeht, mein Sohn. Zeig ihm die Gefahr, wenn du sie erkennen kannst.«

»Großvater, Par-a-muck-a kennt die Gefahr. Aber die Weißaugen sind wie die Stechmücken im Sommer. Sie sind überall.«

Sekwala hatte eine Antwort auf der Zunge, aber er hob plötzlich seine Hand.

»Ein Pferd«, sagte er. »Ein Pferd kommt.«

Kahita sprang auf und griff zum Messer, das in einer Scheide an seinem Gürtel hing.

»Die Weißaugen«, stieß er gepreßt hervor. Er lief zum Eingang. »Verstecke dich, Großvater! Die Weißaugen kommen!« Kahita schlug das Hirschfell vom Eingang zur Seite und sprang hinaus. Geduckt blieb er stehen. Die Abenddämmerung hatte sich im Tal eingenistet. Am Himmel glitzerten die ersten Sterne, und am Rand der Lichtung stand ein großes schwarzes Pferd.

Kahita hielt den Atem an. Er bewegte sich nicht mehr. Nur seine Blicke hetzten an den Büschen entlang und zwischen die Stämme der Bäume, wo es dunkel war. Kein Geräusch war zu hören.

Das große Pferd regte sich. Es machte zwei, drei Schritte. Die Zügel hingen von seinem Kopf herunter. Es war ein riesiges Pferd. Ein Weißaugen-Pferd mit Eisen an den Hufen.

»Bleib weg von mir, Pferd!« rief Kahita halblaut. Einem Weißaugen-Pferd war nicht zu trauen, wenn es einen Sattel trug. Es konnte ein Geist sein oder den Geist eines Toten tragen. Es konnte Unglück bringen.

»Bleib weg von mir«, sagte Kahita noch einmal, und das Weißaugen-Pferd blieb stehen.

»Das Pferd ist allein, mein Sohn«, sagte Sekwala in der Hütte. »Es ist ein friedliches Pferd, das Angst hat und verletzt ist.«

Kahita richtete sich auf. Er musterte das Pferd. Es trug einen braunen Sattel. Hinten war eine Deckenrolle aufgeschnallt. In einer Hülle steckte ein Gewehr. Eine Wasserflasche aus Metall blinkte matt im Dämmerlicht.

»Es ist kein Soldatenpferd, Großvater«, sagte Kahita. Er wußte, daß Soldatenpferde andere Sättel trugen, keine mit einem großen Knauf. Außerdem hing ein zusammengerolltes Seil am Sattel und ein Sack aus Hirschleder, der mit bunten Glasperlen verziert war.

»Geh und schau dir die Wunde an, Kahita«, sagte der alte Mann. »Geh zu ihm. Es kam hierher, weil es Hilfe braucht.«

Kahita ging langsam um das Pferd herum, näherte sich ihm von der Seite, und jetzt sah er das Ende des gefiederten Pfeilschaftes, der aus der Schulter des Pferde ragte. Das Fell war voll Blut.

Kahita griff nach den Zügeln. Das Pferd stand still. Er machte ein paar Schritte. Das Pferd folgte ihm. So führte er es zum Eingang der Hütte.

»Großvater, das Pferd ist gutmütig und friedlich«, sagte er.

»Schön. Aber paß auf, wenn du seine Wunde pflegst, mein Sohn.«

Kahita band die Zügel um einen Pflock. Er streichelte den Hals des Pferdes. Dann löste er vorsichtig den Sattelgurt und hob den schweren Sattel vom Rücken. Er legte ihn neben dem Eingang auf den Boden und zog das Gewehr aus der Hülle. Es war ein Gewehr, wie es Weißaugen besessen hatten, als sie nach Pinos Altos kamen und vom Frieden redeten.

Kahita kniete nieder und öffnete den Hirschledersack. Er griff hinein und zog ein Stoffbündel heraus, das Blutflecken hatte. Mit angehaltenem Atem öffnete Kahita das Bündel, und als er sah, was darin war, stieß er einen Schrei aus, der tief aus seiner Brust kam. Er sprang auf die Beine und schleuderte das Bündel von sich. Er starrte das Pferd an, riß das Gewehr an sich und spannte den Hammer.

Im Moment, als er abdrücken wollte, hörte er die Stimme des alten Mannes.

»Erinnere dich daran, was ich dir gesagt habe, Kahita. Denk daran, daß es nicht gut ist, den Verstand zu verlieren. Wer den Verstand verliert, der tötet leicht. Die Weißaugen töten, weil sie keinen Verstand haben. Das ist es, was ich dir gesagt habe. Du hast Feuer im Blut, mein Sohn, und das ist gefährlich, weil es dir den Verstand nehmen kann.«

Kahita zitterte am ganzen Körper. Langsam senkte er das Gewehr. Er entspannte den Hammer und ließ es zur Erde fallen. Mit hängenden Schultern stand er eine Weile regungslos da. Dann ging er in die Hütte. »Großvater, wir müssen das Pferd wegjagen. Vielleicht suchen die Weißaugen danach.«

Der alte Mann hob den Kopf. »Ist es schlimm verletzt?«

»Es hat einen Pfeil tief in seiner Schulter. Großvater, das Pferd bringt Unglück.«

»Das stimmt allerdings, mein Sohn.« Sekwala nickte. »Führe es weg von hier. Führe es dorthin, wo es die Weißaugen leicht finden können.«

»Ich könnte es in die Felsen führen und töten, so daß es niemand finden würde. Aber die Weißaugen folgen seiner Spur, und wenn sie hierher kommen, töten sie dich.«

»Das würden sie wahrscheinlich tun, mein Sohn.« Der alte Mann legte seine Pfeife weg. »Du hast Skalpe gefunden, nicht wahr?«

»Ja, Großvater. Die Weißaugen sind Skalpjäger.«

»Die Weißaugen sind Narren, mein Sohn.«

»Großvater, ich weiß nicht, ob ich das Feuer in mir jemals ausmachen kann.«

Der alte Mann hob den Kopf. »Ja, mein Sohn«, sagte er ruhig, »das wird dir sicher sehr schwer fallen.«

Die Weißaugen hatten zwei Knaben getötet, die sich in den Wäldern verirrt hatten und zufällig in die Nähe ihrer Häuser gekommen waren. Kundschafter brachten die Nachricht zurück, und in den Dörfern der Yavapai herrschte große Unruhe und Wehklagen.

Par-a-muck-a hatte sich entschlossen, die Berge zu verlassen, ehe der Winter über das Land hereinbrach. Wie jedes Jahr im Herbst, führte er seine Leute hinunter in die große Ebene des Verde Rivers, die sie Ma-te-koo-te-ba-ba nannten. Der Winter kam früh, und als sie den Fluß erreichten, hatte sich an den seichten Stellen und an den Ufern eine dünne Eisdecke gebildet. Schnee trieb im Wind, und der Zug vermummter Gestalten folgte dem Fluß südwärts bis zu einer Furt, wo es auch Kindern und alten Leuten möglich war, gefahrlos den Fluß zu durchqueren.

Par-a-muck-as alte Mutter wurde krank und starb, bevor die Yavapai die schützenden Wälder in den Mazatzal Mountains erreichten, wo sie auf eine Kriegerschar von Wah-poo-eta trafen. Wah-poo-eta hatte sein Dorf in einem Seitental des Salt River Canyons, geschützt vor Kälte und Wind. Wie Par-a-muck-a war er ein Yavapai, aber im Gegensatz zu diesem hatte er nicht tatenlos zugesehen, wie die Weißaugen ins Land kamen und nicht mehr weggingen. Er hatte seine Krieger im Frühherbst auf einen Streifzug geführt und große Beute gemacht. Im Tal, wo sich sein Winterlager befand, weideten Rinder und Pferde der Weißaugen. Er zeigte einen Skalp mit hellem Haar vor und erzählte, wie er drei Männer getötet hatte, die mit einigen Pima und einer Pferdeherde von den Pimadörfern in die Berge unterwegs waren. Aber er erzählte auch, wie sein Bruder von Weißaugen getötet worden war, die ihn zu einer Verhandlung eingeladen hatten. Mit Zorn in der Stimme forderte er Par-a-muck-a auf, mit ihm gegen die Weißaugen zu kämpfen. »Sie töteten meinen Bruder und seine Leute nicht mit Kugeln. Sie gaben ihnen zu essen, und mein Bruder und seine Leute starben davon.« Er drückte seine Hände fest gegen den Bauch, verzog sein Gesicht, als ob er furchtbare Schmerzen hätte, und umklammerte dann seinen muskulösen Hals mit den Fingern, wobei er so hart zudrückte, daß sein Kopf dunkel wurde und ihm die Augen aus den Höhlen quollen.

»Du hast Krieger, die kämpfen wollen. Du hast Frauen und Kinder und alte Leute, die dir vertrauen. Worauf wartest du?«

»Wir sind nicht viele«, entgegnete Par-a-muck-a. »Die Weißaugen haben zwei Knaben von uns getötet. Im Frühling werden wir zurückkehren und sehen, was wir tun werden. Jetzt ist Winter, und der Winter ist keine gute Zeit, um gegen Weißaugen zu kämpfen.«

Par-a-muck-a und seine Yavapai errichteten in einem anderen Tal ihr Winterdorf mit kleinen Uwahs, die sie im Schutze steiler Hänge bauten. Das Dorf befand sich nicht weit vom Dorf Wah-poo-etas entfernt, und so kam es, daß sich einige Krieger von Par-a-muck-a, angeführt von dessen Bruder Wehabesowa, Wah-poo-eta und einem großen Kriegstrupp anschlossen, um in die Berge zurückzukehren.

Die Luft wurde wärmer; es schien, als ob der Winter noch einmal auf sich warten lassen wollte. Kahita begleitete Wehabesowa und Wah-poo-eta zum Hassayampa River. Er wollte nach dem alten Mann sehen und noch einmal versuchen, ihn zum Verlassen seines Tales zu bewegen.

Der Kriegstrupp brauchte fast vierzehn Tage, um jenes Gebiet zu erreichen, in dem sich die meisten Weißaugen aufhielten. In einer mondlosen Nacht zogen sie so dicht an der neuen Stadt vorbei, daß überall die Hunde zu bellen anfingen und die Weißaugen aus ihren Hütten stürzten. Einigen von Wah-poo-etas Kriegern gelang es, fünf Pferde wegzutreiben, die in einem Korral untergebracht waren. Da ihre Vorräte knapp wurden, töteten sie am nächsten Tag ein Pferd. Eines entlief ihnen, und ein drittes lahmte, nachdem es sich in einem Kaninchenbau den rechten Vorderlauf vertreten hatte. So blieb ihnen nur ein Pferd, und das war nicht genug, um zurückzukehren.

Die Yavapai kamen nie nahe genug an das Tal heran, in dem Sekwala seine Hütte hatte, und so trennte sich Kahita von den übrigen Kriegern, die nach Südwesten zogen, in ein Tal, das die Weißaugen Peeples Valley nannten.

Es fing zu schneien an. Kahita befand sich in den Fußhügeln der Bradshaw Mountains. Nachts versteckte er sich in den Wäldern, und tagsüber suchte er sich einen Weg durch das Schneegestöber. Zwei Tage, nachdem er den Kriegstrupp verlassen hatte, hörte er Lärm und Männerstimmen. Er trieb sein Pferd sofort unter die schneebeladenen Äste einer Fichte. Es schneite so dicht, daß die nächsten Bäume nur schwach zu erkennen waren.

Die Männerstimmen wurden lauter. Pferde wieherten, eine Peitsche knallte, und dann tauchten schemenhafte Gestalten auf: Männer, die rückwärts durch den tiefen Schnee gingen und an Seilen zogen, die an einem Wagen festgemacht waren. Zwei große, schwere Pferde stemmten sich ins Geschirr, und auf dem Wagenbock saß ein Mann, der einen langen schwarzen Fellmantel und einen Hut trug, den er sich mit einem Wollschal um den Kopf gebunden hatte. Der Wagen war schwer beladen und versank bis zu den Achsen im Schnee. Der Mann auf dem Wagenbock knallte mit einer langen Treiberpeitsche und schlug auf die beiden Pferde ein. Hinter dem Wagen tauchten noch mehr Männer auf. Einige saßen auf Pferden. Andere versuchten, die Hinterräder des Wagens zu bewegen, indem sie sich in die Speichen stemmten.

Kahita, der durch eine kleine Lücke zwischen den Ästen blickte, traute seinen Augen nicht, als er den Mann sah, der auf einem dunkelbraunen Pferd saß. Obwohl der Mann den Kragen seines Fellmantels hochgeschlagen hatte und einen Hut trug, erkannte er ihn sofort.

Er war das Weißauge, dem Mangas Coloradas vertraut hatte, jener Mann, der die weiße Fahne geschwenkt und den Mimbreno den Frieden versprochen hatte.

Kahita wagte kaum mehr zu atmen. Er beugte sich tief über den Hals seines Pferdes und hielt ihm die Hand über die Nüstern.

Der Mann hielt in der Nähe des Baumes, in dem sich Kahita versteckt hatte. Er zog seine dicken Fellhandschuhe aus und legte die Finger an seinen Mund, um sie mit seinem Atem zu wärmen. Sein Gesicht war gerötet von der Kälte, und an seinem wilden Bart hingen Eisklumpen. Er rief den Männern, die an den Seilen zogen, etwas zu und zeigte in den Wald hinaus. Seine Stimme brachte Erinnerungen zurück, und Kahita spürte, wie das Feuer in ihm zu lodern begann.

Der Mann zog die Handschuhe wieder an, hob die Zügel und trieb sein Pferd in das Schneegestöber hinaus. Kahita starrte ihm nach, bis er ihn nicht mehr sehen konnte. Er wünschte sich in diesem Moment nichts mehr, als diesem Mann einmal allein zu begegnen.

Der Hase rannte in die Ebene hinaus, wo der Wind den Schnee weggefegt hatte. Irgendwo war sein Bau, aber Kahita holte ihn ein, beugte sich vom Rücken seines galoppierenden Pferdes und tötete ihn mit einem Schlag seines Bogens.

Es schneite nicht mehr, aber die Luft war schneidend kalt, und der Nordwestwind trieb weiße Schleier über die nackte Erde gegen die Hügel und die Ränder des Waldes.

Kahita hängte den Hasen an seinen Sattel und suchte sich einen Weg durch mächtige Treibwehen in das Tal, in dem Sekwalas Hütte lag.

Schon von weitem konnte er den dünnen Rauch sehen, der über den Wipfeln der Bäume aufstieg. Seine Sorge um den alten Mann machte heller Freude Platz, als er das Knacken hörte, mit dem Sekwala tote Äste von den Fichten brach.

Kahita zügelte das Pferd, als er ihn sah. Eine Navajodecke hing von den Schultern des alten Mannes, und er trug eine Fellmütze auf dem Kopf, von der ein paar Perlenschnüre und Hermelinschwänze hingen. Er tastete sich von Baum zu Baum, langte nach trockenen Ästen, die kahl aus den Stämmen ragten, brach sie und steckte sie in einen Korb, den er auf dem Rücken trug.

Plötzlich hielt Sekwala inne und wandte den Kopf. Sein Gesicht war von der Kälte gerötet.

»Bist du das, mein Sohn?« fragte er.

Kahita lächelte. »Habe ich dich überrrascht, Großvater?«

Der alte Mann hob die Schultern. »Ich war in Gedanken«, sagte er. »Ich hatte einen Traum. Du solltest nicht hier sein, mein Sohn. Du solltest bei Toshi sein. Aber es ist gut, dich hier zu wissen. Es wärmt mein Herz.«

»Toshi? Was ist mit Toshi?«

»Wir werden darüber reden, wenn wir in der Hütte sitzen.«

Kahita trieb sein Pferd an und schwang sich bei dem alten Mann aus dem Sattel. »Es ist gut, dich zu sehen, Großvater. Ich habe dir einen Hasen gebracht.«

Der alte Mann berührte das Fell des Hasen mit seinen Fingern und murmelte etwas. Dann nahm er Kahita beim Arm.

»Du bist nicht hergekommen, um mir einen Hasen zu bringen, nicht wahr? Ich weiß, daß du ein guter Jäger bist, aber es ist nicht der Hase, den du gejagt hast. Hast du Weißaugen getötet?«

»Nein, Großvater.« Kahita schüttelte den Kopf. »Aber ich habe den Mann gesehen, den ich töten will. Er ist hier, Großvater. Ich wußte es nicht. Ich dachte, daß er nicht mehr ist als ein Schatten, den ich jage.«

»Ist es gut für dich, mein Sohn?«

»Ich weiß nicht. Ich habe nicht mehr oft an ihn gedacht. Ich weiß nicht, ob es gut ist.«

»Komm, wir essen, und dann reden wir und rauchen die Pfeife. Und ich werde dir sagen, warum es nicht gut ist, wenn du deine Zeit dazu verwendest, Schatten zu jagen.«

»Was ist mit Toshi, Großvater?«

»Komm, mein Sohn.«

Der alte Mann drehte sich um und ging den schmalen Trampelpfad entlang durch den Schnee zu seiner Hütte. Kahita versorgte sein Pferd und ließ es an den dünnen Weidenästen knabbern. Es war warm in der Hütte und roch gut nach gekochtem Fleisch. Kahita ließ sich auf seinem alten Platz nieder und rieb sein brennendes Gesicht, während Sekwala ein Stück Fleisch aus dem Metalltopf nahm, der am Rande der Feuermulde auf heißen Steinen stand. Sie aßen schweigend, und als Kahita satt war, zündete der alte Mann die Pfeife an.

»Ich weiß nicht, was es ist, mein Sohn«, sagte er. »Ich sah den Falken gestern abend zum erstenmal. Er ist ein Fremder. Er kam und setzte sich auf den kahlen Ast des Baumes, der am Bach steht. Ich versuchte mit ihm zu reden, aber er rief nur einen Namen. Ich konnte ihn nicht verstehen, aber in der Nacht, da sah ich dich, und ich sah Toshi durch den Schnee laufen. Sie nahm die Äpfel deines Pferdes auf und tat sie in einen Korb. Ich weiß nicht, was es bedeutet, mein Sohn, aber der Korb fing plötzlich Feuer, das unter dem Eis brannte. Der Korb fing Feuer. Das war es. Der Korb fing Feuer.« Der alte Mann senkte die Lider, so als wollte er sich noch einmal an den Traum erinnern.

Kahita saß schweigend am Feuer und ließ keinen Blick vom Gesicht des alten Mannes, der langsam den Kopf hob.

»Du solltest nicht hinter Schatten herjagen, mein Sohn«, sagte er. »Geh heim. Beeile dich.«

»Großvater, was hat der Traum zu bedeuten?«

»Ich weiß es nicht. Der Falke war ein Fremder. Ich glaube, er hat Toshis Namen gesagt. Ich weiß nicht, was der Traum bedeutet. Es könnte etwas sein, was geschehen ist, oder etwas, was geschehen wird. Ich weiß nur, daß du nicht hier sein solltest.«

Der alte Mann lehnte sich zurück und schloß die Augen. Er redete nicht mehr über den Traum, und Kahita wußte, daß es keinen Sinn hatte, weitere Fragen zu stellen.

Am nächsten Tag verließ er das Tal und ritt zurück zum Dorf von Par-a-muck-a, voller Sorge um Toshi. Aber zu seiner Überraschung fand er das Mädchen gesund vor. Es hatte für ihn einen Korb reifer Yuccafrüchte gesammelt, und Par-a-muck-a sagte, daß sie bald alt genug sei, die Frau eines Kriegers zu werden. »Vielleicht im Sommer, mein Sohn«, sagte er. »An deiner Stelle würde ich zusehen, daß ich genug Pferde hätte, mit denen du mich beschenken kannst.«

»Sie ist ein Kind, Vater«, entgegnete Kahita. »Zwei oder drei Winter werden vergehen, bevor sie die Frau eines Kriegers werden kann.«

Par-a-muck-a schmunzelte und legte einen Arm um seine jüngste Frau, Nyaka, die ihm bald ein Kind gebären würde. Sie zählte vielleicht zwei Winter mehr als Toshi. Sie sah noch immer wie ein Kind aus, aber ihr Bauch wölbte sich unter der Decke. Nyaka lächelte. Sie war stolz, die Frau des Häuptlings zu sein.

Im Mond, der das Eis die Bäume spalten läßt, kehrten Wah-poo-eta und Wehabesowa mit ihrer Kriegerschar zurück. Sie brachten Maultiere und Pferde, die sie den Weißaugen gestohlen hatten, einige von ihnen mit schweren Packen beladen. Die Rückkehr der Krieger wurde drei Tage und drei Nächte hintereinander gefeiert. Die Krieger verteilten ihre Beute, Tabak, Stoffe, Decken, Werkzeuge, Maisschrot. Die zwei Fäßchen mit Feuerwasser waren schon nach der ersten Nacht leer.

Wah-poo-eta und seine Leute verließen das Tal am Salt River, als das Wetter wärmer wurde und das Wild knapp. Par-a-muck-a beschloß, noch abzuwarten, denn der Winter war noch nicht vorbei, und es konnte schnell wieder kalt werden und schneien.

Kahita dachte oft an den Traum des alten Mannes. Er sagte niemandem etwas davon, aber oft schlief er schlecht, und jedesmal, wenn Toshi allein oder mit anderen Frauen das Dorf verließ, um nach Kakteenfrüchten vom letzten Herbst zu suchen, wartete er ungeduldig auf ihre Rückkehr.

Es war spät im Mond der krachenden Bäume, als Toshi mit anderen Mädchen ins Dorf zurückgerannt kam und schon von weitem rief, daß Weißaugen hier wären. Darauf war niemand vorbereitet. Par-a-muck-a und seine Leute hatten sich in diesem versteckten Tal so sicher gefühlt, daß nie Kundschafter ausgeschickt worden waren. Hier gab es nichts von dem Metall, das den Weißaugen so wertvoll war. Hier gab es für sie nichts zu holen.

Die Mädchen erzählten aufgeregt, daß sie viele Weißaugen gesehen hatten, mit Pferden und Maultieren. Und daß sie von Feinden begleitet wurden, von Maricopa, die aus dem Süden kamen.

Par-a-muck-a wußte nicht, was er tun sollte. Es war zu spät, das Lager abzubrechen und die Flucht zu ergreifen. Außerdem war Nyaka, seine jüngste Frau, kurz vor der Niederkunft. Er beriet sich mit den Ältesten und entschloß sich, den Weißaugen entgegenzureiten. In aller Eile machten die Krieger ihre Waffen bereit und ließen sich von den Knaben ihre besten Pferde bringen. Par-a-muck-a selbst wollte die Krieger führen. Ein letztes Mal warnte ihn Kahita vor den Weißaugen, aber Par-a-muck-a beruhigte ihn. »Wir sind mehr als sie. Wir könnten sie alle töten.«

Es war noch früh am Morgen, als die Kriegerschar hinter Par-a-muck-a das Dorf verließ. Kahita befand sich unter den Kriegern, und als er sich nach Toshi umdrehte, sah er sie abseits stehen, den leeren Korb vor ihren Füßen. Sie winkte nicht. Sie stand still da, und als er die Hand hob, senkte sie den Kopf.

Wie reißende Bestien

Kojote war unterwegs.

Nach einer Weile sah er zwei andere Kojoten bei einem Stein sitzen. Es war ein großer, runder Stein, größer als sie. Sie saßen dort und redeten über ihn.

»Erzählt mir was von dem Stein«, sagte Kojote.

»Laß ihn in Ruhe«, sagten sie. »Wir kennen dich. Du bist ein ziemlich wüster Bursche. Es wäre besser, wenn du Respekt vor diesem Stein hättest. Er lebt. Paß lieber auf, er kann sich schnell über den Boden bewegen.«

Kojote sagte: »Das ist blödes Gerede. Ihr zwei Narren wißt überhaupt nichts. Es gibt keinen Stein, der so etwas tun kann.«

»Nun gut, dann tu, was du willst«, sagten sie.

Kojote sprang auf den Stein und machte ihn überall voll mit seinen Exkrementen. Dann sprang er herunter und sagte: »Seht ihr. Ihr glaubt, ein Stein könne sich bewegen.« Er lachte sie aus.

Er wollte gerade weggehen, aber der Stein verließ seinen Platz und rollte ihm nach. Kojote war ein bißchen überrascht und sagte: »Nun, ich glaube, daß ich schneller bin als du.« Er fing an zu laufen, aber der Stein blieb dicht hinter ihm. Kojote sagte: »Nun, ich zeige dir, wie schnell ich wirklich sein kann.« Er rannte, so schnell er konnte, aber das nützte nichts.

Nach einiger Zeit begann sich Kojote zu fürchten und rannte in ein kleines Loch. Der Stein rollte genau über die Öffnung und bedeckte sie.

Kojote versuchte, sich herauszureden, aber der Stein bewegte sich nicht. Schließlich sagte Kojote: »Es tut mir leid, was ich tat. Laß mich heraus, und ich mache alles sauber.« Der Stein bewegte sich zur Seite, und Kojote schlüpfte aus dem Loch und putzte seinen Schmutz weg.

Als er damit fertig war, rollte der Stein zu seinem Platz zurück, und Kojote machte, daß er wegkam.

Haley:
Apaches, a History and
Culture Portrait

Der Anführer der Männer, die ausgezogen waren, um die Rothäute das Fürchten zu lehren, hieß King S. Woolsey.

Woollsey hatte Erfahrung mit Indianern. Wenn es einen Mann im Land gab, der weder Furcht noch Skrupel kannte, so war er es. Keiner der Männer, die mit ihm am 24. Januar 1863 die Berge verließen und der Fährte einer großen Kriegerbande folgten, zweifelte daran, daß King S. Woolsey den heidnischen Wilden erneut eine Lektion erteilen würde. Er war bekannt für seine Lektionen. Noch waren keine drei Monate vergangen seit der legendären Pinole Treaty, der sogenannten »Maisschrot-Verhandlung«, von der man sich überall im Land erzählte, wo Männer sich trafen.

King S. Woolsey war 1832 in Alabama geboren worden. Ein Jahr nach dem Ausbruch des Goldrausches in Kalifornien versuchte auch er dort sein Glück. Zehn Jahre lang trieb er sich in den Goldfeldern herum und verdiente sein Geld als Prospektor, als Frachtfahrer und Fleischlieferant für die entlegenen Bergwerksstädte. Anfang 1860 suchte er nach einem neuen Betätigungsfeld, arbeitete kurz als Frachtfahrer von Yuma aus, einer kleinen Stadt am unteren Colorado River, und zog schließlich den Gila River hoch nach Agua Caliente, wo er sich als Rancher niederließ.

Achtzig Meilen nordöstlich von Yuma, gleichsam inmitten von Nirgendwo, verwandelte Woolsey eine karge Wüstensenke durch ein System von Bewässerungsgräben in saftige Rinderweiden. Hunderte von Meilen entfernt von jeglicher Zivilisation war Woolsey auf sich alleine gestellt. Wenn er sich gegen die Indianer behaupten wollte, die sich in diesem Gebiet herumtrieben, durfte er keine Fehler machen.

Zur ersten Auseinandersetzung zwischen ihm und den Yavapai kam es in der Nähe von Burke's Station, einer Butterfield-Postkutschenstation am Gila River. Woolsey befand sich mit zwei anderen Cowboys auf dem Rückweg zu seiner Ranch, als die drei Männer plötzlich von Indianern umzingelt wurden. Woolsey ließ sich dadurch nicht aus der Ruhe bringen. Die einzige Schußwaffe, die sie besaßen, war eine Schrotflinte, ein mörderisches Ding mit abgesägtem Lauf. Woolsey spannte die Hähne und erwartete eine Gruppe der Indianer, bei denen sich offensichtlich der Anführer befand. Dieser machte Zeichen, daß er sich mit den drei Männern unterhalten wollte, als King S. Woolsey, ohne ein Wort zu sagen, beide Ladungen gleichzeitig abfeuerte. Danach brauchte er sich mit den Indianern nicht mehr zu unterhalten, denn sie ergriffen Hals über Kopf die

Flucht. Ihr Anführer blieb tot im Staub liegen. Zur Abschreckung, und weil Woolsey vom Aberglauben der Indianer dem Tod gegenüber gehört hatte, knüpfte er den Leichnam am starken Ast eines Mesquitebaumes auf, Kopf nach unten, und ließ ihn hängen. Drei Jahre lang blieb die mumifizierte, von den Vögeln verstümmelte Leiche wie ein Mahnmal am Baum hängen, bis sie an den Stricken zerfiel.

Die Tat aber, für die King S. Woolsey zu jener Zeit am berühmtesten war, vollbrachte er im Herbst 1863, als Walkers Expedition in den Bradshaw Mountains Gold und Silber entdeckt hatte und von überall her die Goldgräber und Glücksritter ins Land strömten. Woolsey war einer von ihnen. Er hatte die Ranch am Agua Caliente aufgegeben und den Vertrag mit der Union gekündigt, der ihn zum Fleischlieferanten für die Militärstationen am Colorado River und am Gila gemacht hatte. Mit einer Prospektorengruppe zog er in die Berge, steckte sich ein paar Claims ab, schaute sich am Granite Creek um, wo die Hauptstadt des Arizona-Territoriums entstehen sollte, und entschied sich dafür, im Tal des Agua Fria eine Ranch einzurichten, von der aus er die Bergwerke und die Stadt mit Fleisch beliefern konnte.

Um gleich am Anfang zu zeigen, daß die Indianer mit ihm zu rechnen hatten, führte er, zusammen mit Jack Swilling von der Walker-Gruppe, eine kleine Expedition in die Bradshaw Mountains. Er stieß dabei auf einige Yavapai und lud die Anführer mit ihrem Häuptling zu einer Verhandlung in sein Lager ein, wo er eine Ladung Maisschrot mit Strychnin vergiftet hatte. Während er sich mit dem Chief unterhielt, machten sich die restlichen Indianer, unter ihnen eine Anzahl von Frauen und Kindern, über den Maisschrot her und verrührten ihn mit Wasser zu einem Brei. Aufgemuntert durch die Freundlichkeit der weißen Männer, begannen sie zu essen, bis die ersten Kinder sich schreiend vor Schmerzen am Boden wälzten. Woolsey und seine Gefährten zogen sich etwas zurück und schauten zu, wie die Indianer, mit Schaum vor dem Mund, einer nach dem anderen zu Boden sanken, wie sie mit ihren Fingern den Hals umklammerten, weil sie keine Luft mehr kriegten, und wie sie unter furchtbaren Schmerzen starben. Woolsey hatte den Indianern eine neue Lektion erteilt, ohne eine einzige Kugel zu verschwenden, und darauf war er besonders stolz, denn Pulver und Blei waren knapp und teuer.

Für die Männer im Land war Woolsey ein Held, ein Mann, der sich um das Wohl seiner Mitmenschen kümmerte und der der Zivilisation unersetzliche Pionierdienste leistete.

So war es auch in diesem Jahr. King S. Woolsey versammelte seine Männer bei den Blockhütten am Granite Creek, wo die Stadt entstehen sollte. Er nannte seinen Trupp »Miliz« und erklärte sich selbst zum Captain. Eines grauen, kalten Wintertages, an dem die Wolken tief über die Bradshaw Mountains hinwegzogen, führte er seine Armee durch die Ausläufer der Berge hinunter zum Agua Fria River, wo sich seine Ranch befand.

Woolsey hatte sein Haus in der Nähe prähistorischer Ruinen eines längst verlassenen Indianerdorfes gebaut und zum Bau der dicken Mauern die Steine verwendet, die Hunderte von Jahren zuvor von den Indianern aus den nahen Bergen herausgebrochen und zurechtgehauen worden waren. Rund um das Ranchhaus herum zog sich eine schulterhohe Mauer zum Schutze gegen Indianerangriffe.

Hier rüstete Woolsey, großzügig wie nur er sein konnte, die Männer mit Proviant aus eigenen Beständen aus, nachdem er vergeblich auf Verstärkung und Nachschub von Fort Whipple, der Militärstation im Chino Vallex, gewartet hatte.

Woolsey entschied sich kurzerhand, ohne die Soldaten weiterzureiten. Er führte seine Männer den Agua Fria hinunter durch den Black Canyon, überquerte eine Bergkette und stieß in die Talebene des Rio Verde vor. Sie waren im unwegsamen Gelände nur langsam vorangekommen, und am Unterlauf des Rio Verde wurde der Proviant knapp. Woolsey schickte Abe Peeples und einige Männer zu den Pimadörfern am Gila River, während er selbst die Taleingänge zu den Mazatzal Mountains nach Spuren von Indianern absuchte und ein Lager einrichtete, das er Fort Badger nannte.

Abraham H. Peeples war mit dem bekannten Trapper Pauline Weaver und jener Goldsuchergruppe in das Gebiet der Bradshaw Mountains gekommen, der sich auch King S. Woolsey angeschlossen hatte. Beide waren Mitbegründer der *Agua Fria Mining Company*, aber wie auch Woolsey versprach sich Abe Peeples mehr vom Geschäft mit Rindern. Er ließ sich südwestlich von Prescott nieder, in einem Hochtal, das er Peeples Valley nannte. Im Dezember waren ihm von Indianern siebenundzwanzig Rinder, Pferde und Maultiere von der Weide gestohlen worden, und in seinem Zorn wandte sich Peeples an seinen alten Freund Woolsey, der ihm sofort nachbarliche

Hilfe anbot, obwohl sich zwischen den beiden Ranchen rund hundert Meilen Bergwildnis ausbreitete.

Abe Peeples kehrte mit vollen Packen in Begleitung von Juan Chivaria, vierzehn skalplüsternen Maricopa und fünfundzwanzig Pima vom Gila River zurück. Außerdem hatten sich ihm Cyrus Lennan und drei andere Weiße angeschlossen, die bei den Pima eine alte Getreidemühle instand setzen wollten, die von den durchziehenden California Volunteers zerstört worden war. Peeples brachte auch einen Yuma mit, der eine Maricopa-Squaw zur Frau hatte und Tonto Jack genannt wurde. Tonto Jack kannte das Gebiet des Salt River Canyons mit seinen tiefen Steilwandschluchten. Er behauptete, daß nicht Yavapai, sondern Tonto-Apachen die Übeltäter waren, die Abe Peeples bestohlen hatten. Aber für die Weißen waren ohnehin sämtliche Indianer Apachen.

Tonto Jack bot sich als Führer an und versprach, Woolseys Armee in wenigen Tagen zu einem Tal zu führen, wo sich die Apachen versteckt hielten.

Am Morgen des 23. Januars setzte sich der lange Zug von Reitern und Packtieren in Bewegung. Nach fünf oder sechs Meilen, dort, wo der Rio Verde in den Salt River fließt, wollten die Pima aus Angst vor den Apachen nicht mehr weiter. Sie verabschiedeten sich und zogen nach Süden, während Tonto Jack den Rest von Woolseys Armee in den Endless Canyon führte, eine zerklüftete Schlucht, die vom Salt River durchflossen wird. Trotz der schwer begehbaren Felspfade und den Hindernissen, die zu passieren waren, kamen die Männer gut voran. Die Sonne schien, und tagsüber war es fast frühlingshaft warm. In der Nacht aber kroch beißende Kälte in den Canyon, und die Männer waren früh wieder auf den Beinen. Sie hatten an diesem Tag etwa fünfunddreißig Meilen zurückgelegt, als die Vorhut, bei der sich Tonto Jack befand, einige Frauen entdeckte, die beim Anblick der Reiter sofort die Flucht ergriffen.

Abe Peeples hielt die Maricopa von Juan Chivaria davon ab, die Frauen zu verfolgen, aber er schickte sofort Cyrus Lennan mit der Bitte, sich zu beeilen, zu Woolsey zurück.

Die Vorhut marschierte langsam weiter, erreichte den Anfang eines Seitentales und folgte einem Pfad, der anscheinend oft benutzt wurde.

Tonto Jack machte Peeples auf Spuren unbeschlagener Pferde und Maultiere aufmerksam. »Apache!« sagte er. »Chingado-Apache! Cuatero!«

Woolsey holte die Vorhut ein, und geschlossen ritten die Männer das Tal hoch, als an den Hängen und auf den Felsgraten plötzlich Indianer auftauchten.

»Das sind mehr als hundert«, sagte Peeples heiser. »Federn und Kriegsbemalung. Und alle sind bis an die Zähne bewaffnet. Wenn die uns angreifen, sehen wir schön aus, mein Lieber.«

»Die greifen nicht an, Abe. Verlaß dich darauf«, erwiderte Woolsey. »Ich kenne mich mit diesen Wilden aus. Die haben Angst vor uns. Die haben mehr Angst vor uns als wir vor ihnen.« Woolsey zügelte sein Pferd und beschattete mit der Hand seine Augen, während er zu den Felsen aufblickte. »Armselige Wilde«, sagte er. »Wissen nicht, was los ist. Haben keine Ahnung von nichts, sag ich dir, Abe. Gottverlassene heidnische Wilde sind sie.«

»Mörder und Viehdiebe«, gab Peeples zurück. »Aber unterschätze sie nicht!«

King S. Woolsey lächelte. »Ich unterschätze nie einen Gegner, mein Freund. Dazu ist mir meine eigene Haut zu wertvoll.« Woolsey drehte sich im Sattel. »Wir reiten weiter, Leute. Laßt die Finger von den Waffen! Wir wollen unsere Arbeit in Ruhe erledigen, und ich möchte auch alle heil zurückbringen.«

Woolsey übernahm die Spitze. Er wußte, daß es jetzt darauf ankam, Juan Chivaria und die Maricopa unter Kontrolle zu halten. Er rief nach Tonto Jack und sagte ihm auf spanisch, er möge dem alten Maricopa-Chief ausrichten, er solle sich ruhig verhalten, da er sonst aufgehängt würde, sobald sich dazu Gelegenheit ergab.

Etwas weiter talaufwärts kamen Woolsey plötzlich Reiter entgegen. Es waren etwa dreißig Krieger, die von einem älteren Mann angeführt wurden. Woolsey hielt sofort an und hob die Hand.

Hinter Woolsey kam der lange Zug der Reiter zum Stillstand. Nur Abe Peeples, Cyrus Lennan, John Dye und Tonto Jack ritten zur Spitze vor, während sich Juan Chivaria und seine Maricopa ganz am Ende des Zuges befanden.

»Die werden sich kaum zu einem Festessen einladen lassen«, sagte Abe Peeples besorgt, während er die Indianer musterte. Cyrus Lennan, ein noch junger Mann von vielleicht zwanzig Jahren, lachte und meinte, daß man sie vielleicht dazu überreden könnte, vergifteten Schnaps zu trinken.

King S. Woolsey blieb ernst. Er ließ den Blick nicht von dem Häuptling, der an der Spitze ritt und etwa hundert Schritte entfernt anhielt. Der Häuptling trug einen Kopfschmuck mit steil aufgerichteten Federn und herunterhängenden Fellstreifen, Perlketten und Muscheln. Sein Gesicht war rot bemalt. Er trug ein hirschledernes Hemd, einen Lendenschurz und Mokassins.

Wieder hob Woolsey die Hand.

»Buenos dias!« rief er dem Indianer mit lauter Stimme entgegen. Der Häuptling hob ebenfalls seine Hand, antwortete aber nicht. King S. Woolsey grinste breit. »Die können nicht einmal Spanisch«, sagte er. »Well, Abe, ich glaube, daß du deine Pferde und Maultiere bald wieder hast.«

»Was hast du vor, King?«

»Wir laden die Chiefs zu einem Palaver ein, Abe. Jeder von uns versteckt seinen Revolver unter dem Mantel. Wir hocken uns hin, und ich unterhalte mich ein bißchen mit ihnen. Wenn ich mit der linken Hand zum Hut lange, zieht ihr eure Waffen. Nichts einfacher als das, mein Freund.«

Woolsey schickte Tonto Jack den Indianern entgegen, um sie zu einem Treffen einzuladen, und wie Woolsey vermutet hatte, nahmen die Chiefs die Einladung an. Sechs von ihnen stiegen von den Pferden. Sie ließen ihre Waffen zurück. Nur einer hatte eine Lanze dabei, aber zum Zeichen, daß er keine schlechten Absichten hegte, zog er sie mit der Spitze nach unten hinter sich her.

»Der mit der Lanze kann unmöglich ein Chief sein«, sagte John Dye, ein hagerer Mann mit einem schiefen Gesicht und abstehenden Ohren. »Der ist noch nicht einmal fünfzehn Jahre alt, so wie der aussieht.«

»Mister Dye, mir ist egal, wen der Chief mitbringt«, sagte Woolsey mit harter Stimme. »Ich bin nur daran interessiert, daß keiner von ihnen entkommt. Ist das klar?«

Die Männer nickten, und keiner sagte ein Wort, als sie sich in Bewegung setzten. Sie alle hatten Revolver unter den Mänteln versteckt, während die Indianer kaum eine Möglichkeit fanden, in ihrer dürftigen Bekleidung etwas anderes zu verbergen als vielleicht ein Messer.

Die beiden Gruppen trafen sich am Rande einer Senke, wo der Boden flach, aber steinig war. Woolsey war frohgelaunt. Er setzte sich zuerst auf den Boden, verzog schmerzhaft sein Gesicht und stand schnell wieder auf, während er sich den Hintern rieb. Zur Überraschung von Abe Peeples lachte der Chief, bückte sich und hob einen

Stein vom Boden auf. Er warf ihn hinter sich und sagte, seinen Handzeichen nach, daß er ein großer Häuptling sei und sich nicht auf den nackten Boden setzen würde.

»Oh«, lachte Woolsey und verbeugte sich tief. »Daran hätte ich denken sollen, verehrtester Herr.« Als er sich wieder aufrichtete, lachte er immer noch breit. »Weißt du was, Abe, dieser Wilde ist ein echter Gentleman. Holen Sie ihm eine der neuen Handelsdecken, Mister Dye.«

Während John Dye zurückging, um die Decke zu holen, scherzte Woolsey mit Worten und Handzeichen. Obwohl ihn die Indianer kaum verstehen konnten, lachten sie, und einer von ihnen rief ein paar Worte zu den wartenden Kriegern zurück, die ebenfalls in schallendes Gelächter ausbrachen.

John Dye brachte eine neue, blutrote Decke, die Woolsey am Boden ausbreitete. Dann trat er zurück und machte eine einladende Handbewegung. Der Häuptling und vier seiner Begleiter setzten sich, während sich der junge Krieger auf seine Lanze stützte.

King S. Woolsey dachte nicht daran, sich ebenfalls hinzusetzen. Er griff in seine Manteltasche und holte drei Zigarren heraus. Lachend gab er sie dem Häuptling, zeigte dann mit dem Daumen auf seine Brust. »Captain Woolsey«, sagte er. »Das bin ich, mein Freund. In der Hölle wirst du auf einige deiner roten Brüder treffen, die schon einmal das Vergnügen hatten, mir zu begegnen.«

Der Häuptling lachte und steckte sich eine Zigarre zwischen die kleinen Stummelzähne.

»Well, gib dem Chief mal Feuer, Abe«, sagte Woolsey. Abe Peeples suchte im Mantel herum und fand ein Schwefelholz, das er am Schuh anriß. Er hielt die Flamme an die Zigarre des Häuptlings, und dieser paffte den Rauch in Wolken von sich.

Woolsey wies jedem seiner Begleiter einen Indianer zu, den dieser zu töten hatte. Er tat dies mit lachendem Gesicht, mahnte aber die Männer, aufzupassen und schnell zu reagieren, wenn es soweit war. Dann scherzte er noch ein bißchen herum, und die Yavapai freuten sich über die Zigarren und die Freundlichkeit, mit denen ihnen diese Weißaugen begegneten. Es blieb aber Woolsey nicht verborgen, daß sich an den Hängen, hinter Felsen und Büschen immer mehr Krieger in Stellung brachten. Er knöpfte seinen Mantel auf und lachte. »Ein wunderbarer Tag heute«, sagte er, und im nächsten Moment langte er mit der linken Hand zum Hut, so als wollte er ihn vom Kopf nehmen, um einen Blick zum Himmel zu werfen. Gleichzeitig fuhr seine andere Hand unter den Mantel. Woolsey riß seinen Revolver heraus und schoß dem Chief eine Kugel in den Leib. Rechts von ihm krachten die Revolver von Abe Peeples und John Dye, und links schoß Cyrus Lennan durch seinen Mantel hindurch auf den Jungen, der sich mit einem gellenden Schrei nach vorn warf und die Bajonettspitze seiner Lanze in Lennans Leib stieß.

Der Junge hatte einen wilden Kriegsschrei auf den Lippen, als er über Cyrus Lennan hinwegsprang und davonjagte. John Dye schoß hinter ihm her, traf ihn aber nicht.

»Schießt die Rothäute von den Felsen!« brüllte Woolsey. Die Maricopa brachen in ein lautes Kriegsgeheul aus und rannten das Tal hoch, hinter den fliehenden Indianern her. Für einige Minuten herrschte ein furchtbares Durcheinander, und hätten die Indianer in diesem Moment angegriffen, wäre wohl kaum einer von Woolseys Männern mit dem Leben davongekommen. Aber die Indianer rannten davon, verfolgt von den Maricopa, und einige Weiße, die mit ihren Gewehren hinterherschossen, versetzten sie vollends in Panik. In ihrem Schreck über die heimtückische Tat dachte keiner daran, sich zur Wehr zu setzen. Sie rannten in wilder Flucht davon und ließen ihre Toten und Verletzten zurück.

King S. Woolsey lief zu seinem Pferd, schwang sich in den Sattel und trieb es hart an. Er galoppierte im Staub das Tal hoch, holte Chivarias Maricopa ein und befahl ihnen, die Verfolgung abzubrechen.

»Zurück!« brüllte er, dunkel im Gesicht, sein Mantel voll mit dem Blut des Häuptlings, den er ermordet hatte.

Die Maricopa gehorchten, und als sich der Staub legte, waren die Indianer verschwunden. Die Maricopa erschlugen die Verletzten mit ihren Kriegskeulen und skalpierten die Toten. Sie zogen ihnen die Mokassins aus, rissen ihnen den Schmuck vom Hals und machten sich einen Spaß daraus, die Leichen zu verstümmeln. Woolsey ritt zurück zu der Stelle, wo fünf Häuptlinge in ihrem Blut lagen. Cyrus Lennan, der junge Mann, der von den Pimadörfern hergekommen war, hielt mit beiden Händen den Lanzenschaft fest. Die Bajonettspitze hatte seine Brust durchbohrt und ragte aus seinem Rücken heraus. Blut lief aus seinem Mund.

Woolsey schwang sich von seinem Pferd und kniete bei ihm nieder.

»Der Junge hat dich übel erwischt«, stieß Woolsey gepreßt hervor. »Komm, ich versuch dir die Lanze herauszuziehen.«

Lennans Augen weiteten sich etwas. »Oh, nein«, keuchte er. »Er hat mich getötet, Captain.«

Als John Dye herankam, verlangte Woolsey nach einer Feldflasche. Vergeblich versuchte er, Lennan Wasser einzuträufeln. Lennan hustete Blut und fiel zurück. Die Lanzenspitze bohrte sich knirschend in den steinigen Boden, und Lennans Finger lösten sich vom Schaft. Woolsey stand auf. Seine Augen waren gerötet. Er hängte sich die Wasserflasche um und nahm sein Pferd beim Zügel. »Wir brechen sofort auf, Abe«, sagte er zu Abe Peeples, der einem der Häuptlinge einen Muschelring aus dem Ohr genommen hatte.

Die Männer beeilten sich, den Leichnam Lennans auf ein Maultier zu laden und festzubinden. Dann verließen sie das Tal, das ihnen leicht zur Falle hätte werden können. Dort, wo der Rio Verde in den Salt River mündet, begruben sie Cyrus Lennan unter einem Cottonwood. Juan Chivaria und seine Maricopa machten sich auf den Weg zurück in den Süden, während Woolseys siegreiche »Armee« in die entgegengesetzte Richtung aufbrach, zurück zur Ranch am Agua Fria. Auf dem Weg dorthin wurde der Proviant knapp. Mit halbverhungerten Maultieren und am Ende ihrer Kräfte, stieß Woolsey glücklicherweise auf den alten Kampfgefährten Jack Swilling, der sich inzwischen ebenfalls zum Captain erhoben hatte und sich mit einem Trupp von dreißig Weißen und Mexikanern auf Indianerjagd befand. Allerdings erfolglos. Gemeinsam kehrten sie zu Woolseys Ranch zurück, wo sie von Joseph Reddeford Walker und Pauline Weaver erwartet wurden. In der Wärme des Kaminfeuers feierte Woolsey mit seinen Gästen den erfolgreichen Verlauf seines Feldzuges, aber die Männer waren sich einig darüber, daß das Apachenproblem ohne den Einsatz von regulären Truppen nicht zu lösen war.

Walker, der Woolseys Sammlung herrlich bemalter indianischer Tontöpfe, Körbe und Waffen bewunderte, die an den Steinwänden des großen Wohnraumes hingen, meinte, daß diese Scharmützel für die Apachen nur eine Herausforderung waren.

»Bei allem Respekt, Woolsey, ich bin davon überzeugt, daß es jetzt erst richtig losgeht, und daß Carletons Ausrottungspolitik nur dann mit Nachdruck verfolgt werden kann, wenn Washington Truppen aus dem Osten abzieht und hierher verlegt.«

Jack Swilling pflichtete ihm bei, meinte aber, daß die gegenwärtige

Situation es nicht erlaube, auf die Entscheidung Washingtons zu warten. »Wir müssen selbst dafür sorgen, daß die Rothäute nicht zur Ruhe kommen. Es gilt, ihre Dörfer aufzuspüren und zu vernichten. Je mehr wir ihnen zusetzen, desto weniger Zeit bleibt ihnen, ihr Kriegszüge zu planen und durchzuführen.«

Swilling hatte zwar recht, aber was sich als Theorie vernünftig anhörte, führte während der nächsten Monate zu einer Reihe von blutigen Zwischenfällen, ohne daß die Weißen eine Chance hatten, den Indianern eine vernichtende Niederlage beizubringen. Im Gegenteil, sie weckten durch ihre oft sinnlosen Gewalttaten den Haß der Indianer und trieben diese dazu, mit gleicher Münze heimzuzahlen. Die Verbitterung wuchs auf beiden Seiten, und die Indianer fingen an, ihre Opfer gräßlich zu verstümmeln und zu skalpieren, etwas, was zuvor nicht ihren Bräuchen entsprochen hatte.

King S. Woolsey führte in diesem Jahr noch zwei Expeditionen gegen die Indianer und kehrte beide Male siegreich zurück. Er war nicht der einzige. Für die Goldgräber in den Bradshaw Mountains wurde die Apachenjagd fast zu einem Freizeitvergnügen.

Niemand wußte, wo Toshi war. Niemand kümmerte sich darum. Die Leute flohen talaufwärts, in Gruppen und allein. Frauen schleppten Kinder mit sich. Alte Leute liefen, bis sie nicht mehr konnten, versteckten sich in Erdlöchern, hinter Steinbrocken und Büschen. Einige legten sich am Wegrand nieder, bereit zu sterben.

Kahita hetzte an ihnen vorbei, Toshis Namen rufend. Eine alte Frau, die zusammengebrochen war, blickte zu ihm auf.

»Warum kämpft ihr nicht?« fragte sie keuchend. »Was ist geschehen? Warum kämpft ihr nicht?«

Kahita rannte an ihr vorbei, ohne Antwort zu geben. Er wußte nicht, warum niemand kämpfte. Er wußte auch nicht, warum alle davonrannten, als würden sie von bösen Geistern verfolgt. Die Angst mußte es sein und das Wissen, daß die Weißaugen Par-a-muck-a und die Männer getötet hatten, die ihnen Kraft gegeben hatten.

Kahita rannte durch das verlassene Dorf, schlug sich durch die Büsche und fragte die Leute, die sich zwischen den Felsen versteckt hatten, nach Toshi. Kinder starrten ihn mit großen, ängstlichen Augen an. Ein alter Mann streckte seine Hände nach ihm aus. »Du bist mit den Weißaugen gekommen!« sagte er. »Du hast uns das Unglück gebracht.«

Kahita blickte die Leute ungläubig an.»Ich habe gekämpft«, sagte er mit gepreßtem Atem. »Ich habe ein Weißauge getötet!«

»Geh!« sagte der Mann. Kahita lief weiter. Noch krachten Schüsse, wo die Weißaugen waren, aber dann war es plötzlich still. Kahita blickte zurück. Staub hob sich über den Büschen. Pulverrauch zog im Wind. Auf dem Pfad bewegte sich ein alter Mann, der ein Kind an der Hand führte. Er blieb stehen und setzte sich auf einen Steinbrocken. Er redete mit dem Kind, das sich an ihm festklammerte.

Kahita legte beide Hände an den Mund.

»Toshi!« rief er, und seine Stimme schlug von den Steilhängen und den Felsen zurück.

Eine Frau tauchte hinter einem Busch auf. Sie zeigte stumm das Tal hoch, zu einem Einschnitt in den Felsen. Kahita lief weiter. Er suchte den ganzen Tag nach Toshi, aber er konnte sie nicht finden.

Als die Nacht kam, befand sich Kahita hoch über dem Tal, wo es Bäume gab, in deren Schatten noch Schneereste lagen. Im weichen Boden entdeckte er die Fährte von zwei Menschen, die aus dem Tal gekommen waren. Kahita kauerte sich nieder. Die Mokassinspuren stammten von kleinen Füßen, einige hatten sich tiefer eingedrückt als die anderen.

Kahita ging den Spuren nach. Der Mond hob sich über die Wipfel der Bäume, und die Schneeflecken sahen in seinem fahlen Licht aus wie Leichengesichter, die Bäume wie Riesengestalten, die sich mit schwarzen Decken umhüllt hatten.

Kahita bewegte sich lautlos auf die Bäume zu, und als er sie erreichte, hörte er ein leises Summen, das aus dem Wald kam. Es war der Gesang einer Frau.

Kahita teilte mit seinen Händen die Büsche und duckte sich unter den tiefhängenden Ästen der Bäume hindurch. Das Summen wurde lauter. Er blieb stehen, um sich zu orientieren. Da hörte er einen anderen Laut. Ein gepreßtes Stöhnen. Kahita lief weiter und bemühte sich jetzt auch nicht mehr, leise zu sein.

Als er den Rand einer Lichtung erreichte, sah er die beiden Gestalten im Schattengewirr kahler Äste. Er erkannte Nyaka, die auf allen vieren auf einer Decke kauerte. Nicht weit von ihr entfernt lag Toshi, halb aufgerichtet, das Haar über dem Gesicht. Sie sang leise.

Kahita stand wie erstarrt zwischen den Büschen. Unverwandt

blickte er auf die junge Frau von Par-a-muck-a, die in diesem Moment ein Kind gebar. Kahita vermochte sich nicht zu rühren. Er wußte, daß er nicht hingehen durfte, wenn er nicht gegen eine strenge Sittenregel verstoßen und dadurch Unheil für Mutter und Kind heraufbeschwören wollte.

Nyaka schrie. Ihre Arme und Beine zitterten. Sie hatte den Kopf erhoben, den Mund weit aufgerissen. Ihr Atem ging schnell und keuchend. Kahita konnte es sehen: Das Kind kam. Mondlicht glänzte auf seinem nassen Leib. Nyaka fiel zur Seite, lag regungslos am Boden, leise stöhnend. Und Toshis Stimme wurde lauter, der Gesang schriller und durchdringender.

Eine Ewigkeit schien zu vergehen, bis sich Nyaka rührte. Sie zog die Decke über sich und das Kind, bewegte sich darunter, und Kahita hörte den leisen, krächzenden Laut, den das Kind hervorpreßte.

Er verließ die Büsche und trat auf die Lichtung. Toshi blickte herüber, und sie erkannte ihn sofort. Ihre Augen weiteten sich etwas.

»Kahita«, sagte sie leise und strich das Haar aus ihrem Gesicht.

Kahita stand still und zeigte auf die Decke, die sich bewegte. Er wagte sich nicht näher heran.

»Nyaka«, sagte Toshi. »Sie hat ein Kind geboren.«

Kahita ließ sich auf die Fersen nieder. Sein Gesicht war heiß, der kalte Wind wehte den Atem von seinem Mund. Toshi kroch hinüber zu Nyaka. Sie hob die Decke etwas an und sagte leise ein paar Worte. Nyakas Stimme drang gedämpft durch die Decke. Sie nannte Par-a-muck-as Namen, und Toshi hob den Kopf und blickte Kahita fragend an.

»Er ist tot«, sagte Kahita leise.

Für einen Moment herrschte Stille. Dann hörte Kahita Nyaka wimmern. Er ging zu Toshi und kauerte neben ihr nieder.

Das Licht des Mondes lag auf dem schweißnassen Gesicht von Nyaka. Angst und Schrecken spiegelten sich in ihren großen dunklen Augen. Die Hände, mit denen sie das Kind an ihre Brust drückte, waren blutverschmiert. Sie zitterte am ganzen Körper.

»Leg dich zu ihr, Kahita«, sagte Toshi leise. »Gib ihr Wärme.«

Kahita schlüpfte unter die Decke. Er legte seinen Arm um Nyaka. Sie hatten jetzt das kleine, klebrige Kind zwischen sich, und der heiße Atem von Nyaka strich über Kahitas Gesicht.

»Ich bin froh, daß ich euch gefunden habe«, sagte Kahita. »Ich bin froh, daß ihr am Leben seid.«

Nyaka drückte ihren Kopf gegen Kahitas Brust. Kahita lächelte zu Toshi auf. »Komm«, sagte er. »Leg dich zu uns.«

Sie ließ sich neben ihm nieder. Ihr Gesicht und die Hände waren eiskalt.

»Wenn es Tag ist, machen wir ein Feuer«, sagte Kahita. Er strich Toshi mit der Hand sanft über das strähnige Haar, und er sah die Tränen im Mondlicht glitzern, die über ihre Wangen liefen.

Am nächsten Tag brachte Kahita die beiden Frauen und das Kind ins Dorf zurück, obwohl ihm ein Gefühl sagte, daß er dort nicht mehr willkommen war. Toshi warnte ihn vor Okataga, einem Pesamache, der die Leute schon früh vor Kahita gewarnt hatte, als Par-a-muck-a ihn als ein Mitglied seiner Familie aufnahm.

Obwohl die Leute mit ihrer Trauer und dem Wehklagen beschäftigt waren, spürte Kahita das Mißtrauen und die Angst. Böse Blicke trafen ihn. Frauen verhüllten ihre Gesichter, wenn sie ihn sahen, und Kinder rannten davon. Toshi kam und sagte ihm, daß Okataga Medizin mache, um Geister zu beschwören. Nie zuvor hatte Kahita sie so ängstlich und erregt gesehen. Ihr Haar war kurz geschnitten, und sie hatte sich aus Trauer um ihren Vater das Gesicht mit schwarzer Farbe bestrichen.

»Es ist besser, wenn du weggehst«, sagte sie. »Okataga ist ein Mann, der große Macht besitzt. Die Leute hören auf ihn, jetzt wo mein Vater tot ist. Es könnte sein, daß sie dir etwas antun.«

Kahita konnte nicht verstehen, daß diese Leute ihn für das Unglück verantwortlich machen wollten, das über sie hereingebrochen war. Oft genug hatte er Par-a-muck-a vor den Weißaugen gewarnt.

In der Nacht lag Kahita ruhelos in seinem Uwah. Während er den Trommelschlägen lauschte, die aus der Hütte des Pesamache kamen und durch das Dorf hallten, wünschte er, Wehabesowa wäre zurückgekehrt. Par-a-muck-as Familie hatten seinen Leichnam am Nachmittag zu den Felsen hochgetragen und ihn mit seinen Waffen und anderen Habseligkeiten in einer Spalte begraben.

Am nächsten Tag wollten die Yavapai das Tal verlassen und nach Wah-poo-eta und seinen Leuten suchen, da unter ihnen keiner war, der sie hätte führen können.

Es mochte Mitternacht sein, als die Trommelschläge verstummten. Ein langgezogener Schrei hallte durch das Dorf.

Kahita erhob sich. Er war allein im Uwah. Er tastete sich zum

Eingang und schlug das Hirschfell zurück. Mondlicht lag über dem Platz. Am Himmel jagten sich Wolken. Nirgendwo brannte ein Feuer. Kahita sog die kühle Nachtluft tief ein. Sie erfrischte ihn und klärte seinen Kopf. Er blickte hinüber zu dem Uwah, in dem Par-a-muck-as Familie wohnte. Toshi war dort. Und Nyaka. Er wünschte, er hätte bei ihnen sein können wie in der letzten Nacht.

Kahita wollte sich umdrehen und zu seinem Lager zurückkehren, als er die Schatten sah, die sich zwischen den Hütten auf der anderen Seite bewegten. Sie verschwanden im Uwah von Okataga.

Kahita legte sich auf sein Lager. Er dachte an den alten Mann in den Bergen. Es war ihm, als würde sein Geist weggetragen, leicht wie ein Schatten, der sich von seinem Körper löste und im Wind trieb, hin und her und nirgendwohin. Er schwebte im Nichts, und sein Schatten löste sich in der Dunkelheit auf, die ihn umgab. Er rief nach dem alten Mann, aber seine Stimme kam zu ihm zurück wie ein leises Echo aus der Tiefe eines Canyons.

Rauch stieg Kahita in die Nase, und für einen Moment wußte er nicht, ob er wach war oder träumte. Der Rauch brannte in seinen Augen. Hustend richtete er sich auf, und jetzt sah er die Feuersglut, die sich durch das Gras der Hütte fraß. Kahita sprang zum Eingang und schlug das Hirschfell zurück. Feuerlicht lag über dem Platz. Schatten tanzten an den anderen Hütten. Der Wind riß brennende Grasbüschel von seinem Uwah, das rundherum brannte.

Gestalten tauchten im Feuerlicht auf mit schrecklich bemalten, weißen Gesichtern, umhüllt von weiten Decken. Okatagas Stimme und die Schläge einer Trommel übertönten das Gesumm der Gestalten, die sich Kahitas Hütte näherten. Er konnte die Kriegskeulen sehen und die Lanzen, deren Spitzen im Feuerlicht glühten.

»Was wollt ihr?« rief Kahita den Gestalten entgegen. »Ich bin es nicht, der euch Unglück bringt!«

Aus den anderen Hütten kamen jetzt die Leute, Männer, Frauen und Kinder. Kahita sah Toshi über den Platz laufen, aber sie kam nicht weit. Dunkle Gestalten packten sie und hielten sie fest.

»Lauf, Kahita!« schrie Toshi. »Lauf! Lauf weg!«

Kahita sprang in seine brennende Hütte hinein. Er packte seinen Bogen und den Köcher mit den Pfeilen und stürzte durch den beißenden Qualm hinaus auf den Platz. Für einen Moment blieb er geduckt stehen und starrte den Gestalten entgegen, die sich ihm Schritt für Schritt näherten und nur ein monotones Gesumm von sich gaben. Es klang fast wie ein Bienenschwarm. Kahita wartete nicht, bis sie ihn erreichten. Plötzlich sprang er vor, schwang mit beiden Händen seinen Bogen und schlug eine der Gestalten nieder. Er jagte durch die Lücke und rannte zwischen zwei Hütten hindurch in die Nacht hinaus. Niemand verfolgte ihn. Als er anhielt und zurückblickte, sah er die Gestalten um seine brennende Hütte herumtanzen. Sie hatten die Decken von sich geworfen und ihre nackten Körper glänzten naß im Feuerlicht. Die Gluthitze trug den Rauch über den Dorfplatz. Vergeblich suchte Kahita im Getümmel der schreienden Menschen nach Toshi.

Ohne Decke, nur mit seinem Lendenschurz und den Mokassins bekleidet, ging Kahita das Tal hoch, bis er das Geschrei nicht mehr hören konnte. Aber noch lange sah er den Widerschein des Feuers über den Felsen, so als ginge die Sonne im Norden auf, obwohl es mitten in der Nacht war.

Früh am nächsten Morgen, lange bevor die Nachtschatten das Tal verließen, stand Kahita auf einem Hügel und sah Toshi mit einem Maultier den steilen Bergpfad hochkommen. Sie führte das Maultier am Zügel.

Kahita eilte den Abhang hinunter und lief ihr entgegen. Sie sah ihn und blieb stehen. Sie senkte den Kopf, als er bei ihr ankam. Er nahm sie beim Arm. »Du hättest bei deinen Leuten bleiben sollen, bei Nyaka und deiner Familie.«

Sie schwieg.

»Es geht nicht, daß ein Mädchen weggeht, um einem Krieger zu folgen. Die Leute werden dich suchen.«

Sie blickte nicht auf.

»Gut«, sagte er. »Ich nehme dich mit. Wir gehen zurück in das Tal des alten Mannes. Ich nehme dich mit, aber du wirst zu deinen Leuten zurückkehren, wenn sie in die Berge kommen.«

Sie hob den Kopf. »Ich bleibe bei dir«, sagte sie. »Ich gehe nicht zurück!«

Die Menschenjäger

Kojote war wieder unterwegs.

Nach einer Weile kam er zu einem großen toten Baum. Er sah eine fette braune Echse am Stamm, gerade so hoch, daß er sie nicht erreichen konnte. Kojote sagte: »Ich bin der, der nur Fett ißt. Komm herunter, damit ich dich essen kann.«

Die Echse sagte: »Alter Mann, laß mich in Ruhe. Ich bin dabei, die Welt zu retten.«

Kojote sagte: »Red keinen Unsinn. Was meinst du damit?«

»Ich halte diesen großen toten Baum aufrecht«, sagte die Echse. »Der Himmel ruht auf ihm. Wenn ich loslasse, fällt der Himmel«

Kojote kriegte Angst. »Laß mich dir helfen«, sagte er. Er rannte zum Baum und drückte gegen den Stamm.

»Gut«, sagte die Echse. »Du bleibst hier, und ich hole meine Kinder, damit sie uns helfen können.« Die Echse kam herunter und lief schnell davon.

Kojote stand lange dort und drückte, so fest er konnte gegen den Stamm. Schließlich wurde er so müde, daß er loslassen mußte. Er rannte sofort in ein kleines Loch, um sich zu schützen. Er blieb lange dort drin und fürchtete sich.

Nach einer Weile sah er, daß der Himmel nicht herunterstürzte, und nun wußte er, daß ihn die Echse zum Narren gehalten hatte. Da sagte er etwas Schlimmes und ging davon.

Opler:
Myths and Tales of the
Chiricahua Apache Indians

Vom 10. Mai 1863, als die Walker-Expedition das Quellgebiet des Hassayampa erreichte, bis zum Ende des Jahres verwandelte sich die Bergwildnis mit ihren unberührten Wäldern, den klaren Quellflüssen und stillen Tälern in eine brodelnde und rumorende Geburtsstätte der Zivilisation, die sich mit hektischer Eile nach allen Richtungen ausbreitete. Über die staubigen Trails trugen verwegene Reiter die Kunde vom neuen »Eldorado« in die Welt hinaus. Ein Brief von Captain Joseph Reddeford Walker erreichte das Hauptquartier von General Carleton in Santa Fé, der in mehreren Briefen die Hauptstadt Washington über die Entdeckung außergewöhnlicher Gold- und Silbervorkommen in Zentral-Arizona informierte. Im Juni verließ der Generalinspektor des New-Mexico-Territoriums, John A. Clark, in Begleitung von Nathaniel J. Pishon und einem Kommando der California Volunteers, Fort Graig am Rio Grande. Die Soldaten ritten nach Fort Wingate, wo sie mit Proviant und mit Futter für die Maultiere für zweiundsechzig Tage ausgerüstet wurden. Mit ihren drei Armeefrachtwagen zogen sie über die Nordroute, die Beale-Wagenstraße, durch das Arizona-Territorium bis zu den San Francisco Mountains und von dort südwärts in das Gold- und Silbergebiet. Nach einer eingehenden Inspektion des Bergwerkdistrikts in den Bradshaw Mountains beeilte sich Clark, mit seinem Bericht nach Santa Fé zurückzukehren, wo man ihn im September erwartete. Captain Pishon aber, der den Auftrag hatte, einen günstigen Platz für eine Militärstation zu suchen, kehrte nach Fort Graig zurück und schrieb einen Rapport für General Carleton, in dem er mitteilte, daß die Leute des Arizona-Territoriums und insbesondere die Goldgräber in Zentral-Arizona dringend Armeeschutz brauchten, sofern man die bereits erbrachten Leistungen der Zivilisation nicht aufs Spiel setzen wollte.

Carleton war ein Mann von schnellem Entschluß, der die Bedeutung der Stunde längst erkannt hatte. Im Oktober schuf er einen neuen Militärdistrikt, der den nördlichen Teil des Arizona-Territoriums umfaßte, einschließlich der Gold- und Silbergebiete Zentral-Arizonas. Einen Monat später schickte er Major Edward B. Willis mit zwei Kompanien des 1. Infanterieregiments der California Volunteers auf den Marsch, geführt von Captain Pishon, dem der Gewaltritt vom September, bei dem er über vierhundertfünfzig Meilen in achtzehn Tagen zurückgelegt hatte, noch in den Knochen steckte. Im Dezember schlug Major Willis etwa vierundzwanzig Meilen von

Prescott entfernt, im Chino Valley, sein Hauptquartier auf und nannte es Fort Whipple. Der Platz, den Captain Pishon im Sommer ausgewählt hatte, taugte allerdings nicht viel, denn es gab in der flachen Talebene kein Holz für den Bau von Gebäuden. Willis ließ ein Palisadenviereck errichten, für das die Baumstämme aus dem Gebiet des Granite Creek herübertransportiert werden mußten.

Fort Whipple machte mit seinem Palisadenzaun und den Zeltreihen nicht gerade einen sicheren Eindruck, aber allein die Präsenz der Unionsarmee gab der immer größer werdenden Zahl der Zivilisten ein Gefühl der Geborgenheit, und die Chancen für Prescott, zur Hauptstadt des neuen Territoriums gewählt zu werden, standen nicht schlecht, obwohl die Stadt noch nicht mehr war als ein Dutzend kümmerlicher Blockhäuser und Bretterhütten.

Auf die Ankunft der neuen Territoriumsregierung mußten die Leute länger warten als auf die Armee. Im Februar und März des Jahres 1863, kurz nachdem die Walker-Expedition Fort West am Gila River verlassen hatte, wurden in Washington D. C. von Präsident Abraham Lincoln die Männer ausgewählt, die die Territoriumsregierung bilden sollten. Das Amt des Gouverneurs sollte der bisherige Oberrichter John N. Goodwin übernehmen, und zum Staatssekretär wurde ein junger, zielstrebiger Mann namens Richard C. McCormick ernannt, der später zu einem der einflußreichsten Politiker Arizonas werden sollte.

Die zukünftigen Regierungsmitglieder machten sich sofort auf einen langen und strapaziösen Weg nach Arizona. Von Cincinnati aus ging die Reise per Dampfer den Ohio River hinunter, den Missouri hoch nach St. Louis und per Eisenbahn quer durch Missouri nach St. Joseph. Von dort brachte sie ein Postdampfer den Fluß hinunter nach Fort Leavenworth, Kansas. Mit einer Militäreskorte der Missourikavallerie und in Regierungsfahrzeugen ging es weiter auf dem legendären Santa-Fé-Trail über Fort Larned nach Sante Fé. Ein früher Winter mit Schnee und Eisstürmen überraschte die illustre Reisegruppe schon in den Kansasprärien. Santa Fé wurde mit mehrwöchiger Verspätung erreicht. Wäre alles planmäßig verlaufen, hätten sie zu Weihnachten in Fort Whipple ankommen müssen, aber der Gouverneur und seine Freunde feierten den Heiligen Abend in der Nähe der Zuni-Pueblos auf einer windgefegten Hochebene, auf der es weder Baum noch Busch gab. Erschöpft und frierend versammelten sich Soldaten und Politiker, die Packer und die Zivilisten, die sich auf dem Weg hierher angeschlossen hatten, auf dem Platz. Das Sternenbanner wurde gehißt, und der Gouverneur hielt die erste Ansprache, in der er von Arizona als dem gelobten Land redete und vom Gold und vom Reichtum, der dazu beitragen würde, den Krieg gegen die Konföderierten zu gewinnen.

Am Weihnachtstag zog die Gruppe weiter, vorbei an den Dörfern der Zuni-Indianer, und am 27. Dezember schrieb Richter Allyn in sein Notizbuch, daß wahrscheinlich an diesem Tag die Grenze des Arizona-Territoriums passiert worden war. Es gab keinen Grenzstein für das »Gelobte Land«, aber da die Regierungsabgeordneten, beginnend mit dem Tag, an dem sie offiziell im Arizona-Territorium ihr Amt übernahmen, ihrem jeweiligen Posten entsprechend entlöhnt werden sollten, zögerte Gouverneur John N. Goodwin nicht, am 29. Dezember offiziell die Amtsübernahme seiner Regierung bekanntzugeben. Dies geschah bei Navajo Springs, noch einige hundert Meilen von ihrem Bestimmungsort, Fort Whipple, entfernt.

Pünktlich um vier Uhr am Nachmittag versammelten sich die Soldaten und Zivilisten vor dem Zelt des Gouverneurs, und Staatssekretär Richard C. McCormick eröffnete die Feier mit folgenden Worten:

»Gentlemen! Als der ordnungsgemäß zuständige Regierungsvertreter ist es meine Pflicht, den weiteren Verlauf dieses Tages ein wenig feierlich zu halten. Nach einer langen und mühsamen Reise sind wir im Territorium von Arizona angekommen. Diese weiten Ebenen und Hügel bilden einen Teil jenes Distriktes, in dem wir als Repräsentanten der Vereinigten Staaten von Amerika eine zivile Regierung zu gründen haben. Obwohl dieses Territorium von jenen beansprucht wird, die sich der Waffe der Union widersetzen, ergreifen wir Besitz von ihm, ohne uns militärischer Mittel bedienen zu müssen. Die Fahne, die ich jetzt als Symbol unserer Macht aufziehe, ist neu und ungeprüft. Als Banner der Vereinigten Staaten von Amerika wird sie aber schon fast ein Jahrhundert lang geehrt und als Symbol für Gesetz und Freiheit anerkannt; ja, geliebt. Von Kanada bis Mexiko, vom Atlantik zum Pazifik sind Millionen starker Arme bereit zu ihrer Verteidigung, und trotz aller ausländischer und einheimischer Feinde wird sie uns immer unbefleckt und glorreich voranflattern.«

Die Anwesenden bejubelten die Fahne mit Hochrufen, und Reverend H. W. Reed sprach ein Gebet. Die Regierungsmitglieder legten den Amtseid ab, und anschließend verlas McCormick die Proklamation, die der Gouverneur abgefaßt hatte, auf englisch, Reverend Reed auf spanisch.

Nach der Verlesung sangen die Anwesenden das Lied »Battle Cry of Freedom«, und fünfzehn Soldaten feuerten Salut in den wolkenlosen Himmel. Damit war die Sache erledigt.

Irgendwann im Januar erreichte die Reisegruppe endlich Fort Whipple. Der Anblick des Forts in der öden Talebene war für die reisemüden Männer eine Enttäuschung. Daran änderte auch der herzliche Empfang durch Major Willis und die Bürger von Prescott nichts. Goodwin ließ den Plan, seinen Regierungssitz hier einzurichten, fallen und machte sich wenige Tage nach der Ankunft auf eine Inspektionsreise, um herauszufinden, ob es überhaupt wünschenswert sei, in diesem Gebiet zu bleiben. Immerhin lagen mit Tucson und La Paz zwei Städte im Rennen um den Regierungssitz, die nicht erst errichtet werden mußten.

Die Entscheidung fiel ihm etwas leichter, nachdem er sich von der Ergiebigkeit der Gold- und Silberbergwerke überzeugt hatte. Während er eine Gruppe unter Richter Howell nach Tucson schickte, um sich dort umzusehen, wurde Gouverneur Goodwin von Männern wie Walker, Swilling, Woolsey und Weaver herumgeführt. Man zeigte ihm die roh gehauenen Blockhütten am Granite Creek, die Anfänge einer Stadt, über deren Namen man sich noch stritt. Die einen wollten sie Audubon oder Granite City nennen, die anderen Prescott.

Nach wochenlangem Hin und Her wurde der Stadt zu Ehren des Historikers William Hickling Prescott der Name Prescott gegeben, und im April 1864 erklärte der Gouverneur Prescott zur Hauptstadt des Arizona-Territoriums, sehr zur Freude seines Reisegefährten und Kollegen Richard C. McCormick, der am 11. Juli 1864 an seinen Freund Cepheus Brainerd folgende Zeilen schrieb:

»Unsere Stadt nimmt einen beachtlichen Aufschwung. Name und Grundplan sind mein Verdienst, ebenso wie die Gesetze für den Handel mit Grundstücken, die den Vereinigten Staaten an die 20 000 Dollar einbringen werden, anstatt nur ein Dollar und fünfundzwanzig Cents pro Acre. Das Gold hier ist kein Humbug. Die einzige Frage, die mich zur Zeit beschäftigt, ist nur, wieviel davon für mich abfällt! Ich erhoffe mir einen nennenswerten Anteil, aber das Land ist so neu, unzugänglich und unentwickelt, daß die Zukunft noch in den Sternen geschrieben steht.«

Der Frühling und der Winter kämpften lange, bis der Frühling gewann. Und mit dem Frühling kamen lange Wagenzüge der Weißaugen aus dem Norden ins Land.

Anfangs verfolgten die Yavapai, die Walpai und die Tonto-Apachen aus sicherer Entfernung, was sich da plötzlich in ihrem Land tat. Sie beobachteten die Soldaten, die das Fort, das sie zuerst gebaut hatten, verließen und in der Nähe der Stadt, dort, wo früher die Yavapai ein Dorf gehabt hatten, eine neue Festung errichteten. Diese Soldatenstadt war ein großes Viereck aus aneinandergebauten Häusern, mit einem Platz in der Mitte und einem Tor, das bei Dunkelheit geschlossen wurde. Tag für Tag wehte im Wind eine Fahne mit roten Streifen und weißen Sternen auf einem blauen Viereck. »Es ist das Zeichen der Weißaugen, die sich Amerikaner nennen«, sagte Sekwala. »Sie tragen diese Fahne in den Krieg, und sie beten zu ihr, wie wir zu Nya beten, zur Sonne.«

Kahita hatte Toshi und Sekwala im Frühsommer zu den Hügeln gebracht, von denen sie auf die Soldatenstadt hinuntersehen konnten. Der alte Mann saß lange auf seinem Stein, Tag für Tag, und es schien, als könnte er sehen, wie die Soldaten die Fahne aufzogen, wie sie Bäume herbeischleppten, um ihre Häuser zu bauen, und von Sonnenaufgang bis Sonnenuntergang nie zur Ruhe kamen.

»Sie sind schlimmer als die Grauröcke und die Männer des Südens, bei denen ich gewesen bin«, sagte er eines Tages. »Ich möchte wissen, ob sie jemals Zeit zum Träumen finden. Es scheint, als ob ihnen die Zeit davonliefe und es keinen nächsten Tag gäbe. Manchmal wünschte ich, ich könnte in ihre Herzen sehen und ihre Sprache verstehen.«

»Dann wärst du einer von ihnen, Großvater«, lachte Kahita. »Wer will schon einer von ihnen sein?«

»Es gibt viel, was ich nicht weiß, mein Sohn. Aber ich glaube nicht, daß ich einer von ihnen sein wollte.« Er lächelte. »Dazu bin ich zu alt.«

Kahita brachte Sekwala und Toshi auch in die Nähe der Weißaugen-Stadt, die Prescott genannt wurde und wo selbst in der Nacht ein geschäftiges Treiben herrschte, wo Menschen lärmten, Axtschläge nie verklangen und jeden Tag ein neues Haus entstand. Es wimmelte dort von Weißaugen, und von den Hügeln sah die Stadt aus wie ein großes Ameisennest, von dem sich nach allen Richtungen Straßen und Pfade in das Land hinauszogen.

In dieser Zeit ging Sekwala oft auf seinen Hügel, und er redete davon, daß es ihm nicht mehr leicht fiel, Ordnung in seine Gedanken zu bringen und die Dinge zu erkennen, wie sie waren. Das lag nicht daran, daß er alt wurde. Es lag daran, daß sich alles so schnell änderte und nichts mehr so war wie früher.

Sekwala redete nicht mehr über sein Sterben, aber Kahita wußte, daß der alte Mann bereit war, diese Welt zu verlassen.

»Selbst die Stimmen der Mächte sind mir fremd geworden«, sagte er eines Tages, als Kahita ihn auf den Hügel begleitete. Er saß auf seiner weißen Hirschlederdecke und hatte sein Gesicht der untergehenden Sonne zugewandt. »Die Bäume sterben und die Steine und das Wasser in den Flüssen. Ich habe die Mächte gefragt, warum sie das zulassen, aber ich verstehe ihre Antwort nicht. Die Tiere sind weggegangen. Nur die Falken sind noch da.« Er hob die Arme und das Gesicht zum Himmel. »Lerne ihre Sprache, mein Sohn! Folge den Falken, denn sie werden deinen Geist zu mir tragen, wenn du einsam bist.«

»Ich werde nicht einsam sein«, sagte Kahita. »Toshi ist bei mir. Du bist bei mir. Nein, Großvater, ich werde niemals einsam sein, solange ich euch habe.«

»Diese Dinge ändern sich schnell, mein Sohn. Schau dich um. Kein Stein liegt mehr dort, wo er gestern gelegen hat. Die Geheimnisse sind verloren, die alten Geschichten sind wie ein schwaches Echo. Nichts ist mehr, wie es war, und nichts wird sein, wie es ist. Du wirst einsam sein. Du wirst nach mir rufen und mich finden. Das ist deine Macht, mein Sohn. Das ist die Macht, die ich dir gebe.«

Kahita wußte nicht, was der alte Mann damit meinte, aber oft, wenn er mit Toshi in den Wäldern umherstreifte, fühlte er die Nähe des alten Mannes, so als ob er an ihrer Seite schritte.

Es waren gute Tage, die Kahita in diesem Sommer verbrachte. Wehabesowa und die Yavapai waren nicht in die Berge zurückgekehrt, und Kahita hatte keine Ahnung, daß der Mann, der Par-a-muck-a getötet hatte, noch einmal mit einer Armee auszog, um auf Krieger Jagd zu machen, die seine Ranch überfallen hatten. Im Tal von Sekwala herrschte Friede, aber durchziehende Krieger erzählten von ihren Kämpfen mit Weißaugen-Soldaten und Männern aus der

Stadt und von ihren Überfällen auf Wagenzüge, die von Norden her ins Land kamen.

Toshi erinnerte Kahita immer mehr an Lozen, obwohl sie einige Sommer jünger war. Sie wich nie von seiner Seite, und sie lernte, mit Pfeil und Bogen umzugehen wie ein Junge. Sie lernte, die Tiere zu beobachten und ihre Fährten auseinanderzuhalten. Sie folgte Kahita wie ein Schatten, wenn er der Spur eines Rehes nachlief. Sie kauerte neben ihm, wenn er darauf wartete, einen sicheren Pfeil abschießen zu können, und sie half ihm, das Fleisch einzubringen. Sie erfreute sich an Dingen, die er nicht beachtete, Blumen, die sich in der Morgensonne öffneten, Käfern, die an Grashalmen hochturnten und Schmetterlinge, die im Geäst der Bäume tanzten.

Sie zeigte ihm Stellen, wo es Agaven gab, aus denen sie eine köstliche Mahlzeit zubereiten konnte. Sie lehrte ihn, Beeren zu unterscheiden, sammelte mit ihm die Samenkerne der Kiefern, die Bohnenschoten des Mesquite und die Früchte der Eichen. Sie half ihm, für Sekwala einen Holzvorrat anzulegen, damit der alte Mann im Winter nicht weit gehen mußte, und gemeinsam schnitten sie das messerscharfe Bärengras, mit dem sie die Hütte neu abdeckten.

Ja, es waren gute und glückliche Tage, in denen Wunden heilen konnten und Erinnerungen ihren Schrecken verloren.

Dann, im Spätsommer, kam Wehabesowa, Toshis Bruder, mit einigen seiner Krieger ins Tal. Wehabesowa umarmte Kahita. Obwohl er rote Farbe im Gesicht hatte, konnte Kahita die verkrustete Wunde sehen, die sich von seinem rechten Auge über die Wange zum Kinnwinkel zog. Wehabesowa erzählte ihnen vom Kampf gegen die Weißaugen, die zwei Dörfer im Squaw Canyon überfallen hatten.

»Der Mann, der unseren Vater getötet hat, kam mit einer großen Zahl von Weißaugen, zusammen mit Soldaten. Unsere Frauen hatten einen Vorrat von Mescal angelegt, und wir glaubten, daß uns die Weißaugen niemals finden würden. Aber plötzlich waren sie da und töteten viele von uns, Frauen und Kinder und alte Leute. Wir kämpften gegen sie, aber sie waren stark, und wir mußten fliehen. Sie zündeten die Dörfer an, zerstörten unsere Vorräte, die Waffen, die Felle und Decken und alles, was wir in den Dörfern zurückließen. Ich bin gekommen, um dich zu holen, meine Schwester.«

Toshi sah ihren Bruder ungläubig an.

»Ich bin hier, mein Bruder«, sagte sie. »Ich will nicht von hier weggehen.«

Wehabesowa stand auf. »Die Weißaugen haben deinen Bruder Tekaseh getötet, und deine Mutter verlangt nach dir. Sie wird sterben, bevor der erste Schnee fällt.«

Toshi wollte etwas erwidern, aber dann senkte sie den Kopf und schwieg.

»Wir werden morgen von hier weggehen«, sagte Wehabesowa fest. Er richtete den Blick auf Kahita. »Du kannst uns begleiten, mein Bruder. Der Mann, der dich weggejagt hat, ist von den Weißaugen getötet worden.«

Kahita lächelte. »Ich bleibe bei ihm«, sagte er und zeigte hinüber zur Hütte des alten Mannes, aus der dünner Rauch zum Himmel stieg.

»Dann wird Toshi mit uns gehen.«

Kahita nickte. »Wenn es der Wunsch ihrer Mutter ist, wird sie mit euch gehen«, sagte er und wich dem Blick von Wehabesowa nicht aus.

»Sie geht mit euch, aber du wirst sie hierher zurückbringen, sonst werde ich kommen und sie holen.« Kahitas Stimme klang ruhig, aber den drohenden Unterton konnte Wehabesowa nicht überhören. Seine Augen blitzten auf. Er erhob sich und umfaßte mit einer Hand den Griff seines Messers das in seinem Gürtel steckte.

»Sie ist meine Schwester!« stieß er scharf hervor. »Wo kommst du her, daß du nicht weißt, was sich gehört?«

»Ich war einer von euch«, erwiderte Kahita und versuchte, den Zorn und die Angst um Toshi zu unterdrücken. »Erinnerst du dich? Es war dein Vater, der mich aufgenommen hat.«

»Du bist ein Apache!« Haßerfüllt schleuderte ihm Wehabesowa diese Worte entgegen. »Du bist mit den Weißaugen gekommen, und du hast uns Unglück gebracht. Mein Vater ist tot, und ich bin derjenige, der zu bestimmen hat, was gut und was schlecht ist. Versuche nicht, mir zu drohen. Ich würde dich töten.«

Kahita starrte Wehabesowa ungläubig an. Hatte er nicht mit ihm im gleichen Uwah gelebt? Hatten sie nicht die gleichen Geheimnisse geteilt, denselben Hirsch gejagt, und waren sie nicht dieselben Pfade gegangen? Kahita merkte, wie kalter Zorn in ihm aufstieg. Er wußte, daß er auf Wehabesowas Herausforderung mit der Waffe hätte reagieren müssen, aber er brachte es nicht fertig, aufzuspringen und nach dem Messer zu greifen. Sein Zorn machte hilfloser Enttäuschung Platz. Langsam erhob er sich. Er sah, wie Toshi kurz aufblickte, und er sah die Angst in ihren dunklen Augen, Angst davor, ihn verlassen zu müssen.

»Die Weißaugen waren meine Feinde, bevor sie in dieses Land kamen. Ich habe sie gejagt. Ich bin ihnen gefolgt wie ein Wolf, nachdem sie meine Träume zerstört hatten. Einen von ihnen habe ich mit deiner Lanze getötet, mein Bruder. Du bist ein Narr, wenn du glaubst, daß ich euch Unglück bringe. Frage den alten Mann. Er kennt mein Herz.«

Wehabesowa gab ihm keine Antwort. Für einen Moment kreuzten sich ihre Blicke. Dann drehte sich Kahita um und ging davon. Er ging hinaus in den Wald und zum Hügel hoch, auf dem er so oft mit dem alten Mann gesessen hatte, bis die Sonne unterging. Er dachte daran, daß Toshi nicht mehr da sein würde, wenn er zur Hütte des alten Mannes zurückkehrte.

Kahita blieb die ganze Nacht auf dem Hügel. Es wurde kalt. Er hatte keine Decke, aber er fror nicht. Er saß still, die Beine angezogen, die Hände im Schoß. Der Mond ging auf, und das silberne Licht floß vom Hügel in das Tal hinein. Lange wagten sich die Tiere nicht in eine Nähe. Die Kojoten heulten in der Ferne. Echsen huschten durch das Gras, und Käfer glühten in der Dunkelheit wie Sterne, die vom Himmel fielen.

Der Nachtfalke flog aus dem Schatten der Wälder, und Kahita hob den Kopf und folgte ihm mit dem Blick, flog in seinen Gedanken mit ihm zurück zu seinem eigenen Volk. Er sah Lozen da unten im Tal, wo die heißen Quellen waren, und Victorio und den alten Nana, der seine Hand hochstreckte und auf ihn zeigte.

Kahita schloß die Augen. Er hörte den Fuchs, der den Hügel hochkam, und die Krötenechse kroch über seine Füße. Ein großer schwarzer Käfer setzte sich auf seine Schulter, und nach und nach kamen die anderen Tiere, die ihre Scheu vor ihm verloren.

Als der Tag graute, machte sich Kahita auf den Rückweg zur Hütte des alten Mannes, der draußen vor dem Eingang saß, umhüllt von seiner Hirschlederdecke. Sein Gesicht war hager und blaß. Er hob seine Arme, als Kahita den Pfad hochkam.

»Ich hörte dich mit den Tieren reden, mein Sohn«, sagte er. »Ich sah dich mit dem Falken fliegen. Soll ich dir sagen, was du wissen willst?«

Kahita setzte sich bei dem alten Mann auf den Boden. Die Sonne ging auf, und die ersten gelben Blätter trieben im Wind. Kahita dachte an den Traum des alten Mannes und seine Geschichte vom Sterben.

»Ich weiß nicht, was ich tun soll, Großvater«, sagte er. »Wenn ich Flügel hätte, könnte ich zurückfliegen zu meinen Leuten.«

»Deine Leute sind hier, mein Sohn. Warum hast du Wehabesowa nicht gesagt, daß du Toshi zur Frau nehmen willst? Warum hast du ihn weggehen lassen, ohne ihn zu begleiten? Habe ich dir nicht gesagt, daß du Toshi nicht alleinlassen sollst?«

Kahita hob den Kopf. »Komm mit mir, Großvater«, sagte er.

»Nein, das werde ich nicht tun. Ich werde bei dir sein, wenn du von hier weggehst. Hol dein Pferd. Geh mit deinem Bruder und zeige ihm dein Herz. Er ist ein guter Mann. Er hat die Macht seines Vaters, und die Leute werden erkennen, daß du einer von ihnen bist. Geh mit ihm, kämpfe mit ihm und beschütze Toshi. Das ist deine Aufgabe, mein Sohn. Und wenn ich dich brauche, werde ich nach dir rufen.«

Der alte Mann legte seine Hände gegen Kahitas Gesicht. »Als du hergekommen bist, warst du ein Junge. Jetzt bist du ein Mann. Geh. Ich werde dich rufen.«

Es fiel Kahita nicht leicht, das Tal zu verlassen, aber er brach noch am gleichen Tag auf und folgte der Fährte von Wehabesowa und seinen Kriegern. Er ritt schnell. Am Spätnachmittag überquerte er einen Hügelrücken im Nordosten des Tales. Auf der anderen Seite des Hügels zog sich die Wagenstraße durch die Wälder, die von der Weißaugen-Stadt zum Agua Fria führte, wo sich die Ranch des Mannes befand, der Par-a-muck-a getötet hatte. Kahita überquerte die Straße bei Dunkelheit, und er sah die Männer nicht, die hinter ihm auf seine Spur stießen.

Sie kamen von Woolseys Ranch und waren auf dem Rückweg nach Prescott. Thomas Hodges führte sie. Er hatte ihnen eine Runde in einem Saloon versprochen, sobald sie nach Prescott zurückgekehrt wären. Ihre Jagd war erfolgreich verlaufen. Sie hatten fünf Skalpe erbeutet, und das war immerhin ein vielversprechender Anfang für seinen Jagdtrupp, der sich »Yavapai-Rangers« nannte.

Thomas Hodges hatte sich viel vorgenommen, als er im Frühwinter des letzten Jahres ins Land kam und sich im Walker-Mining-Distrikt am Lynx Creek einen Claim absteckte. Er war achtunddreißig Jahre alt und hatte in den fünfziger Jahren den Goldboom in Australien mitgemacht. Er war dabei gewesen, als King S. Woolsey im Sommer als Berater und Vertreter von Gouverneur Goodwin noch einmal eine Expedition zum Salt River unternahm, um die Apachen für einen Überfall auf seine Ranch zu bestrafen. Es gab niemand im Land, der Hodges etwas hätte vormachen können. Er war ein furchtloser Mann, mit allen Wassern gewaschen und zu jedem Risiko bereit. Man sagte ihm nach, daß er in der kurzen Zeit, die er hier war, eigenhändig mehr als zwei Dutzend Indianer getötet hatte. Einer seiner besten Freunde war der Armenier Sugarfoot Jack, ein ehemaliger Soldat und entflohener Kettensträfling, der im Herbst einige Skalpjäger zu einem Walapaidorf führte, das die Bewohner kurz zuvor in aller Eile verlassen hatten. Die Skalpjäger brannten alle Hütten nieder. Sugarfoot Jack fand einen versteckten Säugling und warf ihn ins Feuer. Dann setzte er sich hin und schaute zu, wie das Kind bei lebendigem Leib verbrannte.

Männer wie Sugarfoot Jack und Thomas Hodges gab es im Prescott-Gebiet viele, und es kamen Tag für Tag mehr hinzu. Aus Colorado, aus Texas und aus Kalifornien; Deserteure, Mitglieder des Vigilantenkomitees, die man aus San Francisco gejagt hatte, ehemalige Sträflinge, gestrandete Seefahrer und Soldaten europäischer Söldnertrupps. Diese Männer waren es, die sich Woolsey, Jack Swilling und Thomas Hodges anschlossen. Das Leben eines Indianers war für sie so viel wert, wie ihnen ein Skalp einbrachte, den sie an jene Leute als Trophäe verkaufen konnten, die sich selbst nicht an der Indianerjagd beteiligten. Ein Geschäft war mit Apachenskalpen zwar nicht zu machen, aber die Bürger von Prescott waren willens, einen kleinen Beitrag zur Lösung des Apachenproblems zu leisten, um wenigstens die Ausrüstung und die Munition der Jäger zu finanzieren.

Thomas Hodges' Plan war es, eine schlagkräftige Milizarmee zusammenzustellen, die er »Yavapai-Rangers« nennen wollte. Die Besatzung von Fort Whipple war zu klein, um Prescott genügend Schutz zu geben. Männer wie King S. Woolsey, dessen Pinole-Strychnin-Rezept inzwischen weit über das Gebiet hinaus Berühmtheit erlangt hatte, wurden zum engsten Berater von Gouverneur Goodwin, der die Apachen zum Freiwild erklärte. Und für die Weißen waren alle Indianer Apachen. Sie machten keine Unterschiede. Sie töteten alle, die sie aufspüren konnten, und wer etwas auf sich hielt, trug eine Halskette aus Zähnen, die Indianerfrauen aus dem Mund geschlagen worden waren. Zumindest besaß er einen Tabaksbeutel aus Indianerhaut und hatte wenigstens einen Skalp am Gürtel hängen.

Tom Hodges rührte für seine »Yavapai-Rangers« die Werbetrommel und finanzierte die erste Expedition selbst. Er war mit leeren

Taschen ins Land gekommen, aber nun besaß er im Zentrum von Prescott ein Haus, in dem er noch in diesem Herbst mit seinem Partner John Dickson den »Pine-Grove«-Saloon eröffnen wollte. Von La Paz aus war ein Wagenzug unterwegs, der im Auftrag von Hodges und Dickson den ersten Billardtisch nach Prescott transportierte, und während Dickson in der Stadt die Einrichtung des Saloons überwachte, machte Hodges Jagd auf Apachen.

Eigentlich rechnete er damit, am Sonntag in Prescott zurückzusein, aber dann stieß er auf die Spur eines einzelnen Reiters, der ein unbeschlagenes Pferd ritt. Hodges hatte sieben Männer dabei, und er zögerte keinen Moment, der Fährte zu folgen.

Es war Nachmittag, als die Männer den Reiter sahen, der auf einem Hügel sein Pferd gezügelt hatte. Hodges und sein Trupp befanden sich im Waldschatten, und Jeffrey Bancroft, der Sohn von Dr. Homer Bancroft, der vor kurzem aus Denver kommend in Prescott eine Arztpraxis eingerichtet hatte, riß sofort sein Gewehr an die Schulter und feuerte. Der Knall des Schusses zerriß die Stille dieses sonnigen Nachmittags, aber der Reiter und das Pferd auf dem Hügel bewegten sich nicht. Thomas Hodges zog seinen Karabiner aus dem Halfter. Er zielte genau und schoß. Alle starrten gebannt zum Reiter hin, aber er fiel nicht vom Pferd.

Tom Hodges zerrte seinen Wallach hart herum. »Gib mir dein Gewehr, Jack«, stieß er heiser hervor. »Der Kerl glaubt, daß er zu weit von uns weg ist, als daß wir ihn treffen könnten.« Das hagere Gesicht von Hodges war vor Aufregung gerötet. Seine Habichtsaugen glitzerten. Man konnte ihm die Lust am Töten ansehen.

Sugarfoot Jack übergab ihm mit einem Grinsen das lange Withworthgewehr mit dem Achtkantlauf und dem verstellbaren Visier. Hodges schätzte die Distanz auf rund dreihundert Yards, richtete das Visier danach und schwang sich von seinem Pferd. Er lief zu einem Felsbrocken am Wegrand und kniete dahinter nieder. Er stützte den linken Ellbogen auf, brachte das Gewehr ins Ziel, holte einmal tief Luft, hielt den Atem an und drückte ab. Der Rückschlag der schweren Waffe stieß Hodges herum. Der Wind riß Rauchschwaden von der Mündung, und die Detonation des Schusses dröhnte sekundenlang in den Ohren der Männer, das Pferd brach unter dem Reiter zusammen, als wäre es vom Blitz getroffen. Die Männer sahen hoch, wie der Indianer durch die Luft flog und zwischen den Büschen verschwand.

Tom Hodges sprang auf. »So, diesen Bastard holen wir uns!« sagte er grimmig. »Aber vorsichtig, meine Herren. Das könnte eine Falle sein.«

Es gab nicht viele gute Verstecke auf der Ebene, jenseits des Hügels. Ein paar Risse durchzogen nackten Fels, der weiß in der Sonne schimmerte. In den Senken wuchs Gramagras, und von den Hügeln zogen sich tiefe Furchen die Abhänge hinunter, an denen einige Zwergkiefern und Wacholderbüsche wuchsen.

Etwa zwei Meilen entfernt ragten dichtbewaldete Hügel aus der Ebene, aber zwei Meilen konnte der Indianer unmöglich zu Fuß zurückgelegt haben, als Hodges und seine Männer die Ebene erreichten. Er mußte sich in einer Felsspalte oder hinter einem der Erdbuckel versteckt haben, im Schutz der Büsche und Bäume.

Hodges ließ die Männer fächerförmig von der Stelle wegreiten, wo das tote Pferd lag, mit dem Rohhautsattel und dem Zügel aus geflochtenem Pferdehaar. Den Spuren nach war der Indianer allein, und er hatte nur einen Bogen und seine Pfeile. Wenn sie ihn in die Enge trieben, konnte er einen von ihnen treffen, vielleicht auch zwei. Tom Hodges dachte daran, und der Gedanke behagte ihm nicht. Wenn der Kerl gute Augen hatte, konnte er gesehen haben, wer den Schuß abgefeuert hatte und wer die Befehle gab. Und wenn er ein schlauer Indianer war, würde er seinen ersten Pfeil auf diesen Mann abschießen. Tom Hodges behagte dieser Gedanke ganz und gar nicht.

Spuren hatte er nur in der Nähe seines Pferdes zurückgelassen. Von dort war er zum Felsplateau hinübergelaufen, wo er keinen Halm zu knicken brauchte. Seit dem Schuß mochte er etwa eine halbe Meile zurückgelegt haben.

»Paßt auf, Männer«, hatte Tom Hodges gemahnt. »Macht euch klein im Sattel und reitet immer an den Spalten entlang. Er muß sich verkrochen haben wie eine Schlange, der Bastard!«

Die Männer duckten sich in ihren Sätteln. Sie hatten die Sonne schräg vor sich. Jeffrey Bancroft hatte vor zwei Tagen seinen Hut verloren. Sein schmales Gesicht war von der Sonne verbrannt, seine Lippen waren mit Blasen bedeckt. Er war ein blonder, hagerer Junge mit blaßblauen Augen, und es war das erstemal, daß er einen Menschen getötet hatte. Er trug die Ohren eines Apachenkriegers am Gürtel, aber das war nicht so schlimm, denn Sugarfoot Jack hatte einer Frau sogar die Brüste abgeschnitten, aus denen er einen Tabaksbeutel machen wollte. Jeffreys Gesicht brannte. Eigentlich wünschte er, endlich nach Hause zurückzukehren, um den Leuten von seiner Heldentat zu erzählen und Joyce Moorhead zu besuchen. Aber Hodges wollte unbedingt diesen Apachenbock schießen. Hodges hatte nie genug. Und morgen war Sonntag.

Jeffrey Bancroft ritt an der linken Flanke. Rechts von ihm befand sich Sugarfoot Jack, ein drahtiger Mann mit einem tiefgebräunten Gesicht und kleinen, stechenden Augen. Er trug ein Hirschlederhemd, an dessen Nähten dünne Büschel von Skalphaaren hingen. Der letzte Indianer, den er getötet hatte, war ein Kind gewesen. Das machte ihm nichts aus. Für ihn waren alle Indianer Barbaren. Große Barbaren und kleine Barbaren. Das war der einzige Unterschied.

Plötzlich zügelte Sugarfoot Jack sein Pferd. Jeffrey hielt sofort an. Das Herz klopfte ihm bis in den Hals hinein.

Sugarfoot deutete auf eine Felsspalte, an deren Rändern ein bißchen Gras wuchs. Jeffrey Bancroft stierte sich fast die Augen aus dem Kopf, aber er konnte nichts Ungewöhnliches entdecken. Der Schweiß brach ihm aus allen Poren, als er sah, wie Sugarfoot Jack aus dem Sattel glitt. Sugarfoot Jack trug Mokassins. Er bewegte sich gewandt und geräuschlos. Wie ein Indianer, dachte Jeffrey. Langsam näherte er sich der Spalte, sein englisches Withworthgewehr schußbereit im Hüftanschlag.

Jeffrey hielt den Atem an. Sollte es doch diesen zwielichtigen Kerl erwischen, dem niemand über den Weg traute, nicht einmal Tom Hodges!

Sugarfoot Jack schlich sich an die Felsspalte, sprang plötzlich vor und feuerte sofort. In das Aufpeitschen des Schusses hinein fiel sein Fluch. Ein Querschläger jaulte aus der Spalte heraus.

»Ich habe ihn getroffen!« brüllte Sugarfoot Jack. »Hierher, Leute! Er ist in der Spalte!«

Die anderen jagten sofort heran. Staubwolken breiteten sich über der Ebene aus. Die Männer vermochten ihre Pferde nicht mehr ruhig zu halten.

»Verteilt euch an der Spalte!« rief Tom Hodges. »Wenn wir den Bastard lebend in die Finger kriegen, gebe ich eine Extrarunde aus!«

Die Männer folgten beiden Rändern der Felsspalte, die sich wie ein tiefer Riß kreuz und quer durch das Plateau zog und nach etwa einer halben Meile an einem zerklüfteten Abhang endete. Es war Alfred Koehler, der den Indianer zuerst entdeckte. Er schoß sofort, traf aber nicht. Seine Kugel prallte vom Fels ab und hätte beinahe Tom Hodges erwischt, der sich auf der anderen Seite der Kluft befand. Keine zehn Sekunden nach Koehlers Schuß hatte Theo Boggs die Chance. Er feuerte mit seinem Revolver dreimal hintereinander auf den laufenden Indianer, ohne zu treffen.

»Er rennt zum Ende der Spalte!« rief Tom Hodges. »Wir haben ihn in der Falle! Los, Jeff! Worauf wartest du? Reite zum Ende der Spalte!«

Jeffrey Bancroft spornte sein Pferd an und ritt über das Plateau. Dort, wo die Felsspalte aufhörte, riß er sein Pferd hart zurück, aber der Rand des Abhangs brach unter dem Gewicht des Pferdes ein. Jeffrey wurde aus dem Sattel geschleudert und prallte so hart gegen einen Felsbrocken, daß er sich den linken Unterarm brach.

»Jagt ihn!« brüllte Tom Hodges heiser. »Los! Wir hetzen ihn wie einen Hasen!«

Die Männer ließen sich das nicht zweimal sagen. Keiner kümmerte sich um Jeffrey Bancroft, der sich an einem Busch festklammerte und keine Bewegung wagte, weil unter ihm Geröll und Erde wegrutschten. Die Männer sahen, wie der Indianer aus der Felsspalte auftauchte und die Flucht ergriff, wie ein Hirsch, der von einer Hundemeute aus seinem Versteck getrieben wurde. In der linken Hand hatte er seinen Bogen, der noch in der Hülle steckte. Köcher und Schild tanzten auf seinem Rücken. Er lief im Zickzack, sprang über Felsspalten hinweg und schlug Haken, als die Verfolger brüllend ihre Pferde antrieben.

Tom Hodges erreichte den jungen Krieger zuerst und ritt ihn nieder. Er rollte sich jedoch am Boden ab, kam auf die Beine und wich dem nächsten Pferd geschickt aus. Tom Hodges hatte sein Pferd herumgerissen, die Maultiertreiberpeitsche in der rechten Hand. Er hieb dem Pferd die großen mexikanischen Radsporen in die Flanken. Jäh sprang es an. Als sich der Krieger herumwarf, ließ Hodges die aus Rohhautstreifen geflochtene Peitschenschnur fliegen. Sie knallte gegen die Beine des Kriegers, umwickelte sie und riß ihn im nächsten Moment von den Füßen. Hodges trieb sein Pferd an, und der Indianer wurde ein Stück weit über das Plateau geschleift. Die Peitschenschnur hatte die Schäfte seiner Mokassins glatt durchtrennt und ihm über den Knöcheln die Haut aufgeschlitzt. Alfred Koehler trieb sein Pferd über ihn hinweg, als er freikam und aufsprang. Das Pferd scheute, drehte sich jäh, und Koehler verlor sein Gleichgewicht. Er stürzte aus dem Sattel und geriet Hodges in den Weg, der hinter dem fliehenden Apachen herreiten wollte. Sugarfoot Jack kniete am Boden und schoß auf den Apachen.

»Gottverdammt, der Bastard entkommt uns!« brüllte Hodges, der Mühe hatte, sein Pferd unter Kontrolle zu bringen. »Schieß ihn nieder, Jack!«

Sugarfoot Jack stieß eine neue Kugel in den Lauf und setzte ein Zündhütchen auf, aber bevor er wieder zum Schuß kam, war der Apache schon am Wald und verschwand zwischen den Bäumen.

Hodges fluchte sich die Seele aus dem Leib, als er den Waldrand erreichte und einsah, daß es unmöglich war, hinter dem Indianer herzureiten. Er sprang aus dem Sattel und lief ein Stück weit in den Wald hinein. Sugarfoot Jack holte ihn ein. Sie blieben stehen und lauschten, aber es war kein Laut zu hören, außer den gepreßten Hilferufen von Jeffrey Bancroft.

»Ich habe ihn getroffen«, sagte Sugarfoot Jack keuchend. »Mit dem ersten Schuß habe ich ihn getroffen!«

»Der Junge hätte ihn erwischen können«, gab Hodges wütend zurück. »Der Junge war zuerst am Abgrund.«

»Der taugt nichts für die Jagd«, sagte Sugarfoot Jack und spuckte aus. »Der taugt überhaupt nichts, der Junge.« Er schulterte sein Gewehr und ging zu seinem Pferd zurück.

Die Männer hatten Mühe, Jeffrey Bancroft aus dem Abgrund zu holen. Koehler kletterte hinunter und schlang das Ende eines Lassos um Jeffreys Leib. Dann zogen sie ihn hoch. Sein Handgelenk war gebrochen, die Schmerzen trieben ihm die Tränen in die Augen, aber er biß die Zähne zusammen und entschuldigte sich für sein Mißgeschick bei Hodges, der in seinem Zorn schwor, er werde nie mehr einen Anfänger auf Apachenjagd nehmen.

Am Abend trafen Hodges und seine Männer auf Tonto Jack, der mit einem Brief von King S. Woolsey an den Gouverneur nach Prescott unterwegs war. Tonto Jack erzählte ihnen von einem Tal im Süden, in dem ein Greis lebte, der für die Yavapai ein wichtiger Mann war. Tonto Jack hatte den Greis nur einmal gesehen, und er erklärte Hodges, daß es Unglück bringen konnte, in dieses Tal zu gehen.

»Ein Medizinmann«, sagte Sugarfoot Jack grinsend. »Hast du Angst vor ihm, Rothaut?«

Tonto Jack nickte. »Viel mächtige Angst«, sagte er. »Böse Geister im Tal. Nichts gut, dort hingehen für Tonto Jack!«

»Ich schlage vor, daß wir einen kleinen Umweg machen und uns den Alten mal ansehen«, sagte Hodges. »Wer weiß, ob der Bastard nicht dorthin flüchtete.« Hodges wandte sich an Jeffrey Bancroft. »Jeff, dir mit deinem Arm wäre zu raten, Tonto Jack in die Stadt zu begleiten, wo sich dein Vater um dich kümmern kann.«

Jeffrey Bancroft schüttelte den Kopf. »Ich komme mit«, stieß er hervor. »Ich kann Schmerzen ertragen, verdammt!«

Jeffrey fluchte zuweilen, wenn er nicht in der Nähe seiner Familie war. So, als wäre er in der Wildnis groß geworden wie die Männer, die er bewunderte. Hodges hätte ihn gern nach Hause geschickt, aber Jeffreys Vater hatte mit fünfundzwanzig Dollar den bisher größten Beitrag zur Gründung der »Yavapai-Rangers« gezahlt. Tom Hodges wollte auf diesen Gönner nicht verzichten, und so ließ er Jeffrey mitreiten, als sie bei Sonnenuntergang aufbrachen, um sich den alten Medizinmann in dem versteckten Tal anzusehen.

Die Kugel hatte ihm eine Schramme an der linken Brustseite gerissen, die kaum blutete. Seine Fußknöchel sahen schlimmer aus. Dort, wo ihn die Peitsche getroffen hatte, waren tiefe Schnittwunden.

Kahita lief durch den Wald, bis es Nacht wurde. Dann ließ er sich in einem Dickicht nieder und versorgte seine Wunden. Er zerkaute die Wurzelknollen des Dornenapfels, einer Rankenpflanze, die am Rande eines ausgetrockneten Arroyos, den heftige Gewitterregen tief ausgewaschen hatten, wuchs. Die Pflanze hatte geheime Kräfte, und Sekwala benutzte sie oft bei Ritualen. Kahita beschmierte die Wunden mit dem Brei und aß von den Früchten, denen er die Dornenhaut abzog. Sie schmeckten bitter, aber danach fühlte er sich wohler. Er legte sich auf den weichen Waldboden und ruhte aus. Er wußte nicht, was er tun sollte. Sein Pferd war tot, und er konnte nicht hinter Wehabesowa und Toshi herlaufen. Außerdem bedeuteten die Weißaugen in dieser Gegend eine Gefahr für Sekwala. Der Gedanke an ihn trieb Kahita auf die Beine. Er ging weiter, obwohl seine Füße schmerzten. An einer Quelle ließ er sich nieder, wusch sein Gesicht und trank von dem kühlen Wasser.

Vergeblich versuchte er, mit seinem Geist den alten Mann zu erreichen. Vergeblich hielt er nach den Falken Ausschau.

Die Nacht war still. Als der Morgen graute, aß Kahita die reifen roten Früchte von einem Hedgehogkaktus, nicht ohne vorher den

Geistern ein Haar von seinem Kopf anzubieten, denn die Früchte konnten Bauchschmerzen verursachen, wenn man dies nicht tat.

Da Kahita keine Ahnung hatte, wie viele Weißaugen hier waren, versteckte er sich, als die Sonne aufging. Er sah den Falken weit entfernt über den Wäldern fliegen, und er rief nach ihm, aber der Falke trieb im Wind und schien ihn nicht zu hören.

Noch einmal legte sich Kahita hin. Seine Gedanken suchten den alten Mann, und jetzt konnte er ihn sehen. Sekwala saß vor seiner Hütte und rauchte. Kahita rief ihm zu, hochzublicken, aber der alte Mann hörte ihn nicht. Er blies den Rauch vor sich hin.

Kahita flog lange über der Hütte, dann kehrte er zurück zum Dickicht, in dem er sich versteckt hielt, bis die Sonne sank und die Kühle des Abends dem Land neues Leben einhauchte. Er sah den Kojoten, der am Waldrand entlangstrich, und dann entdeckte er Shete-ka, das Pumaweibchen, zwischen den Felsen am Talhang. Es stand dort und blickte zu ihm hinunter.

»Bringst du mir Nachricht vom alten Mann?« fragte Kahita. Er wartete auf ihre Antwort, aber er konnte ihre Stimme nicht vernehmen. Sie verschwand plötzlich, und Kahita suchte vergeblich nach ihrer Fährte.

Wenig später flog der Nachtfalke aus den Abendschatten, stieg hoch in den Himmel und stürzte in den Wind. Sein Schrei schreckte ein Kaninchen auf, das aus dem Dickicht rannte und in einem Erdloch verschwand.

»Ich komme zu dir, Großvater!« rief Kahita dem Falken zu, der tief hinwegflog. »Ich beeile mich!«

Kahita nahm Bogen und Köcher auf und lief im Dämmerlicht über die Hügel und an den Wäldern entlang. Als der Mond aufging, erreichte er den Hang, der steil in das Tal abfiel, in dem Sekwala seine Hütte hatte.

Die Männer kauerten zwischen den Büschen am Ufer des Baches, keine fünfzig Schritte von der Hütte entfernt, die der alte Apache bewohnte.

Sie wußten nicht, wie er hieß. Sie wußten auch nicht, wie alt er war. Tonto Jack hatte von ihm erzählt. Er hatte ihnen gesagt, daß er ein alter weiser Mann sei, zu dem die Leute kamen, wenn sie einen Rat brauchten oder krank waren. Tonto Jack hatte gesagt, daß der alte Mann die Sprache der Männer des Südens beherrschte und die

Sprache der Apachen. Er sei ein Lehrer seines Volkes, und es sei gut möglich, daß der Junge, den sie gejagt hatten, ein Verwandter des alten Mannes sei oder ein Schüler, dem der alte Mann seine Kraft geben wollte, bevor er in das Land der Geister ging, um nie mehr zurückzukehren. Sugarfoot Jack hatte darüber gelacht, aber Koehler meinte, daß da überhaupt nichts zu lachen sei, weil es nicht nur bei den Rothäuten Dinge gebe, die man sich nicht erklären konnte. Übernatürliche Dinge, vor denen man sich in acht nehmen müsse.

Tom Hodges machte sich nichts daraus. Für ihn war allein wichtig, daß ihm Tonto Jack einen Tip gegeben hatte, der etwas wert war. Selbst wenn der junge Apachenkrieger nicht hierher kommen würde, so gab es doch wenigstens einen Skalp zu erbeuten. Den Skalp eines alten Apachenbockes.

Hodges war zuversichtlich, obwohl sich ihnen der Alte noch nicht gezeigt hatte. Seit dem Mittag belauerten Hodges und seine Männer die Hütte, aber der Alte tauchte nicht ein einziges Mal auf.

»Der muß in seiner eigenen Scheiße liegen«, sagte Theo Boggs, als der Mond aufging. »Herrgott, einmal muß er doch rauskommen und sein Geschäft verrichten. Der kann doch nicht ins eigene Nest scheißen. Das macht doch nicht einmal ein Tier.«

»Ein Apache schafft das leicht«, gab Hodges leise zurück. »Wenn der Junge bis Mitternacht nicht kommt, holen wir uns den Alten.«

»Und wie willst du das anfangen, Hodges?« fragte Sugarfoot Jack. »Der hat uns vielleicht gehört. Wir wissen nicht einmal, ob er allein da drin ist. Vielleicht wartet er nur darauf, daß sich einer von uns in die Nähe seiner Hütte wagt, und dann ist hier der Teufel los.«

»Einer von uns könnte sich zum Eingang schleichen«, sagte Boggs. »Das ist doch wahrhaftig kein Kunststück.«

Koehler, ein Mann, der im Sägewerk von Lount & Noyes arbeitete, wischte sich mit dem Handrücken über die trockenen Lippen. Die Warterei machte ihn nervös. »Vielleicht kommt der Apache nie hierher«, sagte er. »Dann können wir uns in den eigenen Arsch beißen. Wir vertun hier die ganze Nacht, um die Hütte des alten Mannes zu beobachten, und am Ende ist er vielleicht längst tot und liegt wie eine Mumie da drin. Kein Geräusch. Kein Rauch. Keine Bewegung. Nichts. Schon die ganze Zeit absolut nichts. Das ist ziemlich ungewöhnlich, Hodges.«

»Er soll über hundert Jahre alt sein«, flüsterte Jeffrey, der die linke Hand in einer Schlinge trug. »Gut möglich, daß er tot ist.«

Hodges runzelte die Stirn. Es war in der Tat ungewöhnlich, daß sich überhaupt nichts rührte, seit sie hier waren.

»Gut«, sagte er. »Ich seh selber nach.« Er hockte sich hin und zog die Stiefel von den Füßen. »Ich will wissen, was los ist. Das ist verdammt keine Geisterhütte, Koehler.« Hodges öffnete die Schnalle seines Revolvergürtels und zog die Jacke aus. Nur mit dem Messer bewaffnet, kroch er davon. Er nutzte die Schatten kleiner Büsche als Deckung, und bewegte sich äußerst vorsichtig. Nach einigen Minuten erreichte er die Außenwand der Hütte und schlich zum Eingang. Dort kauerte er nieder und lauschte. Er konnte kein Geräusch vernehmen. In der Hütte war es totenstill.

Hodges richtete sich auf und griff nach dem Fellappen, der den Eingang verdeckte und hob ihn ein bißchen an. Im Halbdunkel der Hütte, hinter einem erloschenen Feuer, hockte ein uralter Mann. Er trug ein schneeweißes Hemd aus Hirschleder, Leggings und Mokassins, deren Sohlen mit Glasperlen bestickt waren. Mokassins, wie man sie Toten anzog, weil Tote nicht mehr zu gehen brauchten.

Aber der alte Mann war nicht tot. Er hatte die Augen geöffnet. Helle Augen. Das faltige Gesicht war wie eine Maske. Nichts rührte sich darin. Die Lippen waren fest zusammengepreßt.

Hodges hielt den Atem an, denn der alte Mann blickte ihn an. Unverwandt, mit Augen, in denen jedes Licht erloschen war.

»Ich weiß, daß du da bist, Weißauge«, hörte Hodges den Alten auf spanisch sagen. Hodges spürte, wie sich in seinem Nacken die Haare sträubten. Er stieß den Atem scharf durch die Nase aus.

»Ich weiß, daß du gekommen bist, um mich zu töten«, sagte der Alte mit einer leisen, monotonen Stimme.

Hodges warf den Fellappen zurück. Ein süßlicher Geruch schlug ihm entgegen. Hodges duckte sich.

»Wer bist du, Alter?« fragte er heiser.

»Ein Freund des Todes«, sagte der alte Mann. Dann hob er seine mit roter Farbe bestrichenen Arme und die knochigen Hände. Mit einer seltsam hohlen Stimme begann er zu singen. Hodges verharrte wie gelähmt im Eingang. Er starrte den alten Mann an. Das Blut in seinen Adern kochte. Der Alte warf den Kopf in den Nacken. Seine Stimme wurde schrill, der Gesang laut. Hodges warf den Kopf herum. Drüben, bei den Büschen, hatten sich die anderen aufgerichtet. Nur Koehler nicht. Koehlers Gesicht schimmerte hell durch das Geäst der Büsche. Die Stimme des Alten schlug von den steilen Felshängen zurück.

Sugarfoot Jack kam zur Hütte gelaufen. »Verflucht, der warnt den Bastard mit seinem dämlichen Gesang!« rief er. »Schneide ihm die Kehle durch, Hodges!«

»Ich will den Bastard lebend haben, Jack. Und der kommt nicht, wenn der Alte tot ist, falls er überhaupt kommt.«

Sugarfoot Jack schüttelte den Kopf und zog sein Skalpmesser aus dem Gürtel. »Ich schneide ihm jetzt die Kehle durch, und dann setzen wir ihn vor seine Hütte, so daß es aussieht, als wäre er noch am Leben. Überlaß das nur mir, Hodges.«

Bevor Hodges etwas erwidern konnte, sprang Sugarfoot Jack in die Hütte hinein. Im selben Moment brach der alte Mann mit seinem Gesang ab. Totenstille herrschte. Sugarfoot Jack stand in der Mitte der Hütte über der Feuermulde, das Skalpmesser in der rechten Hand.

Der Alte lächelte ihn an. Sugarfoot Jack duckte sich. Langsam wich er zurück. Als er draußen war, holte er tief Luft.

»Jetzt ist er still«, sagte er gepreßt.

Hodges nickte. »Ja, verdammt noch mal, jetzt ist er still. Hast du so was schon mal erlebt, Jack?«

Sugarfoot Jack preßte den Atem durch die Nase. »Nie im Leben«, sagte er rauh. »Komm, wir gehen besser ein Stück weg. Wenn das stimmt, was Tonto Jack gesagt hat, dann kann es schon sein, daß der Alte besessen ist.«

»Besessen? Von was besessen, verdammt?«

»Von bösen Geistern. So sieht er aus, Hodges. Wie einer, der verflucht ist.«

Sugarfoot Jack und Tom Hodges liefen zurück zum Ufer des Baches.

»Was, zum Teufel, war das?« fragte Theo Boggs. »Das klang wie Hexengesang!«

»Ich hab's euch gesagt«, stieß Alfred Koehler hervor. »Ich kenne das. Dort wo.ich herkomme, gab es früher Hexen. Leute, die ihre Seele dem Teufel verschrieben haben.«

»Ich glaube nicht an dieses Zeug«, sagte Jeffrey Bancroft. »Die Wissenschaft hat längst bewiesen, daß es solche Dinge in Wirklichkeit nicht gibt.«

»Mir ist scheißegal, was du glaubst, Junge«, rief Koehler. »Auf jeden Fall ist mir der Alte unheimlich. Sogar Reverend Reed hat am 4. Juli bei seiner Festrede gesagt, daß die Apachen wahrscheinlich Ausgeburten der Hölle sind.«

»Ich wollte dem Alten die Kehle durchschneiden«, sagte Sugarfoot Jack grimmig. »Aber da hat er plötzlich mit seinem Gesang aufgehört. Er hat mich nur angesehen und mir war, als hätte der Satan seine Krallenhand nach mir ausgestreckt.«

Alfred Koehler stand sofort auf. »Dann gehen wir besser«, sagte er. »Ich weiß, daß es Hexen gibt. Nicht nur unter den Apachen. Ich will damit verdammt nichts zu tun haben. Heute ist Sonntag.« Er schlug schnell ein Kreuz und lief am Bachufer entlang auf den Platz zu, wo sie die Pferde zurückgelassen hatten. Die anderen folgten ihm. Auch Jeffrey Bancroft.

»Okay, wir gehen jetzt nicht mehr nahe an die Hütte heran«, sagte Hodges. »Jeder nimmt eine Stellung am Hang ein. Es könnte sein, daß der Bastard doch noch herkommt. Ich will den Kerl lebend haben, damit wir ihn herumzeigen können. Fünfzig Cent, wer den Apachen sehen will. Da kommt ganz schön Geld in unsere Kasse, Gentlemen.«

Sugarfoot Jack grinste. »Wenn der Alte ein Hexer ist und der Junge sein Schüler, weiß ich nicht, wie du ihn lebend in die Hände kriegen willst, Hodges. Am besten wäre es, wenn wir beide kurzerhand töten würden.«

Theo Boggs lachte auf. »Mir wird kotzübel, wenn ich erwachsene Männer so einen Mist reden höre. Von wegen Hexen. Das ist doch reiner Kinderkram. Es gibt keine Hexen, außer vielleicht dort, wo Koehler herkommt, und früher, im Mittelalter.«

»Richtig«, pflichtete ihm Jeffrey bei. »Ich habe ein Buch, in dem ihr nachlesen könnt, daß –«

»Junge, wenn du nicht so viele Bücher gelesen und dafür besser aufgepaßt hättest, wäre uns der Bastard nicht entkommen, und wir könnten längst wieder in der Stadt sein.«

»Ich habe in meiner Heimat selbst erlebt, daß da eine Hexe war«, sagte Koehler. »Um Mitternacht hat man sie bei Vollmond auf dem Friedhof gesehen, wie sie mit dem Teufel getanzt hat. Fünf Kinder hat sie von ihm gekriegt. Drei Mädchen und zwei Buben. Alle haben geschielt. In einer Nacht, als plötzlich das Pfarrhaus Feuer fing und die halbe Stadt abbrannte, hat man sie geholt. Die Mutter und die ganze Brut. Im Dorfbach sind sie ersäuft worden, und danach war in unserer Stadt wieder Ruhe.«

»Das war nicht in diesem Land, was?« grinste Boggs. »Das war drüben im finsteren Schwarzwald oder wo, Koehler. Drüben, wo du herkommst, da gibt es das vielleicht, aber wir sind hier in der Neuen Welt, wo die Leute Verstand unterm Hut haben.«

»Ich glaube an Hexen«, sagte Koehler. »Todsicher glaube ich an Hexen.«

»Ich glaube nicht an Hexen«, knurrte Hodges. »Aber unheimlich war mir schon, das gebe ich gern zu. Und daß er mit dem Teufel im Bund steht, das könnte ja schon sein.«

Boggs schüttelte den Kopf und ging einfach davon. Die anderen folgten ihm, und Alfred Koehler erzählte noch eine Hexengeschichte von einem Bauern, der zwischen die Mühlsteine seiner Getreidemühle geraten war und nicht mehr gehen konnte. Aber nachts sah man ihn einen Ziegenbock reiten, und die Hörner des Ziegenbocks funkelten wie Irrlichter. Als seine Frau schwanger wurde, wußte man, daß es der Ziegenbock gewesen sein mußte, und so brannte man den Hof nieder, mit dem Alten drin, seiner Frau und dem Ziegenbock.

»Wir haben jeden Abend gebetet, daß der Teufel nicht einen von uns aussucht«, sagte Koehler. »Und wir hatten überall Kreuze hängen und Weihwasser, und jeden Monat kam der Pfarrer und segnete das Haus.«

Hodges und seine Männer stiegen die Steilhänge hoch und versteckten sich hinter Felsbrocken, so daß sie die Lichtung und die Hütte im Auge behalten konnten.

»Ich bin sicher, daß der Bastard in der Nähe ist«, sagte Hodges. »Und wenn er uns dieses Mal wieder entkommt, dann soll euch alle der Teufel holen.«

»Red keinen Quatsch, Hodges«, sagte Sugarfoot Jack schnell. »Das ist ein verdammt übler Scherz.«

Hodges winkte ab. »Boggs hat schon recht, wenn er sagt, daß wir uns nicht verrückt machen lassen sollen. Der Alte ist ein Apache, und damit hat es sich. Wenn es soweit ist, wird er umgelegt, und da uns kaum einer einen Skalp mit weißen Haaren abkauft, werden wir ihn verbrennen.«

»Sein Skalp gehört mir«, wandte Sugarfoot Jack ein. »Bei dem ist noch nicht mal sicher, daß er umfällt, wenn er von einer Kugel getroffen wird. Aber wenn er umfällt, hole ich mir seinen Skalp, darauf kannst du dich verlassen.«

Im roten Mond

Ich hörte die Geschichte von einem uralten Mann vor vielen Jahren, als ich ein Junge war. Ich spielte nicht so oft mit den anderen Jungen. Meistens blieb ich bei den alten Männern, die herumsaßen und Geschichten erzählten. Ich weiß alle diese Dinge, weil ich ihnen zugehört habe, wenn sie nachts zusammenkamen. Einmal fragte ich einen alten Mann, warum die Antilope diesen komischen Namen hat, und er erzählte mir diese Geschichte:

Vor langer Zeit fiel in einer Schlacht ein Mann. Er war schlimm verletzt und befand sich zwischen Leben und Tod. Er fing an, zum »Platz der roten Erde« zu gehen, dem Jenseits. So nannte es der alte Mann, der die Geschichte erzählte. Der verwundete Mann war schon dort, denn er war mehr tot als lebendig. Wenn es ihm nicht gelang, sofort wegzugehen, würde er für immer am Platz der roten Erde bleiben müssen. Aber plötzlich sah er sich als dieses Tier. Er nahm das Wesen dieses Tieres an, sah sich selbst, seinen Geist, der aussah wie eine *Zilahe*, eine Antilope.

Dieses Tier jagte davon und auf die Ebene hinaus. Und der Mann fand zurück zu seinem Leben. Seither wird das Tier »Derjenige, der es wird«, genannt. Das bedeutet, daß der Mann zu diesem Tier wurde.

Opler:
Myths and Tales of the
Chiricahua Apache Indians

Kahita kauerte im Schatten der Felsen. Der Mond war voll und kroch über die gelben Kronen der Cottonwoods hinweg. Die Wälder warfen tiefe Schatten in das Tal hinein, durch das sich der Bach schlängelte, silbern, dort, wo sein Bett steinig war und das Wasser sich kräuselte.

Es war eine friedliche Nacht. Es wehte kein Wind. Aus der Niederung des Tales kam der Geruch rotblühender Malven und wilder Geranien. Die Buchweizenbüschel sahen im dürren Gras aus, als trügen sie Kappen aus Schnee.

Ja, auch die Nacht hatte ihre Farbenpracht. Früher hatte Kahita geglaubt, in der Nacht sei alles von einer Farbe, aber Sekwala hatte ihn gelehrt, die Dunkelheit mit den Augen zu durchdringen, damit er sehen konnte, was den meisten anderen Menschen verborgen blieb.

Sekwala, der alte Mann. Ein Lächeln glitt über Kahitas Züge, als er an ihn dachte. Er würde überrascht sein, wenn er plötzlich vor ihm stand, so kurz nachdem er das Tal verlassen hatte. Er würde überrascht sein, ohne daß man es ihm ansehen konnte. Und er würde sich freuen. Sein Herz würde fast zerspringen vor Freude, aber er würde ernst sein und mit ruhiger Stimme sagen: »Es ist gut, daß du gekommen bist, mein Sohn. Ich glaube, die Weißaugen streunen da draußen herum.«

Kahita verließ die Felsschatten. Er folgte dem Wildpfad, der über einen Felsgrat führte. Er bewegte sich schnell, ohne ein Geräusch zu machen, und während er leichtfüßig den Hügel hinauflief, achtete er ohne Unterlaß auf alles, was sich seinen Augen bot. Er hörte die Käfer, die er nicht sehen konnte, die Echsen, die im dürren Laub raschelten, und die Nachttiere, die in den Wäldern jagten. Es waren vertraute Laute. Es gab nichts, was ihn hätte beunruhigen können, und trotzdem hatte er kein gutes Gefühl, als er den Grat verließ und jene Stelle erreichte, wo sich der Pfad gabelte. Der eine Weg führte zu den Felsen hinauf, wo die Falken nisteten, der andere führte hinunter ins Tal. Kahita verhielt den Schritt. Durch die Zweige und Wipfel der Bäume sah er einen Teil der Lichtung, auf der sich Sekwalas Hütte befand. Es war ruhig dort unten. Die Hütte konnte er noch nicht sehen. Er sog die Luft ein und konnte keinen Rauch riechen. Das lag vielleicht daran, daß kein Wind war.

Stille nistete im Tal. Eine seltsame Stille, wie sie Kahita noch nie erlebt hatte. Die Tiere schwiegen jetzt. Der Himmel schwieg. Die Erde schwieg. Die Steine, die Pflanzen und selbst das Wasser des Baches schwiegen. Kahita fühlte sich verlassen. Es schien ihm, als

Sekwala ließ die Arme langsam sinken. Er trug jetzt nur noch seinen Lendenschurz und seine Mokassins. Auf seiner nackten Haut glitzerte Schweiß. Der Wind peitschte sein Haar, als er sich niederlegte und auf der Decke ausstreckte, um zu sterben.

Kahita sprang auf. Er rannte los, geduckt wie eine Raubkatze. Er lief durch die Büsche, jagte zwischen den Bäumen hindurch und erreichte den Hügel. Gehetzt blickte er sich um. Niemand war zu sehen. Der Mond war jetzt dunkelrot. Sein Licht wühlte in den durcheinanderwirbelnden Staubwolken wie Feuer.

Kahita fror. Der Wind war eiskalt. Er brannte auf seinem Gesicht und trocknete seine Augen. Kahita jagte den Hang hoch und erreichte die Hügelkuppe, dort wo die Büsche dicht standen. Eine Eiche ragte mit knorpeligen Ästen über die Büsche hinweg. Kahita traute seinen Augen nicht. Keinen Steinwurf weit entfernt, saß der Falke auf einem toten Ast, den Wind mit den Flügeln schlagend, so daß er nicht weggetrieben wurde. Seine gelben Augen leuchteten. Wild schrie er Kahita entgegen, aber Kahita lief weiter, und der Falke hob sich vom Geäst des Baumes, wurde vom Wind jäh weggerissen und tauchte in den Staub hinein.

Kahita warf sich nieder. Wie eine Schlange bewegte er sich durch das Gras und das niedere Gestrüpp. Er näherte sich Sekwala, der regungslos auf dem Umhang lag, das Gesicht zum Himmel gerichtet, die Augen geschlossen.

»Großvater!« stieß Kahita leise hervor. »Großvater, ich bin da.«

Der alte Mann rührte sich nicht. Kahita blickte in das schmale Gesicht, das jetzt kaum mehr Falten hatte. Ja, Sekwala sah jung aus. Wie ein schlafender Krieger. Er hatte die Lippen zusammengepreßt. Kahita berührte ihn mit den Fingerspitzen an der Schulter. Die Haut war eiskalt. Er legte ihm die Hand auf die Brust. Kein Herzschlag. Sekwala war tot.

Kahita warf sich nieder. Er legte seinen Kopf auf die Brust des alten Mannes, und er spürte, wie ihm Tränen über das Gesicht liefen. Vergeblich wartete er auf die Stimme des alten Mannes. Sein Geist war fort.

Kahita wußte nicht, wie lange er so über Sekwala gebeugt am Boden gekniet hatte, als er die Stimmen der Weißaugen hörte. Er hob den Kopf. Jetzt glühte in ihm das alte Feuer wieder auf, vor dem ihn der alte Mann so oft gewarnt hatte.

Die Stimmen kamen mit dem Wind. Er hörte sie deutlich und

konnte sie voneinander unterscheiden. Er hatte die Weißaugen gesehen, als sie ihn gejagt hatten. Er hörte die Stimme, die dem Mann gehörte, der ihn mit der Peitsche geschlagen hatte. Und die Stimme des Jungen, der in den Abgrund gestürzt war.

Sie tauchten aus den Staubwolken auf, wie Schattenbilder. Kahita lief davon und warf sich zwischen die Büsche. Dort blieb er regungslos liegen.

Die Männer näherten sich Sekwala bis auf einige Schritte. Es waren acht Männer. Alle hatten ihr Gewehr in den Händen.

»Kein Blut«, stieß Tom Hodges hervor. »Jack, der Alte ist nicht ein einziges Mal getroffen worden.«

Sugarfoot Jack schüttelte den Kopf. Er konnte es einfach nicht glauben. »Das ist nicht möglich«, keuchte er. »Wir müssen ihn getroffen haben.«

Alfred Koehler war aschfahl im Gesicht. »Was sagst du jetzt, Boggs«, stieß er hervor. »Immer noch davon überzeugt, daß es nur das gibt, was du kennst?«

Boggs hob die Schultern. »Man konnte ihn schlecht sehen, im Staub. Ich habe zwei Kugeln auf ihn abgefeuert, aber ich könnte nicht behaupten, daß ich ihn getroffen habe. Nicht bei diesem schlechten Licht.«

»Aber ich habe ihn getroffen!« beharrte Sugarfoot Jack. »Noch nie in meinem ganzen Leben habe ich nicht getroffen, auf was ich gezielt habe. Ich hatte Zeit zum Zielen, verdammt! Ich hatte ihn genau über Kimme und Korn. Da schien der Mond noch hell genug, Mann. Ich habe schon bei Halbmond einen weggeputzt, der weiter entfernt war als der Alte.«

»Auf jeden Fall steht fest, daß er keine Wunden hat«, sagte Koehler nervös.

»Herrgott, dann ist er auch nicht tot!« rief Philipp Norbeck. »Los, worauf warten wir eigentlich? Machen wir dem Zauber ein Ende! Du hast gesagt, daß du seinen Skalp willst, Jack. Los, erschieß ihn!«

»Er ist tot«, sagte Tom Hodges scharf. »Er muß tot sein. Es ist saumäßig kalt, und der Alte hat nichts an. Er muß tot sein!«

»Erschieß ihn, zum Teufel!« rief Sam Miller. »Ich will sehen, daß er ein Loch im Kopf hat.«

»Du kapierst einfach nicht!« gab Sugarfoot Jack zurück. »Er ist tot.«

»Dann hol dir seinen Skalp!« sagte Hodges. »Herrgott, du hast doch den ersten Schuß abgefeuert! Du hast nicht warten können, du krummer Hund! Du hast geschossen, weil dir die Nerven durchgegangen sind. Der Bastard, auf den wir gewartet haben, kommt jetzt bestimmt nicht mehr. Diesen Feuerzauber hat man bis nach Prescott gehört, verdammt noch mal!«

»Alle haben geschossen, Hodges«, sagte Sugarfoot Jack wütend. »Und daß ich keine Nerven habe, ist eine gottverfluchte Lüge! Ich habe zwei Dutzend mehr Skalpe in meiner Sammlung.«

»Von Frauen und Kindern!« stieß Theo Boggs hervor.

Sugarfoot Jack wirbelte herum. »Sag das noch einmal, Boggs! Sag das noch einmal, und ich schieß dir den Kopf von den Schultern!«

»Hört auf!« Alfred Koehler trat zwischen die beiden. »Es kann einfach nicht mit rechten Dingen zugehen. Seht das doch ein, sonst bringen wir uns noch gegenseitig um! Gleich geht die Welt unter.« Er kreuzte die Arme über der Brust. Ein alter Bannspruch, den er als Junge gelernt hatte, fiel ihm ein. »Bagabi laca bachabe Karelyos!«

»Was sagst du da, verdammt?« fragte Philipp Norbeck.

»Ich verjage den Satan«, stieß Koehler hervor.

»Du bist ein Arschloch, Koehler!« sagte Boggs grimmig. Er hob sein Gewehr und drehte sich um. Langsam ging er auf den alten Mann zu. Es sah aus, als wollte er weitergehen, bis die Mündung seines Gewehrs dessen Körper berührte, aber plötzlich übertönte ein lauter Schrei das Rauschen des Windes. Der Schrei des Falken. Boggs blieb stehen. Er blickte sich nach allen Seiten um. Nirgendwo war ein Falke zu sehen.

»Jetzt habe ich genug«, flüsterte Koehler. »Ich hau ab! So was habe ich noch nie erlebt. Schaut euch nur mal den Mond an. Der ist rot wie Blut!«

»Der Schrei kam von dort drüben«, sagte Jeffrey Bancroft leise. Er zeigte auf die Büsche.

Theo Boggs hob das Gewehr. Er stand etwa zehn Schritte von Sekwala entfernt. Das Mündungsfeuer zeichnete für Sekunden die Umrisse des alten Mannes. Die Kugel schlug ein. Das Echo des Schusses wurde von einer Windböe zerfetzt. Die Männer starrten auf den alten Mann. Die Kugel hatte ihn mitten ins Gesicht getroffen. Deutlich war das Einschußloch zu sehen. Neben der Nase, fingerbreit unter dem linken Auge.

»Kein Blut«, preßte Alfred Koehler atemlos hervor.

Jeffrey Bancroft lachte schrill.

»Siehst du, Boggs! Kein Blut. Kein Tropfen!«

Hodges riß mit einem Fluch das Gewehr an die Schulter und feuerte. Die Kugel traf den alten Mann von der Seite in die Brust. Die Männer starrten auf das Loch.

»Tote bluten nicht«, sagte Boggs heiser. »Das weiß man doch.«

»Wer weiß das, du Idiot?« rief Hodges. »Niemand weiß das. Da müßte noch Blut kommen, verdammt! Wenigstens ein Tropfen.« Er legte das Gewehr auf den Boden, zog seine zwei Revolver und schoß beide Trommeln leer. Die Kugeln stießen den Körper des alten Mannes zur Seite und gaben ihm Leben, das er nicht besaß. Jeffrey Bancroft schrie wie ein Irrer. Boggs hatte sein Gewehr nachgeladen, feuerte und zog dann seinen Revolver. Er schoß eine Kugel nach der anderen ab. Alle schossen jetzt, außer Alfred Koehler, der sein geladenes Gewehr in den Händen hielt, aber unfähig war, den Finger am Abzug zu krümmen.

Der Widerhall der Schüsse betäubte ihn. Trotzdem hörte er erneut den Schrei des Falken. Koehler warf den Kopf herum, suchte den Nachthimmel ab, ohne den Vogel zu sehen.

»Der Mond!« rief er. »Schaut! Der Mond!«

Der Mond war wieder wie zuvor, als der Wind nicht geweht hatte. Eine leuchtende gelbe Scheibe am Himmel, an dem Myriaden von Sternen glitzerten. Der Wind hatte sich gelegt. Die Luft war klar.

»Jetzt ist er tot«, sagte Tom Hodges scharf. »Jetzt ist er wirklich tot!«

Theo Boggs, der dem alten Mann am nächsten gestanden hatte, drehte sich auf dem Absatz um und kam zurück. Ohne sich um die andern zu kümmern ging er den Hügel hinunter. »Ich reite nach Prescott!« rief er. »Ich habe genug, Hodges. Fast zwei Wochen unterwegs, und dann diesen Zauber hier. Das genügt mir jetzt!«

Jeffrey Bancroft lachte spöttisch. »Jetzt hat's ihn auch erwischt«, sagte er zu Hodges, der dabei war, sein Gewehr zu laden. »Jetzt glaubt er auch, daß der alte Mann ein Teufel ist.«

Hodges stieß mit dem Ladestock die Kugel in den Lauf. Er drehte Jeffrey den Rücken. »Was ist, Jack? Willst du jetzt seinen Skalp oder nicht?«

»Den fass' ich nicht an«, schnappte Sugarfoot Jack. »Ich geh keinen Schritt näher ran, Hodges. Ich bin froh, wenn wir aus diesem Tal raus sind.«

»Es war von allem Anfang an ein Blödsinn, hinter einem einzelnen Apachen herzulaufen«, sagte Sam Miller. »Das lohnt sich nicht. Entweder wir machen es wie Woolsey, oder ich bleibe das nächstemal zu Hause.«

»Woolsey«, stieß Hodges ärgerlich hervor. »Woolsey kriegt jede Unterstützung von der Regierung, die er haben will. Da kann man leicht große Feldzüge unternehmen. Zum Teufel mit Woolsey!«

»Trotzdem war es keine gute Idee, hierher zu reiten«, sagte Koehler, der noch immer keine Farbe im Gesicht hatte. »Ich wußte von Anfang an, daß hier nur Unheil auf uns wartet. Hier hausen die Geister der Apachen, die Woolsey bei seiner Pinole-Versammlung getötet hat.«

Hodges winkte ab. »Wir reiten heim«, sagte er. Er warf noch einen letzten Blick auf den alten Mann, und er wußte, daß dieser Anblick ihn noch lange verfolgen würde. Dort lag er, von mehr als zwei Dutzend Kugeln durchbohrt, in einer seltsam verkrümmten Haltung. Die Hirschhautdecke unter ihm war weiß wie Schnee, und nirgendwo war ein Blutstropfen zu sehen.

Alferd Koehler machte, daß er wegkam, und auch die anderen folgten ihm eilig. Jeffrey Bancroft warf Tom Hodges einen Blick zu. Der selbsternannte Captain der »Yavapai-Rangers« war grau im Gesicht, während er auf den Toten starrte.

»Ich könnte ihn skalpieren«, sagte Jeffrey rauh.

Tom Hodges wandte sich um. »Weg hier, Junge!« stieß er hervor. »Nichts wie weg!« Er marschierte sofort los, und Jeffrey beeilte sich, ihm nachzukommen. Er hatte ein seltsam flaues Gefühl in der Magengegend, als er dem alten Mann den Rücken zudrehte. So als würde ihm jemand mit Blicken folgen. So als lauerte hinter ihm eine Gefahr.

Hodges blieb noch einmal stehen. Er drehte sich um, blickte zum Hügel hoch und erstarrte. Dort oben stand hoch aufgerichtet eine Gestalt, dunkel, umhüllt von einer weißen Hirschlederdecke.

Hodges preßte einen heiseren Schrei hervor und riß sein Gewehr hoch. In diesem Moment war die Gestalt verschwunden, und keiner der Männer, die sich herumgeworfen hatten, bekam sie zu sehen.

»Was ist los, Hodges?« fragte Sugarfoot Jack rauh.

Hodges ließ sein Gewehr sinken und ging weiter.

»Nichts«, sagte er. »Ich dachte für einen Moment, da oben sei eine Rothaut.«

»Der Alte?« fragte Koehler.

»Nein!« brüllte Hodges ihn an. »Nicht der Alte! Der Alte ist tot, verdammt! Aber vielleicht war es der Bastard, auf den wir gewartet haben.«

»Warum gehst du nicht zurück und holst ihn dir?« lachte Boggs, der angehalten hatte.

»Geh du doch!« sagte Koehler. »Du glaubst ja nicht an Geister, Boggs!«

»Ich habe genug!« Boggs spuckte aus. »Ich will wieder mal was Anständiges zwischen die Zähne kriegen und in einem Bett schlafen. Ich habe genug.«

»Ich auch«, schnappte Hodges. »Ob ihr's glaubt oder nicht, ich auch.«

Kahita blieb die Nacht auf dem Hügel. Er saß zu Füßen des Toten und heulte mit den Kojoten, nachdem die Weißaugen das Tal verlassen hatten.

Kahita war nicht allein mit dem alten Mann. Die Tiere waren da, die Mächte des Himmels und der Erde. Sie liehen ihm ihre Stimmen, um den Tod von Sekwala zu beklagen. Der Himmel senkte sich wie eine Decke über den Hügel, und die Erde, auf der Sekwala lag, wurde warm, als würde sie von der Sonne beschienen.

Vergeblich hielt Kahita nach She-te-ka Ausschau oder nach dem Falken. Das Pumaweibchen blieb verschwunden, seit ihm Sekwala am Ufer des Baches den Rücken zugedreht hatte. Wahrscheinlich begleitete sie ihn dorthin, wo er hingehen wollte. Und auch der Falke würde Sekwala den Weg zeigen, solange er im Dunkeln gehen mußte.

Kahita trauerte um den alten Mann mehr, als er um Mangas Coloradas oder um Par-a-muck-a getrauert hatte. Alle drei Männer waren wichtig für ihn gewesen. Sie hatten aus ihm gemacht, was er heute war. Sie hatten ihm das Leben gegeben, das Feuer und den Geist. Ohne sie hätte er nie eine Form erhalten. Ohne sie wäre er jetzt noch wie ein Schatten. Ohne sie würde er keinen Weg kennen und nie ein Licht sehen. Nur als man ihm die Nachricht vom Tode seines Vaters gebracht hatte, war ihm elender zumute gewesen als jetzt. Aber damals hatte er sich nicht so einsam und verlassen gefühlt. Damals hatte er Lozen gehabt, den alten Nana, Victorio und Kayetennae. Jetzt war es anders. Jetzt schien es, als wäre ein Stück von ihm gestorben.

Kahita hockte regungslos am Boden. Er dachte an die Worte des alten Mannes. Hatte er ihm nicht gesagt, daß er ihn begleiten würde, wohin auch immer ihn sein Weg führte?

»Wo bist du, Großvater?« rief Kahita in die Nacht hinaus. Er lauschte seiner Stimme nach, die sich im Tal verlor. Er sah den Fuchs im Gebüsch, aber der Fuchs beachtete ihn nicht. Eine Eule flog vom Hang herüber und setzte sich ins Geäst der Eiche. Ihre großen, runden Augen sahen Kahita an.

»Hast du mir etwas zu sagen, Eule?« fragte er. »Oder bist du es, die die Weißaugen hierher geführt hat? Ich traue dir nicht.«

Die Eule sagte nichts. Sie blieb lange auf dem Ast und flog schließlich davon.

Der Morgen graute. Die Sonne kam, und die Falken flogen von den Felsen in ihr Licht hinein. Sie suchten nach dem einen, der in der Nacht davongeflogen war, und sie fanden ihn irgendwo in der Sonne. Denn als sich Kahita erhob, kreiste über ihm ein einzelner Falke im Blau des Himmels.

Kahita bedeckte den Leichnam des alten Mannes mit dem hirschledernen Umhang, der samtweich war. Er hatte ein Loch, ungefähr so groß wie der Punkt, den sich Sekwala auf die Brust gemalt hatte. Um das Loch herum zogen sich dünne rote Kreise. Kahita sah zu, daß es genau über dem schwarzen Punkt zu liegen kam, damit die Falken den Weg zu Sekwalas Herz finden konnten.

Kahita beschwerte die Ränder der Decke mit Steinen. Dann ging er hinunter zum Bach, holte einen Armvoll Schilfstengel mit großen braunen Samenkolben. Diese brach er über dem zugedeckten Leichnam auf. Die weißen Flocken fielen wie Schnee über die Decke, und als von ihr nichts mehr zu sehen war, verließ Kahita den Hügel. Er ging hinunter ins Tal und setzte die Hütte von Sekwala in Brand. Schwarzer Rauch hob sich und zog in Schwaden durch das Tal nordwestwärts, der Stadt der Weißaugen entgegen. Wie Gewitterwolken. Kahita sah ihnen lange nach. »Gute Reise, Großvater!« rief er. »Gute Reise.«

Es war noch früh am Morgen, als sich Kahita von der brennenden Hütte und dem Hügel abwandte, auf dem der Leichnam des alten Mannes lag. Die Vögel kamen. Falken, Bussarde und Truthahngeier. Sie kreisten über dem Hügel. Irgendwann würden sie sich alle holen, was Sekwala ihnen geben wollte: sein Herz und seinen Körper.

Kahita suchte lange nach Wehabesowa und seinen Yavapai, aber es gab keine Dörfer mehr in den Bergen, und er traf nur auf eine Bande von Kriegern, die von der neuen Wagenstraße der Weißaugen herkamen. Sie gehörten zu den Leuten Wah-poo-etas, der von den Weißaugen Big Rump genannt wurde. Sie hatten einen Wagenzug überfallen und bescheidene Beute gemacht. Bis auf einen oder zwei waren sie alle betrunken. Sie trugen Hüte und bunte Stoffe, und der Anführer hatte seinen muskulösen Oberkörper in ein Stäbchenkorsett gezwängt, das ihm viel zu klein war.

»Schau her«, sagte einer von ihnen und zeigte Kahita das lange Gewehr mit dem Achtkantlauf, dessen Kugel Kahitas Pferd getötet hatte.

»Der Mann?« fragte Kahita erregt. »Wo ist der Mann, dem das Gewehr gehört?«

Der Krieger lachte und öffnete seinen Beutesack. Er zog eine Taschenuhr heraus und einen Skalp.

»Er schlief«, sagte der Krieger und grinste breit. »Er lag bei einem Wagen in seinen Decken. Er hat nichts gemerkt, bis ich bei ihm war. Er wachte erst auf, als ich ihn tötete. Hier!« Der Krieger zog blitzschnell sein Messer und führte einen Streich nach Kahitas Kopf. Die Spitze der Klinge berührte Kahita hinter dem Ohrläppchen, und der Krieger stieß einen Schrei aus. Dann steckte er das Messer wieder in die Scheide. Die anderen lachten und klatschten in die Hände, während Kahita mit unbewegtem Gesicht auf die langen schwarzen Skalphaare blickte, die der Krieger in der Hand hielt.

»Hast du ihn gekannt?« fragte der Anführer und wischte sich den Schnaps vom Kinn.

»Er war bei den Männern, die den alten Mann im Tal töteten, der mit den Tieren reden konnte.«

»Dann mußt du der sein, der ein Apache ist, Bruder?«

Kahita nickte. »Ich bin der«, sagte er düster.

»Kommst du mit uns?« fragte der Anführer. »Wir reiten zurück zum Dorf von Wah-poo-eta, der unser Häuptling ist.«

»Ich suche Wehabesowa, meinen Bruder«, sagte Kahita. Sie gaben ihm eines der Pferde, das sie erbeutet hatten, und einen Beutel mit Proviant. Dann ritten sie davon, und Kahita setzte seinen Weg fort. Er stieß in den Mazatzal Mountains, weit von den Nestern der Weißaugen und von der Soldatenstadt entfernt, auf Wehabesowa und einen Jagdtrupp, der sich auf dem Weg zurück zum Salt River befand.

Wehabesowa schien sich über das Wiedersehen ehrlich zu freuen. Seine Mutter war nach der Heimkehr von Toshi überraschend gesund geworden, und er war davon überzeugt, daß Sekwala etwas damit zu tun hatte. Als ihm Kahita vom Sterben des alten Mannes erzählte, brach Wehabesowa in lautes Wehklagen aus, und er schwor den Weißaugen blutige Rache.

Das Dorf der Yavapai befand sich in einem engen Tal, tief in den Bergen. Man konnte es nur über einen schmalen Bergpfad erreichen, aber es gab in diesem Tal keine Bäume, kaum Büsche und nur wenig Wasser. Die Frauen mußten tagelang wandern, um genug Nahrungsmittel und Holz einzubringen. Die Vorräte waren knapp, und der Winter kam früh ins Land.

Toshi lebte im Uwah ihrer Mutter, zusammen mit ihren jüngeren Schwestern und dem jüngsten Bruder. Kahita konnte sie dort nicht besuchen, aber in der Nacht trafen sie sich unten im Bett des ausgetrockneten Baches. Sie hatte sich mit einer Decke umhüllt, und sie setzte sich zu ihm und schlug die Decke um ihn, so wie sie es oft getan hatten, wenn sie zusammen unterwegs gewesen waren.

Es tat gut, in ihrer Nähe zu sein. Es tat gut, ihren Körper zu berühren, der ihm in den Sommermonaten so vertraut geworden war. Seine Finger glitten über ihr Haar, und langsam zog er sie zu sich herunter, und er spürte, wie sie vor Erregung zitterte und sich gegen ihn drängte, als suche sie in seinen Armen Schutz.

Lange lagen sie eng beieinander. Regungslos. Warm unter der Decke. Warm und weich. Kahita hielt sie umschlungen, und er streichelte sie sanft, und sie atmete mit ihrem Mund dicht an seinem Ohr. Für einen Moment wünschte er nichts mehr, als daß sie seine Frau wäre, und er entfernte sich mit ihr von der Wirklichkeit, die ihm nicht erlaubte, seine geheimen Wünsche zu erfüllen.

Sie lag ruhig jetzt. Kein Zittern mehr. Keine Anspannung. So als wäre der Friede, der sie umgab, unendlich. Er vergaß, wo er war und alles, was er erlebt hatte. Er küßte sie auf den Mund, küßte ihre kleinen Brüste und ihre Hände. Ihr Körper war heiß, und ihr Atem ging schnell. Er dachte nicht daran, daß er sie nicht berühren durfte. Das Verlangen, Toshi zu besitzen, beherrschte ihn, und er versuchte nicht, sich dagegen zu wehren.

Sie gab sich ihm, leicht wie eine Feder, und er hatte Angst, ihr weh zu tun, hatte Angst, dies alles könnte mit einemmal zerstört werden.

Er drückte sie an sich, als könnte er dadurch verhindern, daß sie jemals wieder voneinander getrennt würden, und sie lag unter ihm, still, die Augen geschlossen.

Irgendwann kehrte die Wirklichkeit zurück. Irgendwann kroch die Kälte unter die Decke, und sie lagen nebeneinander, ohne daß sie sich ein einziges Mal losgelassen hatten.

»Ich werde dich zu meiner Frau nehmen, Toshi«, flüsterte er, und es waren die ersten Worte, die er sagte, seit sie zusammen waren.

Sie öffnete die Augen.

»Ich bin deine Frau«, sagte sie leise.

»Niemand weiß es. Die Leute würden mit dem Finger auf uns zeigen. Dein Bruder würde versuchen, mich zu töten.«

»Mutter weiß es«, sagte sie.

Kahita drehte den Kopf und blickte sie ungläubig an. »Du hast ihr gesagt, wo du hingehst?«

»Ich habe ihr gesagt, daß ich deine Frau bin.«

Kahita lachte. »War das nicht ein bißchen voreilig? Ich habe nur ein einziges Pferd und meine Waffen. Ich könnte deinem Bruder nichts geben für dich. Die Leute glauben zwar nicht mehr, daß ich Unglück bringe, aber sie sind mißtrauisch. Vielleicht werden sie mich eines Tages wieder davonjagen und –«

»Du redest viel für einen Mann, der zum erstenmal mit seiner Frau zusammen ist«, unterbrach sie ihn. »Ich will nicht reden. Ich will bei dir sein.«

»Wir waren schon oft zusammen, Toshi. Hast du vergessen, wie wir vor dem Regen Schutz suchten und in der Höhle geschlafen haben?«

»Jetzt ist es anders«, sagte sie und küßte ihn.

»Ja, jetzt ist es anders. Es regnet nicht.« Kahita umarmte sie lachend, und sie rollten aus der Decke heraus durch den Sand im Bett des Baches. Sie tanzten zusammen im eisigen Wind, kauerten im Schutz der Böschung, und alles, was sie taten, war neu und wie ein Traum, der nicht aufhören wollte.

Der Morgen graute, als Toshi zurückschlich. Kahita sah ihr nach, bis sie in ihrem Uwah verschwunden war, dann ging er auf einen Hügel und wartete auf die Sonne.

Das Leben der Yavapai änderte sich mit dem Eindringen der Weißaugen. In ihren alten Jagdgründen gab es bald keinen Platz mehr, wo sie sich sicher fühlen konnten, und so suchten sie Schutz in den entlegensten Bergtälern, bauten nur noch notdürftige Unterkünfte und begannen, von einem Ort zum anderen zu ziehen. Die Frauen hatten kaum mehr genug Zeit, den Mescal einzubringen und zu rösten, die Hirschfelle zu bearbeiten und das Fleisch haltbar zu machen. Es gab kaum mehr Abende, an denen die Leute in Ruhe zusammensitzen konnten, um den Geschichten der Alten zu lauschen, um zu tanzen oder zu feiern. Die Suche nach Wild wurde immer schwieriger. Es gab kaum ein Tal, in dem sich nicht Weißaugen niedergelassen hatten, und die Jäger mußten ständig auf der Hut sein, um nicht plötzlich einer Armeepatrouille oder einer Schar Apachenkiller zu begegnen.

Immer mehr Weißaugen kamen ins Land, und ihre Stadt, die sie Prescott nannten, wuchs wie ein gefräßiges Tier, das sich nicht von der Stelle bewegte.

Kahita wußte, daß es zu spät war, die Weißaugen zu vertreiben. Aber er war ein Krieger, und er hatte einen Namen. Er kämpfte an der Seite seines Bruders Wehabesowa, und es war kein Kampf um die Freiheit seines Volkes; es war ein Kampf ums Überleben. Es schien, als hätten sich die Mächte von den Yavapai abgewandt, und Kahita dachte oft an die Worte des alten Mannes, der ihm gesagt hatte, daß nichts Gutes mehr kommen würde. Aber das stimmte nicht. Im Sommer, nachdem Sekwala gestorben war, nahm sich Kahita Toshi zur Frau. Er hatte eine Kriegerbande in die Berge geführt und brachte vier ausgesuchte Weißaugenpferde zurück, die er Wehabesowa schenkte. Vier Tage und vier Nächte feierten die Yavapai in einem Tal der Mazatzal Mountains. Kahita gab alles weg, was er besaß, außer seinem Bogen und dem Köcher mit den Pfeilen, seinem Schild und dem Messer. Und die Leute kamen und beschenkten ihn mit Dingen, die ihm Freude machten. Es waren vier gute Tage. Wah-poo-etas Leute kamen zu Besuch, und man tanzte, man lachte und sang, und es schien, als wäre alles, so wie es einmal gewesen war.

Aber wenige Tage später brachten Jäger die Kunde, daß Soldaten das Tal hinaufmarschierten. Die Yavapai packten eilig ihre Sachen zusammen und flohen über die Berge in das Tonto Basin, eine weite Talsenke im Osten der Mazatzal Mountains.

Wah-poo-eta stellte sofort einen Kriegertrupp zusammen, dem sich auch Wehabesowa und Kahita anschlossen. Da es sich bei den Soldaten um eine große Übermacht handelte, entschloß sich Wah-poo-eta, einen Bogen zu schlagen und das Tal des Rio Verde zu durchqueren. Er führte seine Krieger den Aqua Fria River hoch, vorbei an Woolseys Ranch und in die Bradshaw Mountains. Hier überfielen sie einige Goldgräber und einen Warentransport. Dann zogen sie zur Wagenstraße, die von Prescott nach Hardyville am Colorado River führte. Sie töteten auf ihrem Weg mehrere Weißaugen, die allein oder in kleinen Gruppen unterwegs waren, überraschten in der Nähe von Prescott drei Männer mit einer Pferdeherde und töteten zwei von ihnen, während ihnen der dritte entkam und die Stadt in Alarm versetzte.

Kahita verließ Wah-poo-etas Kriegertrupp mit acht jungen Kriegern und überfiel in der Nähe der Stadt eine kleine Farm. Sie töteten einen Mann, eine Frau und zwei kleine Kinder, spannten vier Maultiere vor einen Karren und luden die Toten auf die Wagenbrücke. Kahita sprang auf den Bock und knallte die Peitsche, aber er brachte es nicht fertig, die Maultiere auf dem Karrenweg zu halten, der in die Stadt führte. Sie jagten in panischer Angst querfeldein und über einen Hügel hinweg. Kahita hatte alle Hände voll zu tun, sich auf dem Bock festzuhalten. Als er die Häuser der Stadt sah, warf er sich vom Wagen, der hinter den Maultieren ins Schleudern geriet, plötzlich durch die Luft sprang und sich drehte. Der Wagen prallte mit den Rädern nach oben am Hang auf und barst auseinander. Bretter und Räder flogen durch die Luft und den Hang hinunter. Die Maultiere galoppierten mit der gebrochenen Deichsel und einem Stück der Vorderachse den Hügel hinunter, bogen auf die Straße ein und jagten zwischen den Häuserreihen hindurch. Der Staub hinter ihnen war so dicht, daß die Stadt für einen Moment verschwand, und als sie wieder zu sehen war, befanden sich keine Weißaugen mehr auf der Straße.

Zwei Wochen später lauerte Kahita mit zwei anderen Kriegern über einem Bergwerkschacht, in dem zwei Männer arbeiteten. Als die Sonne unterging, kamen sie heraus, und Kahita zerschmetterte dem ersten mit seiner Kriegskeule den Schädel. Der zweite ließ sich in den Stollen hineinfallen, und sie sahen ihn tief unten im Halbdunkel. Er rief etwas zu ihnen hoch, was sie nicht verstehen konnten. Seine Augen waren groß vor Angst, und Blut lief aus seinem Haar. Die Krieger warfen große Steinbrocken auf ihn hinunter, bis er sich nicht mehr rührte.

Es war ein wildes Leben, das Kahita führte, aber es war das einzige

Leben, das die Weißaugen den Yavapai gelassen hatten. Er machte sich nicht einmal Gedanken darüber, seit er sich dazu entschlossen hatte, ein Krieger zu sein. Er hörte auch nicht auf seine innere Stimme, von der er wußte, daß es die Stimme des alten Mannes war. Fast vergaß er Sekwala und seine Geschichten. Fast vergaß er alles, was dieser ihn gelehrt hatte. Und wenn er einmal den Blick hob und den Falken sah, rief er den Kriegsschrei der Yavapai zu ihm hoch.

»Tod den Weißaugen!« rief er.

Es gab keinen Frieden mehr, selbst dann nicht, wenn er ins Dorf zurückkehrte und mit Toshi zusammen war. Die Gefahr, die von den Weißaugen ausging, war überall. Und Toshi versuchte nicht, ihn aufzuhalten, wenn er seine Waffen bereitmachte und sein bestes Pferd sattelte. Selbst als unter ihrem Kleid eine Wölbung zu erkennen war und sie ihm eines Nachts sagte, daß sie im Winter ein Kind gebären würde, verriet sie ihm nichts von ihrer Angst um ihn. Er nahm sie in die Arme wie immer. Er erzählte ihr von einem Platz, der weit entfernt war, bei seinen Leuten, und daß er sie dorthin bringen würde, wenn der nächste Sommer kam.

Aber der nächste Sommer war weit.

Das Nest der Weißaugen

Wir freuen uns zu wissen, daß unsere Yavapai-Rangers es nicht der Mühe wert finden, die mörderischen Rothäute gefangenzunehmen. Der Brauch, Frauen und Kinder, ja oft sogar ausgewachsene Indianerböcke, gefangenzunehmen, wie er sogar von unserer regulären Armee praktiziert wird, scheint auszusterben . . . So werden alle Rothäute auf Anhieb dazu gebracht, ins Gras zu beißen, wo man sie erwischt . . . Wir waren schon lange der Überzeugung, daß es nur eine sichere und effektive Art gibt, das Land von diesem gefährlichen Ungeziefer zu säubern, und es scheint, daß diese von unseren Yavapai-Rangers vollumfassend vertreten wird.

Arizona Miner vom 12. Januar 1867

Seit Monaten schon wagten sich die Bürger von Prescott kaum mehr aus ihrer Stadt heraus, es sei denn in Begleitung von schwerbewaffneten Männern oder mit einer Soldateneskorte. Die Indianer hatten am Anfang des Jahres George W. Elder und seine Frau Dorothea mit ihren Kindern erwischt, als sie von ihrer Farm am Granite Creek aufbrechen wollten, um in die Stadt zu fahren und Proviant einzukaufen.

Apachen, sagte man. Für die Leute in Prescott war jede Rothaut ein Apache, und das Wort lag wie ein Fluch über der Stadt, die aus dem Nichts entstanden war und schon während jenes ersten Jahres einen ungeahnten Aufschwung erlebte.

Fast zweitausend Menschen lebten zurzeit in Prescott. Es gab mehrere Geschäfte, zwei große Warenhäuser, einige Hotels, Spielhöllen und Saloons, eine Brauerei, zwei Sägemühlen, eine Ziegelei und ein Bordell. Die Ziegeleibesitzer verkauften ihre Backsteine für zwölf Dollar pro Tausend, die drei Mädchen ihre Liebe für zwei Dollar die Stunde.

Prescott wuchs schnell. George Lount, ein Mitglied der Walker-Expedition, hatte in Prescott das erste Blockhaus errichtet. Er machte sich Richter A. O. Noyes zum Partner, der mit der Gouverneurparty hergekommen war. Sie ließen den ersten Heizkessel nach Prescott transportieren, um eine Dampfsäge zu betreiben. Richard McCormick, seines Zeichens Sekretär des Territoriums, setzte nach seiner Ankunft unverzüglich die mitgebrachte Druckerpresse in Betrieb und gab die Zeitung *Arizona Miner* heraus, in der er über die Regierungsgeschäfte ebenso ausführlich berichtete wie über die Gewalttaten der Apachen. Die Zeitung war oft voll des Lobes, wenn es den Miliztruppen oder den tapferen Soldaten aus Fort Whipple gelang, Apachendörfer niederzubrennen und die Bewohner umzubringen. McCormick wurde auch nie müde, Regierungsbeschlüsse zu verteidigen und die Bewohner zur Geduld zu mahnen, wenn der Ruf nach besserem Armeeschutz wieder einmal die Gemüter erregte.

Mit der Außenwelt war Prescott durch die Zollstraße von William Hardy verbunden, ein rauhbeiniger Pionier, der in seiner Art, mit dem Apachenproblem fertig zu werden, selbst einem Mann wie King S. Woolsey das Wasser reichen konnte. Er war dafür bekannt, daß er mehrere Dutzend Walapai mit Pinole und Strychnin vergiftet hatte, nachdem einige seiner Wagenzüge überfallen worden waren. Kurzerhand ließ er zwei Maultiere mit einer vollen Ladung vergifteten

Maisschrots laufen. Die Walapai fingen sie ein und brachten sie in ihr Dorf, und während die Frauen das tödliche Mahl zubereiteten, lauerten in den Hügeln Hardys Maultiertreiber und Frachtfahrer, unter ihnen auch Sugarfoot Jack. Sie fielen über das Dorf her, als sich die Walapai am Boden vor Schmerzen krümmten, und wer nicht schnell genug laufen konnte, wurde von den »Apachenjägern« niedergeschossen oder zu Tode geknüppelt.

Hardys Zollstraße führte von Prescott aus nordwärts zwischen den Santa Maria und den Juniper Mountains hindurch, vorbei am Felsengipfel des Mount Hope zur kleinen Bergwerksstadt Stockton. Von Stockton führte sie weiter nach Cerbat und von Cerbat nach Hardyville am Colorado River, dem nördlichsten Punkt des Flusses, der mit Frachtschiffen angelaufen werden konnte.

Zu Recht beschwerten sich die Bewohner von Prescott, die Goldgräber in den Bergen, die Farmer, die Rancher und die Fuhrleute über die zu ihrem Schutz abgestellten Truppen der US-Armee.

1865 war der Bürgerkrieg zwar vorbei, aber die Leute in Arizona warteten vergebens auf den Einmarsch neuer Truppen, auf die Einrichtung neuer Militärstationen und einen verstärkten Einsatz gegen die Apachen. Um dieses riesige Gebiet effektiv zu kontrollieren und dafür zu sorgen, daß die Zivilisation ungefährdet Fuß fassen konnte, hätten die Vereinigten Staaten von Amerika gleich nach dem Ende des Bürgerkrieges mehr als die doppelte Anzahl Soldaten in den Südwesten schicken müssen.

Das wußte auch Captain James Monroe Williams von der 8. US-Kavallerie, der zurzeit in Fort Whipple stationiert war. Williams hatte sich bereits einen Namen als Indianerkämpfer gemacht, und so war ihm die Planung eines Feldzuges gegen Big Rumps Apachen überlassen, die in Wirklichkeit Yavapai waren. Williams war sich der Schwierigkeit dieser Aufgabe voll bewußt. Seit 1863 herrschte in diesem Land ein furchtbarer Guerillakrieg, in dem es weder Planung noch Regeln gab. Die Indianer hatten keine festen Dörfer mehr, durchstreiften das Gebiet in kleineren und größeren Banden und schlugen immer dann zu, wenn am wenigsten mit einem Überfall gerechnet wurde. In der Nähe von Hardyville legten Walapai dem ersten Archivar des Mohave Country, Ira Woodworth, einen Hinterhalt, streckten ihn mit einigen Gewehrschüssen nieder und schlugen ihm danach den Schädel ein. Sam Knodles und Jim Conover wurden überfallen, als sie sich auf der Hardy-Zollstraße befanden. Sie versuchten ihre Haut so teuer wie möglich zu verkaufen, hatten aber gegen die Übermacht keine Chance.

So sah der Krieg aus. Nicht ein einziges Mal versuchten die Apachen, Armeepatrouillen offen anzugreifen. Niemals wandten sie sich gegen Fort Whipple oder Fort Mohave, einige Meilen südlich von Hardyville am Ostufer des Colorado Rivers. Captain Williams fragte sich, wie er es anstellen sollte, seinen Vorgesetzten einen Plan vorzulegen, der Hand und Fuß hatte.

Aber die Art der Kriegführung war nicht das einzige Problem, das der junge Kavallerieoffizier lösen sollte. Nach dem Ende des Bürgerkriegs wurde das Gebiet der Vereinigten Staaten zum Zwecke einer einfacheren Administration in fünf *Military Divisions* mit neunzehn *Departments* unterteilt. Zu den fünf *Divisions* gehörten die *Military Division of the Mississippi* unter dem Oberkommando von General William Tecumseh Sherman und die *Military Division of the Pacific* unter General Henry Wager Halleck.

Das Land der Apachen, *Apacheria* genannt, das sich über die Territorien Arizonas und New Mexicos erstreckte, wurde auf diese beiden *Military Divisions* aufgeteilt. New Mexico gehörte demnach dem *Department of the Missouri of the Military Division of the Mississippi* an und stand unter dem Befehl von General John Pope. Arizona aber war zu einem Teil dem *Department of California of the Military Division of the Pacific*, kommandiert von General Irvin McDowell, zugeteilt, zum anderen Teil dem *Department of Prescott of the Military Division of the Pacific* unter dem Kommando von General John Irvin Gregg.

Captain Williams kam ins Schwitzen, wenn er nur daran dachte, wie er sich in diesem Irrgarten zurechtfinden sollte. Daß sich aus dieser komplizierten Aufteilung kooperative Schwierigkeiten ergeben mußten, war inzwischen jedem klargeworden, der etwas mit der Politik oder mit der Armee zu tun hatte und oft drei Wochen auf einen Befehl oder einen Brief aus San Francisco warten mußte. Es klappte nichts im Apachenland. Die siebenundzwanzig Kompanien US-Soldaten waren auf ein Dutzend Militärstationen verteilt, einige in den gottverlassensten Winkeln. Dies machte es unmöglich, von den Hauptquartierforts aus, also von Fort Whipple für das Prescott-Department und Camp Lowell für das Tucson-Department, größere Truppenkontingente zusammenzuziehen und sie schnell gegen den Feind ins Feld zu schicken. Außerdem stritten sich Offiziere höchsten

Ranges untereinander über ihre Kompetenz, über ihren Aktionsradius und darüber, welche Indianer überhaupt als Feinde bekämpft werden sollten.

Kurz bevor Captain James Monroe Williams damit begann, seinen Feldzug zu planen, befahl General McDowell dem Kommandanten des Prescott-Departments, General John Irvin Gregg, seine Truppen in Bewegung zu halten und die Yavapai-Apachen zu bekämpfen. General Gregg erließ daraufhin »General Orders No. 4«, in der er feststellte, daß alle Indianer, die sich außerhalb ihrer Reservate aufhielten, als kriegerische Indianer zu behandeln seien, selbst dann, wenn sie einen Passierschein bei sich trugen, der von einem Regierungsagenten des betreffenden Reservats ausgestellt worden war. Da es im Prescott-Gebiet überhaupt noch keine Reservate gab, waren also dort alle Indianer als Feinde zu bekämpfen, selbst die Yuma, die Pima oder Juan Chivarias Maricopa. Die Indianeragenten des Innenministeriums, die in der Armee sowieso nur einen Aufpasser sahen, der ihren eigennützigen und profitablen Handel mit verschiedenen Indianerstämmen gefährdete, liefen Sturm gegen diese Weisung, und kurz darauf gab General McDowell auf Druck des Innenministeriums Gregg den Befehl, seine Anordnung abzuschwächen und neu herauszugeben. Gregg reagierte vorerst überhaupt nicht. Statt dessen entschloß er sich, Captain Williams persönlich auf dessen Feldzug zu begleiten und dafür zu sorgen, daß endlich Ordnung herrschte in seinem Department.

In Captain Williams hatte er zwar einen ausgezeichneten Mann, aber Gregg wußte, wie schwer es den Truppenkommandanten fiel, ihre Soldaten bei der Stange zu halten. Es fehlte an Proviant und Ausrüstung. Die Lebensbedingungen in den entlegenen, zum Teil nur notdürftig eingerichteten Forts waren miserabel und die Versuchungen der Zivilisation zu groß. Allein die 8. Kavallerie verzeichnete 1867 eine Desertionsrate von einundvierzig Prozent, und von Fort Mohave und Fort Whipple aus patrouillierten Detachements auf der Hardy-Zollstraße, um nach Deserteuren zu fahnden.

Gregg reiste nach Fort Whipple und kam dort an, als Captain James Monroe Williams zum Aufbruch bereit war. Gregg ließ die Kompanien I und B der 8. Kavallerie auf dem Paradeplatz antreten und hielt ihnen eine Standpauke:

»Soldaten! Ab heute weht hier ein anderer Wind. Ich bin hergekommen, um euch persönlich ins Feld zu führen. Ich bin hergekommen, um euch klarzumachen, daß ihr Soldaten seid, obwohl die meisten von euch nicht danach aussehen. Die Zeitungen schreiben, daß die Armee nichts mehr tauge. Die Leute lachen über uns. Aber es gäbe in diesem Land hier, weiß Gott, wenig zu lachen, wenn wir nicht da wären und dafür sorgen würden, daß die gottverdammten Barbaren nicht dazu kommen, Städte und Dörfer niederzubrennen und einige Tausend unschuldige Menschen zu massakrieren. Wir sind das Rückgrat der Zivilisation, Soldaten. Ohne uns wäre hier die Hölle, und die Hohlköpfe in Washington, die uns mit idiotischen Bedingungen bombardieren, weil sie von Tuten und Blasen keine Ahnung haben, könnten sich Arizona von der Landkarte streichen. Soldaten, ich vertraue euch. Ich bin stolz auf euch, und deshalb werde ich dafür sorgen, daß die Lästermäuler in diesem Land selbst schlucken müssen, was sie uns eingebrockt haben.« Gregg machte eine Pause und gab den Männern Zeit, sich zu beruhigen. Dann fuhr er fort, und seine Stimme war im hintersten Winkel des Forts zu hören. »Wir fegen dieses Land hier mit dem eisernen Besen! Und wenn wir durch sind, dann ist es so sauber, daß wir unsere Frauen herkommen lassen können, unsere Töchter, Tanten und Mütter und unsere Freundinnen!« Mit dem letzten Wort brachen die Soldaten in lautes Gebrüll aus, und Gregg stand vor dem Hauptquartier, die Fäuste in die Hüften gestemmt, auf den Sohlen seiner blitzblanken Stiefel wippend.

»Soldaten! Wir wollen keine Gefangenen machen. Wir wollen so viele Apachen töten, wie wir können. Sie sind unsere Feinde, hinterhältige Barbaren ohne Gott und ohne Seele. Denkt daran, wenn ihr ihnen begegnet. Captain Williams wird euch führen. Ich weiß, daß er der beste Mann ist für eine solche Operation. Steht ihm zur Seite und vernichtet den Feind, wo er sich uns entgegenstellt. Vernichtet ihn so, daß die Nation aufhorchen wird. Vernichtet ihn so, daß die Moralapostel im Osten nie mehr eine Träne zu vergießen haben. Vernichtet ihn so, daß die Geschichte dieser glorreichen Nation euch als Sieger nennt, als Sieger mit Glanz und Glorie. Auf in den Kampf, Soldaten!«

Gregg, ein hagerer Mann, mit einem mächtigen Schnauzbart, dessen Enden hochgezwirbelt waren und über die buschigen Koteletten hinwegragten, wandte sich an Captain Williams, der auf einem Apfelschimmel saß. Das scharfgeschnittene Gesicht des Captains war von der Sonne tief gebräunt. Er trug einen schwarzen Hut mit einem Band aus der Haut einer Klapperschlange. Die Uniformjacke hatte er nach Vorschrift bis zum Hals zugeknöpft, aber an seinen Stiefeln klebte der Dreck vom letzten Ritt.

»Übernehmen Sie die Abteilung, Captain!« befahl Gregg.

Williams bleckte die Zähne. »Jawohl, Sir«, sagte er, schob seinen Hut aus der Stirn und richtete sich im Sattel auf. »Okay, Leute«, sagte er mit ruhiger Stimme. »Ich brauche keinem von euch zu sagen, auf was es ankommt. Ihr seid nicht mehr neu in diesem Geschäft. Ich weiß, daß es ein paar krumme Hunde unter euch gibt, die auch dieses Mal wieder die erstbeste Gelegenheit wahrnehmen wollen, abzuhauen. Gut, ich kann keinen von euch hindern, sein Glück zu versuchen. Aber der, den ich erwische, wird erschossen. Klar?« Er blickte die Reihen der Soldaten entlang. Einige grinsten. Einer spuckte in den Staub. Williams tat, als hätte er es nicht gesehen.

»Sonst gibt es nichts zu sagen, Leute. Mister Thomas Hodges, der uns begleiten wird, hat gestern gemeldet, daß eine große Schar von Apachen durch den Hell's Canyon zieht. Der Canyon befindet sich nordöstlich des Chino Valleys und verbindet dieses Tal mit dem Tal des Rio Verde. Es ist ein unwegsames und wildes Gebiet, in dem wir operieren werden. Ich kann euch nur sagen, daß es hart wird.«

»Wieder mal nichts Neues«, ertönte eine Stimme aus den Reihen. General Gregg runzelte ärgerlich die Stirn, aber Williams grinste von einem Ohr zum andern.

»Wir sind keine Feuerwehrmusikanten, meine Herren. Wir sind die Elite der 8. Kavallerie, und das heißt immerhin etwas.«

»Was heißt das, Captain?« rief ein Mann aus der hintersten Reihe der B-Kompanie. »Kriegen wir bessere Verpflegung und bessere Unterkünfte? Oder wird unser Sold um zehn Cents aufgebessert?«

»Oder kriegen wir vielleicht ein Denkmal gesetzt?« rief ein anderer Mann spöttisch.

»Sicher, Fairbury!« sagte Williams ernst. »In Washington D. C. Aber der Präsident unseres gelobten Landes will sich erst den Skalp von Big Rump an den Gürtel hängen. Dann kriegst du dein Denkmal.«

»Fairbury scheißt sich seine Denkmäler in die Hose, wenn's mal heiß wird!« rief ein anderer Mann, und einige Soldaten brachen in Gebrüll aus. Andere starrten mit finsteren Gesichtern auf den General und den Captain. Ein Sergeant der I-Kompanie saß aufrecht, aber mit geschlossenen Augen im Sattel und schnarchte leise.

Etwa fünf Schritte von Captain Williams entfernt saß Tom Hodges auf einem rostbraunen Pferd. Er hielt sein Gewehr in der Armbeuge und trug zwei Revolver in offenen Halftern, die von seinem Gürtel hingen. Er hatte sich, zusammen mit einigen Männern seiner Yavapai-Rangers, der Armee als Zivil-Scout zur Verfügung gestellt, denn er kannte sich im Gebiet aus, in dem Captain Williams operieren wollte. Knapp zwei Wochen zuvor hatte er mit seinen Yavapai-Rangers im Hell's Canyon eine Bande von Walapai abgefangen und sieben von ihnen getötet. Doch noch immer war es ihm nicht gelungen, einen richtigen Apachenkrieger lebend einzufangen und nach Prescott zurückzubringen, damit er den Leuten zeigen konnte, daß Apachen wirklich keine Menschen waren. Frauen und Kinder taugten dazu nicht. Er brauchte einen wilden, blutrünstigen Bock, den man nur in Ketten geschmiedet vorführen konnte.

Kurz nach Sonnenaufgang verließen die beiden Kompanien Fort Whipple. General Gregg, Captain Williams und Hodges übernahmen die Spitze. Dann folgte ein Sergeant mit dem Wimpel der I-Kompanie. Einige Dutzend Zivilisten aus Prescott waren gekommen, um dem Abmarsch der Soldaten beizuwohnen. Unter ihnen befanden sich auch Jeffrey Bancroft, sein Vater, der Arzt Dr. Homer T. Bancroft und Joyce Moorhead, ein schlankes junges Mädchen, das sich bis jetzt standhaft geweigert hatte, Jeffreys Braut zu werden. Eigentlich hätte Jeffrey gern die Soldaten begleitet, aber dann hätte er womöglich Joyces Abreise nach Philadelphia verpaßt, wo sie eine Privatschule besuchen und zur Lehrerin ausgebildet werden sollte. Und vorher, so nahm es sich Jeffrey vor, wollte er mit Joyce noch einige Dinge besprechen, die für ihre gemeinsame Zukunft von Bedeutung waren. Immerhin hatten ihre Eltern, besonders ihre Mutter, bereits angedeutet, daß sie sich von einer Verbindung zwischen den Familien Moorhead und Bancroft einiges versprachen, zumal Jeffrey während der letzten zwei Jahre mit seinem Fuhr- und Frachtgeschäft bewiesen hatte, daß er auf eigenen Füßen stehen konnte.

Die Entscheidung lag jetzt allein bei Joyce. Sie war die Tochter von Hamilton S. Moorhead, einem Anwalt aus San Francisco, der seine Familie 1868 nach Prescott gebracht hatte. Obwohl Joyce noch nicht ganz achtzehn Jahre zählte, wirkte sie intelligent und selbstbewußt genug, um die Aufmerksamkeit aller heiratsfähigen Männer in diesem Land auf sich zu lenken. Joyce hatte die Wahl zwischen erfolgreichen Geschäftsleuten, jungen Ranchern, Armeeoffizieren und Politikern.

Und es schien für sie fast ein Spiel, bei öffentlichen Veranstaltungen mal mit dem einen, mal mit dem anderen zu tanzen, mit Captain Williams zum Picknick auszureiten oder sich von einem jungen Gerichtsschreiber den Hof machen zu lassen, sehr zum Mißfallen von Jeffrey Bancroft, für den es längst entschieden war, daß sie seine Frau werden würde.

Während Joyce den abreitenden Soldaten nachblickte und mit einem weißen Spitzentüchlein Captain Williams hinterherwinkte, spürte sie den harten Druck von Jeffreys Fingern an ihrem Arm.

»Ich glaube, es ist jetzt Zeit, daß wir in die Stadt zurückfahren«, sagte er. Am Klang seiner Stimme erkannte sie, daß er den Zorn nur mit Mühe unterdrücken konnte.

»Jim hat gesagt, daß ihm General Gregg eine Beförderung versprochen hat«, sagte sie ruhig. Manchmal forderte er mit seiner herrischen Art ihren Trotz geradezu heraus.

»Jim?« fragte Jeffreys Vater neugierig. »Ich nehme an, daß die Rede von Captain Williams ist, junge Lady?«

»Er hat mir bei der Feier zum 4. Juli erlaubt, ihn Jim zu nennen, Sir«, sagte Joyce und entzog Jeffrey ihren Arm, ein strahlendes Lächeln in ihrem schmalen hellen Gesicht. »Man muß ihm von ganzem Herzen einen großen Erfolg für diesen Feldzug wünschen, nicht wahr?«

»Da wird er sich aber etwas einfallen lassen müssen«, sagte Jeffrey scharf. »Ich bin davon überzeugt, daß ihm mehr als die Hälfte seiner Soldaten davonläuft, bevor er Feindberührung kriegt. Daran ändert auch die Anwesenheit von General Gregg nichts. Die Armee taugt nicht viel, Joyce. Und das ist auch ein Grund dafür, daß man daran denkt, den Regierungssitz von Prescott nach Tucson zu verlegen. Ob dann Prescott als Stadt noch eine Zukunft hat, wage ich zu bezweifeln. Auf jeden Fall ist abzusehen, daß die Glanzzeiten dieser Stadt zu Ende gehen.«

»Noch ist Prescott die Hauptstadt«, erwiderte Joyce und ließ ihr Spitzentüchlein in einer Rockfalte verschwinden. Sie hakte sich bei Dr. Bancroft unter, obwohl sie ihn überhaupt nicht ausstehen konnte, und dieser führte sie zu seinem Buggie, vor den ein prächtiger Rappenwallach gespannt war. Jeffrey ging zu seinem Pferd und schwang sich in den Sattel.

»Wir sehen uns in der Stadt, Joyce!« rief er ihr zu, während das Pferd unter ihm tänzelte und unwillig den Kopf hochwarf.

»Dein Vater wird mich bei Mrs. Stephens absetzen, Jeffrey«, sagte Joyce, fröhlich wie immer. »Du weißt doch, daß sie mir Unterricht am Pianoforte gibt.«

Jeffrey riß sein Pferd herum und gab ihm die Sporen. Das Pferd stieg wiehernd, sprang aus dem Stand an und jagte durch das Tor im Palisadenzaun. Er ritt aber nicht in die Stadt, sondern galoppierte hinter den Soldaten her.

Dr. Homer T. Bancroft half Joyce auf den Buggie. Er lachte, als er aufstieg. »Ein richtiger Hitzkopf ist er, meine Liebe. Hat er von mir. Mein Vater nannte mich Teufelskerl.«

»Glauben Sie auch, daß man den Regierungssitz nach Tucson verlegen wird?« fragte Joyce, um das Thema zu wechseln.

»Das ist wahrscheinlich«, sagte Dr. Bancroft. »Ich habe mich mit Gouverneur McCormick unterhalten. Er meint, Tucson sei als Regierungssitz besser geeignet, weil die Stadt leichter zugänglich ist als Prescott. Dein Vater hat ebenfalls bereits einen Umzug nach Tucson ins Auge gefaßt, und ich muß sagen, daß auch ich mich mit dem Gedanken trage, Prescott zu verlassen, falls Jeffrey tatsächlich in die Politik einsteigen will. Das Zeug dazu hat er.«

Dr. Bancroft trieb den Rappenwallach an und legte einen Arm um Joyces Schultern. »Was ist es, das dich hindert, Jeffrey zu erhören, Joyce?«

Joyce hob die schmalen Schultern. Die Frage überraschte sie, und für einen Moment wußte sie keine Antwort, die ihn nicht betroffen gemacht hätte.

»Jeffrey drängt auf eine Entscheidung, Mister Bancroft«, sagte sie. »Wie könnte ich mich schon jetzt entscheiden? Schließlich beabsichtige ich, in Philadelphia die Schule zu besuchen. Es ist alles nicht so einfach, wie Jeffrey sich das vorstellt.« Sie lachte. »Vielleicht bin ich noch nicht bereit, mein eigenes Leben für einen Mann aufzugeben, Sir.«

»Jeffrey hat sich Ziele gesetzt, Joyce. Und er ist ein Mann, der gewohnt ist, seine Ziele zu erreichen. Niederlagen kennt er nicht. So wäre es für ihn nicht einfach, darüber hinwegzukommen, wolltest du dich wirklich entschließen, ihn nicht zu heiraten.«

»Ich wollte, ich könnte es ihm leichter machen, Mister Bancroft«, erwiderte Joyce.

»Überlege es dir gut«, sagte Dr. Bancroft, und in seiner Stimme war der gleiche scharfe Klang, den sie so oft bei Jeffrey gehört hatte, wenn er glaubte, sie unter Druck setzen zu müssen. »Jeffrey Bancroft ist eine Partie, die sich ein intelligentes junges Mädchen nicht entgehen lassen sollte.«

Joyce gab ihm keine Antwort, und auf dem Rest des Weges redeten sie von Dingen, die nichts mit Jeffrey zu tun hatten. Joyce war froh darüber.

Wehabesowa und seine Yavapai kamen aus den Bill Williams Mountains, einer Bergkette im Norden des Chino Valleys, etwa sechzig Meilen von Prescott entfernt. Sie hatten mehrere Monate bei den Walapai verbracht, und Wehabesowa hatte sich mit den Walapai-Chiefs Wauba-Yuba und Scherum beraten, wie sie gemeinsam die Weißaugen bekämpfen konnten, aber sie hatten sich nicht einigen können.

Anfang April lagerten die Yavapai im Hell's Canyon, einer Schlucht in den südlichen Ausläufern der Bill Williams Mountains. Es schien ein guter Platz zu sein, wo die Yavapai den Sommer verbringen konnten, nicht weit entfernt von ihren alten Jagdgründen. Die Frauen begannen sofort, Uwahs zu errichten, während die Jägertrupps auszogen und das unwegsame Gelände durchstreiften. Hier gab es noch keine Spuren von Weißaugen.

Kahitas Sohn zählte fünf Monde. Toshi nahm ihn überallhin mit, auch wenn sie das Lager verließ, um Holz oder Beeren zu sammeln. Kahita hatte für seinen Sohn während der langen Winterabende eine Tragkrippe hergestellt, die er mit Glasperlen und mit Federn des Falken schmückte. Mit der Geburt seines Sohnes war eine Veränderung in ihm vorgegangen, die ihn zu einem ruhigeren Mann hatte werden lassen. Er zog nicht mehr so oft mit den Kriegern aus und verbrachte mehr Zeit auf der Jagd, denn er hatte Toshi mit ihrer ganzen Familie zu versorgen. In dieser Zeit fand Kahita mehr Ruhe, um über sein Leben nachzudenken, und wenn er Rat brauchte, wandte er sich an den Geist von Sekwala, der ihm überall gegenwärtig war. Manchmal kamen die Falken, wenn er allein auf dem Hügel saß, und dann flog er mit ihnen, trieb im Wind über Bergen und Tälern, kehrte zurück zu seinen Leuten und schwebte über den Nestern der Weißaugen und den Straßen, die sich durchs Land zogen wie das Netz großer Spinnen. Er sah seine Leute kämpfen, sah sie fliehen und sterben. Er sah sie im Winter hungern und frieren, und er sah sie bei den Weißaugen um Essen und Decken betteln.

Kahita wäre gern zurückgekehrt zu seinem Volk. Im Sommer, so dachte er, war Toshi stark genug für eine lange Reise. Kahita freute sich darauf, Victorio seinen Sohn zu zeigen und Toshi zu jenem Platz in den Bergen zu bringen, wo ihn seine Mutter geboren hatte. Er freute sich, mit ihr jene Pfade zu gehen, die er als Junge gegangen war, hinauf zu den Felsen, wo er den Falken im Schnee gefunden, und in das Tal der Black Mountains, wo er den ersten Hirsch erlegt hatte. Er wollte ihr sein Volk zeigen und mit ihr am Feuer tanzen, und der alte Nana würde ihr die Geschichten erzählen, vom Anfang der Welt, von White-painted Woman und den Monstern, von den Kojoten und Gahes, den Berggeistern. Er wollte mit seinem Sohn im warmen Quellwasser des Ojo Caliente schwimmen und mit ihm durch die Wälder laufen, und er wollte ihm alle jene Dinge zeigen, die ihn erfreut hatten, als er an seines Vaters Hand dorthin gegangen war, wo der Regenbogen die Erde berührte.

An jenem Morgen, als die Soldaten angriffen, lag Kahita mit Toshi und seinem Sohn unter den Decken. Er war kurz zuvor erwacht, und es war ihm, als hätte ihn Sekwalas Stimme aus einem Traum hochgeschreckt. Er richtete sich vorsichtig auf, um nicht Toshi oder den Kleinen zu wecken. Durch die Rauchöffnung im Dach der Hütte konnte er den Nachthimmel sehen. Es war noch dunkel draußen. Irgendwo sang leise ein alter Mann, um die Pferde zu beruhigen. Etwas stimmte nicht, aber es konnte nichts Schlimmes sein, denn der Mann draußen sang von She-te-ka, dem Puma, und von einem Fohlen, das in dieser Nacht auf die Welt gekommen war.

Toshi erwachte. Im Gras, mit dem die Hütte abgedeckt war, raschelte es. Sie lächelte.

»Eichhörnchen«, sagte sie.

Kahita legte einen Arm um sie und küßte sie. Es war kalt in der Hütte. »Bleib liegen«, flüsterte er ihr ins Ohr. »Ich gehe hinaus und hole Holz für das Feuer.«

»Das ist die Arbeit der Frau«, sagte sie. »Du bleibst liegen und ich hole Holz.«

»Unser Sohn würde erwachen.«

»So? Es ist bald Morgen. Er wird hungrig sein.« Sie löste sich von ihm und nahm das Baby auf, so vorsichtig und sanft, daß es nicht erwachte. »Er schläft wie ein Murmeltier im Winter, unser Sohn«, sagte sie. »Vielleicht wird aus ihm nie ein Krieger, weil er schläft, wenn es die Zeit wäre, Weißaugen zu töten.« Toshi drückte den

Kleinen an sich und übergab ihn Kahita. Sie erhob sich, warf eine Decke um sich und verließ das Uwah. Der alte Mann bei den Pferden hatte zu singen aufgehört. Es war still draußen.

Kahita wiegte den Kleinen in seinem Arm. Nur der Kopf lugte aus dem weichen Hasenfell, mit dem ihn Toshi umwickelt hatte. Seine Nase war gerötet.

Draußen vor dem Eingang waren leise Schritte zu hören. Toshi kam zurück. Kahita hörte sie etwas sagen. Und in diesem Moment flog der Fellappen nach innen, und Toshi stürzte in die Hütte hinein. Kahita sah etwas Dunkles von ihr wegspritzen, sah, wie ihr die Zweige aus den Armen fielen und hörte erst dann den Knall eines Gewehres, dem ein peitschendes Stakkato von Schüssen folgte.

Toshi flog über die Feuermulde in der Mitte der Hütte. Kugeln zerfetzten Äste und Grasbüschel, rissen Körbe von den Pfosten und zertrümmerten die Tonkrüge. Heisere Männerstimmen ertönten. Pferde wieherten und jagten durch das Lager. Frauen und Kinder schrien, und es war, als sei der Himmel auf die Hütten niedergestürzt.

Für einen Augenblick konnte Kahita sich nicht rühren. Dann sprang er hoch und warf sich über Toshi. Sein Schrei ging im Lärm unter. Er riß Toshi herum. Ungläubig starrte er in ihr blutverschmiertes Gesicht.

»Komm!« brüllte er. »Komm, lauf mit mir!« Er sprang auf die Beine und wollte Toshi in seiner Verzweiflung hochziehen, aber die Decke rutschte von ihr, und er sah das Blut, das aus ihrer Brust quoll. Kahita brach haltlos in die Knie. Mit einem Arm hielt er seinen Sohn umschlungen, mit dem anderen versuchte er, Toshis Kopf an sich zu drücken. Die Geräusche von draußen drangen wie durch dicke Nebel an sein Ohr. Es schien ihm, als würde die Zeit stillstehen, so als würde er in diesem Moment sterben.

Er wiegte seinen Oberkörper sanft hin und her, und er hörte seine Stimme das Lied vom Sterben singen, das ihn Sekwala gelehrt hatte. Die Blicke aus Toshis Augen hingen an seinem Mund. Ihre Finger gruben sich in seinen Arm. Sie wollte etwas sagen. Ihre Lippen bewegten sich, und er beugte sich über sie und hielt sein Ohr dicht an ihren Mund, aber kein Laut drang aus ihrer Kehle. Sie öffnete den Mund weit, erstarrt im Todeskrampf und lag dann weich in seinem Arm.

Kahita wußte nicht, wie lange er bei ihr am Boden gekniet hatte, als plötzlich der Schlachtenlärm wüst und laut in das Uwah drang. Er ließ Toshi los, warf sich herum und sah durch die Eingangsöffnung, wie die große Ratshütte und das Uwah von Wehabesowa in Flammen aufgingen.

In der Mitte des Dorfes hatten sich einige Krieger versammelt. Sie rannten in einen Feuerhagel der Soldaten hinein, die vom Hang her angriffen. Auch von Westen, von der Talniederung her, stürmten Soldaten zu Fuß, und auf der Ebene, im Mondschatten des Waldes, formierten sich Pferdesoldaten zu einer neuen Angriffslinie. Das Geschrei der flüchtenden Frauen und Kinder, die in den Rauchschwaden herumirrten, durchbrach den Schlachtenlärm. Von den Hängen im Osten kroch kaltes Dämmerlicht in das Tal.

Kahita schlug eine Wolldecke um seinen Sohn. Ohne Waffen, ohne seine Kleider rannte er aus dem Uwah. Draußen kauerte eine jammernde Frau über einem Mann und einem Kind, die in einer Blutlache lagen.

»Geh weg, Frau!« rief ihr Kahita zu, aber die Frau blieb, und er rannte zwischen den brennenden Hütten hindurch auf die Wälder zu, die sich über die steilen Hänge bis ins Tal hineinzogen. Reiter verfolgten ihn. Kahita warf einen Blick über die Schulter, während er weiterlief. Und er sah den Mann auf dem schwarzen Pferd, und er erkannte ihn an seiner Stimme.

Kahita hielt an und warf sich herum, als er einsah, daß er ihnen nicht entkommen konnte. Sie ritten ihn nieder und schlugen mit den Gewehren nach ihm, als er aufspringen wollte. Der Mann auf dem schwarzen Pferd ließ seine Peitschenschnur fliegen, und sie traf Kahita über der Brust, riß ihn zu Boden zwischen die eisenbeschlagenen Hufe der Pferde. Vergeblich versuchte Kahita, seinen Sohn zu schützen. Taumelnd kam er auf die Füße, und erneut schlang sich die dicke Peitschenschnur um ihn. Im wirbelnden Staub sah er die Gesichter der Weißaugen wie lärmende Fratzen von Monstern. Ein Hufschlag traf ihn ins Kreuz, und er merkte nicht, wie ihm das Bündel entrissen wurde, das er an sich gedrückt hatte. Er rannte auf den Wald zu, aber die Weißaugen ließen ihn nicht entkommen.

Es war Alfred Koehler, der das Bündel angewidert gegen einen Baum schleuderte. »Verdammte Kröte«, fluchte er, und wischte sich die Hände an der Hose ab. Umsonst suchte er im Getümmel nach seinem Pferd, das ihn abgeworfen hatte. So rannte er hinter den anderen her, die den Apachen verfolgten. Sie schwangen ihre Lassos. Theo Boggs Schlinge senkte sich über den Körper des Apachen. Er wurde aus dem Lauf heraus hart herumgerissen. Hodges Peitsche traf ihn. Philipp Norbeck und Sam Miller warfen ihre Lassoschlingen von den galoppierenden Pferden aus über den Apachen. Er wurde in die Büsche am Waldrand geschleudert. Die Reiter zügelten ihre Pferde und grinsten auf ihn nieder. Das Haar hing ihm in Strähnen über das Gesicht. Hodges' Peitsche hatte ihm tiefe Wunden geschlagen. Langsam richtete er sich auf. Seine Augen funkelten. Er bleckte die Zähne wie ein Tier. Sein Atem ging keuchend, seine Muskeln waren angespannt, die Hände wie Klauen geöffnet.

»Ist er nicht ein Prachtexemplar von einem Apachen«, stieß Tom Hodges hervor.

Theo Boggs lachte. »Wenn wir jetzt anreiten, können wir ihn auseinanderreißen, Hodges. Ganz langsam. Mal sehen, wer von uns das größte Stück dran hat.«

Koehler kam schnaufend angelaufen.

»Der Kerl hatte ein Kind dabei«, keuchte er. Als er den Apachen sah, blieb er jäh stehen. »Der sieht aus wie – wie ein Tier, Hodges. Warum schießt ihn keiner nieder?«

»Das *ist* ein Tier, Al! Gefährlicher als ein Puma. Wir nehmen ihn lebend mit in die Stadt. Wenn wir den in meinem Saloon aufhängen und Eintritt verlangen, kommt mehr Geld zusammen als bei einer dieser dämlichen Theateraufführungen.«

»Wir könnten seinen Kopf versteigern«, stimmte Koehler zu. »Zumindest seinen Skalp. Wetten, daß er dreihundert Dollar bringt? Das ist fast doppelt soviel, wie wir bei der letzten Wohltätigkeitsveranstaltung eingenommen haben.«

Der Apache sprang plötzlich vor, so daß sich die drei gestreckten Seile lockerten. Er stieß den fauchenden Laut eines Pumas aus, und das Pferd, auf dem Sam Miller saß, stieg. Blitzschnell streifte der Apache zwei Schlingen ab, aber bevor er dazu kam, sich ganz zu befreien, trieb Theo Boggs sein Pferd hart an. Kahita flog von den Füßen, schlug gegen den Stamm einer Kiefer und brach durch dichtes Dornengestrüpp. Der Reiter schleifte ihn am Lasso zwischen brennenden Hütten hindurch auf dem Dorfplatz herum. Kahita wurde hin und her geschleudert, prallte gegen Tote, die überall herumlagen. Schließlich kehrte der Reiter zu den anderen zurück und zügelte sein Pferd. Der Apache blieb regungslos im Gras liegen.

»Jetzt sieht er ganz und gar nicht mehr wie ein Prachtexemplar aus«, rief Theo Boggs Tom Hodges und seinen Freunden zu. »Jetzt sieht er aus, als ob jemand versucht hätte, ihm das Fell über die Ohren zu ziehen.«

»Das sind nur Schürfwunden«, sagte Tom Hodges. »So ein Apache ist zäh wie Sattelleder.« Er schwang sich vom Pferd und beugte sich über Kahita. Er sah furchtbar aus. Es gab kaum mehr eine Stelle an seinem Körper, die heil geblieben war. Er lag auf dem Gesicht. Hodges packte ihn am Arm und drehte ihn auf den Rücken. In diesem Moment schlug der Apache die Augen auf und spuckte ihm ins Gesicht.

Hodges sprang auf. »Gottverfluchte Rothaut!« schrie er und drückte seine Stiefelsohle so lange gegen den Kehlkopf des Apachen, bis dieser nicht mehr bei Besinnung sein konnte. Als er sich niederbeugte, hatte der Apache die Augen geschlossen. Er lag wie tot. Hodges hielt ihm die Finger gegen den Hals.

»Tot?« fragte Koehler beinahe hoffnungsvoll.

»Der Teufel soll ihn holen«, gab Hodges zurück und stand auf.

In Prescott wartete man ungeduldig auf eine Nachricht von den Männern, die mit General Gregg und Captain Williams ins Feld gezogen waren. Da die Besatzung von Fort Whipple während dieser Zeit nur noch aus fünfzehn Mann bestand, wagte sich niemand mehr aus der Stadt hinaus.

Es gab genug Anzeichen, daß Indianer um Prescott herumstreunten, und George Lount stellte vorläufig den Betrieb seiner Sägemühle ein, nachdem die Apachen einen Holztransport überfallen und einem der Lumberjacks mit seiner eigenen Axt den Schädel gespalten hatten.

Niemand konnte genau sagen, wann und wo Gefahr durch die Apachen drohte. Im ganzen Gebiet, vom Rio Verde bis hinüber zum Colorado River, herrschte Alarmzustand. Farmer hatten ihre Gehöfte verlassen und mit ihren Familien in der Stadt Zuflucht gesucht. Die Arbeiten in den Bergwerken und Holzfällercamps konnten nur noch unter strengster Bewachung fortgesetzt werden. Wagenzüge mit Waren aus Kalifornien waren schon lange nicht mehr eingetroffen. Nur J. Goldwater & Brothers versuchte, sich auf der Straße von Ehrenberg nach Prescott mit einer Ladung durchzuschlagen, begleitet von einem Trupp bis an die Zähne bewaffneter Männer.

Prescott, eine Insel mitten im Indianergebiet, war wie abgeschnitten von der Außenwelt, aber das Leben ging trotzdem weiter, solange J. N. Rodenburg's Arizona-Brauerei genug Bier produzieren konnte, um den Durst der Männer zu löschen, die sich Abend für Abend in den Saloons der »Whiskey Row«, der Kneipenstraße von Prescott, trafen, um das Schicksal ihrer Stadt zu bereden.

Auch die gehobene Gesellschaft von Prescott ließ es sich noch gutgehen. Gouverneur McCormick, der sein Amt vor einem Jahr von seinem Vorgänger Goodwin übernommen hatte, war ein reicher Mann geworden, der seine Finger in den meisten Geschäften stecken hatte, die Profit abwarfen. Im Gegensatz zu seinem Vorgänger, verstand er es, die Bevölkerung für sich zu gewinnen. Dabei half ihm natürlich vor allem sein liebstes Kind, der *Arizona Miner*. McCormick benutzte die Zeitung jahrelang als Schrittmacher für seine Karriere und zur Verteidigung seiner Amtshandlungen, und nie wurde er müde, für sich und seine Stadt die Werbetrommel zu rühren. Die meisten Leute mochten ihn. Er verstand die Sprache der Goldgräber und Farmersleute ebenso wie die der Geschäftsleute und Politiker. 1865, auf einer Schiffsreise nach New York über die Panama-Landenge, lernte er Margaret kennen, ein hübsches, blondgelocktes Mädchen aus bester Familie, das er als seine Frau zurück nach Prescott brachte. Als er 1866 zum Gouverneur gewählt wurde, zog er mit Margaret in die Gouverneursvilla, ein rohgehauenes Blockhaus mit Schindeldach, Ölpapierfenstern und einem hartgestampften Lehmboden in den Wohn- und Schlafräumen. Margaret ließ sich durch die rauhe Umgebung nicht entmutigen, pflanzte neben dem Eingang den ersten Rosenbusch von Prescott und ließ einige der Innenwände mit der einzigen Farbe bestreichen, die gegenwärtig in Prescott zu haben war: armeegrau. Margaret McCormick war der Stolz des Territoriums, ein freundliches und intelligentes Wesen, das einen Hauch von neuengländischem Charme in die Wildnis brachte. Zu der Zeit, als General Gregg und Captain Williams Jagd auf Apachen machte, war Margaret im neunten Monat schwanger, und Dr. Bancroft rechnete jeden Tag mit der Geburt ihres ersten Kindes.

In der Nacht, als Tom Hodges und seine Yavapai-Rangers mit ihrem Gefangenen in die Stadt zurückkehrten, war McCormick der Zeremonienmeister bei einer Wohltätigkeitsparty, zu der Mr. und Mrs.

Bancroft aufgerufen hatten. Der Erlös sollte jenen Farmersleuten zukommen, die ihr Heim wegen der Bedrohung durch die Apachen hatten verlassen müssen und hier in der Stadt sozusagen von den Almosen lebten, die ihre Kinder auftreiben konnten.

Es gab ein paar wirklich extreme Fälle, aber Gouverneur McCormick sagte in seiner Ansprache, es wäre ja wohl gelacht, wenn eine Stadt wie Prescott sich nicht in der Lage sähe, alle ihre Schützlinge zu versorgen. Er selbst stiftete zehn Dollar und gab Gutscheine aus, die am nächsten Tag beim Haupteingang des Bashford-Warenhauses eingelöst werden konnten.

Nach der öffentlichen Veranstaltung im Schulhaus zogen sich die Bancrofts mit ihren intimen Freunden zurück, um im engeren Kreis die gegenwärtige Lage zu erörtern und noch ein bißchen zu feiern. Bei Champagner, Cognac und Wein, im Salon des herrschaftlichen Bancroft-Hauses an der Montezuma Street, erzählte McCormick zur Freude aller gerade eine seiner Anekdoten, als in der Stadt Schüsse krachten.

Mit einemmal erwachte Prescott. Lärm rollte die Straße hoch, bis zum Haus der Bancrofts, das in einer sonst ruhigen Gegend stand. Mrs. Bancroft schlug einen schweren burgunderfarbenen Samtvorhang vom Fenster neben dem Pianoforte zurück, zog die Spitzengardinen auf und blickte die Straße hinunter. Männer liefen am Haus vorbei zur Plaza. Überall brannten Laternen. Noch immer krachten Schüsse.

»Vielleicht kommt Jeffrey zurück«, sagte Mrs. Bancroft und schlug in freudiger Erwartung ihre dicken Patschhändchen zusammen, daß die goldenen Armbänder klirrten. »Stellt euch vor, unser Jeffrey hat es sich nicht nehmen lassen, Tom Hodges und die Soldaten zu begleiten.«

Mrs. Howard, die Frau des Uhrmachers und Juweliers W. J. Howard, fächelte sich mit einem japanischen Fächer Kühlung in das stark gepuderte Gesicht und meinte gelassen: »Ich bin froh, daß sich unser Sohn William zur Zeit in Tucson aufhält und sich nicht einem Mann wie Hodges anzuschließen braucht.«

»Es sind tatsächlich die Yavapai-Rangers!« rief Mrs. Bancroft erregt. »Ich hoffe, daß ihnen hier nichts passiert. Immer wenn sie heimkommen, bricht in der Stadt das Chaos aus.«

»Es ist eine Schande für jede zivilisierte Gesellschaft, Männer auf Menschenjagd schicken zu müssen, obwohl dafür eine Armee zuständig wäre, die mit unseren Steuergeldern finanziert wird«, sagte Mrs. Howard.

Mr. Howard kniff seine Frau in den Arm, etwas, was er nur selten zu tun wagte, und lachte: »Forrestine, wir wollen nicht unzufrieden sein. Die Zivilisation macht hier in ihren Kinderschuhen zwar kleine Schritte, aber ich versichere dir, daß sie trotzdem vorankommt. Außerdem scheinst du zu vergessen, daß es sich bei den Geschöpfen, die du Menschen nennst, um Apachen handelt.«

»Darüber, ob es sich bei den Apachen um Menschen handelt, kann man in der Tat geteilter Ansicht sein«, sagte Dr. Bancroft. Er lehnte am Pianoforte, hatte ein Champagnerglas in der Hand und war sich seiner Männlichkeit voll bewußt. Wenn es einen Menschen gab, den Joyce Moorhead nicht ausstehen konnte, dann war es Dr. Homer T. Bancroft, bei dem alles im Übermaß vorhanden war, was sich bei Jeffrey erst noch zu entwickeln hatte. Sie wußte allerdings, daß ihre Mutter Homer T. Bancroft äußerst zugetan war, ein Umstand, der seit Monaten Anlaß zu Klatsch gab.

»Die Alternative wäre, daß wir es mit Tieren zu tun haben«, sagte Mr. Rodenburg, der Brauereibesitzer. Er war ein stämmiger Junggeselle, der sein Bier bis nach Yuma und Tucson lieferte.

»Richtig, John«, lächelte Bancroft und strich sich über den sorgfältig getrimmten Schnurrbart. »Wir dürfen nämlich nicht über die bestialischen Taten hinwegsehen, die von den Apachen an unseren Mitmenschen verübt wurden und noch verübt werden. Ich bin überzeugt, daß in diesem Land erst Frieden einkehren wird, wenn die Apachen ausgerottet sind. Es ist mir unverständlich, daß es noch Politiker gibt, die mit dem Vorschlag an die Regierung herantreten, die Apachen in eigens für sie geschaffenen Reservaten am Leben zu erhalten, ja, sie gar dazu zu bringen, Häuser zu bauen und Felder anzulegen. Dieses Vorhaben ist von Anfang an zum Scheitern verurteilt, und es wäre nicht abzusehen, was uns eine derart unzweckmäßige Politik kosten würde.«

»Immerhin gibt es seit einigen Jahren Indianerreservate, Mister Bancroft«, wandte Joyce ein. Sie saß auf dem Drehstuhl, ihre Finger ruhten auf den Tasten des Pianoforte, auf dem sie zuvor gespielt hatte.

»Sicher, junge Lady«, gab Bancroft lächelnd zu. »Aber es ist auch bekannt, daß dabei nichts Gutes herausgekommen ist. Im Gegenteil, Reservate sind Brutstätten des Unfriedens und der Gewalt. Indianer sind grundsätzlich nicht fähig, den Weg des Weißen Mannes zu gehen, wie es so schön heißt. Dazu fehlt es ihnen an Verstand, meine Liebe. Sie haben jahrhundertelang wie Tiere gelebt. Warum sollte sich das in nächster Zukunft ändern? Sie kommen in das Reservat, wenn ihnen der Winter zu kalt ist, wenn sie nichts mehr zu essen haben und wenn ihre Pferde verhungert sind. Wir versorgen sie mit allem, was sie zum Leben brauchen, und sobald sie satt und kräftig genug sind, ein Kriegsbeil zu schwingen, ziehen sie raubend und mordend durch die Lande. Das dauert meistens so lange, bis der nächste Winter einbricht oder bis ihnen die Armee so dicht auf den Fersen ist, daß sie nicht mehr entkommen können. Nein, es gibt nur eine Art, mit der Indianerfrage fertig zu werden, und dazu brauchen wir Männer wie Tom Hodges, King S. Woolsey oder Jack Swilling, die bis jetzt mehr zur Lösung dieses Problems beigetragen haben als die Moralapostel im Osten. Denk an meine Worte, wenn du in Philadelphia bist, Joyce.« Bancroft wandte sich an Gouverneur McCormick. »Ich hoffe, daß wir in dieser Beziehung einer Meinung sind, Verehrtester.«

McCormick lächelte. »Die Yavapai-Rangers sind zweifellos eine notwendige Institution. Sie sind als Selbstschutztruppe der Bürger zu verstehen, wie jede andere Milizarmee. Das ist auch der Grund, warum die Yavapai-Rangers nicht mit Regierungsgeldern unterstützt werden können. Zur Bekämpfung der Apachen ist die Armee da.«

»Die Armee taugt im Moment nicht viel, John«, sagte Rodenburg. »Wir haben ganz einfach zu wenig Soldaten in diesem Territorium. Daran ändert auch die Arizona Volunteers nichts, die jährlich immerhin an die einhundertfünfzigtausend Dollar Steuergelder verschlingen, ohne daß dafür eine entsprechende Leistung erbracht wird. Ich ließ mir sagen, John, daß die Volunteers in den Jahren ihres Bestehens vielleicht zwei- oder dreihundert Apachen getötet haben. Es gibt aber rund zehntausend von ihnen in diesem Land, wahrscheinlich mehr.«

»Frauen und Kinder mitgezählt«, sagte Joyce mit Zorn in der Stimme.

»Joyce, ich glaube nicht, daß wir Frauen uns an diesem Gespräch beteiligen sollten«, sagte Mrs. Moorhead lächelnd. »Unsere Herren verstehen mehr davon, meine ich. Denk nur daran, daß Jeffrey für den Frieden in diesem Land sein Leben riskiert. Ein tapferer junger Mann, kann man nur sagen.«

Joyce hatte eine scharfe Erwiderung auf der Zunge, hütete sich aber, sie auszusprechen.

Gouverneur McCormick lachte und versprach, daß die Regierung und die Armee zweifelsohne mit dem Problem fertig werden würden. »Vielleicht nicht heute oder morgen, Herrschaften, aber ich sehe für die Zukunft keineswegs schwarz. Und damit wir uns jetzt durch solch leidige Themen nicht den Abend verderben, schlage ich vor, daß Joyce ein Stück auf dem Pianoforte spielt. Vielleicht Chopin, meine Liebe.«

Joyce warf ihrem Vater, der noch kein Wort gesagt hatte, einen kurzen Blick zu. Er hatte ein Lächeln in seinen Augen und nickte kaum sichtbar. Joyce rückte den Drehstuhl zurecht. Ihr Kleid knisterte, das Licht des Kronleuchters fiel über die Korkenzieherlokken, die ihren Nacken verdeckten. Sie lächelte, als sie in die Tasten griff und dem Pianoforte so machtvolle Klänge entlockte, als wollte sie den Lärm, der von der Straße heraufdrang, übertönen.

»Oh, ist sie nicht hervorragend«, hauchte Mrs. Moorhead, wandte sich vom Fenster ab und schwebte auf das Piano zu, wo sie in der Nähe von Homer T. Bancroft stehen blieb und das Glitzern in ihrem Champagnerglas bewunderte. »Unglaublich, mit welcher Begeisterung sie Chopin spielt. Mrs. Stephens war eine wunderbare Lehrerin, nicht wahr, Homer?«

Homer T. Bancroft konnte dies nur bestätigen, obwohl er von Musik überhaupt nichts verstand. Die Salontür öffnete sich, und Elijah Jefferson, der schwarze Diener, den sich die Bancrofts hielten, trat zögernd ein. Offenbar hatte man sein Klopfen überhört. Elijah übergab seinem Herrn einen Zettel, den dieser kurz überflog, bevor er ihn dem Gouverneur weitergab.

Mrs. Moorhead beugte sich zu Joyce hinunter. »Joyce, mein Kind, ich glaube, es ist etwas Wichtiges.«

Joyce lächelte ihrem Vater zu und hielt abrupt inne. Der Drehstuhl quietschte, als sie sich darauf umwandte, sehr zum Mißfallen ihrer Mutter. Ruhe kehrte ein. Der Gouverneur räusperte sich.

»Gute und schlechte Nachrichten, Herrschaften«, sagte er. »Es scheint, daß General Gregg und Captain Williams ihren Feldzug erfolgreich abschließen konnten, indem ihre Truppen mehrere Apachendörfer verbrannten und Dutzende von Indianern töteten. Wörtlich steht hier, daß dem Feind zum erstenmal eine vernichtende Niederlage beigebracht worden ist und somit in diesem Land für eine Zeit Ruhe einkehren dürfte. Die siegreichen Truppen befinden sich

233

auf dem Rückmarsch und werden nächste Woche nach Fort Whipple zurückkehren.« McCormick hob den Blick. »Wir werden General Gregg einen gebührenden Empfang bereiten, Ladies und Gentlemen.«

»Und was sind die schlechten Nachrichten, John?« fragte Rodenburg.

»Well, die Indianer haben Alfred Koehler umgebracht, und Jeffrey ist bei einem Kampf verletzt worden«, sagte der Gouverneur. Mrs. Bancroft konnte gerade noch von Elijah Jefferson gehalten werden, sonst wäre sie zu Boden gesunken. »Oh, so schlimm soll es nicht sein«, sagte der Gouverneur schnell. »Anscheinend nur ein Streifschuß am Arm.«

Mrs. Moorhead nahm ein Fläschchen mit Riechsalz aus ihrem Täschchen und hielt es unter die bebenden Nasenflügel von Jeffreys Mutter, die sofort hochschrak und in die Arme ihres Gemahls floh, der gute Miene zum bösen Spiel machte und meinte, er täte doch besser daran, sich um Jeffrey zu kümmern. Rechtsanwalt Hamilton S. Moorhead knöpfte den Rock zu und bot Joyce seinen Arm. »Komm, wir wollen die Helden mal in Augenschein nehmen«, sagte er, und kaum hatte er ausgesprochen, wollten alle gehen, weniger wegen Jeffrey Bancroft als wegen Tom Hodges und seiner wilden Horde. Hodges hatte jeder Dame, die bei der letzten Aufführung der McGinley-Theatergruppe zugunsten der Yavapai-Rangers Eintritt gezahlt hatte, versprochen, einen Apachenskalp mitzubringen.

»Dann gehen wir halt alle hin«, sagte Gouverneur McCormick und ließ sich von Jefferson seinen Hut geben.

Mrs. Moorhead eilte hinter Joyce und ihrem Mann her, holte sie ein und hakte sich bei ihnen unter. »Du wirst Joyce selbstverständlich nach Hause bringen, nicht wahr? Es ziemt sich nicht für eine junge Dame, des Nachts noch außer Haus zu sein.«

»Mutter, ich gehe mit«, sagte Joyce fest. »Jeffrey würde sich ärgern, wenn ich nicht hinginge und ihn bewunderte.«

»Jeffrey!« Mr. Moorhead lachte. »Ist dir aufgefallen, daß Gouverneur McCormick den ganzen Abend ziemlich aufgeräumt war, mein Kind?«

»Ich muß sagen, daß er nicht sehr um seine arme Margaret besorgt zu sein scheint. Dabei ließ ich mir von Dr. Bancroft sagen, daß mit einer schwierigen Geburt zu rechnen ist«, sagte Mrs. Moorhead.

»Er hat unserer Tochter verstohlene Blicke zugeworfen, Florence«, kicherte Hamilton S. Moorhead und schaute sich schnell nach dem Gouverneur um, der aber weit hinter ihnen war und sich mit Rodenburg unterhielt.

»Bist du sicher, Vater?« fragte Joyce und hüpfte an seinem Arm.

»Natürlich ist dein Vater nicht sicher, mein Kind«, sagte Mrs. Moorhead schnell. »Immerhin weiß der Gouverneur von deiner Verbindung mit Jeffrey Bancroft, und er ist ein ehrenwerter Mann.«

»Dann, meine liebe Frau Mutter, weiß der Gouverneur mehr als ich«, lachte Joyce, aber ihr Gesicht wurde sofort ernst, als sie von weitem Jeffrey auf seinem Pferd sitzen sah, mit hohlem Kreuz und grimmigem Gesicht. Er hielt eine Lanze hoch, an der mehrere Skalpe hingen. Als er Joyce entdeckte, drehte er sein Pferd so, daß sie das blutige Hemd sehen konnte, das über seiner linken Schulter aufgerissen war. Ein weißer Verband leuchtete im Licht der Laternen und Pechfackeln.

Der Preis für einen Apachen

Natürlich brauchen wir Rangers einheimische Freiwillige oder eine größere Anzahl von regulären Truppen, um die Bastarde zu verfolgen...
    Thomas Hodges wurde dazu ausersehen, eine Kompanie von 30 Mann
zusammenzustellen, um für 90 Tage im Einsatz zu bleiben. Der Trupp
verfügt über eine großzügig gestiftete Summe, die auch durch den Verkauf
von Skalps zustande kam... Ebenso gelang es der McGinley-Theatergruppe, 125 Dollar einzuspielen, so daß für jede Lady ein modisches
Haarteil aus einem Apachenskalp herausspringen dürfte...

Arizona Miner, 1866/67

Die erste Besichtigung des Apachen von Tom Hodges fand in der Community Hall statt, einem Holzbau zwischen dem Regierungsgebäude und dem Goldwater-Warenhaus, grau gestrichen, mit weißen Fensterrahmen und Türen. Sonst wurden in diesem Raum, dem größten der Stadt, Feste gefeiert, Wahlveranstaltungen abgehalten und Theaterstücke aufgeführt. Hier fand auch jedes Jahr der große Weihnachtsball statt, und beim letzten war es zwischen Joyce Moorhead und Jeffrey Bancroft beinahe zu einem öffentlichen Streit gekommen, weil sie Captain Williams den ersten Tanz versprochen hatte, ein Ereignis, das noch Wochen nach Weihnachten die Gemüter der Prescotter Gesellschaft bewegte.

Eigentlich hatte Tom Hodges den Apachen sofort in seinen Saloon bringen und dort auf der Theke tanzen lassen wollen, aber dies hätte zu später Stunde in einen Aufruhr ausarten können, für den Hodges nicht verantwortlich sein wollte. Zudem nahm Joyce Jeffrey zur Seite und drohte ihm, nie mehr ein Wort mit ihm zu reden, wenn er nicht dafür sorgte, daß der Apache wie ein Mensch behandelt wurde. Jeffrey lachte zwar nur, aber es gelang ihm, Hodges davon zu überzeugen, daß der Apache am nächsten Tag genauso wild sein würde und überdies mehr Leute zu erwarten wären als mitten in der Nacht. »Es gibt dazu einige Mittelchen im Medizinschrank meines Vaters«, meinte er hintergründig. So sperrten sie den Apachen in einen unbenutzten Brunnenschacht hinter dem Pino-Grove-Saloon ein, und Hodges kettete seinen großen schwarzen Hund an das Gitter, so daß während der Nacht niemand dem Apachen ein Haar krümmen konnte.

Früh am nächsten Morgen ging der alte Peter Harper mit seiner Trommel durch die Stadt und rief die Neuigkeit aus, daß in der Community Hall ein wilder Apache vorgeführt und eventuell versteigert werden sollte.

Das Interesse der Öffentlichkeit übertraf sogar die kühnsten Erwartungen von Tom Hodges. Seine Yavapai-Rangers, die mit ihm den Rest der Nacht bei Rodenburg bei Bier und *Sour Mash* gefeiert hatten, mußten sich mit dem Gefangenen einen Weg durch die Menge bahnen, die sich in der Gurley Street versammelt hatte. Es schien, als wäre es Sonntag. Niemand arbeitete.

Pünktlich um neun Uhr wurde die Brettertür der Community Hall geöffnet, wo am Abend zuvor die Wohltätigkeitsversammlung zugunsten der vertriebenen Farmersleute stattgefunden hatte. Die

Bankreihen standen noch hintereinander in Reih und Glied, der Aschenbecher auf dem Rednerpult in der Mitte der Bühne war noch randvoll. Es roch leicht nach Pferdemist, nach kaltem Tabaksqualm, nach Parfüm und auch nach frischer Farbe, denn die Maler hatten vor wenigen Tagen beide Stützpfosten links und rechts der Bühne in den amerikanischen Nationalfarben gestrichen.

Fast zweihundert Bürger der Stadt ersuchten um Einlaß, obwohl Thomas Hodges pro Person fünfundzwanzig Cents Eintritt verlangte. Damen in Begleitung ihrer Ehemänner brauchten nur zwanzig Cents zu bezahlen.

Auf dem Ehrenplatz vor der Bühne ließ sich Gouverneur McCormick nieder. Der gepolsterte Stuhl zu seiner Rechten blieb frei, denn Mrs. Margaret McCormick war nicht in der Lage, der Versammlung beizuwohnen; sie rechnete jeden Tag mit ihrer Niederkunft. Dr. Bancroft war da, dunkel gekleidet wie immer, das rötlichblonde Haar in der Mitte sorgfältig gescheitelt. Mr. und Mrs. Moorhead kamen in Begleitung ihrer Tochter Joyce, die etwas blaß war und keineswegs einen fröhlichen Eindruck machte. Sie bedachte Jeffrey mit einem warnenden Blick, aber er, der mitten unter den anderen Yavapai-Rangers stand, wandte sich ab. Er hatte noch immer den Staub der Straße in seinen Kleidern, war ungewaschen und unrasiert, genau wie die anderen Mitglieder der Yavapai-Rangers, die vom Feldzug gegen die Apachen zurückgekehrt waren.

Der Saal war gedrängt voll, als ein Raunen durch die Menge ging und die Türen noch einmal geöffnet wurden. Draußen lärmte die Menge, die keinen Einlaß mehr fand und noch kaum einen Blick auf den gefangenen Apachen hatte werfen können.

King S. Woolsey stampfte in Begleitung von Jack Swilling und zwei anderen Männern in den Raum. Da keine Stühle mehr frei waren, lehnten sie sich gegen die Wand. McCormick erhob sich und winkte Woolsey zu sich. Die beiden Männer schüttelten sich die Hand, lachten, und McCormick bot Woolsey seinen Stuhl an. Woolsey war noch in der Nacht von Agua Fria aufgebrochen, nachdem er von der Rückkehr der Yavapai-Rangers gehört hatte. Er war ein alter Freund McCormicks und einer seiner loyalsten Anhänger, außerdem seit 1864 Mitglied des Repräsentantenhauses des Arizona-Territoriums. Aber nicht nur in der Politik vertraten beide die gleichen Interessen; auch privat tätigten sie gemeinsame Geschäfte. Woolsey gehörte zurzeit dem Ausschuß der neugegründeten

Atlantik- und Pazifikeisenbahngesellschaft an, der die Konstruktion einer transkontinentalen Eisenbahnlinie durch Arizona plante und dafür entlang der Wegstrecke von der amerikanischen Regierung Landschenkungen zugeteilt bekam. Die Geschäftstüchtigkeit der Regierungsmitglieder und Freunde McCormicks, die unter dem Namen »Federal Ring« bekannt waren, blieb vor allem jenen Politikern ein Dorn im Auge, die sich seit Jahren darum bemühten, daß der Regierungssitz von Prescott nach Tucson verlegt würde. Insgeheim wußte McCormick, daß er dem Druck seiner politischen Gegner auf die Dauer nicht ausweichen konnte und somit die Tage Prescotts als Hauptstadt Arizonas gezählt waren.

»Die Tucson-Demokraten haben zum Generalangriff geblasen, King«, raunte McCormick dem bärtigen Woolsey zu, als sich Tom Hodges auf der Bühne zur Eröffnungsrede bereit machte.

»Wie geht es Margaret?« fragte Woolsey zurück.

»Ausgezeichnet. Wir machen uns vielleicht alle zuviel Sorgen. Ich wäre nicht abgeneigt, nach Tucson zu ziehen, wenn ich dadurch die Stimmen gewinnen könnte, die ich für einen Sitz im Kongreß brauche, King!«

»Die Stimmen kriegst du, so oder so, mein Freund. Dafür wird der Ring schon sorgen, verlaß dich darauf. Wir können uns im Pima County die Stimmen kaufen, die wir brauchen, und es gibt überhaupt nichts, was die Pfeffersäcke in Tucson dagegen tun könnten.«

»Unterschätze die Dury-Brüder nicht, King. Sie und ihre Freunde machen viel Wind, und sie haben die Leute von Tucson hinter sich. Es ist eine richtige Hetzkampagne im Gang. Laß dir einmal ein paar Ausgaben des *Tucson Citizen* zeigen, dann weißt du Bescheid.«

»Ich weiß Bescheid, Dick.« Woolsey lehnte sich zurück und schlug die Beine übereinander. »Solange wir den Finger am Drücker haben, kann uns nichts passieren, ganz gleich, was Dury und Konsorten aushecken. Sie verfügen nicht über das Kapital, uns zu schlagen. Er kann sich allenfalls zwanzig oder dreißig Stimmen kaufen, wenn's hoch kommt. Außerdem hat er nicht die richtigen Beziehungen.« Woolsey nickte und lächelte Mrs. Bancroft zu, die neugierig herüberblickte.

Auf der Bühne standen die Yavapai-Rangers in Reih und Glied, auch diejenigen, die nicht dabeigewesen waren. Der Apache war hinter der Bühne in der Gerätekammer untergebracht, davor stand Jeffrey Bancroft, breitbeinig, die Daumen in den Revolvergürtel gehängt. Man konnte den Verband gut sehen, den ihm sein Vater angelegt hatte, er trug ja noch immer das zerrissene, blutverschmierte Hemd.

Thomas Hodges eröffnete seine Ansprache mit der Begrüßung der Ehrengäste. »Es ist vor allem Gouverneur Richard C. McCormick hoch anzurechnen, daß er die Zeit gefunden hat, an diesem denkwürdigen Tag unter uns zu sein«, sagte Hodges, und die Leute applaudierten. »Ich freue mich auch über die Anwesenheit des Repräsentanten Major Woolsey, der einen scharfen Nachtritt von seiner Ranch hierher hinter sich hat, um dieser Versammlung beizuwohnen. Meine Damen und Herren, bevor wir den Apachen besichtigen, den die Yavapai-Rangers als Gefangenen hergebracht haben, möchte ich Sie kurz über den Verlauf unseres Feldzuges informieren. Ich darf vielleicht noch einmal in Erinnerung rufen, daß Captain Williams von der 8. Kavallerie zu Beginn des Monats zwei Kompanien ins Feld geführt hat. Es war mir eine Ehre, mit einigen meiner Yavapai-Rangers die Truppe zu begleiten, und ich glaube nicht, daß es vermessen wäre, den Erfolg dieses Feldzuges auf unsere Kundschafterdienste zurückzuführen.« Hodges machte eine kurze Pause, und einige der Anwesenden spendeten Beifall. »Es war am 10. April, als Captain Williams ein Kommando unter Lieutenant William McOwens von der 32. Infanterie unter meiner Führung zum Hell's Canyon schickte, mit der Aufgabe, die Gegend zu erkunden. Diejenigen unter euch, die schon einmal im Hell's Canyon waren, wissen, daß es sich um eine unzugängliche, pfadlose Wildnis in den südlichen Ausläufern der Bill Williams Mountains handelt. Es gelang mir, die Fährte einer großen Kriegerbande aufzunehmen. Wir überraschten diese am Big Chino Wash und töteten drei von diesen Banditen. Sechs Tage später stießen wir auf eine Apachenrancheria mit dreißig Hütten. Das Dorf war von den Rothäuten in wilder Flucht verlassen worden. Wir brannten die Hütten nieder und zerstörten den gesamten Wintervorrat. Die Apachen versuchten nun, uns einen Hinterhalt zu legen, der allerdings meinen Augen nicht verborgen blieb. Obwohl es sich um eine Übermacht handelte, griffen wir sie sofort an und töteten zwischen zwanzig und dreißig von ihnen, ohne selbst einen Mann zu verlieren. Es tut mir leid, Ladies und Gentlemen, sagen zu müssen, daß uns über zwei Dutzend herrlicher Apachenskalpe abhanden gekommen sind. Diese Skalpe waren für die Ladies bestimmt, die den Eintrittsschein für die letzte Theateraufführung noch vorlegen können. Es waren ausgesuchte Skalpe, meine Damen und Herren, von den wildesten unter diesen mörderischen Barbaren.«

Ein enttäuschtes Raunen ging durch die Menge. Tom Hodges lachte und hob die Hände. »Beschweren Sie sich bei den Sergeanten Terran und Golden, die zur Bewachung unserer Pferde abgestellt waren, meine Damen und Herren. Es gelang einigen Rothäuten, einen Teil unserer Pferdeherde in Stampede zu versetzen, und später stellte sich leider Gottes heraus, daß sich darunter auch einige Packtiere der Yavapai-Rangers befanden. Nun, zwei Tage später erbeuteten wir über zehn Skalpe, die wir hierher gebracht haben. Wir überraschten im Morgengrauen ein Apachendorf im Hell's Canyon und besiegten die Feinde in einem heftigen Gefecht, das fast zwei Stunden dauerte. Bei diesem Gefecht, das den Feind dreißig Tote kostete, hatten wir den ersten Verlust zu verzeichnen. George W. Drummond, der Sattler der Kompanie B, wurde von einem Pfeil so unglücklich getroffen, daß er auf dem Schlachtfeld starb. Als wir nach dem Kampf das Dorf nach Überlebenden absuchten, erwischte es auch Alfred Koehler, einen Mann, der den Yavapai-Rangers seit langer Zeit zu Diensten stand. Einer dieser rothäutigen Bestien hatte sich totgestellt, und als sich Alfred Koehler über ihn beugte, um ihm das verlauste Fell über die Ohren zu ziehen, sprang dieser auf und stach mehrere Male mit seinem Messer auf unseren unglücklichen Mitbürger und Kampfgefährten ein. Es gelang Jeffrey Bancroft, der mutig dazwischenging, den Apachen mit einem Kopfschuß zu töten, wobei er freilich im Handgemenge von seiner eigenen Kugel am Arm gestreift wurde.«

Joyce Moorhead sah, wie Jeffrey für einen Moment fast verlegen den Kopf senkte. Mehrere Leute klatschten in die Hände, und Dr. Homer T. Bancroft kriegte jenen arroganten, stahlharten Glanz in seinen Augen, während Mrs. Bancroft verstohlen in ein Tüchlein schnupfte.

»Ich versichere Sie, meine Damen und Herren, daß wir alle gekämpft haben wie die Löwen, ohne daß der Tod von Alfred Koehler zu verhindern war. Jener rothäutige Bursche konnte nur durch das selbstlose Eingreifen Jeffrey Bancrofts daran gehindert werden, noch mehr Unheil anzurichten. Daß wir bei diesem Kampf immerhin vierzehn Skalpe erbeutet und einen Apachen lebend gefangengenommen haben, tröstete uns etwas über den Schmerz hinweg, mit dem wir uns nach der Schlacht auf den Rückweg machten. Leider bestanden mehrere Soldaten darauf, den Skalp ihrer getöteten Feinde als Trophäe mitzunehmen, sonst hätten wir heute keine Mühe, unser Versprechen den Ladies gegenüber einzulösen. Nun, wir, die Yavapai-Rangers, werden auch in Zukunft dafür sorgen, daß dieses Land in absehbarer Zeit gesäubert ist. Dann, meine Herrschaften, wird es im Umkreis von einigen hundert Meilen keinen lebenden Apachen mehr geben und die Diskussion um die Einführung von Indianerreservaten dürfte somit ein Ende finden. Dafür garantiere ich Ihnen als Captain der Yavapai-Rangers. Nur über eines sollten wir uns im klaren sein, meine Damen und Herren. Die Ausrüstung, die Bewaffnung und die Verpflegung unserer Miliz ist eine Angelegenheit, die nicht jenen Männern überlassen bleiben darf, die Kopf und Kragen für diese Sache riskieren. Die Spenden, die wir bis jetzt erhalten haben, reichen nicht aus, um die Ausgaben auch nur annähernd zu decken. Trotzdem sind wir zuversichtlich. Keiner von uns gibt auf, das verspreche ich im Gedenken an unseren Freund Al, den wir im Hell's Canyon begraben mußten. Daß unserer Aufgabe ein Erfolg beschieden ist, davon bin ich persönlich überzeugt. In diesem Land werden Mütter ihre Kinder eines Tages in Frieden aufziehen können, ohne von Angst und von Schrecken gepeinigt zu werden. Das ist mein Wunsch und unser Ziel, meine Damen und Herren. Ein friedliches Land, frei vom Terror dieser Bestien, die wir Apachen nennen.«

Der Applaus war Tod Hodges und seinen Yavapai-Rangers sicher. Minutenlang klatschten die Leute, und Hodges sah sogar, wie einige Damen Tränen von ihren Augen wischten. Nur dieser und jener der anwesenden Herren schüttelte den Kopf, und der Architekt Malcolm D. Campbell, der erst seit kurzer Zeit in Prescott war, wagte es sogar, sich zu erheben und mit lauter Stimme sein Mißfallen über die Äußerungen von Thomas Hodges kundzutun.

Er rief: »Die Apachen sind keine Tiere, Mister Hodges! Ihre Ausführungen zeugen von einer geradezu erbärmlichen Einstellung gegenüber dem menschlichen Leben und den christlichen Grundsätzen, die uns allen heilig sein sollten. Daß sich unser verehrter Herr Gouverneur nicht öffentlich dagegen verwahrt, als Schirmherr einer Mörderbande dargestellt zu werden, verstehe ich nicht. Aber in diesem Land scheint ja tatsächlich der Satan persönlich zu regieren.«

Ein Buhkonzert ließ den Architekten verstummen. Man wußte von ihm, daß er mit McCormicks Gegnern in Tucson Verbindung hatte und der demokratischen Partei angehörte, die in Prescott zurzeit nicht gerade auf festen Füßen stand. Campbell war ziemlich blaß im Gesicht, als er den Hut nahm und die Community Hall verließ. John Huguenot Marion, ein junger Mann, der zur Zeit als Redakteur, Reporter und Drucker des *Arizona Miner's* für McCormick tätig war, kritzelte eifrig in sein Notizbuch, und McCormick hielt es für angebracht, die Bühne zu betreten und die Menge zum Schweigen zu bringen.

»Verehrte Mitbürger und Mitbürgerinnen«, sagte er mit einem breiten Lächeln. »Mister Campbell ist nicht der einzige, der seit einiger Zeit mit Vorwürfen an mich herantritt, zu denen ich kurz Stellung nehmen möchte. Wir alle wissen, daß mir die Zukunft Prescotts mehr bedeutet als mein persönliches Schicksal. Seit Monaten versuchen meine Gegner, die im übrigen auch Prescotts Gegner sind, mit Verleumdungen übelster Art eine Atmosphäre des Mißtrauens und der Mißgunst zu erzeugen. Dazu will ich nur sagen, daß ich von allem Anfang an mitgeholfen habe, dieses Territorium zu schaffen. Meine Freunde und ich, wir sind als Wegbereiter der Zivilisation größte persönliche Risiken eingegangen. Wir sind, mit euch allen, die Pioniere, die mit ihrer Hände Kraft und mit ihrem nimmermüden Geist diese Wildnis gezähmt haben, so daß es Leuten wie Mister Campbell überhaupt erst ermöglicht wurde, in unserer Mitte zu verweilen. Es waren nicht die Demokraten, meine Herrschaften, die in Washington die Interessen Arizonas vertreten haben, als dieses Territorium für Washington noch nicht mehr war als ein leerer Fleck auf der Landkarte. Wir waren es, die Republikaner, Männer wie Gouverneur Goodwin, Männer wie Major Woolsey, George Lount und ich selbst. Wir sind die Väter Arizonas. Wir sind die wahren Pioniere, und Mister Campbell wäre besser beraten, Prescott zu verlassen und sich zu seinen Freunden in Tucson zu gesellen, die unsere Leistungen in den Dreck ziehen und die Zukunft dieses Landes durch ihr inkompetentes Geschwätz gefährden!«

Tosender Applaus ließ McCormick für eine Weile nicht mehr zu Wort kommen. Er hob die Hände und bat wiederholt um Ruhe, aber erst als Tom Hodges seinen Revolver zog und einen Schuß an die Decke feuerte, kehrte Ruhe ein.

»Meine Damen und Herren, verehrte Freunde«, fuhr McCormick fort, »ich bin weder der Schirmherr der Yavapai-Rangers, noch bin ich mit einer bedingungslosen Ausrottungspolitik, wie sie von vielen gefordert wird, einverstanden. Dies sage ich in Anwesenheit von Major Woolsey, mit dem ich gerade in letzter Zeit über diese Streitfrage so manches Wortgefecht ausgetragen habe. Wir sind nicht gleicher Meinung, meine Damen und Herren, und es gibt einiges, worüber wir uns noch zu unterhalten haben, bevor wir im Herbst neue entsprechende Gesetze erlassen können. Zurzeit allerdings – und das seit Monaten – steht Prescott unter dem Joch der Apachen. Unsere Straße nach Hardyville ist blockiert. Unsere Farmer mußten in die Stadt fliehen. Äcker und Felder liegen brach, der Betrieb in vielen Bergwerken und Holzfällerlagern wurde eingestellt, Lebensmittel werden knapp. Dies alles sind Probleme, mit denen ich mich als Politiker und Gouverneur des Arizona-Territoriums auseinanderzusetzen habe. Und nachdem die Regierung in Washington mehrfach zu verstehen gegeben hat, daß sie mit der Selbsthilfe der Arizona-Bürger rechnet, sehe ich in den Yavapai-Rangers vorläufig das einzig funktionierende Mittel, um mit der Terrorherrschaft der Apachen fertig zu werden. Das ist meine Meinung, und Sie dürfen mir glauben, daß ich sie mir nicht leichtgemacht habe.«

McCormick verbeugte sich und begab sich unter erneutem Applaus zu seinem Platz zurück, wo ihm Woolsey kameradschaftlich auf die Schulter klopfte, während er ihm zuraunte, daß er überhaupt nicht wisse, weshalb sich McCormick Sorgen machen sollte. »Die Leute stehen doch alle hinter dir, Dick.«

»Das, mein lieber Freund, kann sich von einem Tag auf den anderen ändern«, gab McCormick zurück und erhob sich noch einmal, um sich nach allen Seiten zu verbeugen.

Mit breitem Grinsen betrat Tom Hodges wieder das Rednerpult und wartete, bis es etwas ruhiger wurde.

»So, dann wäre ja einiges klargestellt, meine Herrschaften. Wir können stolz sein auf unser Arizona, und wir können stolz sein auf unseren Gouverneur. Und den Pfeffersäcken in Tucson werden wir, so wahr ich Tom Hodges heiße, schon zeigen, daß aus Prescott ein rauher Wind nach Süden weht; verlassen Sie sich darauf, meine Damen und Herren. Aber jetzt will ich nicht länger mit der Hauptattraktion zurückhalten. Wir haben ein Prachtexemplar von einem Apachen mitgebracht. Nun können wir vielleicht zum erstenmal eindeutig den Beweis erbringen, daß es sich bei den Apachen nicht um eine Menschenrasse niedrigster Sorte handelt, sondern tatsächlich um eine Gattung von Raubtieren.«

Erneut bekam Hodges Applaus, nicht so stark wie vor ihm McCormick, denn mit Spannung erwarteten die Bürger Prescotts, was ihnen Tom Hodges zu bieten hatte.

Hodges verließ das Rednerpult. Er gab Norbeck und Jeffrey Bancroft einen Wink. Zu dritt marschierten sie zum Bühnenausgang, der hinter einem Vorhang verborgen war. Der Lärm im Saal wich einem spannungsgeladenen Gemurmel. Norbeck grinste Tom Hodges zu. »Daß der Gouverneur persönlich gekommen ist, wird seine Wirkung nicht verfehlen, Captain. Ich hoffe nur, daß der Apache richtig loslegt.«

»Darauf kannst du dich verlassen, Phil«, gab Hodges zurück und schob den Eisenriegel von der Kammer, in der der Apache untergebracht war, zur Seite. Der Apache kauerte am Boden, die Hände auf dem Rücken gefesselt und eine Schlinge um den Hals, die an einem Eisenring festgemacht war. Hodges zog seinen Revolver und richtete ihn auf das dunkle, zerschlagene Gesicht, während sich Philip Norbeck niederbeugte und ihm die Fußfesseln von den Gelenken nahm.

»Steh auf, Bastard!« sagte Tom Hodges scharf.

Der Apache rührte sich nicht, während Norbeck das Seil vom Ring löste.

Jeffrey Bancroft packte das Seil mit einer Hand und riß mit einem gewaltigen Ruck daran. Die Schlinge um den Hals des Apachen zog sich zu. Nach Atem ringend kam er auf die Füße. Tom Hodges packte ihn am Haarschopf.

»Der ist halb tot«, sagte Norbeck. »Seit fünf Tagen hat er nichts gegessen und nichts getrunken, Captain. Ich habe ihm etwas von dem Gift gegeben, damit er richtig Bauchschmerzen kriegt, aber der Bursche tut keinen Mucks. Nur manchmal kommt Schaum aus seinem Mund. Vielleicht krepiert er uns.«

»Unmöglich«, sagte Jeffrey. »Ich kenne das Gift. Rattenkiller. In einer kleinen Dosis kriegt man nur Krämpfe. Und vielleicht fallen ihm mit der Zeit die Haare aus.«

»Der ist seinen Skalp sowieso noch heute los«, grinste Hodges und stieß dem Apachen den Revolver in den Leib. Der Gefangene knickte ein und würgte schäumenden Schleim hervor. Er taumelte an der Leine, packte mit einer Hand den schweren Bühnenvorhang und riß ihn von den Ringen. Mit dem Vorhang in der Faust stürzte er hinaus auf die Bühne und prallte gegen das Rednerpult. Philip Norbeck, der

»Einundachtzig Dollar! Einundachtzig Dollar für den besten Apachenskalp, den es je gab. Einundachtzig und fünfundzwanzig. Jawohl, Herrschaften, einundachtzig und ein Quarter, einundachtzig fünfzig; jetzt Ladies und Gentlemen, einundachtzig fünfundsiebzig und zweiundachtzig! Zweiundachtzig und fünfundzwanzig, fünfzig, zweiundachtzig fünfzig, das letzte Angebot, zweiundachtzig und –«

Tom Hodges wurde von Homer T. Bancroft unterbrochen. »Entschuldigen Sie, Captain Hodges, aber was soll denn der ganze Apache kosten?«

Hodges verschluckte die nächsten Zahlen. Im Saal wurde es so still, daß man das Geräusch hören konnte, mit dem sich Jack Swilling in seinem Bart kratzte. Dann ertönte ein leises Stöhnen, das von der Bühne herkam, wo der Apache mit schmerzverzerrtem Gesicht zwischen den Männern hing, die ihn festhielten.

»Sir«, sagte Hodges mit herausgepreßtem Atem, »ich weiß nicht, ob es sich lohnt, den ganzen Apachen zu kaufen. Der Skalp ist das einzige –«

»Was kostet er, Captain?« fragte Bancroft hart.

»Hm, die Versteigerung des Skalps ist in vollem Gange. Ich glaube nicht, daß ich jetzt noch berechtigt bin, Ihnen, Sir, den ganzen Apachen zu verkaufen. Das letzte Angebot, so glaube ich, kam von Mister Rodenburg.«

Dr. Bancroft warf dem Brauereibesitzer einen Blick zu, und Rodenburg nickte kaum merklich.

»Das geht in Ordnung, Captain«, sagte Homer T. Bancroft fest. »Nennen Sie mir den Preis.«

Hodges schwitzte. Er wischte sich mit dem Ärmel über die Stirn. »Sir, wie Sie wissen, entsteht mir durch den Verkauf des Apachen kein Profit. Alles, was wir hier einnehmen, geht bis auf den letzten Cent in die Kasse der Yavapai-Rangers. Wir brauchen das Geld, wenn wir weiterhin erfolgreich gegen die Apachen operieren wollen. Deshalb würde ich sagen, daß uns der Apache, so wie er ist, zweihundert Dollar wert ist. Zweihundert, Sir. Das ist der Preis für den Apachen.«

In den hinteren Reihen war Gemurmel. Vorn herrschte Stille. Bancroft erhob sich von seinem Stuhl, das schmale Gesicht wie aus Stein gehauen. »Gut«, sagte er. »Ich nehme an. Ich habe vor, den Apachen im Dienste der Wissenschaft zu untersuchen, Captain Hodges. Wir werden herausfinden, ob es sich bei ihm vielleicht doch um einen Menschen unserer Art handelt, was ich allerdings bezweifeln möchte.«

Kaum hatte Dr. Homer T. Bancroft ausgeredet, kam es im Saal zu einem furchtbaren Tumult. In Sprechchören riefen die Bürger Prescotts, daß sie den Apachen hängen sehen wollten. Fast eine Viertelstunde lang versuchte Tom Hodges vergeblich, die aufgebrachte Menge zum Schweigen zu bringen. Erst als Gouverneur McCormick noch einmal die Bühne betrat und die Arme ausbreitete, beruhigten sich die meisten Leute. Einige aber, die in den hinteren Reihen standen, bedachten sogar den Gouverneur mit Schmährufen und nannten die Versteigerung einen Kuhhandel. Sie forderten den Kopf des Apachen.

»Gentlemen!« rief Gouverneur McCormick laut. »Gentlemen, der Apache soll seine Chance kriegen. Wir sind keine Unmenschen, und sollte es sich herausstellen, daß es sich bei ihm tatsächlich um einen Menschen handelt, soll er am Leben bleiben, sozusagen als Exempel für seine Stammesgenossen. Sollte er sich jedoch nicht zähmen lassen, wird er vernichtet!«

McCormick verabschiedete sich von allen Anwesenden und verließ die Community Hall, begleitet von King S. Woolsey und Jack Swilling. Um der Menschenmenge aus dem Weg zu gehen, nahmen sie den Hinterausgang. Woolsey blieb kurz auf der Bühne stehen, musterte den Apachen und sagte mehr zu sich selbst als zu den anderen: »Ich möchte wissen, wo ich den Burschen schon einmal gesehen habe.«

Homer T. Bancroft stellte Thomas Hodges einen Barscheck über zweihundert Dollar aus und nahm Jeffrey zur Seite, der ziemlich aufgeregt war und nicht verstehen konnte, was sein Vater mit dem Apachen vorhatte.

»Was soll das, Vater? Wir brauchen keinen Apachen, nicht? Wir haben Elijah, und der ist als Sklave geboren worden.«

Es herrschte ein ziemliches Durcheinander. Die Yavapai-Rangers hatten alle Hände voll zu tun, die Bürger daran zu hindern, die Bühne zu stürmen. Thomas Hodges ließ es sich nicht nehmen, den Gefangenen selbst zum Haus der Bancrofts zu führen, eskortiert von einigen seiner Getreuen. Dr. Bancroft verließ den Saal am Arm seiner schwergewichtigen Frau, und Joyce bahnte sich einen Weg durch die Menge, bis sie bei Jeffrey anlangte.

»Sag mal, was hat sich denn der alte Herr vorgestellt, Joyce?«

fragte Jeffrey ärgerlich. Er nannte seinen Vater oft den alten Herrn, wenn er mißgelaunt war.

»Er hat den Apachen für mich gekauft, Jeffrey«, sagte Joyce und packte ihn am Arm. »Jeffrey, ich hätte die Stadt morgen verlassen, wenn er es nicht getan hätte.«

»Das versteh ich nicht«, stieß Jeffrey hervor. »Herrgott noch einmal, niemand würde einen Cent für diesen Apachen geben. Er ist wertlos. Die Leute werden über uns lachen.«

»Niemand wird über uns lachen, Jeffrey, denn der Apache gehört mir.«

Draußen standen die Leute dicht gedrängt und lärmten. Einige Männer hatten Knüppel mitgebracht, und Kinder warfen Dreckklumpen und Steine nach dem Apachen, den die Yavapai-Rangers in die Mitte genommen hatten. Als sie am O.K. Stable, Camp House und Feed Store von W.J. Clay vorbeikamen, brach der Apache zusammen. Joyce lief zum Brunnen und holte einen Eimer mit Wasser, den sie vor den Apachen hinstellte. Der Apache hob den Kopf. Joyce wich zurück.

»Trink«, sagte sie leise.

Hodges, der die Leine in den Händen hielt, lachte. »Miß Moorhead, seien Sie bitte vorsichtig, ja. Der Bursche könnte beißen. Sie haben ja seine Zähne gesehen.«

Joyce erhob sich. »Ich kann auf Ihren Ratschlag verzichten«, sagte sie schnippisch. »Der Apache ist völlig verstört. Er hat Angst, und er hat Schmerzen. Wenn er beißt, dann nur, weil er glaubt, daß man ihm Böses will.«

Tom Hodges grinste, während er mit einem harten Ruck am Rohhautseil zog.

»Komm hoch, Apache!« befahl er scharf. Der Apache erhob sich tatsächlich, ohne einen Schluck getrunken zu haben. Schwankend stand er auf der Straße, blutige Striemen auf der nackten Haut, die Augen gerötet, das Haar strähnig über dem zerschundenen Gesicht. »Sehen Sie, Miß Moorhead. So macht man das. Er reagiert wie ein dressierter Hund, wenn man ihn richtig anpackt.«

»Geben Sie mir die Leine, Mister Hodges!« verlangte Joyce scharf. Sie sah in diesem Moment ihre Mutter unter den Leuten stehen. Neben ihr Dr. Bancroft. Ihre Mutter redete heftig auf den Arzt ein. Schließlich kam Dr. Bancroft herüber. »Was geht eigentlich vor?« fragte er ärgerlich.

»Sie will ihn führen, Mister Bancroft. Aber dieser Bursche ist gefährlicher als eine Raubkatze.«

»Man mißhandelt ihn«, sagte Joyce. »Es ist ein Wunder, daß er überhaupt noch am Leben ist.«

»Well, das kann man wohl sagen«, meinte Dr. Bancroft. »Geben Sie Miß Moorhead die Leine, Captain Hodges. Aber passen Sie auf.«

Joyce entriß Hodges die Leine. »So, und jetzt brauchen wir Sie und Ihre Männer nicht mehr, Mister Hodges! Ich werde allein mit dem Apachen fertig.«

Hodges schüttelte den Kopf. »Wir begleiten Sie, Miß Moorhead. Solange dieser Bursche nicht hinter Schloß und Riegel verwahrt ist, bedeutet er eine Gefahr für alle Bürger dieser Stadt.«

»Captain Hodges hat recht, Joyce«, sagte Jeffrey. »Komm, wir gehen, bevor etwas passiert.«

Joyce warf Hodges einen Blick zu. Dann zog sie sanft an der Leine, und der Apache folgte ihr taumelnd die Straße hoch zum Haus der Bancrofts.

Der Raum war klein und dunkel. Es roch nach feuchter Erde, nach moderigem Stroh, nach Kot von Tieren. In den schwachen Lichtstreifen, die durch die Ritzen in der Brettertür fielen, konnte Kahita helle Fellhaarbüschel sehen, die überall im Stroh herumlagen. Jemand hatte hier Tiere gehalten. Ziegen vielleicht, oder Hunde.

Bei der Tür, auf dem rissigen Lehmboden, stand ein Blechnapf mit Wasser. Sonst gab es nichts in dieser kleinen Kammer. Kein Fenster. Keine Öffnung, durch die frische Luft hätte eindringen können.

Kahita wußte nicht, wie lange er schon hier war. Auch an das, was die Weißaugen mit ihm gemacht hatten, konnte er sich nur schwach erinnern. Sie hätten ihn töten sollen, so wie sie Toshi getötet hatten. Sie hätten seinen Körper zerstören können, nicht aber seinen Geist. Sein Geist wäre frei gewesen, frei, dorthin zu fliegen, wo Sekwala ihn erwartete und Toshi mit ihrem Sohn im kühlen Gras saß und wo die Schatten der Weißaugen niemals hinreichten. Die meiste Zeit, während sie ihn geschlagen hatten wie einen Hund, hatte er an Toshi und Sekwala gedacht. Die meiste Zeit war er woanders gewesen, aber die Schmerzen im Leib und die Schläge hatten ihn immer und immer wieder zurückgeholt.

Die Soldaten, die über das Dorf hergefallen waren, hätten ihn töten sollen. Sie stritten sich mit den anderen Weißaugen, und sie fragten ihn in der Sprache der Männer aus dem Süden nach anderen Dörfern und Verstecken in den Bergen. Kahita hatte zwar ihre Fragen verstanden, aber er schwieg. Sie schlugen ihn und stellten ihn gefesselt auf einen Hügel. Einige knieten nieder und schossen, aber ihre Kugeln trafen nicht. Sie glaubten, ihm angst machen zu können, und er wünschte nichts mehr, als daß sie ihn getötet hätten. Dann nahmen ihn die Weißaugen mit. Sie ließen ihn an einer Leine im Staub der Pferde laufen, bis ihm die Mokassins von den Füßen fielen. Sie schlugen ihn, wenn er stürzte, zerrten ihn auf die Beine und schleiften ihn weiter. Sie schlugen ihn, wenn er sich weigerte, das Wasser zu trinken, das sie ihm anboten. Er aß nichts. Er trank nichts. Nachts bewachten sie ihn, obwohl er gefesselt war und sich nicht rühren konnte. Dann brachten sie ihn in die Stadt, und ein Mann hatte Geld für ihn bezahlt. Das wußte er, obwohl er ihre Sprache nicht verstehen konnte. Der Mann war ein Chief. Und die Weißaugen dachten, ein Apache sei ein Tier. Die Weißaugen waren so dumm, daß sie glaubten, die Apachen wären Tiere. Sie hatten wirklich keinen Verstand in ihren Köpfen, genau wie es Sekwala immer gesagt hatte.

Ein Mädchen hatte ihm Wasser gebracht. Das Mädchen war mager wie eine Bergziege und blaß. Es hatte gute Augen, aber es glaubte auch, er sei ein Tier. Es hatte ihm die Fesseln abgenommen und ihm den Blechnapf mit Wasser hingestellt. Lange, nachdem es verschwunden war, hatte Kahita ein bißchen von dem Wasser getrunken.

Die Krämpfe vergingen, aber Kahita fühlte sich schwach. Er wußte nicht, was sie ihm eingegeben hatten, bevor sie ihn in das große Haus brachten, wo so viele Weißaugen saßen, daß er sie nicht hatte zählen können. Er hatte einen unter ihnen gesehen, der seiner Erinnerung beinahe entgangen war, jenen Mann, der Mangas Coloradas den Frieden versprochen hatte. Und dann war da noch derjenige gewesen, der Par-a-muck-a getötet hatte, dieser kleine Mann mit den vielen Haaren, die sein Gesicht fast ganz bedeckten.

Kahita fror, obwohl ihm das Mädchen eine Wolldecke gebracht hatte. Das Stroh unter ihm war feucht. Jemand schien seine Wunden mit Salbe bestrichen zu haben, die einen aufdringlichen Geruch hatte.

Kahita fühlte, daß er nicht allein war. Zwar befand sich außer ihm niemand in der Kammer, das wußte er, aber irgend jemand war da. Irgend jemand war in seiner Nähe. Vielleicht Sekwala mit seinem Geist. Vielleicht das magere Mädchen, das so blaß und krank aussah.

Kahita bewegte sich. Seine Glieder waren schwer. Im Magen hatte er ein Gefühl, als hätte er Steine geschluckt. Sein Mund war trocken. Er zog die Decke enger um sich. In diesem Moment fiel ein Schatten über die dünnen Ritzen zwischen den Türbrettern, und Kahita wußte, daß ihn sein Gefühl nicht getäuscht hatte.

Jemand war auf der anderen Seite der Tür. Er hörte die Stimme des Mädchens. Er hörte ihre Worte, ohne eines davon zu verstehen. Er dachte an Sekwala, der viele Worte der Weißaugen aussprechen konnte und ihre Bedeutung verstand.

Kahita ließ die Decke von den Schultern gleiten. Er bewegte sich auf die Tür zu und kauerte nieder. Das Mädchen sagte etwas in der Sprache der Männer des Südens: »Oye, puedes escucharme?«

Kahita schwieg. Es fielen ihm keine Worte ein. Es fiel ihm überhaupt nichts ein. Nur der Gedanke, sofort zu fliehen, wenn sich ihm die Gelegenheit bot, beherrschte ihn. Er machte sich so klein, wie er konnte, und drückte sich gegen die Bohlenwand.

»Ich höre dich atmen«, sagte die Stimme leise. »Ich höre, daß du dich bewegst. Du bist wach, und du bewegst dich.«

Kahita war zum Sprung bereit. Wenn das Mädchen hereinkam, würde er es mit beiden Händen am Hals packen und so lange zudrücken, bis es sich nicht mehr rührte.

Das Mädchen kam nicht herein. Es ging weg. Kahita wartete. Stunden vergingen. Die Lichtstreifen wurden schwächer. Die Kälte kroch durch die Ritzen. Er schlotterte, seine Zähne schlugen gegeneinander. Schließlich kroch er unter die Decke, umhüllte sich mit ihr und lehnte sich gegen die Wand. Nach einer Weile schlief er ein. Er hörte nicht, wie das Mädchen zurückkehrte und den Riegel an der Tür hochschob. Das Mädchen kam herein und kauerte bei ihm nieder. Es betrachtete lange sein Gesicht. Dann ging es hinaus und holte eine Schüssel, einen Teller und einen Löffel, stellte alles neben den Napf mit dem Wasser und verschwand wieder.

Als Kahita erwachte, war es stockdunkel in der Kammer, aber er roch gebratenes Fleisch.

Elijah öffnete die Tür und ließ Joyce eintreten. Es war still im Haus der Bancrofts. Die Tür zu Dr. Bancrofts Sprechzimmer stand offen. Es roch nach Medikamenten.

»Missy, ich habe Sie nicht so früh erwartet«, sagte Elijah und bot sich an, die große Reisetasche aus Teppichstoff, die Joyce am Arm trug, abzunehmen.

»Laß nur, Elijah«, sagte Joyce und blickte zur Treppe, die zu den Schlafräumen hinaufführte. »Ist Jeffrey hier?«

»Er schläft, Missy. Hat sich bis in die Nacht hinein mit dem Massa gestritten. Es war schlimm. Jeffrey hat gesagt, daß er den Apachen eigenhändig umbringen wird. Ich habe ihn noch nie so furchtbar aufgeregt gesehen.«

»Dann wollen wir ihm die Ruhe gönnen, Elijah«, lächelte Joyce. »Warst du unten?«

Elijah rollte die Augen, als hätte sie ihn gefragt, ob er die Nacht auf dem Friedhof verbracht hätte. »O nein, Missy. Ich würde es nicht wagen, auch nur in die Nähe der Tür zu gehen. Glauben Sie mir, ich habe furchtbar Angst, daß er irgendwie rauskommt und plötzlich vor mir steht. Er könnte ein Loch graben oder so.«

»Dazu ist er zu schwach, Elijah. Sie haben ihn schlimm zugerichtet. Er ist krank.«

»Trotzdem habe ich Angst vor ihm, Missy. Er ist wie ein Raubtier. Das hat Massa gesagt. Er hat gesagt, daß er niemals ein Mensch wird, und das glaube ich auch. So einer wird niemals ein Mensch, Missy. Das ist kein Nigger. Aus einem Nigger kann man einen Menschen machen, weil ein Nigger eine Seele hat. Der da unten, der hat keine Seele.«

Joyce hakte sich bei Elijah unter. »Wo ist Dr. Bancroft?«

»Weg. Mrs. Stephens kam. Es war noch dunkel draußen. Ich glaube, Missis McCormick kriegt heute ihr Baby. Das wird eine Freude für uns alle. Massa Bancroft hat gesagt, daß wir eine große Feier machen werden. Er hat gesagt, daß er der Onkel des Babys sein wird und daß er allen Kindern in der Stadt ein Geschenk machen will. Alle freuen sich auf das Baby.«

Oben knarrte eine Tür. Jeffrey tauchte über dem Treppengeländer auf. Er hatte noch Kissenabdrücke im Gesicht, und sein sonst so sorgfältig gekämmtes Haar stand ihm vom Kopf ab.

Als er Joyce sah, fuhr er sich mit den Fingern durch seinen Haarschopf. »Joyce, mein Vater hat mir mitgeteilt, daß du unser Gästezimmer bewohnen wirst«, sagte er. »Ich war dagegen.«

»Guten Morgen, Jeffrey«, erwiderte Joyce beinahe fröhlich. »Möchtest du lieber, daß ich nach Philadelphia reise?«

»Das habe ich nicht gesagt«, gab Jeffrey zurück. »Ich möchte nur nicht, daß du wegen des Apachen hierbleibst. Elijah, bring Miß Moorheads Tasche in das Gästezimmer und mach Frühstück. Ist mein Vater schon auf?«

»Margaret McCormick kriegt ihr Kind«, sagte Joyce. »Frühstücken wir zusammen, Verehrtester?« Sie konnte nicht verhindern, daß ihre Frage etwas spöttisch klang.

»Wir werden miteinander zu reden haben, Joyce«, entgegnete er, drehte sich um und knallte die Zimmertür hinter sich zu.

»Uh«, sagte Elijah und blickte mit großen Augen zum Ende der Treppe hoch. »Ich glaube, er ist noch ziemlich wütend, Missy.«

Elijah führte Joyce in das kleine Gästezimmer, das an die Rückseite des Hauses angebaut war. Das Bett war frisch überzogen, die Möbelstücke waren abgestaubt. Joyce stellte die Tasche auf den einzigen Stuhl im Zimmer und zog die Vorhänge auf. Das Bancroft-Haus stand auf einer gerodeten Anhöhe im Osten der Stadt, etwa eine Meile von dem Platz entfernt, auf dem einmal das Regierungsgebäude entstehen sollte. Hinter dem Haus hoben sich bewaldete Hügel, die den Bradshaw Mountains vorgelagert waren. Auf dem Nachbargrundstück errichteten Arbeiter von Lount & Noyes ein Haus für den Brauereibesitzer Rodenburg, der noch in einem Blockhaus im Stadtzentrum wohnte.

Joyce dachte daran, sofort nach dem Apachen zu sehen. Er war in einer halb in die Erde gebauten Kammer untergebracht, die dem ersten Besitzer des Hauses als Vorratskammer gedient hatte und vielleicht zum Schutz gegen Indianer vorgesehen war. Nun, zurzeit rechnete in Prescott niemand mehr ernsthaft mit einem Überfall, und Jeffrey hatte in der Kammer bis vor kurzem einen Wurf Jagdhunde gehalten, die er auf Drängen seiner Mutter hatte verkaufen müssen, weil sie allergisch gegen Hunde war; gegen Katzen übrigens auch.

Joyce hatte eigentlich vor, den Apachen aus der Kammer zu holen, ihn zu waschen, seine Wunden zu versorgen und ihn zu kleiden. Sie hatte ein Hemd und eine Hose ihres Vaters mitgebracht und die Seife, die Mutter aus San Francisco mitgebracht hatte. Sie war eben dabei, das Zeug auszupacken und auf dem Bett auszubreiten, als Jeffrey hereinkam, ohne daß er es für nötig gehalten hätte, anzuklopfen.

Er sah jetzt frisch aus; mit gekämmtem Haar, das weiße Hemd bis zum Hals zugeknöpft. Er trug eine dunkle Hose und Schnürschuhe.

»Wir können erst frühstücken und uns nachher unterhalten«, sagte er, als er die Tür hinter sich zudrückte. »Vielleicht wäre es besser, wenn wir zuerst einige Dinge klären würden, meine Liebe.«

Joyce nahm das Hemd ihres Vaters vom Bett und schüttelte es aus. »Könnte ihm ein bißchen zu klein sein«, sagte sie, indem sie das Hemd an den Schultern hochhob. »Was meinst du, Verehrtester?« Jeffrey kniff die Augen etwas zusammen. Sie dachte, daß er wirklich den Blick eines Habichts hatte.

»Was hast du vor?« fragte er lauernd.

»Ich meine, daß er ein verhältnismäßig großer Apache ist, oder meinst du nicht?« Sie lachte. »Er ist größer als Vater und nicht so dick.«

Jeffrey legte den Kopf schief. »Was hast du vor, in drei Teufels Namen? Willst du dich und unsere Familie unbedingt der Lächerlichkeit preisgeben, Joyce? Genügt es nicht, daß Vater einen Narren aus sich gemacht hat, als er den Apachen kaufte? Mutter hat damit gedroht, zu ihren Verwandten in San Francisco zu ziehen, wenn der Apache bleibt. Gestern abend kam es zwischen meinem Vater und mir zu einer schlimmen Auseinandersetzung. Joyce, du solltest es nicht auf die Spitze treiben.«

»Ich weiß nicht, was du damit meinst, Jeffrey«, gab Joyce ruhig zurück. »Ich habe deinem Vater angeboten, den Apachen zu mir zu nehmen. Er hat abgelehnt. Weißt du, wieso er abgelehnt hat, Jeffrey? Weißt du, was dein Vater zu mir gesagt hat?«

»Mein Gott, Joyce, ich weiß, was er gesagt hat, aber ich weiß auch, daß es nicht sein Ernst war. Du kennst doch Vater. Er wünscht, daß wir heiraten. Er weiß, daß ich es nicht gern gesehen hätte, wenn du nach Philadelphia gereist wärst. Ich glaube, er wollte mir ganz einfach eine Niederlage ersparen, und dabei hat er nicht einmal daran gedacht, daß ich selbst in der Lage bin, dafür zu sorgen.«

»Wofür, Jeffrey?«

»Dafür, daß du hier bleibst und meine Frau wirst.«

Joyce nickte. »Das ist der Preis für den Apachen, Jeffrey. Das hat dein Vater mir gesagt.«

Jeffrey schüttelte den Kopf. Er löste sich von der Tür und kam zum Bett herüber. Er war etwas blaß im Gesicht, aber seine Augen glänzten. Er legte ihr beide Hände auf die Schultern und blickte auf sie nieder.

»Joyce, laß uns vernünftig sein. Vater hat kein Recht, dich zu etwas zu zwingen, was du nicht tun willst. Er hat nicht einmal das Recht, sich in meine Angelegenheiten zu mischen. Es ist mein Leben, und ich habe nicht die Absicht, es ihm zu überlassen, über meine Zukunft zu bestimmen. Es freut mich, daß du da bist, Joyce. Wir werden viel Zeit haben, über uns zu reden, und ich bin überzeugt, daß wir in einigen Wochen unsere Heiratsabsicht bekanntgeben dürfen.« Jeffreys Griff wurde härter. »Ich liebe dich, Joyce«, sagte er mit gepreßter Stimme. »Ich liebe dich, und ich will dich haben.« Er beugte sich jäh nieder und drückte seine schmalen Lippen auf ihren Mund. Seine Hände fuhren über ihren Rücken, und er drückte sie so fest an sich, daß sie Mühe hatte, Luft zu kriegen. Dann warf er sie aufs Bett nieder. Erst versuchte sie, sich spielerisch gegen ihn zur Wehr zu setzen. Dann wurde sie wütend und dachte an die Warnungen ihrer Mutter, daran, was es bedeutete, rein zu bleiben, bis der richtige Mann kam. »Laß uns vernünftig sein«, hatte auch Jeffrey gesagt. »Nur keine Schande«, hatte Mutter gewarnt. »Tu uns nur keine Schande an.« Und Vater? Vater schwieg. Vater redete vor den Schranken des Gerichtes. Vater war ein guter Redner. Er konnte einen Mörder freireden. Er schwieg, wenn er zu Hause war. Manchmal lachte er.

»Ich liebe dich!« keuchte Jeffrey. Er lag schwer über ihr. »Du sollst meine Frau werden.«

Sie wehrte sich nicht mehr. Hastig nestelte er an ihrem Kleid herum, das tausend Knöpfe hatte. Er zog an den Schnüren ihres Korsetts. Er war wild. Er war verrückt. Er drängte sich zwischen ihre Beine und zerrte an ihren Röcken herum, und er küßte sie dort, wo seine Lippen nackte Haut fanden.

Nie zuvor hatte Jeffrey etwas Ähnliches erlebt. Nie zuvor hatte er derart die Kontrolle über sich und seine Gefühle verloren. Sein Kopf drohte zu bersten. Er rang keuchend nach Atem, und dann merkte er, daß er zu spät kam. Seine Hände gruben sich in ihren Schoß, und er bäumte sich über ihr auf, drückte sich auf sie nieder und preßte sein Gesicht gegen ihren Hals. Es war, als würde das Feuer jäh in ihm erlöschen. Er verharrte eine Weile, ohne sich zu rühren. Er spürte, wie die Angst in ihm zu wühlen begann, die Angst, schwach zu sein. Und sie wurde stärker. Sie überwältigte ihn, als er sich nicht zur Wehr setzen konnte. Er weinte, und er konnte nichts dagegen tun. Und er spürte ihre Hand, die sanft über sein Haar glitt. Da wich die Angst. Er vertrieb sie mit der Kraft, die sie ihm gab. Plötzlich löste er sich von ihr. Er stand auf und drehte sich zum Fenster. Das Hemd klebte naß auf seinem Rücken. Er zog die Hose zurecht und brachte sein Haar in Ordnung. Und jetzt funktionierte alles wieder. Er hatte die Angst besiegt. Er hatte die Schwäche überwunden, die ihn hilflos gemacht hatte. Er war wieder ein Mann, der alles unter Kontrolle hatte.

»Zieh dich an!« befahl er, ohne sich umzudrehen.

Sie lag still.

»Vater wird bald nach Hause kommen«, sagte er. »Meine Mutter ist oben.«

Sie richtete sich auf und bedeckte ihre Blößen mit den Röcken.

»Wollen wir nicht vernünftig sein, Jeffrey?« fragte sie.

Er drehte sich um. »Du sollst dich ankleiden!« wiederholte er grob.

»Es gefällt mir nicht, wie du mich ansiehst, Jeffrey«, sagte sie.

Er senkte für einen Moment den Blick.

»Ich hätte nicht gedacht, daß du dich so leicht hergeben würdest«, sagte er, ohne die Lippen zu bewegen.

Sie lachte, obwohl ihr nicht danach zumute war. Sie drehte sich auf dem Bett und fing an, ihr Stäbchenkorsett zuzuschnüren.

»Ich werde eine Notiz für die Zeitung schreiben«, sagte er. »Wir könnten nächsten Monat heiraten. Mutter wird alles planen. Die ganze Stadt soll geschmückt sein wie am Unabhängigkeitstag. Wir werden einige Leute von Tucson einladen. Es soll ein Fest werden, wie es Prescott noch nie erlebt hat.«

Joyce zog die Korsettschnüre fest und streifte sich den Unterrock über.

»Du sollst den Apachen behalten dürfen«, sagte er.

Sie drehte den Kopf. Er stand bei der Tür. Die alte Blässe war in sein hageres Gesicht zurückgekehrt. Er lächelte.

»Wir werden ein Haus an der Goodwin Street beziehen, und vielleicht bringst du es fertig, aus dem Apachen einen Diener zu machen. Ich habe mich informiert, Joyce. Leute in Tucson haben Indianermägde und Indianerdiener. In Mexiko werden sie auf dem Sklavenmarkt verkauft. Major Woolsey hat gesagt, daß er mit einem Apachenmädchen gute Erfahrung gemacht hat, bis es krank wurde, aber das wäre ja in unserem Fall kein Problem, da Vater sich darum kümmern könnte.«

»Ich werde mich um ihn kümmern, Jeffrey«, sagte Joyce und erhob sich. Sie glättete mit den Händen ihr Kleid. »Ich werde dafür sorgen, daß aus ihm ein Mensch wird, über den sich die Leute in diesem Land noch wundern werden. Ich bin davon überzeugt, daß er lernen kann, so zu sein wie wir.«

Jeffrey hob die Schultern und grinste schief. »Wenn er soviel lernen kann wie ein Hund, bin ich zufrieden, Joyce.«

»Er ist kein Hund«, gab Joyce zurück. »Er hat vielleicht wie ein wildes Tier gelebt, weil er nichts anderes gekannt hat, aber er ist kein Hund. Ich werde ihm unsere Sprache beibringen. Er wird lesen und schreiben und wird seinem Volk ein Lehrer sein können. Er wird seinen Leuten zeigen können, daß es eine andere Art zu leben gibt, Jeffrey. Vielleicht gelingt es uns dann, Verständnis für diese armseligen Geschöpfe zu haben, die unserer Zivilisation so hilflos ausgeliefert sind.«

»Das klingt reichlich idealistisch, mein Liebes«, erwiderte Jeffrey, der seine alte hoffärtige Ruhe wieder zurückgewonnen hatte.

»Es ist eine Aufgabe, die ich ernst nehme, Jeffrey. Du weißt, daß ich niemals der Ansicht war, daß die Eingeborenen in diesem Land ausgerottet werden müssen, weil sie der Zivilisation im Wege stehen. Im Gegenteil, ich bin davon überzeugt, daß wir unser Wissen und unsere Macht dazu verwenden sollten, den Indianern neue Wege zu zeigen. Und ich bin nicht allein mit dieser Meinung. Wenn unsere Nation wirklich so großartig und überlegen ist, warum sollten denn unsere Mittel im Umgang mit den Ureinwohnern dieses Landes auf Waffengewalt beschränkt sein? Ich habe mich mit Captain Williams darüber unterhalten, und selbst er ist der Ansicht, daß die Ausrottungspolitik, wie sie bisher betrieben wurde, auf Jahre hinaus zu weiteren Schandtaten führen wird. Jeffrey, ich bleibe hier, weil ich glaube, daß ich mit deiner Hilfe dazu in der Lage bin, den ersten Schritt zur Verständigung zwischen den Apachen und uns zu tun, um dadurch etwas zum Frieden in diesem Land beizutragen. Ich wünschte mir nur, dich davon zu überzeugen, daß wir wirklich einen gemeinsamen Weg gehen könnten. Damit meine ich, daß wir heiraten und eine Familie gründen sollten, Jeffrey. Damit meine ich, daß wir allem Übel zum Trotz lernen sollten, zusammenzuhalten. So, das ist es, was du wissen wolltest, nicht wahr?«

Er war überrascht von ihrer Offenheit, und für einen Moment wußte er nicht, was er ihr hätte erwidern sollen. Irgendwie war er stolz auf sie, doch gleichzeitig wurde er nicht mit dem Gedanken fertig, daß sie ihm in ihrer entschlossenen Art überlegen sein könnte. Er fühlte sich ziemlich unbehaglich, als er den Kopf hob und ihre Blicke sich trafen.

»Du bist anders, als die anderen Frauen und Mädchen in dieser

Stadt, Joyce«, sagte er. »Und vielleicht liebe ich dich gerade deshalb so sehr. Trotzdem glaube ich, daß du dir zuviel vorgenommen hast.«

»Wenn du mir hilfst, nicht, Jeffrey«, erwiderte sie ruhig.

»Was verlangst du von mir? Ich kann die Leute nicht von ihrer Meinung abbringen, daß die Apachen Tiere sind und ausgerottet werden müssen.«

»Ich verlange von dir, daß du Tom Hodges und die Yavapai-Rangers nicht mehr unterstützt. Ich verlange von dir, daß du dir deine eigene Meinung bildest, Jeffrey, und dich nicht von Leuten beeinflussen läßt, die unter allen Umständen ihre egoistischen Interessen verfolgen, ganz gleich, wer dabei auf der Strecke bleibt.«

Jeffrey holte tief Luft und seufzte. »Ich wollte eine Frau haben, die mir zur Seite steht, Joyce. Du weißt, daß ich große Pläne habe.«

»Das weiß ich, und ich glaube auch, daß du sie verwirklichen kannst. Aber ich werde niemals nur dein Schatten sein, Jeffrey.« Joyce lächelte. »Dazu müßte ich mich selbst aufgeben.«

Jeffrey ging zu ihr und ergriff ihre Hände. »Dann kann ich Mutter sagen, daß wir heiraten werden, Joyce?« fragte er.

Sie nickte, und er zog sie in seine Arme. Zum ersten Male fühlte er sich ihr wirklich nahe. Zum ersten Mal war da nicht dieses schreckliche Gefühl der Unsicherheit, vor dem er sich so oft gefürchtet hatte, wenn er mit ihr zusammen war. Er dachte daran, wie oft er sich vor ihr zum Narren gemacht hatte, aus Angst, sie nicht gewinnen zu können. Jetzt war alles anders. Die Erleichterung erfrischte ihn. Er küßte sie und lachte. »Die Stadt wird kopfstehen«, sagte er. »Am liebsten würde ich zur Plaza hinunterlaufen und allen Leuten zuschreien, daß du meine Frau wirst. Komm, Elijah wird mit dem Frühstück fertig sein.« Er zog sie auf die Tür zu, umarmte sie noch einmal und drückte sie fest an sich.

Als sie das Zimmer verließen, kam Dr. Bancroft ins Haus. Er trug keinen Hut, sein Gesicht war blaß. Er schlug die Tür hinter sich zu, und als ihm Elijah den Mantel abnehmen wollte, stieß er ihn grob zur Seite und verschwand in seinem Sprechzimmer.

Jeffrey warf Joyce einen Blick zu. Dann gab er sie frei und ging den Flur hinunter. »Hat er etwas gesagt?« fragte er Elijah.

»Kein Wort, Massa«, sagte Elijah.

Jeffrey klopfte an die Tür, erhielt aber keine Antwort. Im Obergeschoß knarrten Bodenbretter. Jeffreys Mutter rief nach Elijah.

»Vater, ich möchte mit dir sprechen«, sagte Jeffrey. »Es ist wichtig.« Er öffnete die Tür und betrat zögernd das Sprechzimmer. Sein Vater saß hinter dem Schreibpult und hatte den Kopf in die Hände gelegt. Er blickte nicht auf, als Jeffrey die Tür hinter sich zumachte.

»Vater?« Jeffrey blieb stehen. »Joyce und ich werden heiraten.« Jetzt hob Dr. Bancroft den Kopf. Er blickte Jeffrey an. Seine Augenlider waren stark gerötet.

»Was ist los, Vater?« fragte Jeffrey schnell. »Was ist passiert?« »Nichts zu machen«, sagte Dr. Bancroft leise. »Es war nichts zu machen, Jeffrey. Ich habe alles versucht, was in meiner Macht stand. Margaret ist gestorben. Sie ist einfach gestorben und das Kind mit ihr. Sie hat nicht einmal gekämpft, Jeffrey. Sie ist einfach gestorben.«

Jeffrey starrte seinen Vater ungläubig an. »Das – das ist ja entsetzlich...«, sagte er leise.

Dr. Bancroft faltete die Hände unter dem Kinn und schloß die Augen. Jeffrey verharrte minutenlang vor dem Schreibpult, dann zog er sich leise zurück.

Sie war jenseits der Tür, und sie hatte ihm ihren Namen gesagt. Sie hieß Joyce. Sie redete in der Sprache der Männer aus dem Süden, und wenn er drohende Laute ausstieß, lachte sie nur.

Sie kam jeden Tag und redete viel. Manchmal schwieg sie. Dann konnte er ihren Atem hören. Und wenn sie sich bewegte, raschelte ihr Kleid.

Er versuchte sich vorzustellen, wie sie aussah. Er erinnerte sich zwar an sie, denn er hatte sie gesehen, als sie mit den anderen Weißaugen im großen Haus saß. Und später hatte sie ihm Wasser vom Brunnen geholt. Aber seine Erinnerungen waren blaß. Wie ein Spiegelbild im trüben Wasser.

An einem Tag hätte er sie töten können. Sie kam herein und dachte, er schliefe. Sie kniete neben ihm nieder und legte ihm die Hand auf die Stirn. Er hätte sie leicht töten können, aber bei der Tür stand der Mann, der so schwarz war wie ein Rabenflügel. Vielleicht war er ein Nachtgeist oder sonst ein Ungeheuer.

Sie erzählte ihm viele Dinge, von denen er nichts wußte. Sie erzählte ihm von der Stadt und den Leuten. Sie hatte viele Namen für die verschiedenen Weißaugen. Oft verstand er nicht, wovon sie redete, und das ärgerte ihn. Sie wußte mehr, als er wußte, mehr vielleicht als Sekwala gewußt hatte. Sie redete nicht über Tiere und über die Bäume und den Himmel. Sie redete von anderen Dingen, und sagte ihm, er brauche keine Angst zu haben, weil sie ihn beschützen werde.

Wieso wußte sie, daß er Angst hatte? Und wie sollte sie ihn beschützen können? Sie war eine Frau und kein Chief wie Lozen. Oder vielleicht doch?

Sie fragte ihn immer wieder nach seinem Namen. Aber er schwieg. Manchmal knurrte er und fletschte die Zähne, wenn sie ihr Auge in einer Bretterspalte sah. Es war besser, wenn sie glaubte, er sei ein Tier. Das würde es ihm eines Tages leichter machen, sie zu töten.

Einmal kam sie mit einem Mann. Sie redeten vor der Tür, aber Kahita konnte kein Wort verstehen. Der Mann ging wieder, aber sie blieb und sagte, daß der Mann ein guter Mann sei. Aber der Mann war kein guter Mann. Kahita hörte seine Stimme und erinnerte sich an ihn. Er war dabei gewesen, als die Weißaugen Sekwala getötet hatten. Und er war dabei gewesen, als die Weißaugen Toshi getötet hatten und seinen Sohn. Er haßte diesen Mann.

Kahita wußte nicht, wie viele Tage vergangen waren, als das Mädchen kam und sagte, daß es jetzt die Tür öffnen werde. Kahita warf die Decke von sich. Wie eine zum Sprung bereite Raubkatze kauerte er in der Ecke des kleinen Raumes. Licht fiel durch die Ritzen zwischen den Türbrettern. Draußen war Tag.

Der Eisenriegel an der Tür quietschte, als sie ihn zurückschob. Die Tür öffnete sich um einen Spalt. Das Licht blendete Kahita. Er kniff die Augen etwas zusammen. Die Tür ging noch ein Stück weiter auf, und jetzt sah er das Mädchen. Es stand leicht geduckt in der Öffnung. In einer Hand hatte es ein weißes Hemd und eine Hose. Das Haar des Mädchens leuchtete wie Gold.

Kahita hielt den Atem an. Er konnte sich nicht vom Fleck rühren, aber er zitterte am ganzen Körper. Scharf stieß er den Atem durch die Nase.

Das Mädchen kam in den Raum und kauerte nieder.

»Wie heißt du?« fragte sie.

Kahita lehnte sich gegen die Wand. Hinter dem Mädchen war die Tür offen. Der schwarze Mann war nirgendwo zu sehen. Kahita starrte das Mädchen an. Es war dünn, und es hatte ein bleiches, schmales Gesicht und blaue Augen. In diesen Augen war Leben, und obwohl Kahita es sich vorgenommen hatte, er brachte es nicht fertig, dieses Leben auszulöschen.

»Hier«, sagte sie und hielt ihm die Kleidungsstücke hin. »Das könnte dir passen. Ich habe es für dich ausgesucht. Ich werde dir auch Schuhe bringen und eine Weste, aber zuerst brauchst du ein Bad.« Sie lachte. »Wasser«, sagte sie und rümpfte die Nase. »Du riechst wie ein Wilder.«

Sie legte das Hemd und die Hose auf seine Decke.

»Das ist kein guter Ort für dich«, sagte sie. »Ich werde dich nicht länger hier drin lassen können. Aber du mußt mir vertrauen, verstehst du? Du mußt mir vertrauen. Ich kann sehen, daß du Angst hast. Warum sagst du mir deinen Namen nicht?« Sie legte die Hand auf die Brust. »Joyce«, sagte sie.

Kahita richtete sich etwas auf. Sein Mund war trocken. Er fuhr sich mit der Zunge über die Lippen.

»Apache«, sagte er mit einer Stimme, die ihm selbst fremd war. Es war das erste Wort, das er sprach, seit sie ihn gefangengenommen hatten, der erste Laut, der ihm sagte, daß er am Leben war.

Der Weg des weißen Mannes

Am 8. März stieß ein Indianer in Camp Apache ohne Grund eine Lanze durch das Herz von Perry Redmond.

Am 10. März, auf dem Weg von Camp Grant nach Infantrie Camp, wurde der Wagenzug von Mr. Ainsa überfallen. Ein Soldat und ein Mexikaner wurden getötet und 16 Maultiere gestohlen.

Am 14. März wurde in der Nähe von Infantrie Camp die Herde von Hinds & Hocker überfallen, zwei Viehwächter wurden getötet, ihre Waffen entwendet. Und später, am gleichen Tag, wurde auf die Wachen des Armeelagers geschossen.

Am 18. März wurde Hughes Ranch in der Nähe von Camp Crittenden überfallen, William Cook getötet und alles zerstört, was zerstört werden konnte. Zwei Maultiere wurden gestohlen.

Am 20. März wurde L. B. Wooster in seinem Heim in der Nähe von Tubac getötet und seine Frau verschleppt. Anschließend wurde die Bosque Ranch geplündert.

John Wasson
im ARIZONA CITIZEN
vom 25. März 1871

Der Tod Margaret McCormicks und ihres ungeborenen Kindes beschäftigte die Leute von Prescott während der nächsten Wochen so sehr, daß kaum mehr über den Apachen geredet wurde, den Hodges und seine Yavapai-Rangers vom Feldzug mitgebracht hatten. Dies konnte Joyce Moorhead nur recht sein, und sie hütete sich davor, die Aufmerksamkeit der Leute auf sich oder ihre Familie zu lenken. Sie verließ das Haus der Bancrofts nur noch selten und bat Jeffrey, mit der Bekanntmachung ihrer Vermählungsabsicht noch zu warten.

Wider Erwarten kam Joyce mit dem Apachen gut zurecht. Nachdem er ihr seinen Namen gesagt hatte, fiel es ihr leichter, sich mit ihm zu verständigen. Sie erfuhr von ihm, daß beim Überfall auf das Indianerdorf im Hell's Canyon seine Frau und sein Sohn ums Leben gekommen waren, und daß die Soldaten und Hodges' Männer wie die Bestien gewütet haben mußten. Sie stellte daraufhin Jeffrey zur Rede. Er versuchte, sich für das blutige Massaker zu rechtfertigen.

»Es war ein Kampf«, sagte er. »Die Indianer haben sich zur Wehr gesetzt. Joyce, verlange nicht von mir, daß ich mich für etwas entschuldige, das nicht mehr zu ändern ist.«

Das verlangte sie nicht von ihm. Er hatte Tom Hodges auf seinem letzten Streifzug nicht begleitet, und sie wußte, daß es ihm nicht leicht fiel, seine Meinung über die Lösung der sogenannten »Indianerfrage« zu ändern. Aber er bemühte sich ernsthaft darum, und das war mehr, als sie von ihm erwartet hatte.

Joyce verbrachte Tag für Tag etliche Stunden mit Kahita. Sie hatte seine Kammer auskehren lassen, nachdem es ihr gelungen war, ihn zu einem Bad zu überreden. Kahita hatte sich lange vor Elijah gefürchtet, den er für ein Monster oder sonstwas hielt, aber Elijah wurde nicht müde, sich um den Apachen zu bemühen, nachdem er einmal seine Furcht vor ihm verloren hatte. Er redete mit ihm in englischer Sprache, obwohl Kahita kein Wort verstehen konnte.

Einmal kam Joyce dazu, als Elijah gerade den Holzbottich hinter dem Haus mit heißem Wasser gefüllt hatte. Es war ein sonniger, warmer Tag im Juni, und Joyce traute ihren Augen nicht, als sie den Neger mit Kahita durch den Hinterausgang des Hauses gehen sah. Elijah hatte ein Tuch über dem Arm, ein Stück Seife und eine Schere in der Hand. Sie hörte ihn auf Kahita einreden.

»Aus dir wird noch mal ein anständiger Kerl«, sagte Elijah. »Entweder läßt du dich zähmen, oder sie brechen dir das Kreuz, Bruder. So ist das nun mal mit den Weißen. Das sind die Herrscher auf dieser Welt, und solange das so ist, kriegt einer wie du immer 'ne Gänsehaut, wenn er in blaue Augen sieht.«

Joyce blieb hinter der Tür stehen. Sie hörte das Wasser im Bottich platschen.

»Übrigens, mein Name ist ein richtiger Niggername, Bruder. Genau wie dein Name ein Rothautname ist. Den hat mir ein Massa gegeben, als ich klein war und ein Sklave. Seit fünf Jahren bin ich ein freier amerikanischer Nigger, und ich habe sogar ein Papier, auf dem es draufsteht. Ich habe eine feste Anstellung bei Massa Bancroft, der mich einem Zuckerfabrikanten abgekauft hat, bevor der Bürgerkrieg vorbei war. Das war eine Zeit, Bruder, da haben sich die Weißen gegenseitig den Schädel eingeschlagen, und Mom hat schon gedacht, daß am Ende nur noch Nigger übrigbleiben.« Elijah lachte. »Nigger, Chinks und Rothäute. Wenn wir uns alle mal zusammentun, müssen die Weißen verdammt aufpassen, daß sie alles richtig machen, sonst geht's ihnen nämlich dreckig. Du hast ziemlich viel Glück gehabt, Bruder, daß dich der Massa gekauft hat, als eigentlich nur deine Locken ein paar Dollar wert waren. Und du hast Glück, daß sich Missy um dich kümmert. Missy hat ein gutes Herz. Und sie will aus dir unbedingt einen braven Kerl machen, der einen feinen Anzug trägt wie ich. Weißt du was, Bruder, ich glaube, daß sie das sogar schaffen wird. Zeig mir mal deine Ohren her. Hm, die mußt du dir ausputzen, hörst du. Damit dir nichts entgeht, was Missy sagt. Es ist alles wichtig, verstehst du. Entweder du hörst auf sie, oder der Teufel wird dich holen. Dieser Hodges hat gesagt, daß man dich schrubben soll, bis du weiß bist. Aber das hat man auch schon mal bei mir versucht, und es hat nichts genützt. Siehst du, ich bin schwarz wie Kohle.«

Joyce sah durch das Schlüsselloch, wie sich Elijah über den Zuber beugte und Kahita die Ohren ausputzte. Er hatte ein Tuch über eine Kiste gelegt. Auf dem Tuch standen einige Fläschchen und Dosen, die er offensichtlich aus ihrem Zimmer entwendet hatte. Sie enthielten Salben und Öle.

»Die Haare soll ich dir auch schneiden, hat der junge Massa verlangt. Mach mir nur keine Schwierigkeiten, Bruder. Ich tu, was man mir befiehlt, denn ich kann immer noch nicht tun, was ich will, obwohl ich ein freier amerikanischer Nigger bin. Freiheit ist etwas, was nur für die Weißen da ist, nicht für uns, Bruder. Und wenn der junge Massa verlangt, daß dir die Haare geschnitten werden, dann kriegst du die Haare geschnitten, klar? Geht das in deinen Apachen-schädel rein, Bruder?«

Kahita kletterte aus dem Bottich. Seine Wunden waren verheilt, er hatte helle, lange Narben auf dem Rücken. Joyce wußte, daß sie von Tom Hodges Peitsche herrührten. Joyce konnte nicht umhin, den geschmeidigen, schlanken Körper des Indianers zu bewundern. Er stand nackt vor Elijah und blickte diesen unverwandt an. Elijah tat, als würde ihm dies überhaupt nichts ausmachen, aber Joyce konnte erkennen, daß er nervös war und die ganze Zeit nach irgend etwas suchte, mit dem er sich beschäftigen konnte, während sich Kahita mit dem großen weißen Tuch zögernd abtrocknete.

»So, setz dich hierhin«, sagte Elijah und zeigte auf einen Schemel. Kahita gehorchte mit unbewegtem Gesicht.

»Das ist eine Schere, Bruder. Damit werde ich dir die Haare schneiden.« Elijah schnippte mit der Schere in der Luft herum. »Einverstanden?« fragte er.

Kahita gab ihm keine Antwort.

»Ich werde nicht klug aus dir, Bruder. Entweder bist du ein ganz verstockter Bursche, mit dem wir noch viel Ärger kriegen, oder du bist so schlau wie ein Kojote und wartest in aller Ruhe auf deine Chance. Laß dir von mir einen guten Rat geben: Versuche nicht, dich gegen die Weißen aufzulehnen. Damit erreichst du nichts.« Elijah befahl Kahita, den Kopf zu senken. »So ist es richtig, Bruder. Immer schön gehorsam sein, dann geht's dir gut. Wer weiß, vielleicht wirst du mal Diener bei den jungen Herrschaften. Einer wie ich, verstehst du? Keine Sorgen mehr. Ein gutes Leben. Du hast alle Chancen, mein Freund. Vor dir liegt ein langer Weg, und wer weiß, was am Ende auf dich wartet.«

Elijah fing an, Kahita das lange schwarze Haar zu schneiden.

»Bald siehst du aus wie ein richtiger Mensch«, lachte Elijah. »Wie neugeboren, Bruder. Halleluja, preise Gott den Herrn. Du bist eben erst auf die Welt gekommen, auf die Welt der Weißen. Glaube mir, da läßt es sich gut leben. Was warst du denn vorher, Bruder? Eine Rothaut, halb nackt, konntest nicht lesen und nicht schreiben, hattest keine Ahnung, was sich auf der Welt tut, hast Kakteen und Kriech-tiere gefressen, und dein Haar war voller Läuse. Das ist doch kein Leben, mein Freund. Außerdem hast du nie jemanden gehabt, der dir Trost spendet, wenn was nicht klappt oder wenn du mit deinem Latein am Ende bist. Dazu haben die Weißen das Christentum eingeführt.

Sie haben einen richtigen Gott, mit dem sie alles bereden können. Der läßt sie nie im Stich, solange sie sich nicht gegen ihn versündigen. Und das tun sie nie, weil alles, was sie anstellen, im Namen des Christentums geschieht.« Elijah richtete den Blick zum Himmel. »Oh, mein Herr und Gott, öffne diesem armen Heiden die Augen, damit er den rechten Weg findet, bevor ihn der Satan in seinen Fängen zermalmt. Amen.«

Joyce richtete sich auf, als sie hinter sich Schritte hörte. Jeffrey kam den Flur entlang. Sie legte den Finger an die Lippen.

Jeffrey wurde mißtrauisch, als er die offene Tür der Kammer sah. »Hast du ihn rausgelassen?« fragte er leise, aber die Schärfe in seiner Stimme war nicht zu überhören. Joyce deutete auf das Schlüsselloch. »Elijah schneidet ihm die Haare«, sagte sie leise.

Jeffrey bückte sich und lugte hinaus. Als er sich wieder aufrichtete, hatte er ein ungläubiges Staunen im Gesicht. »Wie hat Elijah das nur hingekriegt, Joyce?« fragte er und legte den Arm um sie. »Glaubst du, daß wir die beiden allein lassen können?«

»Sicher, Jeffrey. Wenn Kahita hätte fliehen wollen, wäre ihm das schon einige Male leichtgefallen. Ich weiß nicht, was er sich denkt und warum er so friedfertig geworden ist. Ich nehme an, daß Elijah viel dazu beigetragen hat, ohne daß ich etwas davon merkte.«

»Hast du versucht, ihm ein paar englische Worte beizubringen? Reverend Reed hat mich neulich danach gefragt. Er würde gern einmal herkommen und sich mit dem Apachen unterhalten.«

»Ich glaube nicht, daß das in absehbarer Zeit von Nutzen sein würde, Jeffrey. Kahita vertraut mir und Elijah. Aber schon wenn du in der Nähe bist, geht eine Veränderung mit ihm vor. Ich weiß, daß sich Reverend Reed auf spanisch mit ihm unterhalten könnte, aber ich wäre ihm sehr verbunden, wenn er uns bis auf weiteres in Ruhe ließe.«

»Das, mein Liebes, kann ich dir nicht versprechen. Ich war so verwegen, das Datum für unsere Hochzeit festzusetzen, Joyce. Die Leute reden über uns, seit du bei uns im Haus wohnst. Ich habe Reverend Reed in Kenntnis gesetzt. Er war hocherfreut über unseren Entschluß.«

Joyce hob den Kopf. »Wann. . . wann soll. . .«

»Am zwölften August. Das ist ein Sonntag. Wir haben einige Wochen Zeit, alle Vorbereitungen zu treffen. Du solltest deinen Eltern Bescheid geben. Meine Mutter hat ihre Reise nach Frisco um einige Wochen verschoben. Übrigens, heute morgen kam Kunde von Captain Williams, meine Liebe.«

So wie er es sagte, hatte es einiges zu bedeuten. Er blickte sie so mißtrauisch an, daß sie den Kopf senkte und sich an einer Rockfalte zu schaffen machte.

»Joyce, würdest du bitte so freundlich sein und mir in die Augen sehen.« Sie hob den Kopf. Ein harter Zug lag in seinem Gesicht.

»Er ist gefallen, nicht wahr?« fragte sie leise.

»Man sagt, daß ihn zwei Pfeile getroffen haben. Es geschah am 5. Juli. Man ist gerade dabei, seinen Leichnam nach Fort Whipple zurückzubringen.«

Joyce preßte ihre Lippen zusammen. Sie merkte, wie ihr das Blut aus dem Kopf wich, und griff nach seinem Arm.

»Die Leute sind nach dieser Nachricht selbstverständlich ziemlich aufgebracht, und ich hörte einige Stimmen, die nach unserem Apachen fragten, Joyce.«

Joyce ließ seinen Arm abrupt los. »Was hat Kahita mit dem Tod von Captain Williams zu tun?«

»Reg dich nur nicht unnötig auf, mein Liebes«, gab er zurück. »Der Zorn der Leute ist sicher berechtigt. Captain Williams war ein Held vom Scheitel bis zur Sohle, und man hat von ihm einiges erwartet, nicht wahr?«

Joyce gab ihm keine Antwort. Wie hätte sie ihm auch erklären können, daß ihr Captain Williams mehr bedeutet hatte, als Jeffrey jemals ahnen würde. Sie dachte an ihre gemeinsamen Picknickausflüge zu den Granite Dells und daran, daß er ihr kurz vor seinem letzten Kommando einen kleinen Anhänger geschenkt hatte mit einem Bild, das ihn in der Uniform eines Brevet-Brigadiergenerals zeigte. »Vielleicht hätte ich am Ende des Bürgerkriegs aufhören sollen«, hatte er ihr damals mit einem Augenzwinkern gesagt, »aber dann wäre ich dir nie begegnet.«

Jetzt wünschte sich Joyce, er hätte mit dem Bürgerkrieg aufgehört, Soldat zu sein.

Drei Tage später brachten sie Captain James Monroe Williams zurück. Joyce erhielt die Nachricht, als sie Kahita die ersten Worte in englischer Sprache beibrachte. Elijah stürzte, ohne anzuklopfen und außer Atem, in die Kammer.

»Er lebt«, schnaufte er. »Missy, er lebt. Die Rothäute haben ihn nicht umbringen können.«

Joyce wußte in diesem Moment nicht einmal, wen er meinte. Aber dann sprang sie auf, ließ ihr Buch auf das Bett von Kahita fallen und lief aus der Kammer.

Elijah grinste von einem Ohr zum anderen, zeigte auf das Buch und sagte: »Lies mal ein bißchen, Bruder. Ich glaube nicht, daß Missy heute noch mal Zeit für dich hat.«

»Mein Name ist Kahita«, sagte Kahita mit kehliger Stimme und ohne eine Miene zu verziehen. Elijah, der im Begriff war hinauszugehen, blieb stocksteif stehen.

»Was hast du gesagt, Bruder?« fragte er mißtrauisch.

»Ich bin Apache.«

»Uh, du krummer Hund, fang nur nicht damit an, mir zu widersprechen, hörst du?« Elijah rollte seine großen runden Augen und bleckte seine Zähne. Dann ging er hinaus und verriegelte die Tür. Oben im Flur redete Joyce ziemlich laut mit Jeffrey. Elijah verschwand durch die Hintertür und spannte das Pferd vor den Buggie. Er hörte Jeffrey Bancroft lärmen, und immer, wenn er lärmte, war er im Unrecht.

Als Elijah den Buggie vorfuhr, kam Joyce aus dem Haus, dicht gefolgt von Jeffrey, der eine bitterböse Miene aufgesetzt hatte.

»Er hätte auf dem Transport hierher leicht sterben können!« rief Jeffrey und versuchte Joyce aufzuhalten. »Wie konnte ich wissen, daß er nicht stirbt? Alle haben gesagt, daß er stirbt.«

Elijah machte, daß er vom Bock kam. Jeffrey Bancroft entriß ihm die Peitsche. »Sag meinem Vater Bescheid, daß wir zum Fort hinausfahren.« Er kletterte auf den Bock, hob die Zügel und knallte wild mit der Peitsche. Das Pferd sprang an, der Einspänner wurde scharf herumgerissen, schleuderte auf der Straße, und fast sah es aus, als breche er zwischen den dünnen, großen Rädern zusammen. Staub wirbelte auf. Elijah ging ins Haus zurück. Er kochte Kaffee, füllte zwei Tassen und besuchte Kahita, der auf dem Bett hockte und in dem Buch blätterte.

»Hier. Das ist Kaffee«, sagte er. »Und jetzt sag mir noch einmal, wer du bist, du krummer Hund.«

Captain James Monroe Williams hatte zwei Pfeilspitzen in der Nierengegend stecken, die ihm der Armeearzt herausoperierte. Fast zwei Monate lang hatte er in Fort Whipple mit dem Tode gerungen, bevor man ihn über die Hardyville-Straße zum Colorado River transportierte, dort in ein Dampfschiff verlud und schließlich ins Armeehospital von San Francisco überführte.

McCormick's *Arizona Miner* brachte am 27. Juli 1867 einen Bericht über den Feldzug von General Gregg und Captain Williams. Demnach war Captain Williams mit Kompanie I der 8. Kavallerie im Yampai-Tal auf einen Trupp von Walapai-Indianern gestoßen, der in einem kurzen Gefecht besiegt worden war. Trotz des Befehls von General Gregg, alle Indianer zu töten, machte Williams neun Gefangene. Gregg, der zwischenzeitlich nach Fort Whipple zurückgekehrt war, traf am 5. Juli wieder auf Williams Truppen und begleitete den Captain zu den Fußhügeln des Music Mountain. Am Nachmittag des 9. Juli bestieg Captain Williams mit neun seiner Männer und General Gregg den Berg, um eine bessere Übersicht über das umliegende Land zu gewinnen. Noch bevor sie den Gipfel erreicht hatten, wurden sie von Indianern aus dem Hinterhalt angegriffen. In einem erbitterten Feuergefecht gelang es den Soldaten, drei Indianer zu töten. Williams, der aufrecht stehend Befehle gab, wurde von zwei Pfeilen in die Seite getroffen. Gregg übernahm das Kommando und gab den Befehl zum Rückzug. Mit einigen Schwierigkeiten gelang es ihm, sich mit dem schwerverwundeten Captain, einem verletzten Soldaten und dem Rest des Trupps zurückzuziehen.

»Es war des Generals Glück, daß die Indianer ihm nicht folgten«, schrieb John Huguenot Marion im *Arizona Miner*, »sonst hätten sie ihm und seinen tapferen Soldaten wahrscheinlich das Lebenslicht ausgeblasen.«

Für die Armee waren die Erfolge von Captain Williams ein Ansporn zu weiteren Feldzügen gegen die Apachen, die Yavapai und die Walapai. General Gregg richtete sein Augenmerk auf die Walapai, einem den Yavapai verwandten Indianerstamm, der von drei einflußreichen Chiefs angeführt wurde: Wauba-Yuba, Scherum und Walapai-Charley. Der Händler und Frachtunternehmer William H. Hardy, der von seiner Stadt Hardyville am Colorado River aus operierte, schloß schon 1866 einen Privatfrieden mit Wauba-Yuba, um eine Zollstraße abzusichern. Er versorgte Wauba-Yuba mit einem »Paß«, den der Häuptling zum Zeichen seiner Friedensliebe notfalls vorzeigen konnte. Wauba-Yuba hatte aber das Pech, kurz darauf Sam Miller zu begegnen, der zu Joseph Reddeford Walkers Expedition gehört hatte. Sam Miller lagerte mit einer Prospektorengruppe bei Beale's Springs, beunruhigt durch die Nachricht, daß Indianer den Goldgräber Ed Glower getötet hatten. Nach einem kurzen Streitgespräch mit Wauba-Yuba, der ins Lager gekommen war, um den Weißen Maultiere, Pferde und Mehl abzuhandeln, nahm Sam Miller seinen Hawkins-Vorderlader an die Schulter und streckte den Walapai-Chief mit einem Brustschuß nieder.

Sam Miller wurde für seine »Heldentat« in Fort Whipple verhaftet und dem *United States Marshal* ausgeliefert, vom Gericht aber freigesprochen und mit »bestem Dank« entlassen.

Eine Reihe solcher sinnloser Gewalttaten führte nur zu vermehrten Überfällen, die teils von Kriegern verschiedener Indianerstämme, teils von der aufgebrachten Bevölkerung begangen wurden.

Man verlangte einen großangelegten Feldzug gegen alle Indianer. Im September 1867 verließ ein großes Truppenkontingent, die *Grand Army of the Colorado*, Fort Mohave. Die Soldaten waren mit Proviant für sechzig Tage ausgerüstet und wurden von Dan O'Leary und Gus Spears geführt, zwei der zuverlässigsten Kundschafter im Territorium.

Die Truppen operierten während den nächsten Monaten im Gebiet der Black Mountains, der Cerbat Range und der Hualpais Mountains, ohne daß es zu einer entscheidenden Schlacht kam. In einer Reihe von Scharmützeln gelang es zwar, eine Anzahl von Indianern zu töten und einige Dörfer niederzubrennen, aber eine lang andauernde Trockenperiode schaffte der Armee mehr Probleme als die Indianer. Erst im Januar stießen Captain S. B. M. Young und Lieutenant Stevenson mit ihrem Trupp im Walapai Valley auf ein großes Indianerlager. Die Truppen trafen in der Nacht Vorbereitung für den Angriff, brachten sich in Stellung und überfielen im Morgengrauen das Dorf der Walapai. Es kam zu einem verbissenen Gefecht, bei dem Dan O'Leary den Walapai-Chief Scherum niederschoß und schwer verwundete. Young sah ein, daß sie in diesem unübersichtlichen Gelände gegen die große Übermacht keine Chance hatten und gab den Befehl zum Rückzug. Der Kampf dauerte bis in die Dunkelheit hinein. Während die Soldaten sich verschanzten, schickte Young einen Kurier nach Beale's Springs, um die Ambulanz herbeizuholen. Die Soldaten verharrten in einer regenkalten Nacht in ihrer Stellung, nicht weit vom Indianerdorf entfernt. Keiner machte ein Auge zu, denn die Windböen trieben ihnen das Geheul herüber, mit dem die Walapai ihre Toten beklagten. Sie brannten in dieser Nacht das Dorf mit den Leichen nieder, und am nächsten Morgen waren sie verschwunden.

Während Truppen von Fort Mohave aus gegen die Walapai ins Feld zogen, richtete General Gregg sein Augenmerk auf einen Yavapai-Chief, dessen Name inzwischen in aller Munde war. Wah-poo-eta, oder Big Rump, wie ihn die Weißen nannten, war durch seine Streifzüge so bekannt geworden, daß man von ihm sogar im entfernten Fort Graig am Rio Grande hörte. In Zentral-Arizona, an der Gabelung des Date Creeks, südwestlich von Prescott, gab es einen Berggipfel, der den Yavapai jahrelang als Wachtposten diente und deshalb »Big Rump's Lookout« genannt wurde. Jenseits der Mazatzal Mountains, entlang des Tonto Creeks, befand sich »Big Rump's Valley«, und eine tiefe Steilwandschlucht im Gebiet des Salt Rivers war als »Big Rump's Canyon Home« bekannt.

Wah-poo-eta und seine Kriegerschar hatten nicht nur gegen die Weißen zu kämpfen, denn die Pima und Maricopa, gestärkt durch die Rückendeckung der Amerikaner, wagten es immer öfters, in das Gebiet der Yavapai und der Tonto-Apachen einzudringen. Im Frühling 1868 überraschten die Pima nach langer Suche einige Yavapai, deren Frauen beim Früchtesammeln waren. Die Pima töteten zwei und jagten sechs in eine Höhle hinein. Dann holten sie in Camp Reno, einer kleinen Armeestation im Tonto Basin, Hilfe. Captain C.C.C. Carr rückte sofort mit einem Trupp Soldaten der 1. und 8. Kavallerie aus, nur um festzustellen, daß die Canyonwände zu steil waren, um an die Höhle heranzukommen. Trotzdem gelang es einigen Scharfschützen, einen Krieger zu treffen. Dieser stürzte mehrere hundert Yards in die Tiefe.

Big Rump rächte sich wenige Tage später, als er mit einer Kriegerschar die Viehherde von Camp Reno in Panik versetzte, obwohl diese von vierzehn Soldaten bewacht war. Die Soldaten töteten drei der angreifenden Indianer, und ein Detachement verfolgte sie sechzig Meilen weit, ohne sie einzuholen.

Im Sommer 1869 führte der zähe alte Juan Chivaria zweiundzwanzig seiner Maricopa und ungefähr gleich viele Pima auf den Kriegspfad gegen die Erbfeinde. Im Castle Creek Canyon, südlich der Bradshaw Mountains, entdeckten sie ein Yavapailager und legten in einer Canyonenge sofort einen Hinterhalt. Die Maricopa besetzten ein Dickicht am Hang, und die Pima brachten sich weiter talabwärts in Stellung. Dann warteten sie auf die Yavapai, die am Morgen aufbrachen und in einer langen Reihe den Canyon herunterkamen. Als sie sich zwischen den beiden Gruppen befanden, eröffneten die Maricopa das Feuer. Die Yavapai flohen und liefen dabei den Pima genau in die Gewehre. Nur einige von ihnen rannten in die Richtung, aus der sie gekommen waren, und entgingen dadurch dem sicheren Tod. Wah-poo-eta versuchte, seine Krieger zu sammeln, aber Juan Chivaria und mehrere seiner Getreuen fielen über den Yavapai-Chief her und erschlugen ihn.

Juan Chivaria prahlte bei den Amerikanern über seine Heldentat, und um zu beweisen, daß es ihm tatsächlich gelungen war, Wah-poo-eta zu töten, führte er eine Gruppe von Zivilisten und Soldaten unter der Führung von Jack Swilling und Major McCleave, der inzwischen von Fort West abkommandiert und nach Zentral-Arizona verlegt worden war, zum Ort des Überfalls. Dort wurde der mächtige Körper des Yavapai-Häuptlings genau so vorgefunden, wie es Juan Chivaria gesagt hatte. Überall um den Leichnam herum lagen Geldscheine verstreut, ein Beweis dafür, daß Big Rump für den Überfall auf die Post in der Nähe der Date Creek Station verantwortlich gewesen war.

Der Tod von Wah-poo-eta war zwar für die Yavapai ein schwerer Schlag, aber an der Situation in Zentral-Arizona änderte sich dadurch wenig.

Während der Krieg gegen die Indianer die Bürger in Prescott von Fall zu Fall immer wieder in Aufregung versetzte, wurden sie von politischen Entscheidungen überrumpelt, die von nachhaltiger Bedeutung waren und fast eine Panik auslösten.

Die vierte Legislaturversammlung beschloß im Herbst 1867, den Regierungssitz von Prescott nach Tucson zu verlegen, ein Beschluß, der wie ein Blitz aus heiterem Himmel kam. Zwar wußte man schon lange vom Druck, den die Tucson-Delegierten auf die übrigen Regierungsmitglieder ausübten, aber bis zuletzt hatte man auf McCormick gebaut, der sich während seiner Amtszeit mit allen Mitteln für Prescott als Regierungssitz stark gemacht hatte. Aber McCormick war ein Vollblutpolitiker, der längst erkannt hatte, daß ihm die Position des Gouverneurs weniger persönliche Macht gab als ein Sitz im Kongreß. Nach dem Tod seiner Frau Margaret verließ McCormick Prescott und reiste zu einer Delegiertenkonferenz der Territorien nach Salt Lake City, Utah, wo er sich mit den Nevada-Senatoren William Stewart und James W. Nye und dem Kongreßabgeordneten Thomas Fritsch besprach, die alle Kontakt zum »Tucson-Ring« hatten. Sie sagten ihm ihre Unterstützung zu, falls er für den Kongreß kandidieren wollte. McCormick reiste weiter nach San Francisco, um mit den Generälen Halleck und McDowell das Indianerproblem zu erörtern. Schon dort deutete er seinen Plan an und schlug als seinen Nachfolger den Oberinspektor von Nevada vor, Anson Peacely-Killen Safford.

Nach seiner Rückkehr traf McCormick sofort Vorbereitungen für einen Umzug nach Tucson. Er verkaufte seine Druckerei und den *Arizona Miner* an John Huguenot Marion, ohne zu ahnen, daß er dem jungen Mann damit die Waffe in die Hand gab, die dazu beitrug, ihn zu einem seiner hartnäckigsten Gegner zu machen. Marion machte sich die bittere Enttäuschung der Bürger Prescotts zunutze und griff McCormick mit spitzer Feder an und ebenso den »Federalen Ring«, eine politische Interessengruppe, der Männer in führenden Positionen in Tucson und Prescott angehörten. Er klagte die vierte Legislatur als betrügerisch an, nannte die Abgeordneten Halsabschneider und profitsüchtige Beutegeier, die sich von Tucsoner Geschäftsleuten bestechen ließen. Ferner behauptete er, McCormick habe sich seine Stimme für Tucson als Regierungssitz für das Versprechen abkaufen lassen, daß ihn Tucson und das Pima County in seiner Kandidatur als Kongreßabgeordneter voll unterstützen würden.

Fortan ließ Marion keine Gelegenheit mehr aus, McCormick und seine Getreuen in Mißkredit zu bringen. 1868, bei der Wahl des Kongreßabgeordneten, verlor McCormick sämtliche Counties, außer dem Pima County, dessen Hauptstadt Tucson war. Der *Arizona Miner* berichtete, daß McCormick die Wahl mit illegalen Stimmen gewinnen konnte, indem einhundert Soldaten von Camp Crittenden ihre Stimme zuerst in Camp Crittenden, südlich von Tucson, abgaben und danach in zwei anderen Wahlkreisen noch einmal zur Urne gingen. Andere Zeitungen Arizonas, besonders der *Tucson Weekly Arizonan*, der die Demokratische Partei unterstützte, nannten die Abstimmung im Pima County eine Farce. Sie behaupteten, nachweisen zu können, daß einige hundert Nichtbürger mexikanischer Herkunft, die in Tucson, Tubac und anderen Städten wohnten, aber nicht stimmberechtigt waren, ihre Stimme für McCormick abgegeben hätten.

Als McCormick von Prescott nach Tucson umzog, verfluchten ihn die meisten Bürger Prescotts und Zentral-Arizonas als Verräter. Aber die Macht des »Federalen Rings« war stärker als je zuvor; die einflußreichsten Geschäftsleute unterstützten McCormick und profitierten gewaltig von ihrer politischen Verbindung mit dem »Ring«, da sie laufend mit Regierungsaufträgen versorgt wurden.

So schrieb der *Weekly Arizonan* im Januar 1870, daß die vier Jahre alte Warengroßhandelsfirma von Lord & Williams in Tucson wöchentlich für zehn- bis fünfzehntausend Dollar Geschäfte tätige.

1879 wurde A.P.-K. Safford, wie vom »Ring« geplant, zum Gouverneur des Arizona-Territoriums gewählt, und McCormick reiste nach Washington, um seine erste Amtsperiode als Kongreßabgeordneter anzutreten. In Prescott trauerte man ihm nicht nach, und John Huguenot Marion schrieb in seiner Zeitung folgenden zynischen Leitartikel:

»*Exit*, Mac – er ist gegangen! Der kleine Halsabschneider ist endlich abgehauen. Eingehüllt in den Mantel der Abtrünnigkeit und der Verachtung, den er sich durch den Verrat an ehrbaren Bürgern erworben hat, behangen mit dem Dreck und Unrat verscheuerter Prinzipien, entflieht er der Szene... Hinweg! Hinweg...!«

Für Kahita war die Politik und die Lebensart der Weißen unverständlich und verwirrend, obwohl Jeffrey Bancroft es sich zur Aufgabe gemacht hatte, ihn über die jeweilige Situation zu informieren. Nachdem sich Kahita entschlossen hatte, bei den Weißaugen zu bleiben, entwickelte er sich zur Freude von Joyce schnell zu einem hilfsbereiten und wißbegierigen jungen Mann, der sich überraschend gut in seiner neuen Umgebung zurechtfand. Nach einem Jahr sprach er schon ziemlich gut englisch, wenn auch mit einem harten, kehligen Akzent. Er konnte einfache Sätze lesen und fand sich mit Zahlen besser zurecht als Elijah. Kaum jemand in der Stadt dachte noch daran, daß der junge Apache wie ein wildes Tier von Hodges und seinen Yavapai-Rangers hergebracht und anschließend für zweihundert Dollar an Dr. Bancroft verkauft worden war. Reverend Reed hatte schon lange vorgeschlagen, ihn zu taufen und ihm einen christlichen Namen geben zu lassen. Dazu kam es allerdings nicht mehr. Jeffrey Bancroft, der sich im Herbst 1867 mit Joyce Moorhead vermählt hatte, war knapp ein Jahr, nachdem Prescott den Regierungssitz verloren hatte, mit seinem Frachtgeschäft in Konkurs gegangen. So hatte er sich entschließen müssen, mit seiner jungen

Frau nach Tucson umzuziehen, um eine Anstellung bei den Frachtunternehmern und Händlern Pinckney Randolph Tully und Estevan Ochoa anzunehmen. Diese beiden erfolgreichen Geschäftsleute gehörten zu den einflußreichsten Mitgliedern des »Tucson-Rings«.

Im Frühling 1870 verließen die Bancrofts Prescott. Joyce war im siebten Monat schwanger, und der Umzug von der Höhenstadt nach Tucson war für sie eine schlimme Strapaze. Kurz nachdem sie Tucson erreichten und ein Haus an der Main Street bezogen hatten, kam Joyce mit einer Fehlgeburt nieder, unter der sie in der Folgezeit schwer zu leiden hatte. Sie verließ während Wochen kaum das Bett, aß wenig und verlor so viel Gewicht, daß Jeffrey verzweifelte Briefe um ärztlichen Rat an seinen Vater schickte. Aber auch die Medikamente, die Dr. Bancroft nach Tucson schickte, halfen nicht. Es schien, als hätte Joyce mit dem Kind ihre ganze Lebensfreude verloren, und auch Kahita gelang es nicht, sie aufzumuntern. Er sorgte sich mehr um sie als Jeffrey, der in seiner neuen Anstellung so beschäftigt schien, daß er oft bis in die Nacht hinein wegblieb. Aber Kahita wußte, daß Jeffrey sich Vorwürfe machte, weil er darauf bestanden hatte, Prescott zu verlassen und nach Tucson zu ziehen, einer Stadt, an der weder er noch Joyce Gefallen finden konnten. Die meiste Zeit herrschte in diesem Wüstenkessel eine kaum erträgliche Hitze. Die Luft war voll mit dem Staub, den der Wind über das Land trieb. Die Berge mit ihren kühlen Wäldern waren weit entfernt, und zur Mittagszeit gab es kaum irgendwo einen Schattenplatz, um den sich nicht irgendwelche Straßenköter gestritten hätten.

Es vergingen Monate, bevor Kahita zum erstenmal wieder ein Licht in den Augen Joyces erkennen konnte, das ihn froh stimmte. Für ihn selbst bedeutete der Umzug nach Tucson mehr, als er zugeben wollte. Weder Joyce noch Jeffrey Bancroft wußten, daß er nur bei ihnen geblieben war, weil er nicht mehr zu den Yavapai zurückkehren wollte. Zwar lebte Wehabesowa noch, aber die Erinnerung an Toshi und ihren kleinen Sohn war für Kahita wie ein Schatten, den er loswerden wollte. Oft rief er nach Sekwala und fragte ihn um Rat, aber der Geist des alten Mannes fand nur noch selten den Weg zu ihm. Seine Stimme war verweht, und wenn der Falke schrie, war Kahita oft zu beschäftigt, um aufzusehen und zu lauschen. Es gab noch einen anderen Grund, warum Kahita bei den Weißaugen geblieben war. Er hatte lange auf eine Gelegenheit gewartet, jene Männer zu bestrafen, die er aus tiefstem Herzen verachtete und haßte. Er kannte ihre Namen und war ihnen einige Male begegnet, während er noch in Prescott war. Aber die Gelegenheit, Tom Hodges oder Jack Swilling zu töten, kam nie. Am Anfang dachte Kahita auch daran, eines Tages Jeffrey Bancroft umzubringen. Er lauerte ihm sogar eines Nachts auf, aber Joyce entdeckte ihn mit einem Küchenmesser in der Hand im dunklen Flur kauernd. Er sah ihr an, daß sie seine Absicht erraten hatte, obwohl sie kein Wort sagte. Sie hatte ihn nur angesehen, und Kahita brachte das Messer in die Küche zurück und verschwand in seiner Kammer.

Danach versuchte Kahita nie mehr, Jeffrey zu töten. Er tat, was man von ihm verlangte, lernte, einen Bückling zu machen, wenn seine Herrin ihn zu sich rief, und Jeffrey Bancroft den Mantel umzuhängen, wenn dieser das Haus verließ. Er lernte viel und schnell. Lange Zeit verspürte er nur selten das Verlangen, den steifen Kragen vom Hals zu nehmen, die Schuhe auszuziehen und davonzulaufen. Es war ein weiter Weg von Prescott zurück zu seinem Volk. Jedoch mit dem Umzug nach Tucson näherte er sich jener Gegend, die ihm vertraut war.

Tucson war nicht mehr das kleine Weißaugen-Nest, das er sieben Jahre zuvor bestaunt hatte, als er Joseph Reddeford Walker und seinen Männern gefolgt war. Die Stadt zählte inzwischen fast dreitausend Einwohner und hatte sich weit über die ursprünglichen Umfassungsmauern des alten spanischen Presidios ausgedehnt. Braune Adobehütten mit kleinen Fensteröffnungen und Flachdächern reihten sich längs der ausgefahrenen, staubigen Straßen, auf denen sich der Unrat der Leute ansammelte, bis er von den Wassern heftiger Sommergewitter weggeschwemmt wurde. Die Stadt machte einen farblosen, schäbigen Eindruck. Kaum eine der Lehmhütten hatte Glasfenster. Es gab keine überdachten Gehsteige, keine bunten Holzfassaden, mit denen man die armseligen Gebäude hätte tarnen können. Die meisten Dächer, gebaut aus Stützpfosten und Saguarorippen, mit Dreck bepflastert, waren nicht dicht, und so lohnte es sich kaum, die Häuser mit besseren Möbelstücken einzurichten.

Eine der bedeutendsten Durchfahrtstraßen war die Main Street, oder Calle Real, das letzte Teilstück der »Straße des Königs«, die die Spanier von Mexico City aus nach Norden gebaut hatten.

Hier, an dieser Straße, bewohnten die Bancrofts ein kleines Adobehaus mit einem großen Wohnraum und einem Schlafzimmer. Für Kahita wurde ein Bretterverschlag im Nachmittagsschatten des

Hauses eingerichtet. Drüben, an der Stone Avenue, befand sich das Regierungsgebäude, eine aus Adobeziegeln gebaute Hütte, die früher als Warenhaus gedient hatte. Auf der Military Plaza, nordöstlich des Stadtzentrums, befand sich Camp Lowell, ein kleinerer Armeeposten, der aus einigen Lehmhütten und Zeltreihen bestand. Kahita ging oft dahin, um die Soldaten zu beobachten, wie er es früher mit Sekwala getan hatte.

Von seinem Haus hatte Jeffrey Bancroft nur einen Fußmarsch von wenigen hundert Yards zurückzulegen, um seinen Arbeitsplatz zu erreichen. Tully, Ochoa & DeLong waren das größte Fracht- und Warenhandelsunternehmen im Arizona-Territorium, hatten aber gegen die Konkurrenz von Lord & Williams, Charles T. Hayden, E. N. Fish & Co. und A. & L. Zeckendorf zu kämpfen.

Jeffrey Bancroft übernahm seinen Posten als Clerk im Warenhaus von Tully, Ochoa & DeLong kurz nach seiner Ankunft in Tucson. Sein Vater, einer von McCormicks loyalsten Anhängern und dem »Tucson-Ring« oft zu Diensten, hatte ihn mit einem persönlichen Schreiben an Granville Oury versehen, dem Generalanwalt des Arizona-Territoriums. Dadurch fiel es Jeffrey nicht schwer, in Tucson sofort die richtigen Leute kennenzulernen.

Noch immer hegte Jeffrey Bancroft die Absicht, in die Politik einzusteigen. In Prescott hatte ihm der Bankrott einen Strich durch seine Rechnung gemacht, aber in Tucson glaubte Jeffrey eine echte Chance zu wittern. Er hatte bald eine Anzahl recht einflußreicher Freunde und lernte, als er mit Joyce zu einer Party eingeladen war, auch Anson Peacely-Killen Safford, den kleinen, drahtigen Gouverneur, kennen. Er unterhielt sich blendend mit John Wasson, dem Redakteur des *Arizona Citizen*, einer Zeitung, die McCormick in seinem letzten Jahr als Gouverneur gegründet hatte. Wasson hatte großen Einfluß auf Jeffrey und brachte ihn dazu, sich in den Schulrat wählen zu lassen.

So hätte Jeffrey mit sich und der Welt zufrieden sein können, wäre nicht noch immer das leidige Apachenproblem gewesen, das scheinbar unmöglich zu lösen war und das Leben der weißen Bevölkerung des Territoriums in immer stärkerem Maße beeinflußte.

Von Washington aus trat Präsident Grant für seine »Friedenspolitik« ein und wollte eine Untersuchungskommission nach Arizona schicken. Sie sollte dort die Sachlage überprüfen und ihm anschließend einen Plan vorlegen, wie und wo die Indianer in Reservaten untergebracht werden konnten. Die Geschäftsleute des Territoriums fürchteten um ihre Existenz. Es gab kaum einen Nichtindianer in Arizona, der nicht am Krieg mit den Apachen verdiente. Die Armee mußte mit einer Unmenge von Gütern beliefert werden, und die Regierung bezahlte notgedrungen gut. Auch die Apachen, die in Reservaten aufgetrieben wurden, mußten ernährt und für ihr neues Leben ausgerüstet werden, das aus den einstigen Jägern und Kriegern friedliche Maisbauern machen sollte. Aber wenn es keine »wilden« Apachen mehr gab, wurde die Armee nicht mehr gebraucht, und immerhin waren Anfang 1870 mehr als ein Zehntel der amerikanischen Truppen im Territorium stationiert. Präsident Grant und seine Friedenspolitik stellten deshalb eine ernsthafte Gefahr für die Wirtschaft des Arizona-Territoriums dar, eine Gefahr, der sich die Geschäftsleute Tucsons mit ihrer Lobby in Washington vehement entgegenstellten. Daß Jeffrey Bancroft als Angestellter von Tully, Ochoa & DeLong seine neugewonnenen Ansichten über die Lösung des Indianerproblems kurz nach seiner Ankunft noch einmal grundlegend revidierte, verwunderte nicht einmal Joyce, denn sie wußte, welchem Druck er ausgesetzt war.

An einem Abend im Mai 1870 kam Jeffrey ziemlich aufgeregt von einer Versammlung der Händler und Geschäftsleute von Tucson nach Hause. Kahita war dabei, trockenen Flußsand ins Wohnzimmer zu schaufeln, den er mit einem Handkarren vom Bett des Santa Cruz Rivers bis zum Haus transportiert hatte. Am Nachmittag zuvor hatte es wie aus Kübeln gegossen, und das Wasser war durch das Lehmdach eingedrungen. Die meisten Möbelstücke standen draußen in der Abendsonne zum Trocknen. Der Boden im Wohnzimmer war so weich, daß man bis zu den Knöcheln im Dreck versank. Das Ehebett der Bancrofts stand bis zum Bettrahmen in einer braunen Pfütze. Zwar ballten sich im Süden und Osten der Stadt erneut schwere Gewitterwolken, aber es schien, als ob dieses Mal der Sturmwind das Gewitter die Santa Catalina Mountains entlang und an der Stadt vorbeitreiben würde.

Es war heiß und feucht. Jeffreys Hemd klebte an seiner Haut. Joyce schöpfte Wasser aus dem Tonkrug, der an einem vorstehenden Dachträgerbalken neben dem Eingang hing, und füllte eines der Gläser, das sie mit Angestelltenrabatt bei Tully, Ochoa & DeLong gekauft hatte. Sie sah Jeffrey sofort an, daß irgend etwas nicht stimmte.

»Falls es nicht regnet, werden wir heute nacht draußen schlafen, Jeff«, sagte Joyce. »Im Haus ist es kaum auszuhalten bei dieser schwülen Luft. Kahita hat dort drüben die Matratzen hingelegt, wo der Boden einigermaßen trocken ist.«

Jeffrey Bancroft warf nur einen kurzen Blick zu dem kleinen Erdhügel hinüber, auf dem er die Nacht verbringen sollte. »Sag ihm, daß er sich saubermachen und anziehen soll, Joyce«, befahl er. »Herrgott, er sieht aus, als hätten wir ihn in irgendeiner Hintergasse aufgelesen.«

»Darf ich fragen, was du vorhast, Jeffrey?«

Jeffrey suchte in einer Kommode, die Kahita vors Haus gestellt hatte, nach einem frischen Hemd. Ohne Joyce anzusehen, sagte er:

»Man hat mich gefragt, ob unser Apache fähig wäre, für die Armee Kundschafterdienste zu leisten, meine Liebe. Und da ich mich schon seit einiger Zeit mit dem Gedanken trage, ihn loszuwerden, werde ich ihn heute abend nach Camp Lowell bringen und einigen der Herrschaften vorführen, die sich für ihn interessieren.«

Joyce spürte, wie ihr das Blut aus dem Kopf wich. Nun war es also soweit. Während der letzten Wochen hatte Jeffrey schon einige Male angedeutet, daß er Kahita nicht mehr im Hause haben wollte.

»Jeffrey, Kahita gehört mir«, sagte sie. »Ich habe ihn erzogen, wenn du so willst. Was er weiß, hat er von mir gelernt. Was er —«

Jeffrey warf den Kopf herum. Seine engstehenden Augen glitzerten böse.

»Er ist ein freier Mensch, Joyce!« unterbrach er sie scharf. »Das hast du mir während der letzten Jahre hundertmal gesagt, nicht wahr? Herrgott, ich will mich nicht mit dir streiten. Nicht über ihn. Er ist ein Apache, und daran ändert auch die Tatsache nichts, daß wir ihn zivilisiert haben. Frag ihn, meine Liebe! Frag ihn, ob er ein Weißer sein will oder ein Apache.«

Kahita stieß die Schaufel in den Sandhaufen und drehte sich Joyce zu.

»Ich gehe mit ihm«, sagte er mit unbewegtem Gesicht. »Er hat recht. Ich bin ein Apache, Ma'am.«

»Na, da hast du es! Er sagt es selbst.« Jeffrey knöpfte sein Hemd auf. »Du weißt, daß es um meine Zukunft geht, Joyce. Wir haben uns lange genug darüber unterhalten. Mister Tully trat schon vor Tagen mit dem Vorschlag an mich heran, den Apachen der Armee zu übergeben. Tully ist um den Ruf seiner Angestellten besorgt. Die

Leute reden hinter unserem Rücken. Kein Mensch in dieser Stadt hat einen Apachen im Haus. Mister DeLong hat mir gestern gesagt, daß es in meinem Interesse läge, wenn ich den Apachen der Armee zur Verfügung stellen würde.«

Joyce starrte ihren Mann ungläubig an. »Jeff, das würde bedeuten, daß Kahita notfalls gegen seine eigenen Leute kämpfen müßte.«

»Kundschafter brauchen nicht zu kämpfen, Joyce«, winkte Jeffrey ab und zog das frische Hemd an. »Hör mal, wir haben keine Zeit, noch lange herumzustreiten. Ich habe eine Verabredung im Hauptquartier von Camp Lowell. Es könnte sein, daß Kahita schon morgen mit einem Wagenzug nach Camp Grant fährt, wo man ihn einem Detachement unter Lieutenant Cushing zuteilen würde. Du erinnerst dich, Cushing ist der junge Offizier, der sich im Kampf gegen die Mescalero-Apachen in Texas und in New Mexico ausgezeichnet hat. Man verspricht sich viel von ihm hier im Arizona-Territorium.«

»Jeff, Kahita würde niemals Soldaten gegen seine eigenen Leute führen. Ich –«

»Warum überläßt du das nicht ihm selbst, meine Liebe?« Das klang beinahe spöttisch. »Er ist ein Apache. Ich glaube nicht, daß er jemals dazu fähig wäre, eine Moral zu entwickeln, wie wir sie haben. Denk daran, daß die Rothäute seit Urzeiten gegeneinander kämpften. Das ist bei den Apachen nicht anders als bei anderen Stämmen.«

Joyce warf Kahita einen Blick zu, aber dieser zeigte überhaupt keine Regung. Als Jeffrey ihm befahl, sich sauberzumachen und anzuziehen, ging er hinter das Haus.

Jeffrey Bancroft stopfte das Hemd in seine Hose, streifte die Träger über seine Schultern und nahm seine Jacke von einem Stoß Kleider.

»Mister DeLong hat mir einen Posten als Oberclerk angeboten, Joyce. Das Gehalt wäre um zehn Dollar pro Monat höher. Wir könnten es uns endlich leisten, ein anderes Haus zu beziehen.«

Joyce erwiderte seinen Blick. »Du verkaufst Kahita für zehn Dollar pro Monat, Jeff«, sagte sie und gab sich Mühe, ihrer Stimme einen ruhigen Klang zu geben.

Er kam herüber und wollte sie in den Arm nehmen, aber sie trat zurück.

»Joyce, hast du dir nicht schon seit langem Gedanken über

Kahitas Zukunft gemacht? Hast du dich nie gefragt, was er eigentlich bei uns will, warum er nicht schon längst davongelaufen ist? Für dich mag er so etwas wie ein Bruder sein, Joyce. Du hast ihm alles gegeben, was er niemals hätte von dir verlangen können. Du hast ihm das Leben gerettet, als wir ihn einbrachten. Du hast Wochen gebraucht, ihm unsere Sprache zu lehren. Du hast ihm deine ganze Aufmerksamkeit geschenkt, deine Fürsorge und deine Zeit. Ich habe nie auch nur ein Wort dazu gesagt. Ich habe dir nie Vorwürfe gemacht, wenn ich nach Hause kam und meine Frau anstatt am Herd in seiner Kammer vorfand, mit einem Buch auf den Knien und Worten auf den Lippen, die er dir nachzusprechen versuchte. Vielleicht kennst du ihn besser als ich, Joyce, aber ich brauche nur in seine Augen zu sehen, um zu erkennen, daß in ihm das alte, wilde Feuer nicht erloschen ist. Es steckt noch in ihm, Joyce. Es ist das Erbe seiner Vorfahren, und eines Tages wird er wieder einer von ihnen sein. Eines Tages hat er genug von uns, und glaube mir, vor diesem Tag habe ich mich gefürchtet, seit er bei uns ist.«

Joyce senkte den Kopf. Sie wußte, daß Jeffrey während der letzten Jahre oft Grund gehabt hätte, Kahita davonzujagen. Am Anfang war er dem Spott der Leute ausgesetzt gewesen, die ihn als Apachenbändiger verhöhnten. Später, als sich die Leute von Prescott an Kahita gewöhnt hatten, fiel es ihm nicht leicht, sich mit der Tatsache abzufinden, daß seine Frau sich fast mehr um Kahita bemühte als um ihn. Er hatte selten ein Wort darüber verloren, auch dann nicht, als er geschäftlich vor dem Ruin stand oder als das Unglück mit der Geburt ihres Kindes passierte.

»Jeffrey, ich will, daß Kahita selbst entscheiden kann, ob er Kundschafter werden will oder nicht. Ich will ihn selbst fragen.«

Jeffrey nahm die Unterlippe zwischen die Zähne und nickte. »Sicher, Joyce«, sagte er. »Frag ihn. Aber versuche nicht, ihn zu beeinflussen. Ich möchte nicht dazu gezwungen sein, ihn von hier wegzujagen.«

Kahita lächelte, als Joyce ihm die Hand auf den Arm legte. »Weißt du, was es bedeutet, wenn dich die Soldaten zu einem Kundschafter machen?« fragte sie. »Es bedeutet, daß du gegen deine Leute in den Kampf ziehst.«

»Ich weiß«, sagte Kahita, und das Lächeln verschwand aus seinem Gesicht. Er trug ein weißes Baumwollhemd, eine dunkle Hose,

Schnürschuhe und eine ärmellose Weste. Unter dem breitrandigen Hut, der gerade auf seinem Kopf saß, ragten kurzgeschnittene Haarsträhnen hervor. »Ich habe gegen Soldaten gekämpft, Ma'am. Ich habe Kundschafter getötet.«

»Das ist nichts, worauf du besonders stolz sein kannst, Kahita!«

»Warum? Ich war ein Krieger, und ich werde wieder ein Krieger sein. Ich gehe, Ma'am. Ich will mir die Soldaten ansehen. Ich will wissen, was sie vorhaben. Ich will wissen, was mit meinem Volk geschehen ist. Ich werde niemals gegen mein Volk kämpfen, aber die Apachen da oben in den Bergen sind nicht von meinem Volk.«

»Du bist ein Indianer, Kahita. Wie oft habe ich dir das gesagt? Wir, die Amerikaner, sind ein Volk, obwohl es unter uns Menschen verschiedener Länder und von verschiedener Hautfarbe gibt.«

»Ich weiß nur, daß ich kein Amerikaner bin, Ma'am«, sagte Kahita und lächelte wieder. »Mister Bancroft will mich nicht mehr haben. Das ist gut. Ich gehe. Vielleicht finde ich mein Volk. Vielleicht nicht.« Kahita knöpfte seine Weste zu. Jeffrey rief nach ihm. Er holte tief Luft. »Ich gehe jetzt«, sagte er. Joyce griff nach seinem Arm, aber dann hielt sie inne. Sie erkannte, daß er sich entschlossen hatte, und sie konnte ihn nicht aufhalten. Er drehte sich um und ging davon. Kein Wort des Abschieds. Keine Träne. Er ging, und sie wußte, daß er nicht mehr zurückkehren würde. Er hatte seinen Beutel mit den wenigen Sachen mitgenommen, die ihm von jener Zeit geblieben waren, bevor ihn die Yavapai-Rangers gefangengenommen hatten: seine Halskette mit den Glücksbringern, über die er nie geredet hatte, und ein paar Kleinigkeiten, die ihn an seine Frau erinnerten, an seinen Sohn und an den alten Mann in den Bergen, von dem er ihr oft erzählt hatte.

Hatte er den Ruf des Falken gehört? Joyce wußte es nicht. Sie sah ihm nach, wie er an der Seite ihres Mannes die Straße hinunterging, leichtfüßig wie immer, den Pfützen ausweichend, in denen sich der Abendhimmel spiegelte.

Im Hauptquartier von Camp Lowell hatten sich mehr als ein Dutzend Männer versammelt, um den Apachen von Jeffrey Bancroft zu begutachten. Unter ihnen befand sich William Sanders Oury, der ehemalige Bürgermeister von Tucson, einer der herausragendsten Arizona-Pioniere. Oury war vierundfünfzig Jahre alt und hatte ein ereignisreiches, abenteuerliches Leben hinter sich. Als Junge war er in der Schlacht von Alamo dem sicheren Tod entgangen, weil die von mehr als fünftausend mexikanischen Soldaten unter General Santa Ana belagerten Amerikaner ihn in einer mondlosen Nacht ausgesandt hatten, um Hilfe zu holen. Später kämpfte er mit Sam Houston am San Jacinto, trat den Texas-Rangers bei und folgte dem 49er Gold-Rush nach Kalifornien. 1856, auf seiner Rückreise nach Texas, blieb er in Tucson hängen und ließ sich dort als Viehzüchter nieder. Oury war einer der Mitbegründer des ersten Schulbezirks des Territoriums. Mit seinem Bruder Granville, von seinen Freunden »Grant« genannt, gehörte er zu den Stützpfeilern des »Tucson-Rings«, und sein Einfluß reichte weit über die Grenzen des Territoriums hinaus.

Kahita kannte weder Oury noch die anderen Männer, die ihn in der Kommandantur von Camp Lowell erwarteten. Er hatte zwar den einen oder anderen schon gesehen, aber noch immer hatte er Schwierigkeiten, die Weißaugen auseinanderzuhalten und sie einzuordnen. Er wußte zwar, daß einige von ihnen mehr zu sagen hatten als andere und daß man diesen mit großem Respekt begegnete, so als wären sie Chiefs. Er wußte auch, daß Jeffrey Bancroft einer der Männer war, die wenig zu sagen hatten und daher tun mußten, was die anderen von ihm verlangten. Aber noch nie hatte Kahita Jeffrey Bancroft so nervös und aufgeregt gesehen wie an diesem Abend, als er einigen Männern die Hand schüttelte. Er hatte vor Aufregung rote Flecken im Gesicht und mußte sich immer wieder den Schweiß von der Stirn wischen.

Es war stickig schwül in der Lehmhütte, obwohl die Fenster und die Tür offen standen. Entferntes Donnergrollen zog über die Stadt hinweg. Es war windstill, aber in den Fußhügeln der Santa Catalinas regnete es. Ab und zu erhellte der Widerschein eines Blitzes den Raum.

Kahita blieb neben dem Eingang stehen. Äußerlich war er ruhig. In seinem Innern sah es anders aus. Der Anblick dieser Weißaugen brachte Erinnerungen zurück, die Trotz und Haß in ihm weckten. Er dachte daran, daß es Soldaten gewesen waren, die seinen Vater und Mangas Coloradas getötet hatten. Er dachte an Kayetennae und Lozen und an jenen Morgen, als die Soldaten das Dorf im Hell's Canyon überfielen und blindlings in die Hütten hineinschossen, in denen Frauen und Kinder schliefen. Er sah noch einmal Toshi fallen, das Blut, das von ihr wegspritzte, die großen ungläubigen Augen, als sie über der Feuermulde zusammenbrach. Jeffrey Bancroft hatte recht. Er konnte nie im Leben vergessen, was die Weißaugen ihm angetan hatten, und es bereitete ihm größte Mühe, sich in Gewalt zu haben.

»Das ist er«, hörte er Jeffrey Bancroft sagen. »Das ist der Apache, meine Herren.«

Für eine Weile wußte keiner etwas zu sagen. Sie musterten Kahita abschätzend, so als wäre er ein Pferd, das einer von ihnen kaufen wollte. Aber sie waren unsicher. Sie trauten ihm nicht. Der Blick des Offiziers, der vor der Fahne der Vereinigten Staaten stand, war geringschätzig. Er faßte sich zuerst.

»Er soll Englisch können«, sagte er.

»Lesen und schreiben, Sir«, beeilte sich Jeffrey Bancroft zu sagen. »Ein Verdienst meiner Frau, die sich sehr um ihn bemüht hat.« Er lächelte. »Sie war immer davon überzeugt, daß er ein Apache von herausragenden Eigenschaften ist.«

»Ein bißchen erinnert er mich an einen Hund mit einer bunten Seidenschleife im Fell«, sagte William Sanders Oury und trat vor. Er streckte Kahita die Hand hin. »Wir haben einigen Ärger mit deinen Blutsverwandten, Junge. Mein Name ist Oury, und man wird dir bestätigen, daß ich alles andere als ein Apachenfeind bin.«

Kahita ergriff die Hand Ourys. »Ich bin Kahita«, sagte er mit fast tonloser Stimme. Oury hob die Brauen.

»Schön«, sagte er. »Glaubst du, daß du uns von Nutzen sein könntest, Junge?«

Kahita zögerte mit der Antwort. Er warf Jeffrey Bancroft einen Blick zu. Jeffrey lächelte.

»Er versteht die Sprache der Apachen«, sagte er. »Er kennt sich im Lande aus. Wir dachten immer, er sei einer von den Apachen in der Prescott-Gegend, aber dann stellte sich heraus, daß er unter den Chiricahua aufgewachsen ist.«

»Kennst du Cochise?«

»Jeder kennt Cochise«, erwiderte Kahita.

DeLong, ein hagerer Mann mit engstehenden, stechenden Augen, lachte. »Das stimmt. Jeder kennt diesen hinterhältigen Schurken.«

»Kennst du Cochise persönlich?« fragte Oury.

Kahita nickte. »Ich habe ihn gesehen, als ich ein Junge war.«

»Wie lange ist das her?«

»Lange.«

»Zehn Jahre?«

»Ja. Vielleicht mehr.«

»Kennst du das Land, wo sich Cochise herumtreibt?«

»Ich kenne das Land der Apachen.«

»Na!« sagte Oury und wandte sich an Captain Thomas S. Dunn, Kommandant von Camp Lowell. »Ist das was oder nicht? Er könnte zumindest als Dolmetscher eingesetzt werden. Captain, wenn ich Ihnen einen Rat geben darf, dann schicken Sie ihn nach Camp Grant, wo ihn Cushing übernehmen kann.«

»Wir könnten ihn morgen mitnehmen«, sagte Hugh Kennedy, der mit seinem Partner Newton Israel eine Ranch und einen Store in der Nähe von Camp Grant besaß, etwa vierzig Meilen nördlich von Tucson. »Wir fahren morgen einen Wagenzug nach Camp Grant, Will. Wir haben an die dreißig mexikanische Farmarbeiter dabei und eine Warenladung für unseren Store. Es würde keine Umstände machen, einen Apachen mitzunehmen. Er scheint mir ein ziemlich friedfertiger Bursche zu sein.«

»Das könnte täuschen«, wandte John Wasson ein, der Redakteur des *Tucson Citizen*. »Lassen Sie mich ihm einige Fragen stellen, meine Herren.« Wasson kramte sein Notizbuch und seinen Bleistift hervor.

»Wie alt bist du, mein Freund?« fragte er, ohne Kahita anzusehen.

»Er ist ungefähr zwanzig«, sagte Jeffrey Bancroft.

Wasson hob den Kopf. »Kann er Englisch oder nicht? Ich wäre Ihnen verbunden, wenn er selbst meine Fragen beantworten würde, Bancroft.« Jeffreys Gesicht rötete sich etwas, aber seine Augen leuchteten zornig auf.

»Ich möchte von dir wissen, warum du dich als Armeekundschafter zur Verfügung stellen willst, mein Freund«, fuhr Wasson fort. »Du läufst Gefahr, gegen deine eigenen Brüder kämpfen zu müssen.«

»Meine Brüder sind tot«, sagte Kahita kehlig. »Mein Vater ist tot. Meine Mutter ist tot. Meine Leute sind alle tot. Ich bin allein, und ich will ein freier Mann sein, frei wie ein Vogel.«

»Interessant. Wie stellst du dir das vor, ein freier Mann zu sein? Apachen, die frei sind, plündern, rauben und morden ohne Unterlaß. Und du bist ein Apache, nicht wahr, mein Freund?«

Jetzt lächelte Kahita. »Das stimmt«, sagte er. »Ich bin ein Apache, aber ich bin nicht Ihr Freund, Mister!«

William Sanders Oury lachte schallend, während Wasson die Zornesröte ins Gesicht schoß.

»Anstand und Respekt hat ihm wohl keiner beigebracht, Bancroft«, sagte er wütend und steckte sein Notizbuch ein. »Nun, meine Herren, macht mit ihm, was ihr wollt. Meinerseits zweifle ich daran, daß er bereit ist, gegen seine Leute zu kämpfen.«

»Das können Sie getrost der Armee überlassen, Mister Wasson«, sagte Captain Dunn, ein großgewachsener Mann mit dunklem, welligem Haar und einer kleinen Säbelnarbe am Kinn. Er wandte sich an Kennedy und Israel. »Ich werde Ihnen ein Schreiben für Lieutenant Cushing mitgeben. Cushing wird selbst beurteilen können, ob der Apache etwas taugt oder nicht. Aber passen Sie mir unterwegs auf, meine Herren. Ein Meldereiter aus Camp Grant hat überall entlang des Weges frische Zeichen von Apachen gesehen, besonders in der Gegend des Cañada del Oro.«

Hugh Kennedy und Newton Israel wußten Bescheid. Es war nicht das erste Mal, daß sie mit einer Wagenkolonne von Tucson nach Camp Grant zogen. Kennedy erzählte die Geschichte von den drei Apachen, die ihm ein Maultier stahlen, das er als Köder unweit von seiner Ranch angebunden hatte. Tagelang lauerte Kennedy in einem Fenster des Ranchhauses mit seinem Henrygewehr, aber die Apachen schienen sich nicht für das alte, magere Armeemaultier zu interessieren, das Kennedy bei einer Auktion in Camp Grant ersteigert hatte. Als er schon nicht mehr damit rechnete und seine Wache vernachlässigte, machten sich drei junge Apachen an das Maultier heran, banden es los und sprangen auf seinen Rücken. Das Maultier blieb stocksteif stehen, und Kennedy, der sich im Schuppen befand, rannte zum Haus hinüber, um sein Henrygewehr zu holen, während die drei Apachen verzweifelt auf das störrische Maultier einschlugen. Als Kennedy mit dem Gewehr in der Hand aus dem Haus stürzte, hatte der zuhinterst sitzende Apache dem Maultier ein Stück Strick unter dem Schwanz hindurchgezogen und bewegte es schnell hin und her. Das Maultier machte den ersten Sprung, als Kennedy endlich das Gewehr in Anschlag gebracht hatte, und dann jagte es mit den drei Apachen auf dem Rücken und mit heißgescheuertem Hintern davon, ohne daß Kennedy zum Schuß kam.

Kennedy war ein guter Geschichtenerzähler. Die Männer lachten. Nur Wasson nicht. Er schmunzelte nicht einmal.

Da niemand Kahita eine Unterkunft anbot und Jeffrey Bancroft sich bald verabschiedete, ließ Captain Dunn den Korporal der Wache herbringen, der Kahita in der einzigen Zelle des Wachthauses unterbrachte, ohne allerdings die Bohlentür abzuschließen. Kahita bekam das gleiche Essen wie die Soldaten, Pökelfleisch, Armeezwieback und Kaffee, und man gab ihm eine graue Armeedecke. In der Nacht regnete es. Wasser tropfte durch das Dach in der Zelle. Draußen quakten Ochsenfrösche in den Tümpeln, und als am Morgen das Wecksignal ertönte, war Kahita bis auf die Haut durchnäßt.

Catalinas in den Himmel. Links breitete sich eine zerfurchte, rissige Wüste aus, hinter der die Hügelkette der Tortolita Mountains in heißen Luftströmungen zu schwimmen schienen.

Der erste Wagen blieb in einem sandigen Arroyo beinahe stecken. Newton Israel befahl den Mexikanern, abzusteigen und zu schieben. Niemand sah den Falken, der plötzlich tief über den Canyon hinwegflog und seinen schrillen Schrei ausstieß. Kahita richtete sich etwas auf und blickte zu einem Dickicht hinüber, aus dem die toten Äste eines abgestorbenen Mesquitebaumes ragten. Für einen Moment glaubte er, sein Herz stünde still, als er die nackten, mit Dreck bestrichenen Gestalten sah, die im Astgewirr kauerten. Sie waren kaum von den Felsbrocken zu unterscheiden, die überall herumlagen, aber Kahita sah ihre Augen und die Waffen, die sie in den Händen hielten. Er warf den Kopf herum. Unten im ausgetrockneten Bett des Cañada del Oro bewegten sich Indianer wie Schlangen die Böschung entlang. Einige hatten sich dürre Grasbüschel ins Haar gesteckt. Ihre Gesichter waren nicht bemalt, aber voll mit Lehmdreck und Sand.

Kahita vermochte sich für einen Moment nicht zu rühren. Dann stieß er einen Warnruf aus und warf sich über die Frau und das Kind. Sein Ruf ging im peitschenden Knall der Schüsse unter. Kahita sah, wie ihr Mann von einem Pfeil in den Hals getroffen wurde. Rund um den Wagen herumsprangen jetzt Indianer auf und fielen über die wehrlosen Mexikaner her, die außer einigen Macheten und Messern keine Waffen besaßen. Kahita sah, wie Newton Israel, von einer Kugel getroffen, vom Bock seines Wagens stürzte. Er hatte ein Gewehr in den Händen und warf sich hinter einige Steinbrocken. Hugh Kennedy sprang vom Wagen. Auch er hatte ein Gewehr und feuerte auf die angreifenden Indianer. Als er seine Waffe leergeschossen hatte, sprang er auf und zog sein Messer. Mit einem Sprung war er beim nächsten Stangenmaultier und durchschnitt die Lederriemen des Geschirrs. Das Maultier riß sich los, aber Hugh Kennedy hielt sich an ihm fest, und es gelang ihm, sich auf seinen Rücken zu werfen. Mit dem Revolver in der Hand, jagte er auf die Indianer zu, die von Norden her angriffen. Ein Pfeil traf ihn in die Seite, und er stürzte. Das Maultier sprang in einen Graben hinein, überschlug sich und versuchte vergeblich, auf die Beine zu kommen. Kahita packte die Frau, die das Kind an sich gepreßt hatte, zerrte sie von den Fässern und Kisten herunter und zog sie mit sich. Sie rannten die Straße hinunter und warfen sich hinter einigen Felsbrocken in Deckung. Die junge Frau wollte sich losreißen, als sie sah, wie drei, vier Indianer auf ihren Bruder zustürzten und ihn niederschlugen, aber Kahita hielt sie fest und versuchte sie daran zu hindern, zu den Wagen hinüberzusehen, wo ihre Freunde und Verwandten von Pfeilen und Kugeln getroffen zusammenbrachen. Die Indianer warfen sich auf die Verletzten und erschlugen sie mit ihren Kriegskeulen, bis sich keiner mehr rührte. Kahita sah Newton Israel am Boden liegen, halb unter einem Indianer, dem er eine Kugel in den aufgerissenen Mund geschossen hatte, als er sich mit seiner Lanze auf ihn stürzte. Hugh Kennedy war nirgends zu sehen. Einige der Mexikaner waren in die Wüste hinausgerannt, verfolgt von jungen Kriegern, die sie leicht einholten.

Kahita hatte einen Arm um die Frau gelegt. Sie bebte am ganzen Körper, hielt aber mit einer Hand dem Baby den Mund zu, so daß es nicht weinen konnte. Ihr Atem ging keuchend, und sie hatte Blut im Gesicht, das von einer Schramme an der Stirn herunterlief.

»Sei still, Maria«, flüsterte Kahita ihr zu. »Sie werden uns hier nicht finden.«

Die Indianer hatten die Wagen gestürmt und fingen an, sie zu plündern. Sie warfen die Fässer über die Böschung in das ausgetrocknete Flußbett hinein, und einer von ihnen fand eine Kiste, die mit Medizin gefüllte Flaschen enthielt. Er stieß ein heiseres Triumphgebrüll aus, schlug den Hals von einer Flasche ab und trank sie auf einen Zug leer. Ein Streit um die Flaschen brach aus, und Kahita hörte seit langer Zeit zum erstenmal wieder Worte in der Sprache der Apachen. Aber diese Apachen waren keine Mimbreno. Diese Apachen mußten zu jenen Leuten gehören, die von den Mimbreno »Leute ohne Verstand« genannt wurden, denn noch nie hatte Kahita Krieger gesehen, die sich so schlimm wie Weißaugen benahmen. Es schien, als gehorchten sie niemandem. Sie lachten und lärmten und hatten keine Angst vor den Toten. Sie waren wie die Weißaugen, die Sekwala getötet hatten. Sie verstümmelten die Leichen der Mexikaner und zerrten ihnen die Kleider vom Leib. Sie schändeten eine Frau und töteten sie danach. Sie zerschmetterten Newton Israels Schädel mit einer Keule. Sie skalpierten ihn und legten ihm den blutigen Skalp auf die Brust. Sie schnitten ihm das Herz aus dem Leib und legten es daneben. Verständnislos schaute Kahita dem Treiben zu. Er dachte an all die Dinge, die er vom alten Nana gelernt hatte, bevor er zum erstenmal mit den Kriegern ausziehen durfte.

Kahita bemerkte den Krieger erst, als dieser zwischen den Felsen stand. Er hörte den leisen Schrei, den die Frau ausstieß, aber als er sich herumwarf, war es zu spät. Ein Pfeil traf die Frau in die Brust. Sie brach neben ihm zusammen und begrub das Kind unter sich. Der Krieger packte den Bogen mit beiden Händen und sprang auf Kahita zu. Kahita hatte keine Waffe, aber er wich dem Angreifer geschickt aus, packte ihn und riß ihn von den Beinen. Der Krieger schlug hart am Boden auf, und Kahita zog ihm das Messer aus dem Gürtel.

»Deine Seele soll keine Ruhe finden«, zischte er und holte zum Stoß aus. Die Augen des Kriegers weiteten sich in jähem Entsetzen.

»Bruder!« keuchte er. »Du bist einer von uns!«

Kahita schüttelte wild den Kopf. »Nein! Ich bin ein Mimbreno!« Er stieß dem Krieger das Messer von der Seite in den Hals. Dann sprang er auf. Von der Straße her kamen zwei Apachen. Einer schwenkte eine Flasche. Der andere sah Kahita und stand für einen Moment still.

Kahita duckte sich. Er hörte das Kind wimmern, das unter seiner Mutter lag. Er hörte die Apachen bei den Wagen lärmen. Der Krieger mit der Flasche taumelte und lachte. Er trank die Flasche leer und zerschlug sie an einem Steinbrocken. Der andere stand geduckt. Langsam zog er seinen Revolver aus dem Gürtel. Der Dreck bröckelte von seinem Gesicht, als er die Zähne bleckte.

»Apache!« rief er. »Du bist ein Apache!« Er lachte auf. Dann schoß er, traf aber nicht. Kahita beugte sich über die tote Frau, zerrte sie zur Seite und nahm das Kind auf. Eine Kugel prallte vom Fels ab. Der Apache mit dem Revolver stürzte auf Kahita zu. Der wirbelte herum und begann zu laufen. Er rannte zwischen den Felsen hindurch und schlug sich durch das Dickicht an der Böschung, die in das Flußbett abfiel. Der Apache schoß hinter ihm her. Kugeln fetzten durch das Geäst. Kahita rutschte auf dem Hintern die Böschung hinunter, durchquerte das Flußbett und lief in die Ebene hinaus. Der Apache folgte ihm. Er hörte ihn schreien. Er hatte den Revolver leergeschossen, aber er besaß eine Kriegskeule und ein Messer. Und er war ein schneller Läufer, der gute Mokassins trug. Er holte schnell auf. Kahita rannte, so schnell er konnte, aber er trug die knöchelhohen Schnürschuhe mit den harten Sohlen. Als er einsah, daß er dem Apachen nicht entkommen konnte, warf er sich zu Boden, das Kind mit den Armen schützend. Der Krieger jagte auf ihn zu, ohne zu zögern oder gar anzuhalten, so sicher war er sich seines Triumphes. Er holte mit der schweren Keule aus, um Kahita den Schädel zu zertrümmern. Kahita drehte sich unter ihm zur Seite, sprang auf, und der lederüberzogene Stein streifte ihn an der Schulter. Der Krieger wurde von der Wucht des eigenen Schlages herumgedreht, und Kahita stieß ihm das Messer tief in die Seite. Er sprang sofort zurück, packte das Kind, das er am Boden liegengelassen hatte, und floh.

Der Krieger war nicht tot. Obwohl er aus einer tiefen Wunde blutete, verfolgte er Kahita meilenweit, bevor er zusammenbrach. Kahita kümmerte sich nicht um ihn. Er hetzte weiter durch die Wüste, und am Nachmittag erreichte er einen Bachlauf, der ein wenig Wasser hatte. Hier ließ er sich nieder und gab dem Kind zu trinken. Als er sich wieder auf den Weg machen wollte, sah er einen Mann aus dem Dickicht taumeln und über die Böschung hinunter ins Wasser fallen. Der Mann war ein Mexikaner. Als er Kahita sah, richtete er sich auf und faltete die Hände. Kahita zeigte ihm das Kind.

»Es el niño de Maria Magdalena!« rief er dem Mann zu. »Du brauchst keine Angst zu haben. Ich tu dir nichts.«

Der Mann weinte und betete.

Kahita mit dem Kind und dem Mexikaner, der kein Wort Englisch konnte und vor Angst beinahe umkam, erreichten Camp Grant am Abend. Sie waren fast dreißig Meilen zu Fuß gegangen, durch ein unwegsames, ödes Wüstengebiet und bei brütender Hitze.

Beim Anblick der kleinen Armeestation mit ihren verwitterten Lehmhütten sank der Mexikaner in die Knie und bedeckte sein Gesicht mit beiden Händen. Kahita taumelte durch das Ufergestrüpp des Aravaipa Creek, kletterte die Böschung hoch und blieb stehen. Er hatte keine Kraft mehr. Die letzten Meilen hatte er den Mexikaner mitschleppen müssen. Seine Schuhe waren durchgelaufen, die Füße blutig. Er übergab einem der Soldaten das Kind und zeigte hinter sich zum Flußbett.

Die Soldaten fanden den Mexikaner und trugen ihn zum nächsten Gebäude. Ein Sergeant packte Kahita am Arm. »Wer bist du?« fragte er. »Wo kommst du her?«

»Wagenzug«, keuchte Kahita. »Etwa dreißig Meilen von hier.«

»Was für ein Wagenzug?«

»Kennedy und Israel«, stieß Kahita hervor.

Der Sergeant rief einigen Soldaten zu, sofort die Pferde zu satteln. Der Soldat, dem Kahita das Kind übergeben hatte, eilte zum Fort, und

Kahita ließ sich auf einem Stein nieder. Die Sonne stand tief über den Bergen im Westen. Die Gebäude des Forts warfen lange Schatten über den steinigen Paradeplatz. Ein Reiter mit schulterlangem schwarzem Haar jagte heran und zügelte sein ungesatteltes Pferd. Sein Gesicht war dunkel und schmal. Er sah aus wie ein Apache in den Kleidern eines Weißauges.

»Apachen von wem?« rief er Kahita zu.

Kahita hob den Kopf. Er wußte nicht, was der Mann meinte.

»Ezkimenzin?« fragte der Mann.

Kahita schüttelte den Kopf. »Leute ohne Verstand«, sagte er müde.

Der Mann wandte sein Pferd und galoppierte zu den Soldaten zurück, die sich zum Abritt bereit machten.

Lieutenant Howard Bass Cushing war ein schlanker, sehniger Mann mit strohfarbenem Haar und einem Schnurrbart, der ihm über die Mundwinkel herunterhing. Er hatte leichte Hängeschultern, und seine hellen Augen mit dem harten, durchdringenden Blick paßten kaum zu seinem sonnengebräunten Jungengesicht. Seit der Bürgerkrieg vorbei war, gab es in der US-Armee kaum einen Offizier, von dem so oft die Rede war, wie von diesem jungen Mann, der sich im Südwesten einen Ruf als gnadenloser Indianerkämpfer gemacht hatte.

Cushing gehörte der 3. US-Kavallerie an, und man hatte ihn im Frühjahr 1870 mit seiner F-Kompanie von New Mexico nach Camp Grant verlegt, einem der entlegensten und verrufensten Armeeposten im Apachenland. Von hier aus sollte Cushing nach freiem Ermessen gegen die Apachen operieren, so wie er es zuvor in Texas und New Mexico mit Erfolg gegen die Mescalero getan hatte. Cushing brauchte nicht lange auf seinen ersten Einsatz zu warten. Als seine Sergeanten Mott und Warfield und Lieutenant Bourke vom Ort des Überfalles auf den Kennedy- und Israel-Wagenzug zurückgekehrt waren, traf Cushing Vorbereitungen, den Apachen zu folgen. Er wählte Manuel Duran, einen Manso-Apachen und Joe Felmer, den Schmied von Camp Grant, als Kundschafter aus, und verzichtete darauf, Kahita mitzunehmen. Felmer, ein erfahrener Mann, besaß auch eine Ranch, etwa drei Meilen von Camp Grant entfernt am San Pedro River. Er war ein untersetzter, dunkelhaariger Mann mit einem harten Akzent. Er behauptete, in Deutschland geboren und in Rußland oder Polen aufgewachsen zu sein; aber Sergeant Mott meinte, daß Felmer irgendein Türke sein müsse oder ein Theosoph oder einfach ein schlitzohriger Hundesohn, genauso verschlagen wie ein Apache. Als ihn Cushing am Tag vor dem Abritt zu sich rief und ihn fragte, ob es nicht zu gefährlich sei, dem Trail der Apachen durch den Aravaipa Canyon zu folgen, sagte Felmer trocken: »Wenn Sie Apachenzeichen sehen, passen Sie auf, und wenn Sie keine sehen, passen Sie noch mehr auf!«

Cushing ließ sich Zeit, und er paßte auf. Er folgte dem Apachentrail, der keine vier Meilen von Camp Grant entfernt vorbeiführte, durch den Aravaipa Canyon, einen zerklüfteten Einschnitt in den Galiuro Mountains. Die Apachen hinterließen genug »Zeichen«, denn viele von ihnen waren betrunken. Sie hatten mehrere Dutzend Flaschen Magenbitter und andere Kräutermedizin geleert, die für die Soldaten von Camp Grant bestimmt gewesen waren. Die Flaschen ließen sie zersplittert am Wegrand zurück. Sie schienen überhaupt nicht daran zu denken, daß sie verfolgt werden könnten. Cushing hatte keine Eile. Er wollte die Apachen überraschen, wenn sie sich in völliger Sicherheit glaubten. Er nahm an, daß ihn die Fährte zu einer versteckten Rancheria in den Bergen führen würde. Cushing hatte recht. Am 4. Juli entdeckten Manuel Durans scharfe Augen Rauch über einer Hügelkette. Cushings Truppe befand sich auf dem höchsten Punkt der Pinal Mountains, dem Signal Peak. Während der langen kalten Nacht schlichen sich die Soldaten an das Apachendorf heran und überfielen es im Morgengrauen. Cushing hatte seinen ersten großen Erfolg in Arizona zu verzeichnen. Seine Soldaten töteten drei Dutzend Indianer, nahmen ein paar Frauen und Kinder gefangen und zerstörten mehrere notdürftige Wickiups mit Proviant, Lagereinrichtung und Beutegut. Von den Gefangenen erfuhr Cushing, daß es sich bei den Apachen, die den Kennedy- und Israel-Wagenzug überfallen hatten, um Pinal-Apachen handelte, die von einem Raubzug in Sonora, Mexiko, zurückkehrten und sich auf dem Weg zu ihren Dörfern befanden.

In der Folgezeit bewies Cushing, daß er einer der fähigsten Offiziere der US-Kavallerie war. Zusammen mit Joe Felmer, Manuel Duran und Kahita führte er seine Soldaten von Camp Grant auf Patrouillenritte gegen marodierende Apachenbanden, und wenn er einmal die Fährte des Feindes aufgenommen hatte, brachte ihn nichts mehr davon ab, ihr bis ans Ende zu folgen. Seinen längsten Ritt unternahm er nach einem Überfall auf einen Wagenzug von Gatchell

& Curtis, zwischen Camp Grant und Florence. Er folgte den Apachen kreuz und quer durch schwierigstes Gelände und ertrank fast in der Sturmflut eines Gewitters, das die Soldaten in ihrem Lager überraschte. Wären ihm nicht Sergeant Warfield und der hünenhafte Big Dan Miller zu Hilfe geeilt, wäre er von den wilden Wassern weggespült worden, und die Bürger Arizonas hätten sich nach einem neuen Helden umsehen müssen.

Kahita begleitete Cushing auf mehreren Patrouillenritten. Mit dem Geld, das er für seine Kundschafterdienste erhielt, konnte er sich ein Pferd kaufen, ein 66er Winchestergewehr und einen Revolver. Da Cushing und seine Soldaten gegen Kriegerbanden der Pinal-Apachen, der Tonto, Coyotero und White-Mountain-Apachen ins Feld zog – gegen fremde Stämme also – hatte Kahita eigentlich keinen Grund, an der Rechtmäßigkeit seines Tuns zu zweifeln. Trotzdem plagten ihn Gewissensbisse, und in der Zeit, die er in Camp Grant verbrachte, wurde er zu einem wortkargen Einzelgänger, der eine kleine, abseits der Armeegebäude gelegene Hütte aus Ästen und Bärengras bewohnte. Er wurde von den Offizieren des Camp Grant oft gerufen, wenn Gefangene zu verhören waren, und der Anblick dieser verzweifelten Menschen ließ ihn nicht zur Ruhe kommen. Für ihn war Cushing alles andere als ein strahlender Held. Ja, er verachtete ihn gründlich, als er seine Soldaten im Tal des Pinto Creek eine Anzahl von Maisfeldern zerstören ließ, die von Pinal-Apachen angelegt worden waren. Und er lernte ihn zu hassen, weil Cushing nichts dagegen unternahm, wenn seine Soldaten Frauen und Kinder töteten, da Gefangene nach seiner Ansicht den weiteren Verlauf des Patrouillenrittes behindert hätten. Kahita hätte davonlaufen können, aber er wußte nicht, wohin er gehen sollte. Es gab überall Soldaten, überall Weißaugen. Und die Apachen, die in diesem Gebiet lebten, waren ihm genauso fremd wie die Weißaugen. Von den »Leuten ohne Verstand« wäre er vielleicht sogar getötet worden.

Kahita wünschte sich nichts mehr, als zu seinen Leuten zurückzukehren. Er hoffte, es werde ihm eines Tages gelingen, Cushing und seine Soldaten in eine Falle zu locken. Zwar wußte er nicht, wie er dies anstellen sollte, aber gegen Ende des Jahres kamen immer mehr Nachrichten aus dem Süden, aus denen hervorging, daß die Apachen von Cochise den Weißaugen Ärger machten. Cushing rechnete damit, bald Camp Grant zu verlassen, um im Süden des Territoriums gegen die Chiricahua ins Feld zu ziehen. Kahita ließ sich nicht anmerken, wie sehr er sich über diese Nachrichten freute. Im Süden war Tucson, und so hoffte er, vielleicht Joyce wiederzusehen. Er dachte oft an sie, und manchmal wünschte er sich, er hätte sie nie verlassen, obwohl sie eine Weißaugen-Frau war, die ein Weißauge zum Mann hatte, das nichts taugte.

Immer, wenn ein Wagenzug von Tucson nach Camp Grant kam, fragte er nach Joyce Bancroft, und einmal überreichte ihm ein Frachtfahrer ein Paket, das einen Brief von ihr enthielt, dazu ein neues weißes Hemd und eine Weste aus dunklem Stoff. Joyce teilte ihm mit, daß Jeffreys Vater Prescott verlassen hatte, um nach Silver City im New-Mexico-Territorium zu ziehen, wo er eine neue Arztpraxis eröffnen wollte. »Soviel ich weiß«, schrieb Joyce, »liegt Silver City in dem Land, wo deine Leute sind. Da sich Jeffrey dazu entschlossen hat, mit seiner Familie dorthin zu ziehen, würde ich mich freuen, wenn du uns begleiten könntest. Du könntest mir deine Freunde zeigen. Ich bin gespannt auf Victorio, den großen Chief der Mimbreno, von dem heutzutage so oft die Rede ist. Man hat mir mitgeteilt, daß die Mimbreno in einem Reservat am Rio Grande leben, aber ich weiß nicht, ob das stimmt. Schreibe mir, ob du mit uns kommen willst. Wir werden wahrscheinlich im Januar oder Februar von hier wegziehen. Das Hemd und die Weste werden dir passen, ich nehme nicht an, daß du durch die ›feine‹ Armeekost zugenommen hast.«

Kahita legte den Brief zu seinen Sachen, zog das neue Hemd und die Weste an und beantwortete den Brief nie, denn er wußte, daß ihn weder Jeffrey noch seine Eltern willkommen geheißen hätten.

Im November 1870 kam ein neuer Offizier ins Arizona-Territorium und wurde sofort nach seiner Ankunft nach Camp Grant abkommandiert, wo er das Kommando übernahm. Dieser Offizier war First Lieutenant Royal Emmerson Whitman. Er stammte aus Maine und war siebenunddreißig Jahre alt. Whitman hatte zwar eine glänzende Bürgerkriegskarriere hinter sich, die er im Rang eines Colonels der Maine Volunteers abgeschlossen hatte, aber von Apachen hatte er keine Ahnung. Trotzdem stellte er schon von Anfang an klar, daß er sich seine eigene Meinung über die verworrene Situation im Südwesten bilden wolle, bevor er irgendwelche Entscheidungen zu treffen hätte. Der »Tucson-Ring« mit seiner McCormick-Verbindung zu Washington, versuchte Whitman sofort für sich zu gewinnen. Als dies durch die Widerspenstigkeit des Lieutenants fehlzuschlagen drohte, begann man ihn unter Druck zu setzen. Hatte John Wasson in seinem *Arizona Citizen* den Offizier nach seiner Ankunft einen »feinen Gentleman« genannt, der seiner Aufgabe im Dienste der Öffentlichkeit zweifellos nachkommen werde, so zog er wenig später in übelster Art über den Lieutenant her.

Es fing alles damit an, daß im Februar 1871 fünf alte Indianerfrauen nach Camp Grant kamen, eingehüllt in zerrissene Decken und Kleidungsstücke, bis auf die Knochen abgemagert. Eine der Frauen hielt einen Ast in den Händen, an dem ein weißer Stoffetzen hing. Lieutenant Royal Emmerson Whitman ließ den Frauen Essen und Decken bringen und versorgte sie mit einer Unterkunft in einer Schuppenkammer, wo sie wenigstens vor der beißenden Kälte geschützt waren.

Cushing und seine Soldaten befanden sich zu der Zeit auf einem Patrouillenritt, geführt von Manuel Duran und Joe Felmer. Aus irgendeinem Grund hatte Cushing Kahita zurückgelassen. Es schien, als traute er ihm nicht mehr, nachdem eines Nachts einige gefangene Pinal-Apachen entkommen waren, obwohl der Riegel an der Außenseite der Hüttentür am Abend zuvor vorgelegt worden war. Kahita wußte jedoch, daß Merejildo Grijalva die Tür geöffnet hatte, um einigen der gefangenen Frauen und Kinder die Flucht zu ermöglichen. Grijalva war ein Mestize, dessen Mutter eine mexikanische Opata-Indianerin gewesen war. Als Zehnjähriger war er in Sonora von Apachen geraubt und verschleppt worden. Er verbrachte acht Jahre bei ihnen. Seit seiner Freilassung arbeitete er hin und wieder als Dolmetscher und Kundschafter für die Armee, obwohl er gegen die Apachen keinen Groll hegte.

Whitman ließ Kahita und Merejildo Grijalva kommen. Durch sie erfuhr er, daß eine der Frauen nach ihrem Sohn suchte, den Soldaten vor einigen Monaten gefangengenommen hatten. Whitman wußte nicht, bei welcher Truppe der Gefangene war und wo er sich in der Zwischenzeit befunden hatte. Jedoch versprach er den Frauen, sich um die Sache zu kümmern.

Die fünf Frauen blieben zwei Tage lang im Camp Grant und wurden von Whitman zuvorkommend behandelt. Kahita wunderte sich über den Lieutenant, der alles tat, damit es den fünf alten Frauen wohl erging. Als sie nach zwei Tagen aufbrachen, ließ Whitman sie mit Proviant versorgen und versprach ihnen Schutz und Essen, falls sie mit anderen Stammesmitgliedern zurückkehrten.

Schon acht Tage später brachten sie mehrere ihrer Verwandten nach Camp Grant, ein paar Kinder und ältere Männer. Auch sie wurden von Whitman herzlich aufgenommen und im Fort untergebracht. Kahita erfuhr von ihnen, daß sie zu den Aravaipa-Apachen gehörten und daß ihr Chief Ezkimenzin war, der mit vielen Kriegern in den Bergen auf ihre Rückkehr wartete. Die Frauen hatten einige Dinge dabei, die sie gegen »Manta« einzutauschen gedachten, einen Segeltuchstoff, aus dem sie sich Kleider zum Schutz gegen Regen und Kälte schneidern wollten. Lieutenant Whitman ließ ihnen durch Kahita sagen, daß er bereit wäre, mit Ezkimenzin zu verhandeln und daß der Chief freies Geleit bekommen würde, wenn er nach Camp Grant käme.

Die Leute gingen weg, und ein paar Tage später führte Ezkimenzin etwa fünfundzwanzig halbverhungerte Männer, Frauen und Kinder nach Camp Grant. Ein langer und harter Winter steckte in ihren Knochen, und er war noch nicht einmal vorbei. Den Pferden, die ihnen verblieben waren, hing das struppige Winterfell von den Rippen. Die Vorräte der Apachen waren von Cushings Soldaten zerstört worden, und sie hatten Monate unterwegs verbracht, da sie sich in keinem der Bergtäler mehr sicher fühlen konnten.

Ezkimenzin wurde von seinen Unterhäuptlingen Capitan Chiquito und Santo begleitet, auch sie waren hier im Südwesten bekannt.

Die Weißaugen nannten Ezkimenzin »Skimmy«. Für seine Leute war er das, was Cochise für seine Chiricahua war, Juh für die Nednhi-Apachen und Victorio für die Mimbreno. Kein anderer war ihm im Ratskreis ebenbürtig. Seine Leute achteten ihn wegen seiner Führungskraft, und seine Worte waren ihnen Befehl. Seine Frauen und Kinder respektierten ihn, und er ehrte sie, indem er mit ihnen seine Hütte teilte.

Seine Feinde, die Weißen von Arizona, kannten einen anderen Ezkimenzin. Für sie war er der heimtückische Anführer einer Bande von gottlosen Heiden, hinter denen sich eine Fährte von Blut und Tränen durch das Land zog. Für sie war er ein roter Teufel, der keine Gnade kannte, ein Mörder ohne Herz und Seele. Und sie alle waren sich einig, daß Ezkimenzin getötet werden mußte, wenn man aus ihm einen guten Indianer machen wollte.

Lieutenant Royal Emmerson Whitman, ein Mann aus bestem Hause und dazu erzogen, auch einen Gegner zu achten, hörte sich die Klagen des Häuptlings an. Und da er inzwischen schon vier Monate im Arizona-Territorium war und sich ein eigenes Bild von der verworrenen Situation gemacht hatte, verstand er Ezkimenzin und seinen Kummer.

»Das Land hier am Aravaipa Creek, vom San Pedro River zu den Galiuro Mountains ist das Land meiner Leute«, sagte Ezkimenzin, der leicht stotterte. »Wir hatten hier unsere Dörfer. Wir lebten in Frieden. Unsere Frauen fanden hier genug Mescal, um genügend Wintervorrat anzulegen. Es gab Wild, Wasser und Gras für unsere Tiere. Jetzt ist das anders. Jetzt gibt es keinen Platz mehr für uns. Die Soldaten jagen uns, als wären wir Tiere. Sie haben unsere Maisfelder zerstört. Sie töten unsere Frauen und Kinder. Sie brennen unsere Wickiups nieder, vernichten unsere Lebensmittel. Der Winter ist hart. Wir haben nichts mehr zu essen, keine Decken, um uns zu schützen. Viele von uns sind gestorben. Jeden Tag sterben alte Leute und Kinder. Ihr verlangt von uns, daß wir keinen Krieg führen, aber was sollen wir tun, wenn man uns alles nimmt, was wir zum Leben brauchen? Ich will hier in Frieden leben mit meinen Leuten. Hier ist mein Land.«

Der Lieutenant ließ den Häuptling zu Ende reden. Kahita konnte erkennen, daß er jedes Wort in sich aufnahm und darüber nachdachte. Er war sehr ernst, als er Ezkimenzin sagte, daß es in den White Mountains einen Platz für ihn und seine Leute gäbe. »Du mußt in die White Mountains gehen, wo man euch Decken geben wird und Lebensmittel. Ihr werdet dort die Waffen niederlegen müssen, aber man wird euch einen Platz geben, wo ihr eure Hütten bauen und Mais anpflanzen könnt. Es ist der Anfang des Weges, den ihr gehen müßt.«

»Der Weg des Weißen Mannes«, sagte Ezkimenzin. »Ich habe davon gehört. Ich weiß, wie es dort ist, denn ich war dort und habe es mir angesehen. Aber es ist nicht unser Land, und die Leute dort sind nicht mein Volk. Unsere Väter lebten hier, und die Väter vor ihnen lebten hier. Wir leben von Mescal, und ich weiß, daß es dort, wo wir hingehen sollen, kein Mescal gibt. So würden wir alle krank werden und sterben.«

Lieutenant Whitman gab sich Mühe, dem Häuptling zu erklären, daß er keine Befugnis hatte, mit ihm einen Frieden zu schließen und ihm die Bewilligung zu geben, sich mit seinen Leuten im Aravaipa-Tal niederzulassen. Immerhin versprach er Ezkimenzin, dem Kommandanten des Departments, General Stoneman, seine Beschwerden zukommen zu lassen und für ihn ein gutes Wort einzulegen, falls er alle seine Leute herbrachte.

»Obwohl ich dazu nicht die Erlaubnis habe, werde ich pro Tag ein Pfund Fleisch und ein Pfund Mais oder Mehl für jeden Erwachsenen ausgeben.« Außerdem würden die Aravaipa-Apachen ab und zu Erlaubnis erhalten, in den Hügeln Mescal zu sammeln.

Ezkimenzin vertraute Whitman, und während er auszog, um seine Leute zu informieren, schrieb der Lieutenant zwei Briefe an General Stoneman mit der Bitte um Genehmigung für das, was er in eigener Verantwortung getan hatte. Whitman nahm die Sache so wichtig, daß er den zweiten, etwas ausführlicheren Brief mit einem Meldereiter nach Sacaton schickte, zur nächsten Poststation.

Während Whitman auf eine Antwort wartete, kamen mehr und mehr Apachen nach Camp Grant, und im März 1871 hatten sich etwa fünfhundert in der Nähe versammelt und fingen an, Hütten zu errichten und in der Flußniederung Felder vorzubereiten, in denen sie Mais anbauen wollten. Obwohl die Besatzung von Camp Grant oft weniger als zwei Dutzend Männer zählte, hielt Whitman es für überflüssig, die Apachen zu entwaffnen, da die meisten von ihnen keine Schußwaffen besaßen. Alles, was Whitman tat, um notfalls einer Gefahr zu begegnen, war die ständige Bewachung des sich ständig ausdehnenden Apachenlagers. Aber er selbst sorgte dafür, daß es während der nächsten Wochen nicht ein einziges Mal zu Unruhen kam. Er besuchte oft das Lager, lernte die wichtigsten Männer persönlich kennen, unterhielt sich mit ihnen und ihren Frauen und lud die Häuptlinge hin und wieder zu Besprechungen ein. Er ließ Heulieferungen durch andere Indianer und weiße Farmer im San-Pedro-Tal stoppen, um seinen Aravaipa das Heu abzukaufen, das sie in der saftigen Flußniederung gewannen. Er bezahlte einen Cent pro Pfund Heu. Kahita konnte kaum glauben, daß diese Apachen tatsächlich alle wie Weißaugen arbeiteten, obwohl sie niemand dazu zwang. Selbst die Männer mähten das Gras, und nach zwei Monaten hatten sie 300 000 Pfund Heu an die Armee verkauft. Trotzdem kam es zwischen ihnen und den weißen Farmern in der Umgebung nie zu einem Streit. Es gelang Whitman sogar, die Farmer davon zu überzeugen, daß es lohnender sei, für die Gerstenernte Apachen anzuheuern, statt mexikanische Landarbeiter von Tucson heraufzubringen.

Für Kahita war vieles, was in diesen wenigen Wochen geschah, merkwürdig. Er traute dem Frieden nicht. Er traute den Weißaugen nicht, und er traute den Apachen von Ezkimenzin nicht. Nie zuvor hatte er eine Wirklichkeit erlebt, die ihm so fremd war. Fast schien es, als hätte es keinen Krieg zwischen den Weißaugen und den Apachen gegeben, und auch sein eigenes Leben sei nichts anderes als ein langer böser Traum, aus dem er nun allmählich erwachte. Wo waren die Schatten, die ihn so lange nicht in Ruhe gelassen hatten? Was geschah mit dem Feuer, das in ihm schwelte wie die Glut unter der Asche? Kahita wollte nicht wahrhaben, was er sah. Er blieb mißtrauisch und wachsam. Er beobachtete die Aravaipa. Er fand keine Freunde unter ihnen. Für sie war er ein Fremder, einer jener Apachen, die »Manso« genannt und verachtet wurden, weil sie unter den Weißen lebten und ihr eigenes Volk verrieten. Dennoch vertrauten die Aravaipa dem Lieutenant wie Kinder. Sie verkauften ihre besten Bogen und Pfeile den Soldaten als Souvenirs für Geld, mit dem sie wiederum Werkzeuge kauften und andere Dinge, um die sie die Weißen beneideten.

Eines Tages ließ der Lieutenant Kahita zu sich rufen. Ezkimenzin und einige andere Leute seines Stammes saßen auf Schemeln im Hauptquartier. Ezkimenzin trug eine Hose aus gestreiftem Stoff, eine alte Weste mit vielen Knöpfen und ein weißes, kragenloses Hemd. Auf seinem Kopf hatte er einen Hut mit runder Kuppe und schmaler Krempe, und in seiner Westentasche steckte eine Taschenuhr, die er einem Soldaten abgehandelt hatte.

Lieutenant Whitman erklärte Ezkimenzin mit Kahitas Hilfe die gegenwärtige Situation und seine Befürchtungen, daß man den Aravaipa-Apachen nicht gestatten würde, hier im Land zu bleiben.

»Der Große Weiße Vater in Washington hat Männer ausgeschickt, die sich nach einem Stück Land umsehen, in dem alle Apachen leben können. Dieses Land wird in den White Mountains sein und nicht hier. Cochise wird ebenfalls dorthin gehen und mit seinen Leuten dort in Frieden leben. Die Leute in Tucson sind nicht damit einverstanden, daß ihr hier seid. Sie sind nicht damit einverstanden, weil sie glauben, daß deine Krieger ab und zu von hier weggehen, um Amerikaner zu überfallen. Sie sind deshalb unzufrieden und zornig, und sie haben Macht. Eines Tages wird man befehlen, daß ihr von hier weggehen müßt.«

Ezkimenzin runzelte die Stirn. Sein Blick ruhte forschend auf dem Lieutenant.

»Wie groß ist deine Macht?« wollte er wissen. »Kannst du uns gegen diejenigen schützen, die uns vertreiben wollen?«

»Ich weiß es nicht. Ich bin neu hier, und ich bin kein großer Chief.«

»Aber du weißt, daß meine Krieger hier in Frieden leben und arbeiten. Du weißt, daß es Lügen sind, die über uns erzählt werden.«

»Das weiß ich. Und ich versuche alles, um meine Vorgesetzten von eurem guten Willen zu überzeugen. Aber ich bin es nicht, der zu bestimmen hat, was geschieht.«

»Dann laß mich mit denen reden, die bestimmen, was richtig oder falsch und was gut oder böse ist.«

»Du mußt mir vertrauen, wie du mir bisher vertraut hast. Bei den Leuten in Tucson und bei meinen Vorgesetzten bin ich deine Stimme. Es ist, als ob du selbst mit ihnen reden würdest. Ich kenne dein Herz.«

»Dann sage mir, was wir tun sollen.«

»Sorge dafür, daß deine Krieger sich nicht davonschleichen, wenn es Nacht ist. Sorge dafür, daß keiner das Blut eines Weißen vergießt. Bestellt eure Felder. Einige von euch könnten sich als Kundschafter für die Soldaten anwerben lassen. So wie es Kahita getan hat.«

Ezkimenzins Blick traf Kahita.

»Du hast gegen deine Leute an der Seite der Soldaten gekämpft?« fragte er.

»Nein«, erwiderte Kahita bestimmt. »Ich habe die Soldaten gegen andere Leute geführt, die nicht von meinem Volk sind.«

»Du bist ein Mimbreno, nicht wahr?«

»Ja.«

»Warum gehst du nicht zu deinem Volk?«

Kahita lächelte. »Es ist der Falke, der mir meinen Weg zeigt«, sagte er. »Ich gehe vielleicht heim zu meinem Volk. Vielleicht bleibe ich auch hier. Aber hier ist kein guter Platz. Ich habe die Schatten gesehen, die dich bedrohen. Du vertraust dem Mann, dem du gegenübersitzt. Vielleicht verdient er dein Vertrauen, aber der Mann hat keine Macht. Mach die Augen auf, dann wirst du die Schatten selbst erkennen können.«

»Du redest wie einer, der weise ist und die Geister kennt. Aber du bist jung. Sage mir, was deine Macht ist, Mimbreno. Sage mir, wer dir diese Macht gegeben hat.«

»Ein alter Mann, weit von hier. Seinen Namen kann ich dir nicht sagen, aber er hatte Falken-Macht. Er läßt mich Dinge sehen, die weit weg sind, so wie ein Falke Dinge hinter den Hügeln sieht, wenn er hoch fliegt. Meine Leute nannten mich Schattenjäger, weil ich sie sehen kann, die Schatten, die uns Unglück und Tod bringen.«

»Du bist ein Mimbreno. Wir haben manchmal gegeneinander gekämpft. Aber jetzt herrscht Friede zwischen uns. Warum kommst du nicht in mein Lager und sagst meinen weisen Männern, was du sehen kannst?«

»Sie würden mir ebensowenig glauben wie du, wenn ich ihnen sagte, daß die Schatten hierherkommen, um euch zu töten.«

»Wer sind die Schatten?« fragte Ezkimenzin.

»Geister aus dem Schattenreich, die sich mit den Weißaugen verbündet haben«, sagte Kahita, ohne zu zögern.

»Der Lieutenant sagt, daß wir hier in Sicherheit sind.«

»Er ist ein Mann ohne Macht. Wie könnte er die Schatten sehen?«

Whitman, der interessiert zugehört hatte, ohne ein Wort zu verstehen, fragte Kahita, worüber er mit Ezkimenzin gesprochen habe.

»Der Chief weiß nicht, ob er und seine Leute in Sicherheit sind«, sagte Kahita. »Vielleicht wäre es besser, wenn sie in die Berge zurückgehen würden, solange dazu noch Zeit ist.«

»Ich verbürge mich für ihre Sicherheit«, erwiderte Whitman bestimmt. »Sag ihm, daß es von Vorteil wäre, wenn sich einige Krieger als Kundschafter zur Verfügung stellen würden. Damit wäre ihre ehrliche Absicht bewiesen.«

Davon wollte Ezkimenzin aber nichts wissen. »Wir leben in Frieden«, sagte er. »Wir führen keinen Krieg gegen die Indianer, die ihr Chiricahua nennt. Vielleicht werden wir eines Tages wirklich von hier weggehen müssen. Und dann würden die Chiricahua gegen uns kämpfen, weil wir uns mit den Amerikanern verbündet haben. Aber wenn die Amerikaner gegen die Indianer des Südens, die ihr Mexikaner nennt, Krieg führen wollen, dann werden wir ihnen helfen.«

Darüber mußte selbst Whitman lächeln. Er erklärte Ezkimenzin, daß die Amerikaner und die Mexikaner Frieden geschlossen hatten.

»Schade«, sagte Ezkimenzin, und damit war die Unterhaltung beendet. Ezkimenzin erhob sich, verabschiedete sich mit Handschlag von Lieutenant Whitman und kehrte mit seinen Unterhäuptlingen in das Lager der Aravaipa zurück.

Ende März übernahm Captain Frank Stanwood das Kommando in Camp Grant. Er ließ sich von Lieutenant Whitman die Situation erklären, besuchte das Aravaipadorf und unterhielt sich kurz mit

Ezkimenzin, bevor er mit seinem Trupp zu einem längeren Patrouillenritt aufbrach und Whitman mit seinen Sorgen allein ließ.

Mehr als sechs Wochen, nachdem Lieutenant Whitman seine Briefe an Stoneman abgeschickt hatte, bekam er endlich Antwort. Ungeduldig öffnete er den Umschlag, in dem er die Zustimmung für sein Handeln vermutete. Die Enttäuschung traf ihn wie ein Schlag, als er sein eigenes Schreiben herauszog und die Notiz eines Clerks las, der ihm mitteilte, daß er vergessen habe, seinen Umschlag an General Stoneman mit einer Inhaltsangabe zu versehen, eine Formalität, die unbedingt notwendig sei. Keine Antwort also von Stoneman. Kein Wort über die Indianer, für die Whitman die Verantwortung übernommen hatte. Statt dessen ein Beispiel übelster Bürokratie. Oder hatte Stoneman seinen Bericht vielleicht gelesen und das Fehlen der Umschlagnotiz als Vorwand benutzt, um in dieser gefährlichen Angelegenheit nicht offiziell Stellung nehmen zu müssen? Whitman wußte die Antwort nicht, aber zum erstenmal, seit er die Aravaipa unter seiner Obhut hatte, fühlte er sich hilflos und bedroht. Denn in Tucson hatte der »Ring« unterdessen eine vernichtende Hetzkampagne gegen ihn eingeleitet, der er nichts entgegenzusetzen hatte.

Die Verschwörung

Ich habe eine wunderbare Familie hier draußen in der Wüste. Diese Aravaipa-Apachen, besonders ihr Häuptling Ezkimenzin, haben mich voll und ganz auf ihrer Seite. Die Männer, obwohl schlecht gekleidet und ungebildet, lehnen es ab, zu lügen oder zu stehlen. Die Frauen arbeiten wie Sklaven, um ihre Kinder und sich selbst zu kleiden. Und obwohl sie nichts gelernt haben, sind ihre Fähigkeiten außergewöhnlich. Sie brauchen Hilfe auf dem Weg zu einer höheren Zivilisation, und ich werde ihnen diese Hilfe geben, solange es ihnen erlaubt ist, in meiner Obhut zu bleiben.

Lieut. R. E. Whitman in einem offiziellen Rapport an Colonel J. G. C. Lee

Captain Frank Sanwood, der das Kommando in Camp Grant übernommen hat, ist uns als ein gründlicher Offizier bekannt . . . Er wird diese Wilden in jener Art christianisieren, die Henry Ward Beecher vor fünfzehn Jahren für die Grenzbanditen in Kansas vorgeschlagen hat: zuerst mit Kugeln aus Sharpsgewehren und anschließend mit einer Dosis aus der Bibel.

John Wasson
im ARIZONA CITIZEN
vom 1. April 1871

Jeffrey Bancroft kaufte sich die neueste Ausgabe des *Arizona Citizen* von einem rothaarigen Jungen, der ihn wahrscheinlich im Tabakwarenladen und Zeitungsstand von J. S. Mansfield hatte mitgehen lassen. Auf dem Heimweg vom Lagerhaus blätterte Jeffrey die Zeitung durch und übersah dabei William Sanders Oury, der sich auf dem Weg zum Congress-Hall-Saloon befand. So stießen die beiden an der Ecke Mainstreet zusammen.

Jeffreys Ohren röteten sich etwas, als er sich bei dem Mann entschuldigte, dem alle Leute in Tucson mit Respekt und Achtung begegneten.

»Well, Jeff«, sagte Oury und legte Jeffrey die Hand auf die Schulter, »noch immer entschlossen, unsere prächtige Stadt zu verlassen?«

»Nein, Sir«, sagte Jeffrey. »Es ist alles entschieden. Ich habe die Absicht, in Silver City neu anzufangen. Die Stadt ist jung, die Chancen sind unbegrenzt. Ich glaube, ich werde mich noch einmal im Handelsgeschäft versuchen.«

»Dabei werden Ihnen die Erfahrungen, die Sie bei uns gesammelt haben, von Nutzen sein, mein Lieber. Auf jeden Fall wünsche ich Ihnen und Ihrer Familie das Beste. Ich hoffe, daß die Reise für Ihre Frau Gemahlin, die ich, wie Sie sicherlich wissen, sehr bewundere, nicht zu anstrengend wird.«

»Joyce freut sich auf die Reise, Sir. Das Klima hier in Tucson ist ihr nie recht bekommen. Silver City soll in einer herrlichen Gegend liegen, soviel ich gehört habe.«

»Apachenland, Jeff«, sagte Oury, und die Züge in seinem bärtigen Gesicht verfinsterten sich. »Gott möge Sie und Ihre Lieben auf dem Weg dorthin beschützen. Ich möchte nicht den Teufel an die Wand malen, aber Sie haben sich zweifellos eine denkbar ungünstige Zeit für Ihre Reise ausgesucht, Jeff. Die Apachen sind überall auf dem Kriegspfad. Chiricahua, Mimbreno, Coyotero und wie sie alle heißen. Nichtsnutzige Barbaren sind sie allesamt. Und die Armee ist nicht in der Lage, endlich aufzuräumen. Wie Sie wissen, habe ich General Stoneman einen Besuch abgestattet. Der wird aber kaum Früchte tragen, wenn wir nicht mit anderen Mitteln gegen die Unzulänglichkeit einiger Herren Offiziere vorgehen.« Oury nahm Jeffrey die Zeitung aus der Hand. »Hier, lesen Sie, Verehrtester! Auf jeder Seite ein Bericht über Mordtaten, die Rothäute verübt haben. Und während unschuldige Menschen ständig diesen Bestien ausgelie-

seit Wochen Berichte über furchtbare Gemetzel der Indianer auf allen Seiten seiner Zeitung brachte, und es war in Tucson inzwischen allen klargeworden, daß die Auseinandersetzung zwischen Wasson und Whitman in eine persönliche Feindschaft ausgeartet war. Wasson vertrat rigoros die Interessen seiner Freunde, der Geschäftsleute von Tucson, die sich zum »Tucson-Ring« zusammengeschlossen hatten.

»Was glauben Sie, wie viele Männer sich zur Verfügung stellen würden, die Camp-Grant-Apachen anzugreifen?« fragte Samuel Hughes, ein untersetzter Mann mit schütterem dunklem Haar, das er sorgfältig über seine Kopfhaut verteilt hatte, ohne allerdings die kahlen Stellen ganz verdecken zu können. »Ich bin bereit, aus meinem Milizarsenal Waffen und Munition zur Verfügung zu stellen, falls die Angelegenheit nicht übermäßig publik gemacht wird, Mister Wasson.«

Wasson lächelte. »Die besten Schlagzeilen bewahre ich mir für die Ausgabe nach der Schlacht auf.«

»Und wer soll die Sache organisieren?« fragte Jeffrey Bancroft. Es ging ihm mehr darum, sich bemerkbar zu machen, als einen Beitrag zu dieser Diskussion zu leisten.

»Gute Frage, Jeff«, sagte Oury. »Ich werde mich mit den Elias-Brüdern unterhalten, ebenfalls mit Mr. DeLong, der sich ja für eine Strafexpedition besonders stark gemacht hat. Ich glaube nicht, daß es uns Schwierigkeiten machen wird, dieser Sache einen offiziellen Charakter zu verleihen, Sam. Immerhin hat uns Stoneman nahegelegt, selbst für Ruhe und Ordnung zu sorgen. Ich werde heute noch die Elias-Brüder in unseren Plan einweihen. Rufen Sie in Ihrer Zeitung zu einer Versammlung auf, Wasson. Was immer auch dabei herauskommen mag, wir werden genug Leute zusammenbringen, um Whitman einen Strich durch die Rechnung zu machen und seinen Apachen die Hölle zu bereiten, die sie zweifellos verdient haben.«

Die Männer unterhielten sich noch eine Weile, ehe Oury sich auf den Weg machte, um die Elias-Brüder zu besuchen, zwei Nachkommen eines stolzen spanischen Adelsgeschlechtes, die beide zu seinem Freundeskreis gehörten und für die er »Don Guillermo« war.

Jeffrey Bancroft aber ging nach Hause, die Zeitung in der Rocktasche und im Magen ein ungutes Gefühl. Seit dem frühen Morgen hatte er noch nichts Rechtes gegessen. Und nun wußte er, daß Oury von ihm Unterstützung erwartete. Er sagte Joyce nichts von der Besprechung in Wassons Büro; er behauptete, sich mit einem Mann getroffen zu haben, der am Kauf ihres Hauses interessiert sei.

»Mister DeLong will es sich bei Gelegenheit mal ansehen«, sagte er zu Joyce und seinen Eltern, die vor dem Haus in der Kühle des Abends saßen und über ihren bevorstehenden Umzug nach Silver City sprachen.

Jesus Maria und Juan Elias empfingen William Sanders Oury im Salon ihrer Ranch am Santa Cruz River, unweit von Tucson. Beide gehörten der führenden Gesellschaft von Tucson an, und wenn man vom »Tucson-Ring« sprach, fielen meistens auch ihre Namen.

Jesus Maria, der ältere, war ein großgewachsener Mann mit schulterlangem schwarzem Haar, das von einigen grauen Strähnen durchzogen war. Er hatte ein markant geschnittenes Gesicht und einen sorgfältig getrimmten Vollbart. Er bot Oury spanischen Wein an, den Lord & Williams für ihn importierte. Im Gegensatz zu anderen Mitgliedern der überwiegend mexikanischen Bevölkerung Tucsons, waren die Elias-Brüder angesehene Ehrenmänner, die ihre Nachkommenschaft bis zu Don Francisco Elias Gonzales de Zayas zurückverfolgen konnten. Dieser Don Francisco kam im Jahre 1720 von La Riaja, Spanien, in die Provinz Sonora und hatte später zu den bedeutendsten Großgrundbesitzern Neu-Spaniens gehört. Sein Landbesitz erstreckte sich über riesige Gebiete im nördlichen Teil Sonoras, der 1853 durch den »Gadsden Purchase« an die Vereinigten Staaten von Amerika abgetreten und dem späteren Arizona-Territorium einverleibt wurde. Zu jener Zeit besaß die Elias-Familie an die 40 000 Stück Vieh und beschäftigte auf ihrer Hacienda in der Nähe der kleinen Stadt Tubac einige Dutzend Vaqueros und Bedienstete. Der Landkauf durch die Amerikaner hatte für die Elias-Familie eigentlich keine Konsequenzen, aber während der späten 40er Jahre wurde Tubac für die Apachen zu einem Hauptziel ihrer Überfälle. Sie trieben große Herdenteile davon, stahlen die besten Pferde, setzten Gebäude in Brand, zerstörten Ernten und töteten Männer, Frauen und Kinder. Cornelio und Ramon Elias, Brüder von Jesus Maria und Juan, gehörten ebenso zu ihren Opfern wie Vetter Luis. Im Jahre 1849 hatte sich Elias gezwungen gesehen, die Hacienda in Tubac aufzugeben und nach Tucson zu ziehen, wo die Elias-Brüder wiederum ins Viehgeschäft einstiegen und entlang den Santa Cruz River riesige Wüstengebiete in Farmland umackerten. Obwohl der neue Besitz gegenüber dem alten Familienreich um einiges kleiner war, gehörten die beiden Brüder nach wie vor zu den reichsten Bewohnern des Territoriums.

Oury kam ohne Umschweife auf den Plan zu sprechen, die Camp-Grant-Apachen mit einer Milizarmee anzugreifen. Er wußte von der Bitterkeit der Elias-Brüder und ihrem Rachedurst, der wohl niemals gestillt werden konnte.

»Ich bin bereit«, sagte Jesus Maria und setzte sein Glas auf den großen alten Mahagonitisch, der in der Mitte des Salons stand. In seinen blauen Augen war ein harter Glanz, als er seinem jüngeren Bruder die Hand auf die Schulter legte. »Es gibt niemanden, der mehr unter dem Joch der Apachen gelitten hat als unsere Familie. Mein Blut kocht, wenn ich an jene Tage denke, als unsere Brüder von diesen heimtückischen Bestien ermordet wurden. Wann werden wir marschieren, Don Guillermo? Wann werden wir mit dem Segen des Allmächtigen und dem Feuer des Satans diese Heiden bestrafen für alles, was sie uns angetan haben?«

»Ich nehme an, daß wir nächste Woche dazu bereit sind, Don Jesus«, sagte Oury und trank einen Schluck des vorzüglichen Rotweins. »Wir wollen nur noch das Ergebnis unserer nächsten Versammlung abwarten.«

»So oder so, wir werden genug Männer sein«, versprach Juan Elias, der etwas kleiner war als sein Bruder. »Unsere Vaqueros werden uns folgen. Und wir werden einen Reiter zur Mission schicken. Francisco, der Chief der Papago, wird es sich nicht nehmen lassen, uns im Kampf gegen die Erbfeinde der Papago beizustehen.«

Oury schmunzelte. »Eine Idee, die ich auch schon hatte, Freunde. Aber sollten wir nicht doch erst das Ergebnis der Versammlung abwarten?«

Jesus Maria schüttelte heftig den Kopf. »O nein, Don Guillermo, diese Versammlungen taugen nichts. Es wird geredet und geredet, während die Apachen weiterhin unsere Leute ermorden.«

»Zweifellos richtig, Don Jesus«, gestand Oury. »Trotzdem bin ich der Meinung, daß wir den Bürgern von Tucson ein letztes Mal Gelegenheit geben sollten, Stellung zu beziehen.«

»Don Guilleromo, begleiten Sie mich morgen zum Papagodorf bei der Mission. Francisco ist ein alter Verbündeter von uns, und er setzt großes Vertrauen in Sie. Es muß alles diskret geschehen. Nicht alle

Leute in Tucson sind unsere Freunde. Und es ist zu bedenken, daß die Besatzung von Camp Lowell unseren Plan zunichte machen könnte, wenn Captain Dunn etwas davon erfährt.«

»Es scheint, daß Sie sich der Sache absolut sicher sind, Don Jesus«, sagte Oury lächelnd.

»Natürlich bin ich das. Ich darf Sie vielleicht daran erinnern, daß ich vor fünf Jahren Captain Tidball von den California Volunteers zum Aravaipa Canyon geführt habe, wobei es uns gelang, mehr als fünfzig Apachen zu töten.«

Oury kannte die Geschichte, für die Jesus Maria Elias sich den Namen eines Apachenkämpfers und Rächers eingehandelt hatte. Elias kannte sich im Gebiet des Aravaipa Canyons aus. Mit seinen Vaqueros und den Mexikanern in der Stadt konnte er eine Armee verwegener Burschen stellen, auf die Verlaß war.

»Also, dann wollen wir morgen Chief Francisco besuchen«, sagte Oury, und nachdem er sich, wie erwartet, die Unterstützung der Elias-Brüder gesichert hatte, machte er es sich in einem der Polsterstühle bequem und ließ sich von einem jungen mexikanischen Hausmädchen das Glas füllen. Es war ein herrlicher Abend auf der Elias-Hacienda. Man unterhielt Oury mit Gitarrenklängen und Gesang; er wünschte sich, seine Frau Inez, eine dunkelhaarige Schönheit mexikanischer Abstammung, wäre bei ihm. Aber der Grund seines Besuches ließ es nicht zu, Inez zu holen, denn dann hätte er sie zweifellos über sein Vorhaben informieren müssen.

Das Dorf der »Wüstenleute«, wie sich die Papago nannten, befand sich in der Nähe der Missionskirche von San Xavier del Bac. Es war ein heißer Nachmittag, als die Kinder, die zwischen den kleinen Adobehütten im Staub der Plaza spielten, die beiden Reiter entdeckten. Sie kamen von Norden und ritten zwischen den kleinen Maisfeldern hindurch zum Brunnen im Schatten der mächtigen Kirchtürme, wo sie kurz anhielten und ihre Pferde trinken ließen.

»Don Guillermo!« riefen die Kinder und rannten auf nackten Füßen zum Brunnen, um die Reiter zur Hütte des Chiefs zu begleiten.

Francisco Galerita hieß seine Gäste willkommen, schüttelte ihnen die Hand, wie er es in seiner Jugendzeit von den »Grauröcken« gelernt hatte, jenen Missionaren, die ihm und seinen Leuten einen neuen Gott gebracht hatten. Weder Oury noch Elias wußten, wie alt

Francisco war, aber sein Gesicht trug die Falten unzähliger Sommer, sein langes Haar war licht und ergraut. Er lud die beiden Männer in sein Wato ein, der größten Hütte an der Plaza, mit einem freien Blick auf die Kirche und den Hügel, auf dem die Papago ein Kreuz errichtet hatten. Ein steiniger Weg zog sich zum Kreuz hinauf, vorbei an einer kleinen Höhle, in der die Jungfrau Maria auf einem Altar stand. Zu Ostern pflegte Francisco seine Papago in einer Prozession von der Kirche auf den Hügel zu führen.

In der Hütte war es etwas kühler. Franciscos Frau bot den Männern Wasser aus einer Olla an, einem Tonkrug, der am Eingang hing. Dann entzündete er seine alte Pfeife, und die drei Männer rauchten in höflicher Stille.

Es blieb dem Chief vorbehalten, das Schweigen zu brechen. Er fragte nach Ourys Familie, redete vom Regen, der in diesem Frühjahr überraschend gekommen war, und von den Apachen, die ihm und seinen Leuten vor wenigen Wochen Vieh und Pferde gestohlen hatten. Er beschwerte sich bei Oury über mangelnden Schutz, und damit waren sie beim Thema angelangt.

»Es sind schlechte Zeiten für uns alle«, sagte Don Jesus, und der alte Häuptling nickte zustimmend. Es war lange her, daß er seine Krieger gegen die Apachen geführt hatte, mehr als ein Sommer, aber seine Augen leuchteten, als er erzählte, wie sie jenseits der Grenze in Sonora ein Lager der Apachen überfallen hatten. Oury bewunderte die jugendliche Frische dieses alten Mannes, dessen Bewegungen, leicht und gewandt, noch immer Kraft verrieten. Oury erklärte Francisco seinen Plan. Der Chief war begeistert, als ihm Elias vorschlug, Läufer auszuschicken und seine besten Papagokrieger zum Kampf gegen die Apachen aufzurufen.

»Die Krieger des Dorfes Pan Tak und die Krieger meines Dorfes werden genügen, die mörderischen Kojoten im Tal des Aravaipa zu erschlagen.« Er versicherte seinen Gästen, daß sie sich um nichts zu kümmern hätten. »Meine Krieger werden genug Wasser mitnehmen für den Marsch dorthin, und wir werden uns mit unseren alten Bogen und Pfeilen bewaffnen. Besonders wichtig sind die Kriegskeulen, denn wir werden sie töten, wie wir Schlangen und Kojoten töten.«

Oury und Elias konnten zufrieden sein. Die Papago waren ausgezeichnete, ausdauernde Läufer, denen es nicht schwerfiel, die vierzig Meilen nach Camp Grant in einem Tag und einer Nacht zurückzulegen. Und man brauchte sie nicht zu motivieren, denn der Haß auf ihre Erzfeinde genügte, um selbst Francisco Galeritas Blut noch einmal heiß werden zu lassen.

Oury und Elias blieben noch eine Weile beim Chief, bevor sie sich auf den Rückweg in die Stadt machten, um der öffentlichen Versammlung beizuwohnen.

Wie Elias vermutet hatte, brachte auch diese Versammlung nichts Neues. Zudem stellte sich heraus, daß nur wenige der weißen Bewohner von Tucson bereit waren, an der Expedition nach Camp Grant teilzunehmen. Die meisten hatten Ausreden, als Oury vorschlug, mit einer Miliztruppe im Aravaipa-Tal nach dem Rechten zu sehen. Er ließ kein Wort davon verlauten, daß längst ein konkreter Plan gefaßt war. Unter den Anwesenden befanden sich auch Jeffrey und Joyce Bancroft. Joyce hörte aufmerksam zu, aber sie merkte auch, daß es Jeffrey nicht wohl in seiner Haut war. Er hielt den Kopf gesenkt und vermied es, die Redner anzusehen.

Als sie auf dem Heimweg waren, gestand er ihr, daß er Mr. Oury versprochen hatte, notfalls mitzumachen. »Dies ist eine Sache, die uns alle angeht, Joyce«, sagte er. »Die Apachen sind eine Gefahr, der sich jeder pflichtbewußte Bürger dieses Landes entgegenzustellen hat.«

»Wir verlassen die Stadt nächste Woche«, sagte Joyce und hakte sich bei ihm unter. »Oury hat nicht gesagt, daß in der Zwischenzeit etwas unternommen werden soll. Denke daran, daß diese Stadt bald weit hinter uns liegen wird, Jeffrey. Und ich hoffe doch, daß wir in Silver City ein neues Leben anfangen können, ohne daß wir ständig von irgendwelchen Schatten bedroht werden.«

»Apachen sind keine Schatten, meine Liebe. Apachen sind Wirklichkeit. Ihre Geschichte ist mit Blut geschrieben. Mit Blut von Weißen.«

Sie erwiderte nichts darauf, aber sie dachte an das, was ihr Kahita erzählt hatte, und verzichtete darauf, Jeffrey noch einmal zu erklären, daß die Geschichte der Apachen mit dem Blut ihrer eigenen Leute geschrieben war. Sie wollte weg von Tucson, weg aus diesem Land, das ihr nur Unglück gebracht hatte. Vergeblich hatte sie auf eine Nachricht von Kahita gewartet; sie glaubte nicht, daß sie ihn jemals wiedersehen würde. Sie mußte sich wohl mit dem Gedanken, daß er einen anderen Weg ging, abfinden, und das fiel ihr nicht leicht. Aber sie hoffte, daß die Meilen, die zwischen Tucson und Silver City lagen, ausreichten, um die Erinnerung an ihren Traum, aus Kahita einen anderen Menschen zu machen, auszulöschen.

Während der nächsten Woche war Joyce damit beschäftigt, ihre Sachen in Ordnung zu bringen und zu packen. Weder sie noch Jeffrey ahnten, daß in diesen Tagen viele Männer in der Stadt und in den Hütten am Fluß in aller Heimlichkeit seltsame Vorbereitungen trafen. Waffen, die seit langem nicht mehr gebraucht worden waren, wurden hervorgeholt, gesäubert und geölt. Männer, die für die Elias-Brüder arbeiteten, schliffen ihre Messer und Macheten. Mr. DeLong, der Partner von Tully und Ochoa, suchte sich ein besonders ausdauerndes und zuverlässiges Pferd aus, mit dem er täglich kleine Ausritte unternahm. William Sanders Oury ritt noch einmal zur San-Xavier-Mission hinaus, wo sich inzwischen viele Papagokrieger mit ihren Familien versammelt hatten. Er teilte Chief Francisco mit, daß er sich am Morgen des nächsten Freitags mit seinen Kriegern an einem Treffpunkt, etwa acht Meilen östlich von Tucson, einzufinden habe, genau dort, wo die Flußbette des Pantano und des Tanque Verde Wash zusammentrafen und den Rillito River bildeten. Francisco versprach, pünktlich zu sein.

Am Donnerstag abend saß William Sanders Oury mit seiner Frau Inez auf der Veranda seines Hauses. Louise, die jüngere der beiden Töchter, unterhielt sich beim Korral mit dem Vaquero über ihr Pferd, einen Apfelschimmel, den sie am Sonntag gegen ein Pferd von Mr. Fish laufen lassen wollte. Es war ein warmer Abend. Über der Wüste im Westen glühten Wolkenbänder. Am Cebadilla-Paß, einem Sattel zwischen den Santa Catalina und den Rincon Mountains, stand der Mond groß und orangefarben im tiefblauen Himmel. Der Wind raschelte im frischen Grün des Cottonwoods, der Ourys Haus beschattete.

»Ich werde morgen in aller Frühe losreiten«, sagte Oury zu seiner Frau, die an einer Bettdecke nähte. Sie wußte, daß er etwas vorhatte. Er war unruhig. Er hatte sein Gewehr sorgfältig überprüft und den Gürtel mit dem Revolver bereitgelegt. »Ich habe für zwei, drei Tage geschäftliche Dinge zu erledigen«, hatte er ihr gesagt. Sie fragte nicht, was er vorhatte. Er hätte es ihr doch nicht verraten.

»Ich habe dir ein frisches Hemd aufs Bett gelegt«, sagte sie. Er nickte, war aber mit den Gedanken schon wieder woanders. Sie gingen früh zu Bett. Am nächsten Morgen, lange vor dem Sonnenaufgang, sattelte Oury sein Pferd. Inez machte Frühstück. Louise schlief noch.

»Es ist Freitag«, sagte Inez. »Glaubst du, daß von Lola ein Brief auf der Post liegt? Sie hat lange nicht mehr geschrieben.« Ihre ältere Tochter Lola hatte vor sieben Jahren den jungen Offizier Gilbert Cole Smith geheiratet und befand sich mit ihm im Nordwesten.

»Ich werde nachsehen«, versprach Oury. Er aß wenig, aber bevor er wegging, schlich er sich in Louises Zimmer und küßte sie. Louise erwachte.

»Bleibst du lange?« fragte sie. »Am Sonntag werde ich Blue reiten, Vater. Glaubst du, daß ich gewinnen werde?«

»Wir werden sehen«, sagte er. »Vielleicht bin ich Sonntag zurück.«

Er wußte, daß er am Sonntag nicht zurück sein konnte. Bevor er wegging, warf er noch einen Blick in das Zimmer, in dem sein sechsjähriger Sohn Frank schlief.

Als Oury den Treffpunkt erreichte, hatten sich dort im Schatten mächtiger Cottonwoodbäume bereits Elias und seine Männer versammelt. Nach und nach trafen die anderen ein. Sidney DeLong, der im Sattel seines neuen Pferdes saß und übernächtigt wirkte; Jimmy Lee, der Besitzer der Getreidemühle, ein rotbärtiger Ire; Charles Etchells, ein Hüne, von dem man sagte, er sei der beste Hufschmied des Territoriums; D. A. Bennett, der das »Stevens House«, eine Herberge in Tucson, betrieb, und David Foley, ein Texander, der für Jimmy Lee in der Mühle arbeitete. Mehr Männer hatten Oury und DeLong nicht zum Mitreiten überreden können. Oury war enttäuscht, denn immerhin hatten sich ursprünglich mehr als achtzig weiße Amerikaner gemeldet.

Es war noch früh am Morgen, als ein Wagen auftauchte, der von einem Fünfermaultiergespann gezogen wurde. Der Fahrer hatte Mühe, ihn zwischen dem Gestrüpp hindurchzulenken, mit dem der leicht ansteigende Hang zum Süden hin bewachsen war. Der Wagen ächzte unter dem Gewicht seiner Ladung, und als der Fahrer das Gespann unter den Cottonwoods zum Stehen brachte, wischte er sich den Schweiß von der Stirn.

»Grüße von Sam Hughes«, sagte er zu Oury, langte über die Rücklehne des Wagenbockes und hob den Deckel einer Kiste an. Oury pfiff durch die Zähne, als er sah, daß der Wagen Gewehre und Munition geladen hatte, und zwar genug, um eine kleine Armee auszurüsten.

»Mr. Hughes läßt bestellen, daß er leider verhindert ist und den Ritt nicht mitmachen kann. Als Kommandant der Arizona-Miliz fühlt er sich aber verpflichtet, etwas zum Erfolg ihres Vorhabens beizutragen, Sir.«

Oury nahm einen der Sharpskarabiner aus der Kiste, betrachtete ihn prüfend und gab ihn an Don Jesus weiter, dem ebenfalls sofort der kleine Prägestempel »A. T.« am Kolben ins Auge fiel.

»Damit dürfte klar sein, daß wir in offizieller Mission handeln, verehrtester Freund. Das sind Regierungswaffen.«

Jesus Maria Elias lächelte. »Señor Hughes hat seine Pflicht getan«, sagte er.

Der Fahrer grinste. »Da ist nur noch ein Haken, Sir. Mr. Hughes hat mir nahegelegt, Ihnen mitzuteilen, daß die Gewehre nicht an Papagoindianer ausgegeben werden dürfen. Mr. Hughes sagte, Indianern sei das Tragen von Feuerwaffen verboten, und es müsse darauf geachtet werden, daß auf dieser Expedition gegen kein Gesetz verstoßen wird.«

»Richte Mr. Hughes aus, daß er sich keine Sorgen zu machen braucht. Unsere Papagofreunde sind in ihrer bewährten Art bestens ausgerüstet.« Oury nahm Jesus Maria Elias zur Seite. »Da ist mir noch etwas eingefallen, was wichtig sein könnte. Es wäre immerhin möglich, daß man in der Stadt etwas gemerkt hat. Und Captain Dunn hat ein waches Auge, mein Freund. Es wäre sicherlich gut, wenn wir jemanden ausschicken könnten, um die Straße von Tucson nach Camp Grant zu blockieren und einen eventuellen Meldereiter abzufangen.«

Elias stimmte Oury zu. Sie hatten vor, über den Cebadilla-Paß in das Tal des San Pedro zu gelangen und an der Nordostseite der Santa Catalina entlangzumarschieren. Dies war zwar ein kürzerer, aber mühsamerer Weg durch das pfadlose Gelände. Sie vermieden dadurch die Gefahr, von einer Armeepatrouille entdeckt zu werden. Oury kritzelte eine Nachricht auf ein Stück Papier, das er dem Wagenführer mit der Bitte übergab, es sofort nach seiner Rückkehr seinem Freund Hiram Stevens in Tucson abzuliefern. Damit, so glaubte Oury, war auch diese Angelegenheit erledigt. Nun brauchte nur noch die Papago einzutreffen.

Man war dabei, die Waffen und die Munition an die Mexikaner auszugeben, als im ausgetrockneten Flußbett des Pantano Wash eine große Schar Indianer auftauchte. Etwa zwanzig waren beritten, unter ihnen Chief Francisco Galerita, dem das Kreuz eines Rosenkranzes aus der Brusttasche seiner alten Weste hing. Den Reitern folgte ein Zug von jungen Kriegern, die keine Mühe hatten, mit den Pferden Schritt zu halten.

Die Elias-Brüder und William Oury gingen den Indianern ein paar Schritte entgegen, um den alten Chief zu begrüßen. Die Papago hielten abseits vom Lager der Weißen und Mexikaner an. Einige hatten alte Gewehre bei sich, aber die meisten waren mit Kriegskeulen bewaffnet. Das waren lederüberzogene Flußsteine am Ende eines langen biegsamen Griffes aus Mesquiteholz, der ebenfalls mit Rohhaut umwickelt war. In der Hand eines geübten Papagokriegers wurde diese Keule zu einer mörderischen Waffe.

»Zweiundneunzig Papago«, sagte Jesus Maria Elias mit einem Lächeln in den Mundwinkeln. »Achtundvierzig Mexikaner. Don Guillermo, es scheint, daß unsere weißen Freunde, die während den letzten Wochen bei den Versammlungen soviel geredet haben, nicht gerade die mutigsten Männer dieses Landes sind.«

»So ist es, Don Jesus«, sagte Oury. Man sah ihm den Ärger über das Fehlen gerade jener Männer an, in die er größtes Vertrauen gesetzt hatte. Daß Wasson nicht da war, konnte er verstehen, aber die anderen? Sie hatten alle im letzten Moment unter irgendwelchen Vorwänden ihr Wegbleiben begründet. Geschäftliche Verpflichtungen. Familie. Einige fühlten sich zu alt für solche Abenteuer, andere trauten sich einen Ritt durch die Berge nicht zu. Ein sensiblerer Mensch als Oury hätte sich beim Anblick der fünf Weißen unter den Mexikanern und den Papago verraten gefühlt. Oury aber übergab das Kommando Jesus Maria Elias und reichte ihm vor dem Abritt die Hand.

»Ich unterstelle mich Ihrem Befehl, Captain Elias«, sagte er. »Von jetzt an haben Sie das Kommando. Ich wünsche Ihnen Glück.«

Jesus Maria Elias war der geborene Führer. Oury wußte, daß er sich auf ihn verlassen konnte. Elias übernahm mit einem Teil seiner Reiterschar sofort die Spitze. Oury ritt rechts von ihm, links der Papago-Chief Francisco Galerito. Ein langer Zug bewaffneter Männer folgte dem Tangue Verde Wash ostwärts auf den Cebadilla-Paß zu. Hinter den Bergen lag das Tal des San Pedro Rivers. Die Papago marschierten im Staub, den die Pferde aufwirbelten, schweigend, mit leichten, kräftesparenden Bewegungen. Es war ein langer Weg nach Camp Grant, aber sie kamen gut voran und befanden sich bei

Einbruch der Dunkelheit jenseits des Passes in den Hügeln, die von der Felskette der Santa Catalina Mountains zum San Pedro abfielen. Sie marschierten die Nacht durch und machten am nächsten Morgen am Fluß Rast. Elias und Oury entschieden, den Tag hier zu verbringen, um den Pferden und dem Fußvolk Ruhe zu gönnen und der Gefahr zu entgehen, daß ihre Staubwolke entdeckt wurde.

Am Abend gab Elias den Befehl zum Weitermarsch. Außer dem Knarren des Sattelleders, dem Klirren der Gebißketten und dem Hufschlag und Schnaufen der Pferde war kein Geräusch zu hören. Elias folgte einem alten Indianertrail durch das Unterholz am Ufer des Flusses. Noch dreißig Meilen nach Camp Grant. Früh am Sonntag morgen, noch bevor die Sonne aufging, wollten sie dort sein und ihre Pflicht tun.

Das Dorf der Aravaipa-Apachen befand sich etwa fünf Meilen von Camp Grant entfernt, im Morgenschatten eines Tafelberges mit senkrecht aufsteigenden, zerklüfteten Felswänden. Die Apachen hatten die fruchtbare Niederung des Aravaipa-Creeks, der unmittelbar bei Camp Grant in den San Pedro mündete, in bestes Farmland umgeackert, mit Gersten-, Mais- und satten Grasfeldern. Hinter dem Dorf, das aus fast zweihundert Wickiups bestand, die alle mit dem Eingang nach Osten ausgerichtet waren, öffnete sich der Aravaipa Canyon, eine Steilwandschlucht, durch die ein alter Indianerpfad führte.

Es war nicht der beste Platz für eine Niederlassung. Der war dort, wo die Lehmhütten Camp Grants den holperigen Paradeplatz säumten. An dieser Stelle hatte früher Ezkimenzins Dorf gestanden und auch das seines Vaters. Das war vor vielen Sommern gewesen, bevor die Weißaugen kamen. Jetzt war alles anders, aber Ezkimenzin hatte keinen Grund, unzufrieden zu sein. Seit er mit Lieutenant Whitman Frieden geschlossen hatte, ging es seinem Volk gut. Kinder lachten wieder und spielten im Ufersand des Flusses. Alte Leute fanden wieder Zeit, von vergangenen Tagen zu erzählen und ihre Glieder in der Sonne zu wärmen. Die Vorratskammern waren voll, die Frauen brauchten nicht mehr in halbleeren Töpfen zu rühren, beobachtet von den großen Augen ihrer hungrigen Kinder. Männer verrichteten Arbeiten, die sie zuvor verabscheut hatten, aber sie trugen Hemden aus dem Stoff der Weißaugen, der »Manta« genannt wurde. Sie besaßen Messer mit scharfen Klingen, gute Pferde, die sie gegeneinander im Wettlauf rennen ließen, und ab und zu konnten sie sich eine Flasche mit echtem Whiskey kaufen. Es waren gute Tage, und wenn sich hin und wieder eine Handvoll Krieger davonschlich, so war das etwas, was Ezkimenzin nicht von einem Tag auf den andern ändern konnte. Die jungen Krieger hatten Feuer im Blut. Die jungen Krieger konnten nicht auf eine Karrenladung Gerste stolz sein oder auf einen Ballen Heu, den sie im Soldatencamp ablieferten. So folgten sie manchmal den alten Pfaden, die aus den Bergen in das Tal des Santa Cruz führten. Und dann kamen sie nach Hause und brachten Beute. Und manchmal töteten sie, weil Töten etwas war, was sie gelernt hatten.

Am Samstag abend ritt Lieutenant Whitman zum Dorf hinaus. Er trug ein weißes Hemd. Seine Ordonnanz hatte ihm die Uniform hergerichtet und die Stiefel geputzt. Der Lieutenant war bester Stimmung, hatte er doch mit Mr. Austin, dem Post-Trader, ein paar Gläser Kentucky Sour Mash getrunken, aus der Privatflasche des Traders. Merejildo Grijalva und Kahita ritten hinter dem Lieutenant. Kahitas Pferd war ein Schecke, den er Santos, einem Unterhäuptling der Aravaipa, abgekauft hatte. Für sieben Dollar. Ohne Sattel. Der Schecke war gut. Ein ausdauerndes und trotzdem schnelles Pferd, mit langem weißen Mähnenhaar. Zunächst hatte Kahita Mühe mit ihm gehabt, und Grijalva hatte gelacht und gesagt, daß Santos ihm das Pferd nur verkauft habe, weil es ein Teufel sei. Kahita hatte viel Zeit mit dem Schecken verbracht. In der Niederung des San Pedro hatte er ihn eingeritten, wo der Sand tief war und ein Pferd schnell müde wurde, wenn es verrückt spielte. Jetzt war der Schecke ein gutes Pferd, und Grijalva lachte nicht mehr, denn er hatte beim letzten Wettrennen mehr als neun Dollar verloren, die er auf ein Pferd des Armeearztes Dr. Conant B. Briesly gesetzt hatte.

»Vielleicht kannst du Santos zu einem Wettrennen herausfordern«, schlug Grijalva vor, als sie den Pfad hinaufritten, der zwischen den ersten Wickiups hindurch zum Zentrum des Dorfes führte. »Ich würde auf dein Pferd setzen.«

»Santos hat gute Pferde«, sagte Kahita.

»Keines ist besser als dein Schecke«, sagte Grijalva. »Schau nur, sie sind alle satt wie Schweine. Zuviel Heu. Zuviel Ruhe.«

Die Pferde sahen gut aus. Kahita konnte sich nicht erinnern, bei seinen Leuten jemals Pferde gesehen zu haben, deren Rippen sich nicht durch das Fell drückten.

Auf dem Platz zwischen den Wickiups brannten einige Feuer. Frauen blickten verstohlen herüber. Junge Mädchen mit hübschen runden Gesichtern und leuchtenden Augen kicherten, hoben scheu die Hand vor den Mund oder drehten den Kopf. Die Frauen scherzten. Eine fing an zu tanzen und winkte dem Lieutenant zu. Der Lieutenant winkte zurück, lachte, hielt aber nicht an. Es fiel Kahita auf, daß nicht viele Krieger im Dorf waren. Vor Santos Hütte spielten kleine Kinder mit einem Wurf struppiger Hunde.

»Es scheint, als sei Santos nicht hier«, sagte Kahita.

Grijalva lachte. »Es scheint, als wären überhaupt nur Frauen und Kinder hier«, sagte er in der Sprache der Apachen. »Glaubst du, daß der Lieutenant deswegen einige Fragen an Ezkimenzin stellen wird?«

»Vielleicht. Vielleicht auch nicht. Er ist ein höflicher Mann.«

»Er ist ein guter Mann. Schade, daß er ein Weißauge ist.«

Ezkimenzin kam aus seiner Hütte, um die Gäste zu begrüßen. Der kräftige Mann mit dem breitflächigen Gesicht und den schmalen Augen trug das lange Haar zu zwei Zöpfen geflochten. Er hatte seinen ältesten Sohn bei sich, der noch keine sieben Sommer zählte.

Eine seiner Frauen saß mit anderen Frauen am Kochfeuer. Seine jüngere Frau kam aus der Hütte. Sie richtete sich auf und hängte sich die Tragkrippe mit ihrem Baby auf den Rücken. Sie war vielleicht sechzehn Jahre alt, schlank und hübsch. Sie erinnerte Kahita an Toshi. Die Erinnerung schmerzte.

Ezkimenzin lud Lieutenant Whitman und seine Begleiter ein, abzusteigen und es sich bequem zu machen. Er rief seine Frau vom Feuer und hieß sie, einige Decken am Boden auszubreiten. Dann schüttelte er dem Lieutenant die Hand und befahl seinem Sohn, die Pferde zu versorgen.

Die Sonne stand tief über den Tortilla Mountains, jenseits des San-Pedro-Tales. Hügel, die mit Kakteen und Dornenbüschen bewachsen waren, verdeckten die Sicht nach Camp Grant, aber im Süden, weit entfernt, hoben sich die Umrisse der Santa Catalina Mountains über die Wüste. Dahinter lag die Weißaugen-Stadt Tucson.

Die Männer ließen sich im Schatten einer Ramada nieder, und die ältere Frau des Chiefs brachte Blechtassen und eine rußgeschwärzte Kanne mit Kaffee. Whitman bot dem Chief eine Zigarre an, die beiden Männer rauchten, und der Chief redete über seine Familie. Er hatte sechs Kinder, fünf von seiner älteren Frau, ein acht Monate altes Baby von der jüngeren.

»Dies ist ein guter Platz für Kinder«, sagte Ezkimenzin und zeigte in die Runde. »Es ist Friede hier. Meine Kinder lernen den Frieden kennen. Ich glaube nicht, daß es irgendwo einen besseren Platz für sie gibt.«

Merejildo Grijalva übersetzte die Worte des Chiefs, die seine Besorgnis verrieten, eines Tages in die White Mountains gehen zu müssen oder woandershin, wo die Aravaipa nicht zu Hause waren.

»Der Anblick deines Dorfes erfreut mich«, sagte Whitman. »Eure Wickiups sind nicht für eine Nacht gebaut. Es ist kein Dorf von Leuten, die an einem Tag hier sind und am anderen dort.«

»Wir haben gute Wickiups errichtet«, sagte Ezkimenzin stolz. »Sie sollen hier stehen, wenn der Schnee des nächsten Winters fällt, und sie sollen hier stehen, wenn der nächste Sommer kommt. Wir wollen nicht weg von hier.«

»Ich sehe viele Frauen und Kinder, Chief«, sagte Whitman. »Ich sehe nur wenige Männer.«

Der Gesichtsausdruck Ezkimenzins verriet sofort Mißtrauen.

»Viele sind unterwegs, um Mescal einzubringen, und viele sind zur Jagd ausgezogen. Das Fleisch, das wir kriegen, reicht nicht, um so viele Leute satt zu machen. Es ist notwendig, daß wir jagen.«

Whitman blickte dem Rauch seiner Zigarre nach. Vielleicht waren seine Sorgen tatsächlich unbegründet. Er wußte selbst, daß die Fleischrationen zu knapp bemessen waren, um fast fünfhundert Menschen zu ernähren. Er lächelte bei dem Gedanken, daß er sich wie eine besorgte Mutter benahm. Warum sollte er Ezkimenzin nicht vertrauen? Der Chief wußte, was auf dem Spiel stand. Er mußte seine jungen Männer unter Kontrolle halten. Und das hatte er versprochen.

Whitman redete nicht mehr darüber, und Ezkimenzins Gesicht glättete sich wieder. Die beiden Männer unterhielten sich wie alte Freunde. Als die Sonne unterging, erhob sich der Lieutenant und verabschiedete sich von Ezkimenzin. Er bedankte sich sogar bei den Frauen für die Gastfreundschaft und gab jeder einen Hirschhornkamm, die er im Post Trader Store ausgesucht hatte. Ezkimenzins Sohn, Shantaye, brachte die Pferde. Er hatte etwas Mühe mit Kahitas Schecke, der die Witterung einer Stute aufgenommen hatte.

»Willst du ihn reiten?« fragte Kahita den Jungen. »Komm, wir reiten ihn zusammen.« Kahita schwang sich auf den Schecken, und der Junge sprang hinter ihm auf. Sie ritten im Schritt um den Platz herum, vorbei an den Feuern und den anderen Kindern, und Ezkimenzins Sohn schlang seine Arme um Kahitas Taille.

»Laß ihn rennen«, verlangte er.

»Er würde Staub machen, und die Frauen würden Sand im Essen haben«, sagte Kahita. »Es ist nicht gut, den Zorn der Frauen herauszufordern. Wenn du willst, komme ich morgen, und wir lassen ihn unten am Fluß laufen. Er ist schnell wie der Wind.«

»Kommst du morgen bestimmt?«

»Bestimmt.«

»Wie heißt du?«

»Kahita. Dort, wo ich herkomme, nannte man mich den Schattenjäger.«

»Du bist kein Weißauge, aber du kommst von den Weißaugen«, sagte der Junge.

»Ich bin ein Krieger«, lachte Kahita. »Genau wie du.« Er brachte den Jungen zurück zum Wickiup und ließ ihn abspringen.

»Wir werden morgen am Fluß reiten«, sagte Shantaye stolz zu seinem Vater. »Wir werden so schnell reiten, wie der Vogel fliegen kann, Vater. So schnell wie der Wind.«

Ezkimenzin blickte forschend zu Kahita auf. »Du bist nie hergekommen, um mit meinen weisen Männern zu reden«, sagte er.

»Ich werde morgen kommen«, sagte Kahita. Dann folgte er Lieutenant Whitman und Grijalva zurück nach Camp Grant.

Es war Samstag abend. In Camp Grant herrschte Ruhe. Die Sonne war untergegangen. Kein Befehl war zu hören. Nur beim Post Trader Store waren Soldaten. Einige standen herum. Andere saßen im Staub und spielten Karten. Von irgendwoher trug der Wind die Klänge einer Gitarre herüber.

Kahita versorgte sein Pferd, und als er zu seiner Hütte ging, kam er am Offiziersquartier vorbei. Aus den kleinen Fensteröffnungen fiel Licht. Er sah die Silhouette von Lieutenant Whitman, der am Tisch saß und aus einem Glas trank. In letzter Zeit trank er oft. Grijalva sagte, daß er Ärger mit seiner Frau habe, die irgendwo im Osten lebte. Grijalva wußte nicht, warum der Lieutenant seine Frau und seine fünf Kinder nicht bei sich hatte. Vielleicht machte das sein Herz krank. Ein Mann sollte seine Frau und seine Kinder bei sich haben, dachte Kahita, und er ging in seine Hütte und legte sich auf sein Lager.

Es war ein warmer Abend. Das Feuer des Himmels leuchtete an den Hüttenwänden. Kahita blickte zur Decke auf, und seine Gedanken suchten einen Weg zurück in das Tal, in dem der alte Mann gelebt hatte. Aber der Weg führte woandershin, in eine Gegend, die er nicht kannte, und er sah die Gestalten, die sich im Mondlicht bewegten, lautlose dunkle Gestalten, die keine Gesichter hatten. Irgendwann in der Nacht schrak Kahita hoch. Er war wie in Schweiß gebadet und wußte für einen Moment nicht, wo er sich befand. Er erhob sich und trank ein bißchen Wasser. Drüben im Quartier von Lieutenant Whitman brannte noch immer die Lampe. Der Paradeplatz lag leer und bleich im Mondlicht. Es mochte Mitternacht sein, vielleicht ein bißchen später.

Am Samstag morgen, beim Frühstück, meinte Jeffrey, daß irgend etwas nicht stimme. Er sagte es mehr zu seinem Vater, der am Kopfende des Tisches saß, als zu Joyce. »Irgend etwas ist los in der Stadt«, sagte er.

Joyce hatte schon am Tag zuvor bemerkt, daß Jeffrey zerstreut war, als beschäftigten ihn Gedanken, mit denen er nicht fertig wurde. Sie war nach Hause gekommen und hatte bei seiner Abschiedsfeier mit den Angestellten von Tully, Ochoa & DeLong mehr getrunken, als er vertragen konnte.

»Ich glaube nicht, daß wir uns noch darüber Gedanken machen sollten, was sich in dieser Stadt tut«, sagte Mrs. Bancroft und bestrich ihr Brot dick mit Pfirsichmarmelade. »Sollte es tatsächlich wahr sein, daß den Camp-Grant-Indianern endlich der Garaus gemacht wird, so können wir uns darüber nur freuen. Ich möchte auf unserer Reise nicht ständig fürchten müssen, daß diese Bestien unterwegs über uns herfallen.«

»Die Camp-Grant-Apachen befinden sich unter der Obhut der Armee, Mutter«, sagte Jeffrey. Er war blaß und hatte dunkle Schatten unter den Augen.

»Es steht schwarz auf weiß in der Zeitung, daß die Camp-Grant-Apachen die Überfälle verschuldet haben, Jeff«, sagte Dr. Bancroft. »Wer sollte es sonst gewesen sein? Niemand braucht uns ein X für ein U vormachen zu wollen, meine ich. Wir haben alle genug Erfahrung mit diesen Schurken, nicht wahr? Sie sind hinterhältig und heimtückisch. Man reicht ihnen den Finger, und sie nehmen die ganze Hand, wenn man nicht gehörig aufpaßt. Ich bin felsenfest überzeugt, daß die Camp-Grant-Apachen für die Überfälle und die Morde verantwortlich sind.«

»Einmal sollen es Cochise und seine Chiricahua sein, dann die Camp-Grant-Apachen.« Jeffrey lachte. »Je nachdem, wie es gerade paßt. Lieutenant Cushing hat die Stadt mit einem kleinen Trupp verlassen, um nach Cochises Apachen im Süden Ausschau zu halten. Die Camp-Grant-Apachen aber befinden sich von hier aus im Norden. Wenn die Gefahr von den Camp-Grant-Apachen ausgeht, warum schickt man dann Cushing nach Süden?«

»Eine Frage, die dir die Militärs wahrscheinlich besser beantworten können als ich, Jeff«, sagte Dr. Bancroft. »Doch wie dem auch sei, uns geht die Sache nichts mehr an. Wir sollten zusehen, daß unser Hab und Gut auf die Wagen geladen wird. Ich habe Elijah ausgeschickt, um die Mexikaner zu überwachen, die wir mit dieser Aufgabe betraut haben. Ich möchte in Silver City nicht feststellen müssen, daß uns einige Sachen fehlen.« Dr. Bancroft stand auf. »Ich habe noch eine Besprechung in der Stadt«, sagte er. »Jeff, hast du Mr. DeLong gesagt, wann er das Haus übernehmen kann?«

»Mr. DeLong ist seit gestern morgen nicht anzutreffen«, sagte Jeffrey. »Ich hoffe, daß er Montag morgen zurück ist.«

Mrs. Bancroft begann den Tisch abzuräumen. Jeffrey vermied es, Joyce anzusehen, während er sein Besteck auf den Teller legte. Als Mrs. Bancroft sich entfernt hatte, hob er den Kopf.

»Es sollen mehr als vierzig Mexikaner die Stadt verlassen haben«, sagte er. »Gerüchte sind im Umlauf. Ich weiß nicht, ob etwas Wahres daran ist, und ich weiß nicht, ob wir uns tatsächlich Gedanken machen sollten. Die Sache geht uns wirklich nichts an, nicht wahr?«

»Jeff, ich glaube, daß ich Captain Dunn aufsuchen werde«, sagte Joyce ruhig.

Seine Augen wurden schmal.

»Wir wissen nichts Genaues, Joyce«, sagte er hart. »Hast du meine Bücher eingepackt?«

»Jeff, ich werde jetzt sofort Captain Dunn aufsuchen. Du kannst mich begleiten oder zum Wagenhof hinuntergehen und aufpassen, daß die Mexikaner deinem Vater nicht sein Arztbesteck stehlen, das er sich aus Frankreich kommen ließ.«

»Zum Teufel mit dem Besteck.« Jeffreys Stimme wurde laut. »Ich habe andere Dinge im –« Als seine Mutter in der Tür erschien, brach Jeffrey ab und senkte den Kopf. Joyce erhob sich. Ohne ein weiteres Wort über die Sache zu verlieren, ging sie ins Haus und zog das knöchellange graublaue Kleid an. Sie hörte, wie Mrs. Bancroft draußen leise auf Jeffrey einredete. Als sie sich den Hut aufsetzte, kam Jeffrey herein.

»Es geziemt sich nicht für eine Frau, dorthin zu gehen, Joyce«, sagte er. Sie hörte an seiner Stimme, wie wütend er war. »Ich verbiete dir, dorthin zu gehen. Es gibt Arbeit hier. Mutter kann nicht alles allein machen, nur weil du dich in Dinge einmischen willst, die dich nichts angehen!«

»Du kannst mich begleiten, falls dir danach zumute ist, Jeff. Das ist eine wichtige Angelegenheit. Du weißt sehr wohl, daß sich Kahita in Camp Grant aufhält und –«

»Kahita kann für sich selber sorgen, zum Teufel! Außerdem ist er kein Camp-Grant-Apache, und ich sehe nicht ein, warum du dich weiterhin um ihn kümmerst. Er hat nicht einmal deinen Brief beantwortet, nicht wahr? Die ganze Zeit hat er kein Lebenszeichen von sich gegeben. Joyce, wir stehen vor einem wichtigen Schritt in unserem Leben, der unsere ganze Energie erfordert. Ich will, daß du dir darüber im klaren bist und nicht im letzten Moment Dinge tust, die sich für uns nachteilig auswirken könnten.«

»Jeff, eines konnte ich in der ganzen Zeit, die wir zusammen sind, nicht begreifen.«

»Nämlich?«

»Ich konnte nie begreifen, weshalb du Angst davor hast, eigene Entscheidungen zu treffen. Das ist es, was dich unzufrieden macht, Jeff. Du legst Wert darauf, daß ich dich als einen Mann respektiere, der sein eigener Herr ist. Ich wünschte, ich könnte das tatsächlich. Aber du tust ständig, was andere von dir verlangen. Warum hast du nicht den Mut, einmal das zu tun, was du tun möchtest? Warum versuchst du immer, anderen gefällig zu sein? In Prescott bist du dadurch gescheitert. Hier in Tucson hast du alles getan, was Männer von dir verlangt haben, von denen du glaubst, daß du sie brauchst. Jeff, ich habe dich geheiratet, weil ich an dich und deine Kraft geglaubt habe, und ich glaube noch immer, daß du fähig bist, einen eigenen Weg zu gehen. Ohne Mister Oury, ohne Mister DeLong und wie sie alle heißen. Du wirst dich einmal im Leben dafür entscheiden müssen, mutig zu sein.«

Sein Gesicht war blaß geworden, während sie geredet hatte. Zuerst dachte sie, daß er einen seiner Wutanfälle bekommen würde, aber fast schien es, als fehle es ihm auch dafür an Energie. Er setzte sich auf eine der Kisten, die seine Bücher enthielten.

»In Silver City gibt es einen neuen Anfang«, sagte er leise. »Tucson war nicht gut für uns, Joyce. Wir werden ein letztes Mal neu anfangen, und ich verspreche dir, daß ich dich nicht enttäuschen werde.«

»Dann begleite mich, Jeff! Ich verlange nicht mehr von dir, als daß du mich begleitest.«

Er hob den Kopf, schüttelte ihn und zog die Schultern hoch. Es war schon lange Zeit her, daß sie ihn ihr gegenüber so hilflos gesehen hatte.

»Ich habe Mister DeLong versprochen, daß ich kein Wort sagen werde, bis die Sache vorbei ist, Joyce. Ich habe ihm mein Wort gegeben. Verlange nicht von mir, daß ich jenen Männern in den Rücken falle, die uns unterstützt haben, als wir am Ende waren. Außerdem hat mir Mr. DeLong in die Hand hinein versprochen, daß er sich für mich einsetzen wird. Regierungsverträge und –«

»Jeff, ich dachte, wir wollten in Silver City einen neuen Anfang machen«, unterbrach sie ihn.

»Das ist – Herrgott, Joyce, begreifst du denn nicht, daß wir auf Leute wie Mr. DeLong immer angewiesen sein werden? Ich brauche die Verträge, wenn ich in Silver City anfangen will. Ich brauche die Verbindungen. Ich brauche –«

»Vielleicht brauchst du sie wirklich, Jeff«, sagte Joye. »Aber *ich* brauche sie nicht.« Sie nahm ihre kleine Tasche von der Anrichte, warf einen letzten Blick in den Spiegel und verließ das Haus. Er versuchte nicht, sie aufzuhalten. Mrs. Bancroft, die draußen das Tischtuch ausschüttelte, warf ihr einen vernichtenden Blick zu, den Joyce voller Trotz erwiderte. Sie ging die Straße hinunter, und es fiel ihr auf, daß überall Menschen in Gruppen herumstanden und miteinander redeten. Ein Zeitungsjunge an der Ecke Congress Street rief aus, daß P. W. Dooner die letzte Ausgabe seines *Arizonan* herausgegeben hatte, der Konkurrenzzeitung des *Citizen* von Wasson. Sie wußte, daß sich Dooner in seinen Leitartikeln gegen die Männer des »Federal-Ring« und des »Tucson-Ring« gestellt hatte, und es war nur noch eine Frage der Zeit gewesen, bis er sich der Macht seiner Gegner beugen mußte.

Joyce überraschte Captain Thomas S. Dunn, den Kommandanten von Camp Lowell, im Hauptquartier. Sie berichtete ihm ohne Umschweife von dem, was sie gehört hatte. Obwohl sie keine konkreten Beweise dafür hatte, daß Oury und DeLong mit einer

Milizarmee nach Camp Grant unterwegs waren, handelte Dunn sofort, denn es war ihm in den letzten Tagen genug Gerede zu Ohren gekommen. Er griff nach seiner Feder, rief nach seinem Offiziersburschen und befahl ihm, sofort Sergeant Clarke herzuholen. Dann tauchte er die Feder in die Tinte und schrieb ein paar Worte für seinen alten Freund, Captain Frank Stanwood, den Kommandanten von Camp Grant. »Man hat mich informiert, daß eine Schar Bürger nach Camp Grant unterwegs ist, um alle dort befindlichen Indianer zu massakrieren. Das wär's. Kümmere dich darum.«

Dunn trocknete die Schrift, faltete das Papier zusammen und übergab es Sergeant Graham Clarke mit dem Befehl, eiligst nach Camp Grant zu reiten. Sergeant Clarke rief einen Soldaten zu sich, ließ ihn zwei der besten Pferde satteln und machte sich mit ihm auf den Weg. Dunn schaute ihnen nach, wie sie die Straße zum Santa Cruz hinuntergaloppierten.

»Ma'am, ich bin Ihnen zu größtem Dank verpflichtet«, sagte er zu Joyce. »Sollten sich unsere Befürchtungen bewahrheiten, so wird Captain Stanwood zweifellos ein Massaker zu verhindern wissen.«

Joyce bedankte sich bei Captain Dunn für sein Vertrauen, und als sie sich auf den Heimweg machte, fühlte sie sich erleichtert. Sie kaufte bei Mansfield für Jeffrey ein Dutzend Zigarren und eine zwei Wochen alte Ausgabe des *Daily Alta California*. Aber als sie nach Hause kam, war Jeffrey nicht da.

Hiram S. Stevens, Besitzer des »Steven House« an der Plaza von Tucson, traf sich noch am Freitag nachmittag mit seinem Geschäftspartner und Schwager Samuel Hughes, dem Adjutantgeneral des Arizona-Territoriums. Hughes, der sein Vermögen im Handel mit Fleisch und Futtermitteln gemacht hatte, nachdem er jahrelang der einzige Schlachter von Tucson gewesen war, las die Notiz, die William S. Oury für Hiram S. Stevens auf einen Zettel geschrieben hatte.

»Schick eine Gruppe von Männern zum Cañada del Oro, um die Hauptstraße zwischen Tucson und Camp Grant zu überwachen und alle Personen bis sieben Uhr am Morgen des 30. April 1881 aufzuhalten, die sich auf dem Weg nach Camp Grant befinden.«

»Bill scheint die Sache wirklich ernst zu nehmen«, sagte Hiram Stevens. »Was ist, wenn Captain Dunn Wind kriegt und eine Patrouille auf den Marsch nach Camp Grant schickt?«

»Such dir sechs Männer aus, auf die Verlaß ist, Hiram«, schlug Hughes vor. »Sollte Dunn tatsächlich Soldaten nach Camp Grant schicken, so glaube ich nicht, daß wir sie aufhalten können. Aber es ist immerhin einen Versuch wert.«

Am Spätnachmittag verließen sechs Männer Tucson und ritten neun Meilen nach Norden zum Nine-Miles-Wasserloch an der Wagenstraße nach Camp Grant. Dort suchten sie sich an der Böschung, die zum Cañada del Oro abfiel, einen Platz zwischen Felsen und Gebüsch, wo sie ungesehen lagern und die Straße im Auge behalten konnten.

Am Samstag mittag, als die Sonne hochstand und die Männer in den kümmerlichen Schattenflecken Schutz suchten, tauchten aus den flirrenden Hitzeschleiern zwei Reiter auf, die ihre Pferde hart antrieben.

Die Männer ergriffen ihre Gewehre und warteten, bis sie die Reiter besser ausmachen konnten.

»Soldaten!« sagte einer. »Verdammt, das ist Sergeant Clarke und der rothaarige Feuerteufel Mike Kennedy.«

Ein anderer lachte. »Okay, dann laßt uns die beiden begrüßen.« Er sprang hinter den Felsbrocken hervor auf die Karrenstraße und schoß eine Kugel in den Himmel.

Die anderen tauchten zwischen den Büschen auf und empfingen die beiden Soldaten mit lautem Hallo. »He, Sergeant, wohin des Weges?« rief Jake Dreher, ein kräftiger Mann, der als Schlachter für Stevens und Hughes arbeitete.

Kennedy grinste breit. »Was soll das, Jake? Krieg ich einen Schluck aus deiner Flasche, die du im Hemd stecken hast, oder willst du einen alten Freund dürsten lassen?« Er sprang aus dem Sattel und nahm sein Pferd bei den Zügeln. »Ziemlich abgelegener Platz, um eine Party zu feiern, ihr Schnarchsäcke. Was soll die Heimlichkeit?«

»Das ist eine lange Geschichte, Mike«, sagte Jake Dreher. »Willst du sie hören?«

Kennedy lachte. »Könnte mir vorstellen, daß du den Sergeant überzeugen müßtest, Jake. Wir sind auf dem Weg nach Camp Grant. Eile ist geboten.«

Dreher zog einen Flachmann aus seinem Hemd und reichte ihn Kennedy. »Well, Graham, steig ab. Ich glaube nicht, daß sich die Eile lohnt. Wir haben es lustig hier. Nicht wahr, Freunde? Wir haben Whiskey und einen feinen Schattenplatz.«

Clarke schüttelte den Kopf. »Jake, ich habe eine Nachricht von Captain Dunn in der Tasche, und der Teufel soll mich holen, wenn ich meine Winkel aufs Spiel setze, nur weil ein paar Verrückte den Teufel reiten wollen. Mike, sitz auf! Wir lassen uns hier nicht aufhalten. Das ist ein Befehl.«

Mike Kennedy setzte die Flasche ab und verschüttete dabei etwas von dem Whiskey. Er blickte ungläubig zu Sergeant Clarke auf. »Das kann nicht dein Ernst sein, Sergeant«, sagte er. »Der Captain hat uns den Befehl gegeben, nach Camp Grant zu reiten und Captain Stanwood eine Nachricht zu überbringen. Er hat kein Wort davon gesagt, daß wir die Pferde zuschanden reiten sollen. Schau dir meinen Gaul an, Sergeant. Schon jetzt sieht er aus, als würde er im nächsten Moment schlappmachen, ganz zu schweigen von meinem Arsch, an dem die ersten Blasen Wasser ziehen.«

Einer der Männer lachte und hieb Kennedy die Hand auf die Schulter. »Du bist so dürr, daß du gar keinen Arsch haben kannst, Mike. Bei dir ist das wie bei einem Ochsenfrosch. Du hast nichts als ein Loch am Ende des Rückens.«

Jake Drehers Gesicht wurde ernst. Er hielt sein Gewehr mit einer Hand gegen die Hüfte gestemmt. Wie zufällig war der Lauf auf Sergeant Clarke gerichtet.

»Clarke, du mußt wissen, was gut für dich ist. Wir gehören der Bürgerwehr von Tucson an und haben den Auftrag, niemanden durchreiten zu lassen. Ich sage nicht, daß ich euch daran hindern will, nach Camp Grant zu reiten. Ich sage nur, daß es vielleicht besser für dich wäre, wenn du dir etwas Zeit lassen würdest.«

Clarke kniff die Augen zusammen.

»Wieviel Zeit, verdammt?«

»Hm, wie wär's, wenn du mit Kennedy irgendwann Sonntag morgen in Camp Grant ankämst? Nach Sonnenaufgang.«

»Und wie soll ich erklären, daß wir einen halben Tag und eine ganze Nacht brauchten, für knapp fünfzig Meilen?«

»Hm, laß dir was einfallen, Sergeant. Ein Pferd strauchelt und vertritt sich ein Bein. Apachen sind unterwegs. Das ist noch besser. Überall Apachenzeichen. Ihr habt euch verstecken müssen. Herrgott, es gibt tausend Gründe dafür, daß ihr erst Sonntag morgen in Camp Grant ankommt.«

Clarke verzog das Gesicht, aber als ihm Kennedy die Flasche reichte, griff er danach. Er trank einen Schluck, wischte sich den

Schweiß von den Augen und schwang sich vom Pferd. Jake Dreher senkte sein Gewehr. Hiram S. Stevens würde seine Überredungskunst zu schätzen wissen, davon war er überzeugt.

Sergeant Graham Clarke und Mike Kennedy folgten den Männern zwischen die Felsen und ließen sich im Schatten nieder. Flaschen machten die Runde, und einer der Männer holte ein Kartenspiel aus der Satteltasche.

Morgendämmerung

Der alte Nana sagte, daß es keinen Regen und kein Wasser mehr geben wird, ehe die Welt untergeht. Daraus werden wir das Ende erkennen. Es wird vielleicht noch zwei oder drei Quellen geben, und die Leute werden herkommen und um das Wasser kämpfen und sich gegenseitig umbringen. So wird die Menschheit sich selbst zerstören.

Danach wird die Welt neu erschaffen. Und die, die vorher Weiße waren, werden Indianer sein, und die Indianer werden Weiße sein.

Ich weiß nicht, wie er das wissen konnte. Er hatte Macht, vermute ich.

Opler:
Myths and Tales of the
Chiricahua Apache Indians

Jesus Maria Elias hob die Hand. Die Reiter hinter ihm zügelten ihre Pferde. Sie hatten den Sah Pedro River durchquert und waren etwa zwölf Meilen dem Pfad gefolgt, der durch dichtes Ufergestrüpp am Flußlauf entlangführte. Die Männer hinter Elias verharrten schweigend auf ihren Pferden. Hinter ihnen schloß der lange Zug der Papago auf. Don Jesus schickte seinen Bruder zurück, um William Sanders Oury herbeizuholen, der an der Seite seines alten Freundes Francisco Galerita ritt.

Elias drehte sich eine Zigarette und riß am Horn des Sattels ein Streichholz an. Für Sekunden beleuchtete die kleine Flamme in seinen Händen das schmale, bärtige Gesicht des Mexikaners, dann blies er sie aus. Einer der hinter ihm reitenden Männer fragte mit leiser Stimme: »Wie weit noch, Don Jesus?«

Elias wußte es nicht. Ihm war nicht ganz klar, wo sie sich im Moment befanden. Durch die Äste der Bäume sah er auf der Westseite des Tales die dunklen Silhouetten der Santa Catalina Mountains, über denen der Mond stand. Über ihnen, im Nordwesten, funkelten die Sterne des Großen Bären, und im Osten hoben sich die Galiuro Mountains in den Himmel, ein Bergmassiv, dessen Steilhänge im Mondlicht lagen.

William Sanders Oury kam zur Spitze geritten und fragte nach dem Grund des Haltes.

»Wir haben schätzungsweise zwölf Meilen hinter uns, Don Guillermo«, sagte Jesus Maria Elias und sog an seiner Zigarette. »Nach meiner Schätzung befinden wir uns vier Meilen vom Lager der Camp-Grant-Apachen entfernt, aber ich muß gestehen, daß mir die Umgebung fremd vorkommt.«

»Es sind fünf Jahre vergangen, seit Sie das letztemal hier waren, Captain«, gab Oury zu bedenken.

»Trotzdem.« Elias schüttelte den Kopf. »Das Tal ist eng. Ich erinnere mich, daß es breit war, wo der Aravaipa Creek in den San Pedro mündet. Es war nicht wie hier, Don Guillermo. Außerdem müßten wir vor uns die Tortilla Mountains sehen.«

»Wir können uns nicht verirrt haben, solange wir dem Fluß gefolgt sind, Captain. Es ist jetzt bald Mitternacht. Wir sollten einige Männer voranschicken, damit wir nicht überraschend auf das Lager stoßen.«

Elias hielt Ourys Vorschlag für eine gute Idee. Er befahl zwei Mexikanern auf schnellen Pferden, die Gegend vor ihnen auszukundschaften. Oury holte einen der Papago nach vorne, der für seinen unfehlbaren Orientierungssinn bekannt war, und ließ ihn die Mexikaner begleiten. Der Rest der Schar saß ab, um sich die Beine zu vertreten. Die Papago hockten sich hin. Von ihnen war nicht der geringste Laut zu hören. Die Mexikaner flüsterten miteinander, rauchten und warteten angespannt auf die Rückkehr ihrer Gefährten.

Als nach einer Stunde keiner der drei zurückgekommen war, gab Elias das Kommando zum Aufbruch. Oury sorgte sich, daß sie das Lager vor Tagesanbruch nicht mehr erreichen würden; das hätte den Abbruch der Expedition bedeutet. Er trieb zur Eile an, und Elias, der an der Spitze ritt, verschärfte das Tempo. Geräusche ließen sich nicht vermeiden. Der Hufschlag ihrer beschlagenen Pferde eilte den Männern voraus. Die Papago, die zu Fuß waren, verfielen in einen leichten Laufschritt, den sie stundenlang durchhalten konnten.

Die Berghänge traten etwas zurück, und das Tal öffnete sich, als einer der beiden Mexikaner zurückkehrte. Er berichtete, daß nach den Geländepunkten, die er ausmachen konnte, Camp Grant statt sechzehn Meilen rund dreißig Meilen entfernt sein mußte.

Elias entschuldigte sich bei Oury dafür, daß er die Entfernung falsch geschätzt hatte, aber Oury winkte ab. »Weiter«, sagte er. »Solange uns die Papago folgen können, wird nicht angehalten.«

Er ritt zurück zu Francisco. Als er ihm sagte, daß Camp Grant noch dreißig Meilen entfernt war, lächelte der alte Häuptling.

»Dreißig Meilen oder zehn Meilen. Wenn die Sonne aufgeht, werden wir die Feinde besiegt haben.«

Stunde um Stunde trieben die Männer ihre Pferde durch das Unterholz. Als der Mond hinter den Bergen verschwunden war, konnte man den schmalen Pfad kaum mehr erkennen. Die Pferde stolperten einige Male über Steinbrocken und knorpelige Wurzelarme, die aus ausgewaschenen Furchen ragten. Oft mußte man sich tief über den Pferdehals ducken, um tiefhängenden Ästen auszuweichen. Es war so dunkel, daß man den Vordermann nur als schwachen schwarzen Schatten erkennen konnte. Die Mexikaner, die keine Pferde hatten, vermochten das Tempo kaum mehr zu halten. Sie hatten sich im Gebirge und auf dem steinigen Pfad die Füße wundgelaufen, und einige ihrer Gefährten stiegen von den Pferden und ließen diejenigen aufsitzen, die bis jetzt marschiert waren.

Von den Papago blieb kein einziger zurück. Sie liefen in Einerkolonne hintereinander her, junge, geschmeidige Krieger, viele von ihnen bis auf den Lendenschurz und die Mokassins nackt. Sie waren genauso zäh und ausdauernd wie jeder Apache. Für viele war es das erstemal, daß sie mit den älteren Kriegern auszogen, um Apachen zu töten. Sie waren von Francisco darauf vorbereitet worden, hatten getanzt, sich gestärkt und gebetet, bevor sie das Dorf bei der großen Kirche verließen, um ihrem Chief zu folgen.

Etwa zwei Stunden vor Tagesanbruch kehrten die beiden anderen Kundschafter zurück. Elias zügelte sein Pferd. Hinter ihm wurde es still. Dann kamen Oury und Francisco nach vorn geritten. Die Kundschafter berichteten, daß Camp Grant noch etwa zwei Meilen entfernt war, hinter einigen Flußkrümmungen und auf einer Anhöhe, von der man die Einmündung des Aravaipa Creeks in den San Pedro überblicken konnte. Das Dorf der Apachen befand sich am Norduferufer des Aravaipa, östlich von Camp Grant, aber die beiden wußten nicht genau, wie weit entfernt es war. Sie waren einigen Fährten gefolgt bis zu einem Platz, wo einige verlassene Apachenhütten standen. Aber das Dorf mußte sich weiter flußaufwärts befinden, etwa vier oder fünf Meilen, dort, wo das Tal eng wurde und der Fluß sich ein tiefes Bett gegraben hatte.

Oury sagte, daß dies mit seinen Informationen übereinstimmte. Es war ihm zu Ohren gekommen, daß die Apachen ihre ersten Hütten aufgegeben und das Dorf weiter flußaufwärts verlegt hatten. »Wenn wir jetzt den San Pedro verlassen und nordöstlich über jene Hügel dort reiten, stoßen wir wahrscheinlich direkt auf das Dorf«, sagte Elias.

Elias gab das Kommando zum Weitermarsch. Er folgte einem alten Indianerpfad, der aus der Flußniederung über flache Hügelzüge führte, die mit Gestrüpp und Kakteen bedeckt waren. So passierte die Schar Camp Grant in einer Entfernung von zwei oder drei Meilen und entging somit der Gefahr, vom Fort aus entdeckt zu werden. Dort, wo die Hügel zum Aravaipa Creek abfielen, hielt Elias an. Es hatte keinen Sinn, näher an das Apachendorf heranreiten zu wollen. Elias rechnete damit, daß die Apachen ein oder zwei Nachtwächter eingesetzt hatten. Es kam jetzt darauf an, in aller Stille die letzten Vorbereitungen zu treffen und im ersten Licht der Morgendämmerung anzugreifen. Jedes Geräusch konnte die Apachen vorzeitig alarmieren. Elias brauchte seinen Männern nicht zu sagen, daß ab jetzt jede Unterhaltung verboten war, daß keiner ein Streichholz anzünden durfte und daß die Pferde ruhig gehalten werden mußten.

Im Flüsterton befahl Elias, abzusitzen und die Pferde einigen Männern zu überlassen, die sie hinter den Hügelrücken in Sicherheit brachten. Die anderen beeilten sich, ihre Gewehre aus den Scabbards zu ziehen und ihre Taschen mit Munition zu füllen. Sie tranken Wasser aus ihren Flaschen, bevor sie diese an die Sättel ihrer Pferde hängten. Die Papago waren bereit. Sie versammelten sich geschlossen hinter Francisco Galerita und William Sanders Oury. Elias ließ sie in einer breiten Angriffsformation aufmarschieren. Die Papago bildeten die Nordflanke, während die Amerikaner und die Mexikaner sich im Süden aufstellten. Elias befand sich im Zentrum der Formation, so daß es ihm möglich war, nach beiden Seiten Kommandos zu geben. Sein jüngerer Bruder Juan stand neben ihm, sein Winchestergewehr in der linken Hand. Als Jesus Maria Elias das Zeichen gab, in breiter Front vorzurücken, schlug Juan schnell ein Kreuz.

Die Angriffslinie setzte sich in Bewegung. Geräuschlos arbeiteten sich die Männer durch das Gestrüpp auf der Südseite des Aravaipa vor. Elias ließ die Nordflanke schneller aufmarschieren, so daß die Angriffslinie nun nach Osten ausgerichtet war. Die Papago befanden sich in der Niederung des Flusses, die Amerikaner und Mexikaner auf einer hügeligen Anhöhe. Sie kamen bis jetzt noch ohne Schwierigkeiten voran, denn die Apachen hatten auf dieser Seite des Flusses die ganze Niederung gerodet. Auf einigen Feldern stand der Mais kniehoch, und das Gras war frisch geschnitten. Überall lagen Heuballen herum, die von den Frauen nach Camp Grant transportiert werden sollten.

Im Osten, über den Felsgraten, verblaßte bereits der Nachthimmel. In einer Stunde würde es hell werden. Die Luft war klar und kalt. Elias konnte sehen, daß das Ende der Südflanke, wo sich Sidney DeLong befand, in die Nähe steil aufragender Hänge geriet. DeLong machte ein Zeichen, die Formation anzuhalten, da die Männer in den zerfurchten Hügeln Mühe hatten, voranzukommen.

Elias gab Oury und Francisco ein Zeichen, langsamer vorzurücken, damit die Nordflanke mithalten konnte. Als die Angriffsformation wieder ausgerichtet war, hielt Elias an. Sie befanden sich nun etwa vier Meilen von Camp Grant entfernt. Elias ging mit zwei Männern voran, um die Lage des Dorfes auszukundschaften. Nach wenigen Minuten kehrten sie zurück und besprachen die Lage mit DeLong, Oury, Francisco und Juan Elias, die sich in der Mitte der Formation aufhielten.

Elias berichtete, daß sie bis auf wenige hundert Schritte an das Dorf herangekommen waren. Es befand sich auf einer schmalen, erhöhten Ebene zwischen dem Flußbett und einem Hügelzug, der steil zur Ebene abfiel und auf dem ein kleines Wachtfeuer brannte. Elias hatte zwei Gestalten beim Feuer gesehen, einen Mann und eine Frau, die Karten spielten. Im Dorf war es still. Niemand schien mit einem Angriff zu rechnen.

Im Osten zeigten die ersten Silberstreifen am Himmel den neuen Tag an. Es wehte kein Wind. Alles war ruhig, und Jesus Maria Elias erteilte flüsternd die letzten Befehle. Die Flanke mit den Papago sollte an den Steilhängen des Hügels entlang vorrücken, das Flußbett durchqueren und von drei Seiten gleichzeitig in das Dorf einfallen. Die Papago würden die Wickiups stürmen und mit ihren Kriegskeulen lautlose Arbeit verrichten.

Die Mexikaner und Amerikaner, bewaffnet mit Sharps- und Spencergewehren, sollten sich längs der Hügel in Stellung bringen, um jene Apachen niederzuschießen, die den Papago entfliehen wollten.

»Deine Krieger sollen schnell töten«, sagte Elias zu Francisco Galerita. »Kein Kriegsgeschrei. Die Apachen schlafen. Je mehr sie im Schlaf töten können, desto weniger werden sich zum Kampf stellen.«

Francisco versprach, daß seine Krieger nicht viele Apachen übriglassen würden. »Meine älteren Krieger sind geübt in dieser Art des Tötens«, sagte er. »Und meine jungen Krieger lernen schnell.«

Elias legte dem Chief die Hand auf dem Arm. »Geh mit Gott, Don Francisco«, sagte er.

Francisco lächelte, erwiderte aber nichts darauf und ging zu seinen Leuten. Jesus Maria Elias wandte sich Oury zu. »Bereit, Don Guillermo?«

Oury nickte. »Darauf habe ich lange gewartet, mein Freund«, sagte er und spannte den Hammer seines Gewehres. »Es soll uns nicht einer entkommen, Don Jesus.«

»Geh mit Gott, Don Guillermo«, sagte Elias. Die beiden Männer gaben sich die Hand.

»Du auch«, sagte Oury.

Elias schickte zwei Papago aus, die sich um den Mann und die Frau beim Feuer kümmern sollten. Oury ging geduckt durch die Büsche und folgte dem Ufer des Flusses. Er sah die Schatten der beiden Papago, die sich einen Weg den Steilhang hinauf zu dem Hügel suchten, auf dem das kleine Feuer brannte. Oury blieb zwischen einigen Büschen stehen. Etwa hundert Yards hinter ihm warteten die Mexikaner und die Amerikaner auf sein Zeichen, während die Papago wie lautlose Schatten durch das Gestrüpp huschten und sich dem Dorf näherten.

Die Frau war älter als der Mann und hatte keine Familie. Deshalb verbrachte sie die Nacht bei ihm auf dem Hügel. Der Mann war gut zu ihr, und er gab ihr warm. Seine Frau war von den Weißaugen-Soldaten getötet worden. Er hatte sie geliebt, das wußte man im Dorf. Als seine Frau getötet worden war, hatte er das Haar kurz geschnitten und war allein in die Berge gegangen. Niemand dachte, daß er eines Tages zurückkehren würde. Ein Sommer und ein Winter vergingen, und man sprach seinen Namen nicht mehr aus, als er zurückkehrte. Seither teilte die Frau mit ihm ihr Wickiup. Und er war gut zu ihr. Er gab ihr warm. Er redete mit ihr und half ihr Heu zu machen. Er war ein guter Mann.

Die Frau zog die Decke enger um die Schultern, so daß die Wärme des Feuers, die sie eingefangen hatte, nicht so schnell entweichen konnte. Am Morgen, ehe der Tag graute, war die Luft kalt. Selbst im Sommer war dies so. Es war die Zeit, da die Mütter aufwachten und ihre Babys zudeckten. Es war die Zeit, da alte Leute in der kalten Asche des Feuers herumstocherten, bis sie auf ein Glutnest stießen und trockenes Reisig darüberlegten.

Für den Mann brachte die Morgendämmerung Erinnerung an Kämpfe, die er ausgetragen hatte, als er ein junger Krieger gewesen war. Sie brachte Erinnerung an ein fremdes Land und an fremde Menschen, an eine Krötenechse im Sand einer Mulde, in der er gelegen und gewartet hatte, bis die Nachtschatten verblaßten und ein Kriegsschrei die Stille des anbrechenden Tages zerriß.

Der Mann lächelte, während er die Karten mischte. Er war kein junger Mann mehr. Von seiner Jugendzeit waren ihm nur die Erinnerungen geblieben und die Narben. Mit der Kälte krochen die Schmerzen in seine Glieder. Mit steifen Fingern nahm er eine Karte nach der anderen und legte sie auf die Felldecke, die die Frau auf dem Boden ausgebreitet hatte. Sie spielten Monte. Es war ein altes Spiel, das die Apachen von den Mexikanern gelernt hatten. Der Mann erinnerte sich, daß sein Vater getötet worden war, als er in einem kleinen Mexikanerdorf von Sonora beim Kartenspiel mit einigen

Männern zuviel Mescal getrunken hatte. Das war lange her. Seine Erinnerungen waren blaß wie die Sterne über den Bergen, wo der Himmel grau wurde.

Der Mann hörte die Papago nicht, die sich von der Böschung heranschlichen, auf allen vieren, den Leib dicht am Boden. Die Frau hatte ihnen den Rücken zugekehrt. Sie nahm die Karten auf und reihte sie ein. Sie hatte ein gutes Blatt. Sie kicherte und hob den Kopf. In diesem Moment wuchsen zwei Schatten aus dem Boden, dicht beim Feuer. Die Augen der Frau weiteten sich in jähem Entsetzen. Sie hörte ein leises, jaulendes Geräusch, sah die schwingende Bewegung eines Armes, und ein Warnruf erstickte in ihrer Kehle, als die Kriegskeule von unten her ihren Kopf traf.

Der Mann versuchte aufzuspringen, aber ein furchtbarer Schlag traf ihn von der Seite, hob ihn von den Füßen und schleuderte ihn über das kleine Feuer. Die Flammen erloschen unter seinem Körper. Funken und Rauch hoben sich. Die beiden Papago standen geduckt auf dem Hügel und starrten auf den Mann und die Frau nieder, bereit, noch einmal zuzuschlagen. Aber das war nicht mehr nötig.

William Oury beobachtete von seiner erhöhten Stellung aus, wie die Papago die Wächter am Feuer erledigten. Es geschah schnell und lautlos. Francisco und seine Krieger tauchten in den Nachtschatten ein, und die Mexikaner und Amerikaner eilten die Hänge hinauf und brachten sich auf der Anhöhe in Stellung. Oury hob seine Hand. Er gab Francisco ein Zeichen, aber noch bevor er die Hand senkte, schwärmten die Papagokrieger nach drei Seiten aus und näherten sich schnell dem Dorf. Oury lächelte. Noch ehe die Sonne aufging, würde alles vorüber sein.

Die Papago huschten von einem Wickiup zum anderen. Kein Geräusch war zu hören. Nicht einmal die Hunde erwachten. Oury warf einen Blick zum Hügel hinüber. Von den Mexikaner und den Amerikanern war nichts zu sehen. Aber sie waren dort. Sie kauerten hinter Steinbrocken und zwischen Büschen, die Gewehre schußbereit. Alles verlief wie geplant.

Die Papago drangen in die Wickiups ein und verrichteten ihre Aufgabe schnell und leise und gnadenlos. Ihre Kriegskeulen sausten auf die schlafenden Menschen nieder, zertrümmerten die Schädel von Frauen und Kindern, bevor sie aufwachen konnten. Dann bellte ein Hund. Ein Todesschrei zerriß die Stille laut und kreischend, verstummte jäh. Schüsse krachten. Kinder weinten. Schattenhafte

344

Gestalten stürzten aus den Öffnungen der Wickiups, taumelten im ersten schwachen Licht der Morgendämmerung, stürzten, von furchtbaren Schlägen getroffen.

Frauen rannten davon, wurden von Papagokriegern niedergerissen und erschlagen. Es war den jungen Kriegern, die zum erstenmal dabei waren, nicht erlaubt, mehr als einen Apachen zu töten, und wie es der Brauch der Papago war, nahmen sie sich von ihrem getöteten Feind eine Trophäe, bevor sie sich zurückzogen. Die älteren Krieger machten weiter. Sie schlugen die alten Leute nieder, die Kinder an sich drückten, um sie zu schützen. Ein alter Mann kroch aus seinem Wickiup. Kaum war sein grausträhniges Haar sichtbar, sprang ein Papago auf ihn zu, führte seine Keule blitzschnell zum Schlag, und ehe der alte Mann reagieren konnte, wurde er von unten her getroffen. Der Schlag zertrümmerte sein Gesicht.

Oury sah, wie einer der Papago ein Mädchen aus einem Wickiup schleifte, das kaum älter als zehn Jahre war. Das Mädchen wehrte sich, aber der Krieger riß ihm die Kleider vom Leib und stieß es zu Boden. Zwei seiner Gefährten eilten herbei, packten das Mädchen, der Krieger kniete über ihm und drängte sich zwischen seine Beine. Als er aufsprang, stürzte sich der zweite über das Mädchen, und dann der dritte; der tötete das Mädchen mit dem Messer und sprang mit einem Triumphschrei auf.

Oury schloß für einen Moment die Augen. Was sich vor ihm abspielte, war schlimmer als ein Alptraum. Obwohl er in seinem abenteuerlichen Leben einige Schlachten geschlagen hatte, ein schlimmeres Gemetzel hatte er noch nie gesehen. Er wünschte, es wäre alles mit einem Schlag vorüber, aber es war, als stünde die Zeit still, als sei der anbrechende Tag im grauen Zwielicht der Dämmerung erstarrt.

Als Oury die Augen wieder öffnete, sah er drei, vier Gestalten durch die Büsche eilen, Frauen mit Kindern, ein alter Mann. Oury legte an. Er zielte sorgfältig, hielt den Atem an und feuerte. Die erste Frau brach zusammen. Die anderen blieben für einen Moment wie gelähmt stehen. Oury repetierte seine Winchester. Er schoß und traf eines der Kinder. Er schoß noch einmal und noch einmal, und mit der letzten Kugel traf er den alten Mann, der sich über ein Mädchen geworfen hatte, um es mit seinem Körper zu schützen.

»Verfluchte Barbaren«, sagte Oury gepreßt, während er sein Gewehr auflud. »Gottverfluchte Heiden!«

Vom Hügel her schossen DeLong und die anderen auf die fliehenden Apachen. Ohne Unterlaß zuckten Mündungsfeuer auf. Pulvergeruch schwebte über dem Hügel und dem Flußbett. Die jungen Papago, die getötet hatten, eilten aus dem Dorf und versammelten sich in einiger Entfernung. Die Berührung eines toten Feindes machte sie unrein und stellte sie unter einen magischen Bann. Ehe sie sich wieder zu den anderen gesellen konnten, mußten sie sich reinigen. Sonst geschah ihnen und ihren Familien Böses. Jetzt waren sie die neuen »Feindtöter«, und man würde stolz auf sie sein und ihre Taten feiern.

Unterdessen verrichteten die älteren Krieger ihr blutiges Werk. Sie schändeten und mordeten in einem wahren Blutrausch. Fackeln wurden entzündet und die Wickiups in Brand gesetzt. Einige der Papago trieben Kinder zusammen, die sich unter Deckenbündeln und hinter Heuballen versteckt hatten. Diese Kinder sollten als Gefangene mitgenommen werden.

Auf dem Hügel gab Elias seinen Leuten das Zeichen, in Angriffsformation vorzurücken. Die Mexikaner und Amerikaner hatten viele der fliehenden Apachen mit wohlgezielten Schüssen niedergestreckt. Um sicher zu sein, daß niemand überlebte, durchkämmten sie das Dorf und schossen auf die dunklen, regungslosen Bündel, die überall herumlagen. Oury wußte nicht, wieviel Zeit vergangen war, seit die Papago das Dorf gestürmt hatten, aber länger als eine halbe Stunde konnte das Gemetzel nicht gedauert haben. Er konnte mehr als zufrieden sein. Es war noch nicht Tag, und die Arbeit war getan. Die Papago zogen sich zurück. Die jungen Feindtöter standen beim Flußbett. In aller Stille öffneten sie ihre Medizinbeutel und entnahmen ihnen Ruß, mit dem sie sich sorgfältig ihr Gesicht bestrichen. Ein älterer Mann ging von einem zum andern und streute ihnen Maismehl aufs Haupt, während er mit einer Kürbisrassel und mit murmelnden Worten die guten Geister beschwor.

Jesus Maria Elias gab seinen Leuten das Kommando zum Rückzug. Ungerührt beobachtete er, wie einige der Mexikaner Tote skalpierten, verstümmelten und die Trophäen einsteckten. Es gab hier sonst keine Beute zu holen.

Die Apachenwickiups brannten lichterloh, als sich die Männer zurückzogen und an dem Platz versammelten, wo sie ihre Pferde zurückgelassen hatten. Über den Felsen im Osten färbte sich der Himmel rot. Es war kurz vor Sonnenaufgang, und in Camp Grant würde man nicht einmal den Feuerschein sehen können.

William Sanders Oury, Sidney DeLong und die Elias-Brüder ritten noch einmal zum Dorf zurück, um sich zu vergewissern, daß es keine Überlebenden gab. Zwar hatten sie nicht verhindern können, daß viele Apachen im Zwielicht das Weite gesucht hatten, aber im Dorf selbst blieben nur Leichen zurück, gräßlich verstümmelte Körper, die man kaum mehr als Menschen erkennen konnte. Daß fast alle Toten Frauen und Kinder waren, störte Oury überhaupt nicht. Im Gegenteil, er nahm die Abwesenheit der Krieger als Beweis für ihre Schuld.

»In ein oder zwei Tagen werden wir erfahren, wo sie sich aufgehalten haben«, sagte Oury, der Mühe hatte, sein scheuendes Pferd unter Kontrolle zu halten. »Ich bin überzeugt, daß sie in diesem Moment irgendwo unschuldige Menschen ermorden.«

DeLong gab ihm keine Antwort. Er war leichenblaß im Gesicht und nahe daran, sich zu übergeben. Jetzt, nachdem alles vorbei war, erfüllte ihn der Anblick der Leichen mit Übelkeit. Er zog sein Pferd hart herum und ritt zu den anderen zurück. Die Mexikaner saßen beisammen. Keiner redete. Die meisten rauchten. Andere lagen am Boden, völlig erschöpft. Selbst Charles Etchells sah man an, wie müde er war. Er lachte, als DeLong vom Pferd stieg. Er lachte, ohne einen Grund dafür zu haben. Jimmy Lee warf den Kopf herum.

»Verdammt, was gibt's zu lachen, du gottverfluchter Riese?« stieß er hervor. Dann lachte er selbst. Und er hörte erst auf, als Oury und die Elias-Brüder zurückkamen.

Jesus Maria Elias gab den Männern zu verstehen, daß sie keine Zeit hatten, sich auszuruhen. »Jemand könnte im Fort Alarm schlagen«, sagte er. »Wir müssen so viele Meilen wie möglich zwischen uns und Camp Grant bringen.«

Das sahen die Männer ein. Und eigentlich waren sie froh, daß sie von hier verschwinden konnten. Sie saßen sofort auf und formierten sich zur Zweierkolonne hinter den Elias-Brüdern und William Sanders Oury. Den Reitern folgten die Mexikaner, die zu Fuß waren, danach einige berittene Papago. Hinter ihnen, in einer Gruppe eng beisammen und von Papago angetrieben, kamen achtundzwanzig kleine Apachenkinder. Nicht ein einziges weinte. Die Älteren führten die Jüngeren an der Hand, Mädchen und Jungen, die meisten nackt, einige mit Stoffetzen behangen, verschmiert mit Blut, Ruß und Dreck.

Weit hinter den Papago marschierte die Schar der jungen Feindtöter, die Gesichter schwarz vom Ruß, das Blut ihrer getöteten Feinde an Keulen, Messern und auf der nackten Haut. Für die nächsten sechzehn Tagen würden sie sich in anstrengenden Ritualen zu säubern haben, bevor sie wieder in die Gemeinschaft der anderen aufgenommen werden konnten.

Elias führte das Kommando an Camp Grant vorbei zum San Pedro River. Obwohl Pferde und Männer nach dem Gewaltmarsch müde waren, kamen sie schnell voran, und nach kurzer Zeit wurden hinter den Anführern die ersten Stimmen laut. Männer lachten und prahlten. Jeder hatte eine Geschichte zu erzählen, die ihn zum Helden machte. Sie zeigten einander ihre Trophäen, und die Niedergeschlagenheit, die nach dem Ende des Gemetzels die meisten erfaßt hatte, wich von Meile zu Meile einem Gefühl des Triumphes.

»Die Männer sind in guter Stimmung, Don Elias«, bemerkte William Oury frohgelaunt. »Und sie haben allen Grund dazu. Nicht einer von uns wurde verletzt, ein Zeichen für den großartigen Sieg, den wir errungen haben.«

»Wir hatten Gott auf unserer Seite, Don Guillermo«, erwiderte Elias beinahe andächtig. »Wir waren das Schwert in seiner Hand. Ihm soll unser Dank gebühren.«

Die einzige Sorge, die Elias jetzt noch hatte, war der Mangel an ausreichendem Proviant. Seine Männer würden in nicht gerade guter Verfassung in Tucson ankommen. Um die Papago brauchte man sich keine Gedanken zu machen, denn die konnten wochenlang ohne ausreichende Nahrung auskommen.

Jimmy Lee bot sich an, auf dem schnellsten Wege nach Tucson zu reiten, Samuel Hughes über den Erfolg der Expedition zu berichten und ihn zu bitten, einen Wagen mit Proviant zum Treffpunkt am oberen Rillito River zu schicken. Elias wies ihn an, auch die Familien der Männer zu informieren. »Sie sollen sich um uns nicht unnötige Sorgen machen. Sagen Sie ihnen, daß wir alle wohlbehalten ankommen werden, und daß es keine Verwundeten gegeben hat.«

Jimmy Lee, der ein gutes Pferd besaß, machte sich auf den Weg. Er folgte der Straße, die von Camp Grant nach Tucson führte und hatte keine Ahnung, daß er Sergeant Clarke und den Infanteristen Michael Kennedy nur um Minuten verpaßte.

Kahita erwachte, als Merejildo Grijalva seinen Kopf durch die Luke in der Bretterwand streckte und verkündete, daß er ein halbes Dutzend frische Eier aufgetrieben habe.

»Gestohlen?« fragte Kahita gähnend.

»Ein Huhn von Mr. Austin kam in der Nacht in meine Hütte und hat mir eines nach dem anderen in die Hand gelegt«, grinste Grijalva. »Willst du aufstehen oder nicht? Du siehst aus, als hättest du böse Träume gehabt, mein Freund.«

»Ich hatte seltsame Träume«, gab Kahita zu. »Einmal wachte ich auf und wußte nicht, wo ich war – hier oder dort?«

»Du hast Glück, daß du hier bist und nicht dort. Es ist Sonntag. Wir werden uns ein schönes Frühstück machen.«

Kahita erinnerte sich, daß er Ezkimenzins Sohn, Shantaye, versprochen hatte, zum Dorf zu kommen. Er stand auf und goß sich Wasser aus einem »Olla« über den Kopf. Die Abkühlung erfrischte ihn. Er zog seine Hose und das Hemd an, das ihm Joyce geschickt hatte. Dann kämmte er sein Haar, das inzwischen wieder halblang gewachsen war. Er warf einen Blick in den Taschenspiegel, rieb mit dem Zeigefinger seine Zähne und verließ die Hütte.

Die Sonne war noch nicht aufgegangen. Es war still in Camp Grant. Der Zapfenstreich wurde am Sonntag auf Anordnung von Lieutenant Whitman später als wochentags geblasen. Der Fortkommandant, Captain Frank Stanwood, war mit einem Trupp unterwegs auf Apachenjagd. Es befanden sich zur Zeit nur etwa dreißig Soldaten hier, und seit Lieutenant Cushing mit seinem F-Trupp im Süden unterwegs war, herrschte in Camp Grant vor allem die Langeweile.

Kahita und Merejildo Grijalva gingen quer über den Paradeplatz. Sie begegneten dem Post-Trader, Mr. Austin, der zum Offiziersquartier unterwegs war. Sonntags trug er immer einen dunklen Anzug, ein weißes Hemd und eine Schnürsenkelkrawatte. Als er die beiden Apachen sah, winkte er sie herüber und ließ sie einen Blick in den Korb werfen, den er den Aravaipa abgehandelt hatte.

»Eier«, sagte Grijalva enttäuscht.

»Frisch gelegt«, sagte Mr. Austin stolz. »Meine Hennen legen sogar unter meinem Bett.«

»Nicht nur dort«, sagte Grijalva. Aber er hütete sich, dem Post-Trader zu verraten, wo die Hennen sonst noch legten. Als Mr. Austin weiterging, kniff Grijalva Kahita in die Seite. »Der würde sich krank ärgern, wenn er wüßte, was wir uns an diesem Morgen in die Pfanne hauen.«

Grijalvas Hütte befand sich beim Pferdekorral, etwas von den

Gebäuden des Forts und dem Post Trader Store entfernt. Trotzdem fanden Mr. Austins Hühner immer wieder den Weg zu Grijalva, denn dieser hatte ihn mit Gerstenkörnern markiert. Er verriet sein Geheimnis Kahita, während die Eier in der Pfanne brutzelten.

Die Sonne ging auf, als der Zapfenstreich ertönte. Grijalva und Kahita saßen vor der Hütte beim Frühstück. Aus der Mannschaftsküche stieg Rauch. Lieutenant Whitmans Offiziersbursche eilte mit den Eiern über den Paradeplatz. Whitman und Austin saßen am Tisch unter der Ramada einer Adobehütte, die der Lieutenant allein bewohnte.

Es war kurz nach sieben Uhr, als zwei Soldaten über die Straße galoppierten, die zum Paradeplatz des Forts führte. Vor der Kommandantur machten sie halt. Der diensttuende Sergeant redete kurz mit ihnen und zeigte dann hinüber zum Offiziersquartier, wo Lieutenant Whitman eben aufgestanden war.

Die beiden Soldaten ritten hinüber. Einer von ihnen war ein Sergeant. Er grüßte, schwang sich vom Pferd und übergab dem Lieutenant einen Zettel.

»Vielleicht eine Nachricht von Cushing«, sagte Merejildo Grijalva mit vollem Mund. »Könnte sein, daß die Chiricahua ihn erwischt haben.«

Whitman las die Nachricht, steckte den Zettel ein und rief nach dem Offiziersburschen. Merejildo Grijalva verzog sein Gesicht, als er sah, daß sich der Offiziersbursche umdrehte und den Weg zu Grijalvas Hütte einschlug.

»Trink deinen Kaffee aus«, sagte er säuerlich. »Der Sonntag ist vorbei.«

Kahita sagte nichts. Seit er aufgewacht war, hatte er ein ungutes Gefühl. Er wußte nicht, was es bedeutete, aber es konnte nur mit seinem seltsamen Traum zusammenhängen, aus dem er mitten in der Nacht erwacht war.

Der Offiziersbursche war ein junger rothaariger Kerl mit schiefem Gesicht und vorstehenden Zähnen. »Der Lieutenant verlangt nach euch«, sagte er. »Sofort«. Und er grinste. »Sorry, daß ich euch beim Frühstück stören muß.«

»Keine Ursache, Freund«, entgegnete Grijalva grimmig. »Was ist los?«

»Keine Ahnung. Irgendwelche Leute aus Tucson sollen auf dem Weg hierher sein, um den Apachen heimzuleuchten.«

Kahita war sofort auf den Beinen. Er blickte über die Ebene und die dahinterliegenden Wüstenhügel hinweg in die Richtung des Aravaipadorfes. Die Sonne blendete ihn, aber es schien, als hätte sich über den Hügeln schwacher Rauch ausgebreitet.

Ohne sich um Grijalva zu kümmern, rannte Kahita zu seiner Hütte und holte sein Gewehr. Als er zum Offiziersquartier hinüberging, standen Whitman, Austin, Grijalva und die beiden Soldaten beisammen. Kahita hörte den Sergeanten berichten, daß sie hart geritten waren, um dem Lieutenant die Nachricht zu überbringen, aber es fiel Kahita sofort auf, daß ihre Pferde verhältnismäßig frisch waren. Er legte einem der Pferde die Hand an den Hals. Das Fell war nahezu trocken, und der Atem des Pferdes ging gleichmäßig.

Whitman, der Kahita beobachtet hatte, fragte ihn, ob etwas nicht stimmte. Kahita hob die Schultern.

»Die Pferde sind nicht scharf gelaufen«, sagte er.

Der Sergeant schüttelte den Kopf. »Was soll das, Lieutenant? Wer ist dieser Kerl?«

»Ein Apache«, sagte Merejildo Grijalva sarkastisch. »Und er kennt sich mit Pferden besonders gut aus, Mister.«

Whitman lächelte flüchtig und wies den Sergeanten an, die Pferde zu versorgen und in der Kompanieküche Frühstück zu fassen. Als der Sergeant und der Soldat gegangen waren, wandte sich der Lieutenant an Grijalva. »Es scheint, daß man sich in Tucson dafür entschieden hat, auf eigene Faust Krieg zu machen. Reite sofort hinaus und sag Ezkimenzin, daß er seine Leute umgehend hierher bringen soll. Alle. Auch die Kinder. Nimm Kahita mit.«

Merejildo Grijalva und Kahita holten ihre Pferde und ritten sofort los. Als sie die ersten Hügelbuckel hinter sich hatten, sahen sie den Rauch, der wie Nebel an den Felswänden hing. Kahita stieß einen scharfen Anfeuerungsruf aus und jagte über den Hügel hinweg und den Pfad hinauf. Schon von weitem erkannte er, daß sie zu spät kamen. Überreste verbrannter Wickiups brannten noch, und nichts bewegte sich außer den Schatten der Rauchschwaden, die über das Tal hinwegzogen. In der Nähe des Dorfplatzes riß Kahita sein Pferd hart zurück. Der Schecke scheute und drehte sich im Kreis. Ungläubig starrte Kahita auf die Leichen der Apachen: Frauen und Kinder, nackt, verstümmelt, formlose Bündel, viele dicht beisammen, andere über den Platz und am Fuß des Steilhanges verstreut. Kahita warf sich vom Pferd. Er rannte dorthin, wo Ezkimenzins Wickiup gestanden hatte. Er fand die Leichen der beiden Frauen und die von fünf Kindern. Shantaye lag einige Schritte entfernt. Er hielt im Tode ein kleines Mädchen umschlungen, das halb unter ihm lag. Jemand hatte ihm ein großes Stück Kopfhaut genommen, und sein Gesicht war von einem Keulenschlag zertrümmert worden. Er hatte Kugellöcher und Messerstiche im Rücken.

Als Merejildo Grijalva ankam, kniete Kahita am Boden. Ein langgezogener Heulton entrang sich seiner Kehle. Seine Augen waren starr auf die Felsen gerichtet. Mit lauter, durchdringender Stimme sang er, und der Wind trieb seine Worte über das trockene Flußbett hinweg in die Berge.

»Ihr Geister des Lichtes, wo bleibt ihr?« sang Kahita. »Wo bleibt ihr, Geister der Berge? Großvater, du hast gesagt, daß du mich nie allein läßt! Wo sind deine Boten, nach denen ich in der Nacht gerufen habe? Wo bist du, der mich vor den Schatten warnen wollte, die aus der Dunkelheit gekommen sind, um diese Frauen und Kinder zu töten?« Kahita hob die Arme. »Ich bin der Jäger«, rief er. »Warum habt ihr mich geblendet? Ich bin der Jäger!«

Merejildo Grijalva saß auf seinem Pferd und ritt zwischen den rauchenden Überresten der Wickiups umher, schrie auf die Toten nieder, so als könnte er sie zum Leben erwecken. Dann jagte er aus dem Dorf und zurück nach Camp Grant.

Die Soldaten hatten sich zum Morgenappell auf dem Paradeplatz aufgestellt, als Grijalva auf seinem schäumenden Pferd Camp Grant erreichte. Whitman und Mr. Austin saßen am Tisch, tranken Kaffee und rauchten Zigarren.

Grijalva warf sich vom Pferd und stürzte unter die Ramada. »Zu spät«, stieß er keuchend hervor. »Sie sind tot! Sie sind alle tot! Das Dorf brennt! Ich habe sie gesehen. Tote. Überall. Frauen und Kinder. Niemand ist am Leben geblieben.«

Lieutenant Whitman war leichenblaß, als er sich erhob. Er ließ sofort Dr. Conant B. Briesly vom Spital herüberkommen und den Ambulanzwagen bereitstellen. Dann wählte er zwölf Männer aus und ritt mit dem Trupp zum Ort des Schreckens. Hier stellte Whitman sofort fest, daß es hier weder für den Armeearzt noch für die Ambulanz etwas zu tun gab.

Dr. Briesly, der erst fünf Tage zuvor nach Camp Grant gekommen war, vermochte nicht zu glauben, was sich seinen Augen bot. Mit grauem Gesicht ging er im Dorf herum, beugte sich über Menschen, die man totgeschlagen hatte wie wilde Tiere.

Merejildo Grijalva suchte vergeblich nach Kahita. Beim niedergebrannten Wickiup von Ezkimenzin lagen nur noch die beiden Frauen und vier der Kinder. Der Leichnam von Shantaye fehlte. Weder Whitman noch den anderen fiel zunächst auf, daß Kahita nicht mehr bei ihnen war. Lieutenant Whitman folgte Dr. Briesly auf Schritt und Tritt, aber die Hoffnung, auf ein Opfer zu stoßen, dem noch geholfen werden konnte, schwand schnell.

»Wer immer auch diese Leute waren, sie haben ganze Arbeit geleistet«, sagte Dr. Briesly gepreßt.

Whitman rief Grijalva zu sich. »Läßt sich aus den Spuren erkennen, wer die Mörder waren?« fragte er.

»Papago«, sagte Grijalva wütend. »Die ›Wüstenleute‹ aus San Xavier. Etwa hundert. Oder mehr. Sie haben mit ihren Kriegskeulen getötet. Sie kamen, als die Apachen schliefen.« Grijalva zeigte zum Hügel hinüber. »Und von dort kamen Mexikaner. Und Weiße. Sie haben zuerst diejenigen getötet, die davonlaufen wollten. Dann sind sie hierher gekommen. Sie haben auf Tote geschossen.«

»Wie viele waren es?«

»Ich weiß es nicht. Es waren viele.«

Whitman ließ sich die Stelle zeigen, wo die Mörder ihre Pferde zurückgelassen hatten. Aus den Spuren war nicht klar zu erkennen, wie viele Männer sich am Massaker beteiligt hatten, aber Grijalva war sicher, daß es fast zweihundert gewesen sein mußten. Die Fährte der Mörder führte an Camp Grant vorbei zum San Pedro River. Whitman sah ein, daß es keinen Sinn hatte, sie zu verfolgen. Er wußte nicht einmal, wer sie waren und ob sie mit einer offiziellen Vollmacht gehandelt hatten. So blieb ihm nichts anderes übrig, als mit seinem Trupp nach Camp Grant zurückzukehren, nachdem er bis in den Nachmittag hinein vergeblich darauf gewartet hatte, daß sich Ezkimenzin zeigen würde. Merejildo Grijalva war sicher, daß sie von den Aravaipa beobachtet wurden, aber er weigerte sich, in die Berge zu reiten, um Kontakt mit dem Chief aufzunehmen.

Am Spätnachmittag versammelte Whitman die gesamte Besatzung von Camp Grant und die Zivilisten auf dem Paradeplatz und bot demjenigen, der sich freiwillig meldete, um nach Ezkimenzin zu suchen und ihn davon zu überzeugen, daß die Armee der Vereinigten Staaten mit dem Massaker nichts zu tun hatte, einhundert Dollar.

Aber es gab niemand, der sich dazu bereit erklärte, und eigentlich konnte Whitman die Männer verstehen.

Er ging in die Kommandantur und schrieb eine Nachricht, die Sergeant Clarke und Mike Kennedy nach Camp Lowell zurückbringen sollten.

»Ich habe die Ehre, Ihnen mitzuteilen, daß Ihr Sergeant mit der Nachricht um 7 Uhr 30 hier eintraf, drei Stunden zu spät, um ungefähr dreißig hilflose Frauen und Kinder zu retten.

Man hat mir berichtet, daß die Schar eine große Anzahl kleiner Kinder gefangennahm. Da diese zweifellos nach Tucson gebracht werden sollen, unsere Regierung aber den privaten Besitz von Menschen nicht mehr toleriert, sollen die Gefangenen umgehend Ihnen ausgehändigt werden.«

Whitman unterzeichnete und übergab die Nachricht Sergeant Clarke. Es war jetzt etwa 6 Uhr 30 am Abend, und nachdem Clarke und Kennedy sich auf den Rückweg gemacht hatten, meldete Merejildo Grijalva, daß Kahita spurlos verschwunden war.

Whitman gab den Befehl aus, die Wachen für diese Nacht zu verdoppeln, aber er fand trotzdem keinen Schlaf. Er fragte sich, was er tun konnte, um Ezkimenzins Vertrauen zurückzugewinnen. Er versuchte, sich in die Lage des Chiefs zu versetzen, aber das machte die Sache nur noch schlimmer. Ezkimenzin hatte an diesem Sonntag, bis auf ein Kind, seine ganze Familie verloren. Whitman zweifelte daran, daß der Chief jemals die Kraft finden würde, darüber hinwegzukommen und einen Frieden zu akzeptieren, der ihn so viel gekostet hatte.

Kahita hatte den Leichnam von Shantaye vor sich auf dem Pferd. Er folgte einem schmalen, kaum erkennbaren Wildpfad, der zwischen den steilen Felswänden hindurchführte, in den Aravaipa Canyon hinein. Er hatte das Gewehr in der linken Hand und führte die Zügel mit der rechten. Der Hufschlag hallte vom Fels zurück. Sonst war nichts zu hören.

Es mochten drei oder vier Stunden vergangen sein, seit Kahita angefangen hatte, nach Ezkimenzin zu suchen. Er ritt kreuz und quer. Er hatte kein Ziel. Überall stieß er auf Spuren der Frauen und Kinder, die dem Gemetzel entkommen waren. Kahita wußte, daß sie da waren und ihn beobachteten. Sein Instinkt warnte ihn weiterzureiten. Er spürte die Gefahr, die zwischen Felsbrocken und hinter

Hügeln auf ihn lauerte. Es gab keine Tiere. Sie waren alle geflohen, hatten sich in ihren Löchern verkrochen. Es war still.

Die Sonne stand hoch im Mittag, als Kahita anhielt. Der Pfad vor ihm endete auf einer Anhöhe. Er wußte nicht, wohin er von hier aus reiten sollte. Die tiefe Schlucht des Aravaipa Creeks befand sich im Süden. Vor ihm ragten die Santa Teresa und die Pinaleno Mountains auf, dunkle Bergzüge, durchbrochen von Schluchten und engen Tälern.

Kahita stieg ab und machte das Pferd am Ast eines Mesquitebusches fest. Er nahm seine Decke vom Rücken des Schecken und breitete sie am Boden aus. Sachte legte er den Leichnam des Jungen auf die Decke und kniete nieder. Er hob den Kopf und blickte sich um. Am Rand der Anhöhe befanden sich einige Felsformationen, die von gleißenden Quarzadern durchzogen waren. Dahinter ragten die rissigen Steilwände der Table Mountains auf. Irgendwo waren die Leute vom Dorf. Irgendwo hatten sie sich versteckt.

Kahita verharrte still bei dem Toten. Er versuchte, seine Gedanken zu sammeln. Aber es gelang ihm kaum. Alles in ihm war aufgewühlt. Er spürte den Haß in sich und versuchte ihn zu verjagen. Er dachte an vieles, was Sekwala ihm gesagt hatte, aber er suchte vergeblich nach dem alten Mann. Seinem Geist fehlten die Flügel. Ihm war, als hielte ihn jemand am Boden fest, obwohl er sich mit aller Kraft hochheben wollte.

Kahita blickte in das Tal hinunter, aus dem er gekommen war. Obwohl die Sonne schien, lagen Schatten über den Hügeln und Niederungen, düstere Schatten, wie sie von Sturmwolken geworfen werden. Aber der Himmel war klar.

Kahita hob den Kopf. Lange suchte er nach den Falken, und dann entdeckte er sie. Sie flogen über den Bergen, weit entfernt. Manchmal verschwanden sie im gleißenden Licht der Sonne.

»Großvater, komm!« rief Kahita. »Komm und zeige mir den Weg!«

Sein Ruf blieb unbeantwortet. Nichts geschah. Enttäuscht senkte er den Kopf und umwickelte den Körper des Jungen mit der Decke. Als er sich erhob, um nach einem Platz zu suchen, wo er Shantaye begraben konnte, hörte er ein Pferd wiehern, irgendwo zwischen den Felsen. Sein Schecke schnaubte. Kahita ging zu ihm und legte ihm die Hand auf die Nüstern. Dann sah er eine Bewegung im Geäst eines Dickichts. Zwischen den Felsen tauchten einige Gestalten auf. Frauen und Kinder. Sie näherten sich ihm lautlos. Am Rande der Anhöhe blieben sie im Schatten der Felsen stehen. Kahita blickte in die Gesichter verzweifelter Menschen.

Er stand auf.

»Ich suche Ezkimenzin«, sagte er.

Niemand antwortete ihm. Eine der Frauen zeigte zwischen die Felsen. Kahita nahm sein Pferd bei den Zügeln und ging an den Frauen und Kindern vorbei. Der Pfad, der durch das Dickicht führte, brachte ihn in ein schmales Tal, durch das sich ein ausgetrocknetes Bachbett schlängelte. Dort, wo der Weg breiter wurde, kniete ein Mädchen neben einem Fohlen und streichelte das Fell, das noch naß und schlüpfrig war. Das Mutterpferd schubste das Mädchen mit den Nüstern, schnaubte und drehte sich so, daß es nach Kahita und dem Schecken auskeilen konnte. Kahita hielt an. Das Mädchen zählte vielleicht vierzehn Sommer. Es hatte eine verkrustete Schramme am Kopf. Seine Kleider waren zerrissen, das Gesicht war mit Ruß verschmiert. Das Mädchen lächelte, als es Kahita sah. Und es sagte, das Fohlen sei eben erst auf die Welt gekommen.

»Es ist ein schönes Fohlen«, sagte Kahita.

Das Mädchen umschlang den Hals des Fohlens mit den Armen, drückte den Kopf gegen das nasse Fell und begann leise zu summen. Kahita trieb sein Pferd an. Er folgte dem Bachbett bis zu einer Talkrümmung. Plötzlich warf der Schecke den Kopf hoch und schnaubte. Kahita duckte sich, und in diesem Moment krachten Schüsse. Die Kugeln trafen den Schecken in den Hals. Er brach zur Seite aus, stieg wiehernd und stürzte. Kahita ließ sich vom Rücken des Pferdes fallen. Er schlug am Boden auf, rollte sich ab, wollte auf die Beine springen. Bevor er hochkam, stürzten sich einige Aravaipa-krieger auf ihn und rissen ihn zu Boden. Kahita sah die Klinge eines Messers in der Sonne aufblitzen, die Faust eines Kriegers, der über ihm kniete und einen heiseren Schrei ausstieß. Kahita bäumte sich auf und drehte sich weg, als die Faust mit dem Messer niederkam. Die Klinge verfehlte ihn.

Es gelang Kahita, dem Krieger beide Füße in den Leib zu stoßen, aber die anderen warfen sich auf ihn, packten ihn an Armen und Beinen. Kahita wehrte sich, aber es gelang ihm nicht, sich zu befreien.

Der Krieger mit dem Messer sprang über ihn, kniete auf seiner Brust und hielt ihm die Klingenspitze unter das Kinn.

»Ich habe euch gesucht«, keuchte Kahita.

Der Krieger spuckte ihm ins Gesicht und holte zum Stoß aus. In diesem Augenblick erkannte Kahita hoch oben auf dem Felsen Ezkimenzin, der einen Arm um seine Tochter Chita gelegt hatte.

»Tötet ihn nicht!« rief der Chief mit lauter Stimme. Der Krieger erstarrte mitten in der Bewegung.

»Er kommt von den Weißaugen-Soldaten!« rief ein anderer. Ezkimenzin nahm Chita auf; er trug sie im Arm, als er den Pfad herunterkam. Seine Hose war über beiden Knien zerrissen. Er trug kein Hemd. An der rechten Schulter hatte er eine Schnittwunde, das Haar war mit Blut verklebt. Er gab den Kriegern einen Wink, und sie ließen von Kahita ab.

»Man sagt, daß du mir meinen Sohn gebracht hast«, sagte Ezkimenzin.

Kahita richtete sich auf.

»Ich hatte ihm versprochen, einmal mit ihm zu reiten«, erwiderte er atemlos.

»Er ist tot.« Ezkimenzin senkte für einen Moment die Augenlider. Seine Lippen zitterten, und Kahita sah, wie sich die Muskeln seines Armes spannten, auf dem er sein Kind trug. »Hat dich der weiße Nantan geschickt, dessen Name Whitman ist?«

»Nein. Niemand hat mich geschickt.«

»Dann bist du weggelaufen?«

»Ja.«

»Warum?«

»Ich habe nach dir gerufen«, sagte Kahita und stand auf. »Ich habe gerufen, aber du hast mir keine Antwort gegeben. Dann sah ich den Falken, der über den Bergen flog, und ich folgte ihm. Ich gehe nicht mehr zurück in die Soldatenstadt.«

»Du bist nicht einer von uns«, sagte Ezkimenzin. »Meine Krieger würden dich töten. Du kannst nicht bei uns bleiben.«

»Ich gehe zu meinem Volk zurück«, sagte Kahita. »Es ist viele Sommer her, seit ich weggegangen bin. Ich habe keinen Platz gefunden, wo ich bleiben könnte.« Kahita zeigte auf die Krieger. »Warum gehen sie nicht und töten die Männer, die das Dorf überfallen haben? Glaubst du noch immer, daß der Friede der Weißaugen gut ist für dein Volk? Ich habe dich gewarnt. Ich habe dir gesagt, daß die Schatten kommen werden, aber du hast mir nicht geglaubt.«

»Ich weiß. Ich sollte nicht länger weiterleben. Meine Kinder sind vor meinen Augen getötet worden, und ich konnte sie nicht schützen. Ein anderer an meiner Stelle würde sein Messer nehmen und sich die Kehle durchschneiden. Aber das werde ich nicht tun, denn mein Volk braucht mich.« Ezkimenzin ließ Chita zu Boden gleiten und nahm sie bei der Hand. »Die Leute, die wie wilde Tiere über mein Dorf hergefallen sind, werden durch mich erkennen, daß sie falsch gehandelt haben. Und was immer sie mir angetan haben, sie haben mein Vertrauen in Lieutenant Whitman nicht zerstört. Der Friede ist die einzige Zukunft, die mein Volk hat.« Ezkimenzin wandte sich an seine Krieger und gebot ihnen, Kahita ein Pferd zu bringen. Einige von ihnen entfernten sich zögernd.

»Du wirst um dein Leben und das Leben deines Volkes kämpfen müssen«, sagte Kahita. »Das ist es, was ich gelernt habe. Ich kenne die Weißaugen, und ich kenne ihren Frieden. Du wirst kämpfen müssen, wie es mein Volk tut.«

»Ich kenne ein Weißauge, dem ich vertraue«, gab Ezkimenzin zurück. »Sein Herz ist gut. Ich würde meine Krieger sammeln und bis zum letzten Atemzug kämpfen, wenn ich nicht sein Herz kennen würde.«

»Er ist ein Mann ohne Macht«, sagte Kahita. Aber er wußte, daß er Ezkimenzin nicht überzeugen konnte. Selbst in diesem Moment, in dem sein Herz bluten mußte, war er bereit, sein Volk auf der Suche nach Frieden anzuführen. Kahita konnte diesen Mann nicht verstehen, und als einer der Krieger mit einem Pferd zurückkam, nahm er sein Gewehr vom Boden auf und schwang sich auf den Rücken des Pferdes.

Niemand hinderte ihn davonzureiten. Kahita blickte zurück. Er sah Ezkimenzin auf dem Pfad zu jener Anhöhe, auf der Kahita den Leichnam seines Sohnes zurückgelassen hatte. Ezkimenzin redete mit seiner Tochter, die er an der Hand führte.

Jesus Maria Elias brachte seine hungrige und erschöpfte Armee über den Cebadilla-Paß hinunter in das Tal des Tague Verde Wash. Es war Dienstag morgen, als sie den Platz unter dem Cottonwood erreichten, von dem sie am Freitag aufgebrochen waren. Im Schatten der Bäume stand ein Frachtwagen, beladen mit Proviant. Jimmy Lee und der Wagenfahrer erwarteten die Männer, die sich kaum mehr auf den Füßen halten konnten. Trockenfleisch und Bohnen wurden verteilt, und die Männer ließen sich in das spärliche Gras fallen, mit dem die Flußniederung bewachsen war. Über einem Feuer hing ein großer Kessel mit dickem schwarzem Kaffee. Blechtassen wurden verteilt, und nacheinander kamen die Männer zum Feuer und ließen sich die Tassen füllen.

Nur die Feindtöter hielten sich abseits. Sie aßen nichts und warteten darauf, daß ihnen einer der älteren Papago Fleisch und Wasser brachte.

Nachdem die Männer gegessen hatten, überkam sie erst richtig die Müdigkeit, und sie legten sich hin und schliefen. Es war das erste Mal, daß sie Ruhe finden konnten, seit sie Tucson verlassen hatten. Hier, acht Meilen von der Stadt entfernt, drohte ihnen keine Gefahr mehr.

Am Spätnachmittag weckte Elias die Männer. Es war jetzt Zeit, nach Tucson zurückzukehren, wo die Bürger der siegreichen Schar zu Ehren einen großen Empfang vorbereitet hatten. Francisco Galerito erklärte William Oury, daß er mit seinen Papago hierbleiben und erst nach Mitternacht aufbrechen werde, um im Morgengrauen in San Xavier zu sein. So war es der Brauch der Papago, wenn sie von einem Kriegszug zurückkehrten. Dazu mußten noch einige Vorbereitungen getroffen werden. Die älteren Krieger würden damit beschäftigt sein, sich zu säubern und herzurichten. Die jungen Feindtöter wollten ihre Gesichter noch einmal mit Ruß schwärzen. Die Heimkehr sollte ein großes Fest werden, so daß die Papago in Zeiten, die noch kommen würden, niemals jene Krieger vergessen würden, die so viele Apachen getötet hatten. Die Schlacht würde in den Herzen der Jungen weiterleben, in den Worten der Alten, mit denen sie ihre Geschichte erzählten, und in den Träumen derjenigen, die dabeigewesen waren.

Oury und Elias verabschiedeten sich von Francisco Galerita, reichten ihm ein letztes Mal die Hand und bedankten sich bei ihm dafür, daß er seine Papago in den Kampf geführt und so tapfer gekämpft hatte. Dann gab Elias den Befehl zum Abmarsch, und die Mexikaner und Amerikaner machten sich nach Tucson auf, ausgeruht und begierig, endlich heimzukehren.

Die Papago blieben bis nach Mitternacht unter den Cottonwoods. Dann nahmen sie die letzten fünfzehn Meilen unter die Füße, folgten dem Pantano Wash und später einem schmalen, trockenen Bachbett, das sich durch die ausgedehnten Hügel zog.

Bevor der Morgen graute, machten sie am Santa Cruz River halt. Die Umrisse der Kirche hoben sich schwach gegen die Hänge der Black Mountains ab, die hinter dem Papagodorf aufragten. Chief Francisco ließ die Trophäen der Schlacht an den langen trockenen Blütenstengel einer Agave binden: Skalpe, einige Mokassins, Ohren getöteter Feinde, ein blutverschmiertes Messer und Fetzen von Kleidungsstücken, die die Apachen getragen hatten. Dem ältesten unter seinen Kriegern, einem Mann, der ein mehrfacher Feindtöter war, stand die Ehre zu, der Schar mit erhobener Stange voranzureiten. Francisco wartete, bis das Dämmerlicht von den Hügeln in die Niederung des Flusses kroch, bevor er sich mit seiner tapferen Kriegerschar in Bewegung setzte. Der alte Feindtöter machte am Rand des Dorfes halt, und aus allen Watos und aus den kleinen Adobehütten kamen die Leute und versammelten sich auf dem großen Platz, während der Mann mit der Skalpstange die Namen jener Krieger ausrief, die einen Feind getötet hatten.

Als Chief Francisco mit seiner Schar das Dorf erreichte, stürzten sich die Mädchen auf die Krieger, nahmen ihnen die Waffen ab und tanzten mit den Keulen, den Bogen und Messern und den wenigen Revolvern und Gewehren im Kreis. Nur die neuen Feindtöter hielten sich abseits. Niemand näherte sich ihnen. Sie standen in aller Stille im Morgenschatten der Kirche, ihre Gesichter waren schwarz und rot vom Blut der getöteten Apachen.

Eine ältere Frau lief über den Platz und nahm dem Krieger die Skalpstange weg. Sie tanzte im Kreis der Mädchen und sang:

»Hier stehe ich. Und ich singe für den Skalp. Kommt, ihr Frauen und seht! Die Tapferen sind zurück. Die Feindtöter sind hier.«

Und als die letzten der Schar den Platz erreichten, zogen alle zur großen Zeremonienhütte, um die Gefangenen zu sehen, die Kinder der Feinde, die sich in Furcht und Schrecken zusammendrängten, während sie von Papagokindern mit Dreckklumpen und Steinen beworfen wurden.

Die Leute von Pan Tak waren da, und noch ehe die Sonne aufging, begann man mit der großen Feier. Die Krieger erzählten von der Schlacht und von ihrem Mut und der Tapferkeit, sie erzählten von den Feinden, die ohne Macht gewesen waren, und sie tanzten und zeigten ihre Trophäen vor, und die alten Geschichten des Volkes wurden noch einmal erzählt, damit die Jungen nie vergaßen, woher sie kamen und wer sie waren.

Die neuen Feindtöter aber verließen das Dorf, angeführt von einem ausgewählten Schamanen, der sie zu einem Platz am Fuße der Black Mountains brachte. Dort, in der Wüste, würden sie die nächsten sechzehn Tage verbringen, in der Obhut des Schamanen, der die Aufgabe hatte, jeden einzelnen von ihnen in die Rituale einzuführen, an denen sich nur Krieger beteiligen durften. Der Ablauf der Tage war genau bestimmt. Den jungen Kriegern wurde nur wenig Schlaf und Essen zugestanden. Viermal mußten sie sich reinigen und danach ihre Gesichter neu mit Ruß schwärzen. Ihre Kleider wurden verbrannt, aber die Krieger trennten sich während dieser Zeit der Reinigung nie von ihren Waffen, die durch die Berührung des Feindes unter einem magischen und mächtigen Bann standen. Während der sechzehn Tage war es den Feindtötern nicht erlaubt, Fleisch, Fett oder Salz anzurühren, und sie mußten sich davor hüten, die Augen zum Himmel zu erheben, wenn die Sonne schien. Keiner durfte selbst ein Feuer anzünden, und nach Ablauf der sechzehn Tage würden sie in das Dorf zurückkehren, mit den Trophäen ihrer Feinde, und während eines Siegestanzes würde die Macht der Apachen, die sie in der Schlacht getötet hatten, auf sie übergehen. Erst dann wurden die jungen Feindtöter wieder in die Gemeinschaft aufgenommen, und von diesem Tag an gehörten sie zu denen, die als erwachsene Männer im Ratskreis sitzen durften.

In der Nacht, nachdem William Sanders Oury und die Elias-Brüder mit ihrer Armee nach Tucson zurückgekehrt waren und in der Stadt gefeiert wurden, saß Joyce mit Jeffrey und seiner Familie am Tisch im Haus, das sie soeben Mr. DeLong verkauft hatten.

Es war Dienstag. Eigentlich hatten sie schon am Montag unterwegs sein wollen, aber nachdem feststand, daß die Bürgermiliz tatsächlich nach Camp Grant gezogen war, hatten die Bancrofts ihre Abreise verschoben.

Das Haus war bis auf die notdürften Lagerstätten und den Tisch im Wohnzimmer leer. Die Wagen standen im Wagenhof von Tully, Ochoa & DeLong bereit. Die Bancrofts hatten vier Mexikaner angeworben, die sie begleiten sollten. Zwei von ihnen waren Frachtfahrer, die anderen beiden hatten schon für die Armee als Packer gearbeitet.

Jeffrey hatte an diesem Abend Mr. DeLong aufgesucht. Er freute sich, daß er den richtigen Moment erwischt hatte. DeLong befand sich in Hochstimmung und bezahlte ihm zweihundert Dollar mehr für Haus und Grundstück, als er angeboten hatte. Jeffrey war noch eine Weile geblieben und hatte ein bißchen mitgefeiert, und als er nach Hause kam, überschütteten seine Eltern ihn mit Fragen über das, was in Camp Grant passiert war.

Dr. Bancroft und seine Frau waren begeistert, als sie hörten, daß die Bürgerarmee mehr als hundert Apachen getötet hatte. »Mr. DeLong versicherte mir, daß wir nun ungestört reisen können«, sagte Jeffrey. »Die Apachen haben vorerst genug damit zu tun, mit dieser Niederlage fertig zu werden.«

Joyce hatte sich am Nachmittag in der Stadt umgehört. Sie wußte, was in Camp Grant passiert war, und sie hatte Captain Dunn aufgesucht, der äußerst erregt war und ihr die Nachricht von Lieutenant Whitman zeigte, in der nicht von einer Schlacht die Rede war, sondern von einem Massaker an Frauen und Kindern. Captain Dunn wartete noch auf einen Rapport von Lieutenant Whitman, hatte aber sofort einen Meldereiter losgeschickt, um General Stoneman über das Geschehen zu informieren.

»Hast du etwas über Kahita in Erfahrung bringen können?« fragte Joyce. Elijah, der auf einer Kiste in der Küche saß, blickte sofort auf.

»Ich glaube nicht, daß Mr. Oury oder Mr. DeLong Muße fanden, nach deinem Apachen Ausschau zu halten, meine Liebe«, sagte Dr. Bancroft und schnippte mit dem Zeigefinger die Asche von seiner Zigarre.

Jeffrey lachte. »Das ist richtig. Ich habe Mr. DeLong gefragt. Er hat mir gesagt, daß er Camp Grant nicht einmal zu Gesicht bekommen hat. In einer halben Stunde soll alles vorübergewesen sein, ohne daß man in Camp Grant etwas von der Schlacht mitgekriegt hat.«

»Es war keine Schlacht, Jeffrey«, erwiderte Joyce scharf. »Es war ein Massaker. Dutzende von Frauen und Kindern wurden ermordet, als sie schlafend in ihren Wickiups lagen. Captain Dunn ist davon überzeugt, daß die Männer, die dafür Verantwortung tragen, zur Rechenschaft gezogen werden.«

Dr. Bancroft blies den Rauch zur Decke hoch. »Meine Liebe, dein Vater würde dir erklären können, warum es in diesem Land kein Gericht gibt, das Mr. Oury oder Mr. DeLong dafür bestrafen könnte, daß sie ein paar Wilde umgebracht haben.«

»Es gibt in diesem Land kaum jemand, der nicht hinter diesen tapferen Männern steht«, bekräftigte Mrs. Bancroft. »Wir sollten froh und dankbar sein, daß es noch Männer gibt, die den Mut haben, ihr Leben für die Zukunft dieses Landes zu riskieren. Dies ist anerkennenswert, Joyce.«

»Für mich sind diese Männer Mörder«, entgegnete Joyce. Abrupt erhob sie sich vom Tisch und wandte sich zur Tür. In diesem Moment sah sie in der Fensteröffnung einen Schatten, der aus der Dunkelheit auftauchte. Der Lichtschein traf für Sekunden das schweißnasse Gesicht Kahitas. Er stand zwischen den Büschen vor dem Haus, regungslos, die Augen auf die Fensteröffnung gerichtet. Joyce hielt den Atem an. Wie gelähmt stand sie zwischen Tisch und Tür. Ihre Hand fuhr zum Mund, um den Ruf zurückzuhalten, aber als ihr sein Name entfuhr und Jeffrey vom Stuhl aufsprang, war Kahita verschwunden.

Joyce eilte hinaus. Vergeblich versuchte Jeffrey, sie zurückzuhalten. Sie hörte ihn lärmen, achtete aber nicht darauf. Sie lief über den Platz und auf die Büsche zu. Zweige schlugen ihr ins Gesicht, und als sie die Hinterstraße erreichte und keuchend stehen blieb, war Kahita nirgends mehr zu sehen.

Jeffrey und Elijah stürzten herbei, Jeffrey hatte seinen Revolver in der Hand, den er sich für die Reise gekauft hatte. Er packte Joyce am Arm.

»Bist du noch in Ordnung?« Dann lachte er. »Niemand war hier! Deine Sinne müssen dir einen Streich gespielt haben, Joyce. Die letzten Tage waren anstrengend. Komm, wir wollen uns zur Ruhe begeben!«

Joyce entzog ihm den Arm. »Du mußt ihn gesehen haben, Elijah«, sagte sie. Aber der Neger schüttelte den Kopf.

»Nein, Missy, ich habe nicht zum Fenster gesehen. Tut mir leid.«

»Es ist unmöglich, daß Kahita hierher kommt«, sagte Jeffrey. Er zeigte auf den Boden, der im hellen Mondlicht lag. »Schau, keine Spuren. Nichts.«

Joyce gab ihm keine Antwort. Sie blickte hinüber in die tiefen Schatten zwischen einigen Lehmhütten und die Straße hinunter, aber Kahita blieb verschwunden. Sie war selbst nicht sicher, ob sie ihn tatsächlich gesehen hatte oder ob sie einer Halluzination erlegen war. Enttäuscht drehte sie sich um. Als sie durch die Büsche und Sträucher zum Haus zurückging, sah sie im Geäst etwas aufleuchten. Hastig griff sie danach, und ein Lächeln huschte über ihr Gesicht, als sie eine Halskette mit Perlen und kleinen Glücksbringern in ihrer Hand verbarg. Es war Kahitas Kette, die er für Toshi gemacht hatte, als sie ihm einen Sohn gebar.

Joyce ließ die Kette im Rock verschwinden und setzte sich draußen vor dem Haus auf die alte Holzbank. Der kühle Nachtwind strich durch ihr Haar und über ihr Gesicht, so sanft, als berührte sie Kahitas Atem.

Sie hörte Jeffrey sagen, daß sie jetzt lieber ins Haus gehen solle, weil man nicht wissen könne, was für ein Gesindel sich in der Dunkelheit herumtrieb. Aber seine Worte waren ihr nichts als fremde Laute.

Er hatte sie gesehen, und das genügte. Jetzt verließ er die Stadt der Weißaugen. Er hatte ihr die Kette zurückgelassen, und er wünschte ihr, daß sie Frieden finden konnte, dort, wo sie hinging.

Kahita drehte sich nicht mehr um. Er trieb das Pferd an, ritt hinunter zum Pantano Wash und folgte dem trockenen Bett in östlicher Richtung. Diesen Weg war er gekommen, als er vor mehr als sieben Sommern den Weißaugen gefolgt war, die wie Bären ausgesehen hatten. Seine Leute hatten ihn damals den Schattenjäger genannt, und jetzt kam er zurück und besaß nicht eine einzige Trophäe, die er ihnen hätte vorzeigen können. Er kam zurück, wie er gegangen war, und sie würden ihn deshalb wieder den Schattenjäger nennen.

Früh am Morgen, nachdem Kahita gerastet hatte, stieß er auf eine alte Fährte von beschlagenen Pferden. Sie führte vom Pantano Wash in den Süden, und obwohl das Land seines Volkes im Osten lag, folgte Kahita der Fährte über die Berge in ein weites, offenes Tal hinein.

Am Mittag erreichte er eine Quelle am Fuße einer Bergkette. Er blieb den Rest des Tages und die Nacht hier an diesem Platz, wo es mehrere Feuerstellen gab und viele Anzeichen dafür, daß es ein alter Lagerplatz war.

Er fand Scherben rußgeschwärzter Kochtöpfe, wie sie die Frauen seines Volkes herstellten, ein paar alte Mokassinsohlen und eine kleine Holzpuppe.

Am nächsten Morgen brach Kahita schon früh auf. Er folgte jetzt nicht mehr den Fährten der Soldatenpferde, sondern ritt durch ein grasbewachsenes Tal zwischen zwei Bergzügen. In einiger Entfernung kreisten Truthahngeier am Himmel, sattgefressen und träge. In einem Arroyo stieß Kahita auf die Kadaver einiger Pferde. Er hielt an. Überall im Geröll blinkten Patronenhülsen aus Messing. Deutlich

Kahita lachte. »Sollen mich deine Krieger töten?« fragte er, und Juh, der Kahita keinen Moment aus den Augen gelassen hatte, hob die Hand, und seine Krieger senkten die Gewehre.

»Bist du der, den die Mimbreno den Schattenjäger nennen?« fragte Juh mißtrauisch. »Bist du der Sohn meines Bruders?«

Kahita glitt vom Rücken seines Pferdes. »Ich bin der, dem du den Namen Kahita gegeben hast«, sagte er und ging Juh entgegen. Im Osten über den Bergen ging die Sonne auf, und ihr Licht jagte die Nachtschatten aus der Senke hinaus in die Wüste, wo sie sich im Nichts auflösten. Niemand war schnell genug, sie einzuholen. Niemand hatte die Macht, sie zu fangen. Sie kamen am Abend, und sie gingen am Morgen. So war es, und so würde es immer sein.

Epilog

Juh und seine Apachen hatten im Tal zwischen den Whetstone Mountains und den Mustang Mountains, dem jungen Lieutenant Howard Bass Cushing und seinem kleinen Trupp, mit dem er sich auf einem Patrouillenritt befand, eine Falle gestellt, in der Cushing, ein Zivilist aus Tucson und zwei seiner Soldaten ums Leben kamen. Weder Juh noch Cushing ahnten, daß etwa hundert Meilen im Norden zur gleichen Zeit das Camp-Grant-Massaker geschah. Über die genaue Anzahl der getöteten Frauen und Kinder im Dorf der Aravaipa sind sich die amerikanischen Historiker heute noch nicht im klaren. Auf jeden Fall waren es mehr, als Whitman im ersten Durcheinander schätzte. Wahrscheinlich ermordeten die Papago, die Amerikaner und Mexikaner zwischen einhundert und einhundertfünfzig Apachen, von denen nur etwa acht Männer waren. Die Geschichtskundigen in Tucson werden heute noch schweigsam, wenn vom Camp-Grant-Massaker die Rede ist, und immer wieder wird versucht, das Geschehen mit Hinweisen auf den damaligen Zeitgeist zu rechtfertigen. Aber für den Mord an diesen schutzlosen Menschen gibt es ebensowenig eine Entschuldigung wie für das anschließende Gerichtsverfahren, bei dem sämtliche Beteiligten freigesprochen wurden.

Im Osten schlug die Nachricht über das Camp-Grant-Massaker wie ein Blitz aus heiterem Himmel ein. Auf Druck der Öffentlichkeit drohte Präsident Grant, für das Arizona-Territorium den Ausnahmezustand zu erlassen, solange die Mörder frei herumliefen. Er schickte sofort eine Untersuchungskommission unter Vincent Coyler nach Tucson. In den Zeitungen des Ostens schrieb man auf den Titelseiten über die unmenschlichen Zustände, die im Arizona-Territorium herrschten, während die Zeitungen im Westen voll des Lobes für die mutige Tat der Tucsoner Bürger und ihrer Rädelsführer waren. Die Tage General Stonemans als Departments-Kommandant waren gezählt. Noch bevor die Nachricht über das Massaker Washington erreichte, erhielt er den Befehl, seinen Posten General George Crook zur Verfügung zu stellen, einem Offizier, der der Friedenspolitik von Präsident Grant mit Skepsis begegnete und den sich die Bürger des Arizona-Territoriums schon seit Monaten als Armeeführer gewünscht hatten. Der Wechsel an der Militärspitze bewies, wie groß die Macht des »Tucson-Rings« und seiner Lobby in Washington war.

Tucson machte sich jetzt bereit für eine Gerichtsverhandlung, die im ganzen Land mit größtem Interesse verfolgt wurde. Die Vereinigten Staaten von Amerika klagten gegen Sidney R. DeLong und neunundneunzig andere. Distriktanwalt C. W. C. Rowell reiste von Kalifornien nach Tucson, um die Anklage zu vertreten. Oberrichter John Titus führte den Vorsitz, und die Verteidigung teilten sich Granville Oury, der jüngere Bruder von William, und Jim McCaffry, den McCormick 1868, damals noch Gouverneur des Territoriums, zum Generalanwalt bestellt hatte.

Die Gerichtsverhandlung dauerte sieben Tage. Keiner der Aravaipa-Apachen wurde als Zeuge aufgerufen. Auch Merejildo Grijalva nicht. Whitmans Aussagen hatten kein Gewicht, denn gegen ihn war längst ein Militärverfahren im Gange. Zudem verstand es John Wasson nur zu gut, mit einer Reihe infamer Artikel die Integrität des Offiziers in ein zweifelhaftes Licht zu rücken. So verwunderte es niemand, daß die Jury, deren Obmann übrigens ein reicher ehemaliger Geschäftsmann von Tucson und Busenfreund von William Sanders Oury war, in einer knapp neunzehnminütigen Sitzung zu dem einstimmigen Verdikt gelangte:

»Nicht schuldig!«

Damit war ein weiteres dunkles Kapitel amerikanischer Geschichte geschrieben. Der Krieg gegen die Apachen aber ging weiter, und er sollte noch fünfzehn Jahre dauern.

Eigentlich hatte ich vor, mit Kahitas Geschichte den ganzen Apachenkrieg abzuhandeln, aber nachdem ich hier in Tucson meine Zelte aufschlug und mich an die Recherchen machte, wurde mir bald klar, daß *ein* Buch dazu nicht ausreichen würde. So arbeite ich weiterhin an der Geschichte des amerikanischen Südwestens, an der Geschichte eines Volkes, das wir Apachen nennen, und an der Lebensgeschichte Kahitas, des Schattenjägers.

Da einige Personen, denen Kahita in diesem Buch begegnete, nie mehr auftauchen werden, will ich dem Leser die Auskunft über ihr weiteres Schicksal nicht schuldig bleiben.

Jack Swilling, einer der bekanntesten Arizona-Pioniere und verantwortlich für die Festnahme von Mangas Coloradas, beteiligte sich an der Errichtung eines Bewässerungssystems im Gebiet der heutigen Stadt Phoenix. Er machte ein Vermögen, verlor es durch Fehlinvestitionen und wurde wegen seiner von alten Wunden bewirkten Schmerzen zum Morphinisten. Am 12. August 1878 starb er im Territoriumsgefängnis von Yuma, wo er auf seinen Prozeß wartete. Swilling hatte in einer Kneipe von Prescott geprahlt, er habe mit zwei anderen Männern eine Postkutsche überfallen. Man verhaftete ihn – jedoch nach seinem Tode stellte sich einwandfrei heraus, daß Swilling nicht am Überfall beteiligt gewesen sein konnte.

Thomas Hodges, der Saloonbesitzer und Yavapai-Ranger, ein »streitsüchtiger Revolverschwinger«, verließ 1868 Prescott, führte in Wickenburg den Saloon von A. H. Peeples und tötete im Streit einen Mann. Um der Strafverfolgung zu entgehen, floh er nach Mexiko, wo er wenig später entweder eines natürlichen Todes starb oder umgebracht wurde.

King S. Woolsey, der durch seine drei »Expeditionen« gegen Indianer in Zentral-Arizona berühmt wurde, war später gezwungen, seine Ranch am Agua Fria zu verkaufen, um Verluste durch Fehlinvestitionen im Bergbau abzudecken. Zu Beginn der 70er Jahre richtete Woolsey sein geschäftliches Augenmerk auf das Salt River Valley mit der neugegründeten Stadt Phoenix. Er kaufte riesige Ländereien auf, steckte einen Teil seines Vermögens in den Handel mit Salz und richtete die Phoenix-Getreidemühle ein. Fünfmal wurde er in den Territoriumsrat gewählt, und 1878 kandidierte er für das Amt eines Kongreßabgeordneten, wurde aber bei der Wahl geschlagen. Woolsey starb im Alter von zweiundvierzig Jahren am 29. Juni 1879 auf seiner Ranch in der Nähe von Phoenix an einem Herzschlag. Er hinterließ eine Frau und drei Kinder.

Captain James Monroe Williams wurde mit der Tapferkeitsmedaille ausgezeichnet und zum Titularoffizier im Rang eines Majors ernannt. Zwei Jahre nach seiner Verwundung kehrte er in das Arizona-Territorium zurück und wurde in Fort McDowell stationiert. Seine Verletzungen heilten nie ganz aus; so trat er 1871 von seinem Dienst zurück. Am 17. Februar 1907 starb er in Washington D.C.

William Sanders Oury errichtete in den 70er Jahren am Tangue Verde Wash, rund zehn Meilen östlich von Tucson, seine Ranch. Er wurde zum Sheriff des Pima County gewählt, hatte aber als Rancher weniger Glück. Ein paar trockene Sommer zwangen ihn, Rinder unter Preis zu verkaufen, und bis an sein Lebensende litt er unter finanziellen Schwierigkeiten. 1879 schrieb er einen Zeitungsartikel über die »Camp-Grant-Affäre«, wie er das Gemetzel nannte. Die *Arizona Pionier Historical Society* ernannte ihn zu ihrem ersten

Präsidenten. Oury starb 1887 als Siebzigjähriger. Beide Söhne seiner Tochter Lola machten eine militärische Karriere. Der ältere, Cornelius C. Smith, wurde 1891 für seine Beteiligung am legendären Massaker von Wounded Knee mit der höchsten Auszeichnung versehen, die die USA zu vergeben hatte, der Ehrenmedaille des Kongresses. Ourys einziger Sohn Frank wurde 1893 bei Arivaca, A. T., ermordet.

Francisco Galerita starb 1879 in seinem Dorf San Xavier del Bac, versehen mit den heiligen Sakramenten der katholischen Kirche.

Jesus Maria und Juan Elias verbrachten den Rest ihres Lebens auf der Ranch in der Nähe von Tucson. Jesus Maria starb 1896, sein jüngerer Bruder zehn Monate später.

Der Hufschmied Charles T. Etchells wurde zu einem der erfolgreichsten Geschäftsmänner und somit eine der führenden Persönlichkeiten Tucsons. Er betätigte sich später als Direktor einer Bank und diente 1890 im Stadtrat. Bis zu seinem Tode weigerte er sich standhaft, über die »Camp-Grant-Affäre« auch nur ein Wort zu verlieren.

Granville H. Oury, der Bruder von William S. und Verteidiger im Prozeß gegen Sidney DeLong und die Beteiligten am Camp-Grant-Massaker, praktizierte weiterhin erfolgreich als Anwalt und wurde zum Kongreßabgeordneten gewählt, ein Amt, das er bis zu seinem Tode im Jahre 1900 bekleidete.

John Wasson, Gründer, Redakteur und Publizist des *Arizona Citizen*, der heute ältesten Tageszeitung Arizonas, blieb einige Jahre in Tucson und zog dann nach Kalifornien, wo er am 16. Januar 1909 starb.

Sidney R. DeLong war als Partner von Tully und Ochoa weiterhin erfolgreich, aber als die Eisenbahn Tucson erreichte, machten die drei ihren Laden dicht. DeLong zog in die Dos Cabezas Mountains, etwa hundert Meilen östlich von Tucson, wo sein Interesse dem Bergbau galt. In seinen letzten Jahren schrieb er eine kurze »Geschichte des Arizona-Territoriums«, in der er auf drei Seiten versuchte, seine Beteiligung am »Camp-Grant-Zwischenfall« zu rechtfertigen. 1909, vier Jahre vor seinem Tode, gab DeLong zu, daß er in seinem Leben nichts zu bereuen hätte außer seiner Beteiligung an der »Camp-Grant-Sache«.

Lieutenant Royal Emerson Whitman, gegen den insgesamt drei Verfahren eingeleitet wurden, vermochte den Schatten der Vergangenheit nie loszuwerden. Nachdem es dem Gericht gelungen war, die Schuld am Camp-Grant-Massaker sozusagen auf ihn abzuschieben und ihn als einen inkompetenten, trunksüchtigen Mann darzustellen, verließ er 1879 die Armee und wurde in Newark, New Jersey, seßhaft, wo er mit Erfolg eine Sattlerei betrieb. Später war er in Washington D. C. als Grundstücksmakler tätig. Am 12. Februar 1913 starb er an Krebs.

Nach dem Camp-Grant-Massaker übernahm General Crook die Aufgabe, mit den Apachen fertig zu werden, und er war ein Mann mit Erfahrung. Es schien, als wäre es nur noch eine Frage der Zeit, bis das Apachenproblem endgültig gelöst sein würde. Aber die Bürger des Territoriums und die Militärs täuschten sich sehr. Fünfzehn Jahre sollten vergehen, bis sich der letzte Apachenführer, Geronimo, mit einer Handvoll seiner Leute ergab. Der Krieg sollte Amerika Millionen von Dollar und Tausende von Menschenleben kosten, und er wurde von beiden Seiten brutal und erbarmungslos geführt. Wer am Ende Sieger bleiben würde, stand eigentlich zu keiner Zeit in Frage. Trotz ihrer Häuptlinge, wie des Mimbreno Victorio, des Bedonkohe Cochise, des Nednhi Juh, trotz jener erbitterten Bandenführer Geronimo, Nana, Loco, Chatto und der vielen anderen, von denen die Apachen heute noch mit Stolz erzählen, hatten sie der amerikanischen Armee nicht viel entgegenzusetzen außer Tücke und List und dem Vermögen, sich dem Land anzupassen. So kämpften sie, wenn sich eine günstige Gelegenheit ergab, aus dem Hinterhalt heraus, fielen im Morgengrauen über entlegene Farmen und Ranches her, attackierten kleine Armeepatrouillen und töteten Reisende auf Überlandstraßen.

Noch heute werden die Apachen als ein hinterhältiges, heimtückisches Volk dargestellt, als wilde Barbaren, als grunzende, stinkende Halbmenschen, die keine Gesetze kannten, keine Religion, keine Moral. Auch heute noch gelten die Apachen als die »schlimmsten« aller Indianer, in ihrer hemmungslosen Blutgier selbst die gefürchteten Sioux oder die Comanchen übertreffend. Diese Ansicht hat vor über hundert Jahren zum Camp-Grant-Massaker geführt und noch heute trägt sie dazu bei, daß die Apachen noch immer um fundamentale Menschenrechte zu kämpfen haben, weil man ihren verzweifelten Widerstand gegen die Zivilisation und ihre Auswüchse nicht verstehen kann oder will.

Quellennachweis

Die Recherchen zu diesem Buch nahmen eineinhalb Jahre in Anspruch. In dieser Zeit standen mir die Universitätsbibliotheken Arizonas sowie die Archive mehrerer Geschichtsforschungsgesellschaften zur Verfügung. Dank der Hilfe bedeutender Historiker in Arizona und anderen Staaten wurde es mir sehr erleichtert, mich durch wahre Berge von Material zu wühlen. So möchte ich mich an dieser Stelle bei Lori Davisson von der *Pioneer's Historical Society* bedanken. Sie ist die Gründerin des *Adobe Corral of the Westerners* und eine anerkannte Expertin der Arizona- und Apachengeschichte. David Faust, Direktor des Fort-Lowell-Museums, zeigte mir nicht nur, wie man Adobeziegel herstellt, er überließ mir auch seine eigenen Studien und sein umfassendes Archiv, begleitete uns auf »Fieldtrips« in die entlegensten Gebiete Arizonas und sorgte dafür, daß keine meiner zahllosen Fragen zur US-Armee unbeantwortet blieb.

Mein Dank gehört aber auch jenen Leuten, die durch ihre Publikationen und Arbeiten über die Geschichte des Südwestens die Vorarbeit geleistet haben, ohne die es mir während dieser zwei Jahre nicht möglich gewesen wäre, Ordnung in meine eigenen Recherchen zu bringen. Dazu gehören vor allem der Historiker und Buchautor Dan L. Thrapp, die Historikerin Eve Ball, die Hunderte von Apachen interviewt hat und der ich eigentlich Kahita verdanke, Conny Altshuyler, die über die Militäroperationen im Apachenkrieg und die Männer in Uniform genauestens Bescheid weiß, und Don Schellie, Redakteur beim *Arizona Citizen*, der mit »Vast Domain of Blood« ein hervorragendes Buch über das Camp-Grant-Massaker geschrieben hat.

Edgar Perry, Kulturdirektor der White-Mountain-Apachen, und meinen zahlreichen Freunden in den Reservaten von Arizona und New Mexico und in Oklahoma, die mich so oft aus den Schatten der Vergangenheit holten, wenn mir elend zumute war, möchte ich sagen, daß ich dieses Buch für sie geschrieben habe, zur Erinnerung an ihre Vorfahren und ihren Kampf um Freiheit und Leben.

Benutzte Literatur

Die nachfolgende Bibliographie enthält nur einige der Arbeiten, die mir für dieses Buch wichtig waren.

Bücher:
Ball, Eve: INDEE, An Apache Odyssey, Provo, Utah: Brigham Young Univ. Press, 1980
  –: IN THE DAYS OF VICTORIO, Tucson, Ariz: Univ. of Arizona Press, 1970
Bancroft, Hubert Howe: HISTORY OF ARIZONA AND NEW MEXICO, 1530–1888, vol. XVII der gesammelten Werke, San Francisco, Cal.: The History Co. 1889
Bellah, Robert N.: APACHE KINSHIP SYSTEMS, Cambridge, Mass.: Harvard Univ. Press, 1942
Betzinez, Jason: I FOUGHT WITH GERONIMO, ed. by W. S. Nye, Harrisburg, Penn: Stackpole Co. 1938
Bourke, John G.: ON THE BORDER WITH CROOK, New York: Charles Scribner's Sons, 1886

Browne, J. Ross: A TOUR THROUGH ARIZONA, Tucson, Ariz.: Arizona Silhouettes, 1951

Clum, Woodworth: APACHE AGENT: THE STORY OF JOHN P. CLUM, Boston: Houghton Mifflin Co. 1936

Colyer, Vincent: PEACE WITH THE APACHES OF NEW MEXICO AND ARIZONA, Washington D.C.: U.S. Government Printing Office, 1872

Conner, Daniel E.: JOSEPH REDDEFORD WALKER AND THE ARIZONA ADVENTURE, Norman Okla.: Univ. of Oklahoma Press, 1956

Corbusier, Wm. T.: VERDE TO SAN CARLOS, Tucson, Ariz.: Dale Stuart King, 1971

Cremony, John C.: LIFE AMONG THE APACHES, San Francisco: A Roman & Co., 1868

Crook, George: GENERAL CROOK: HIS AUTOBRIOGRAPHY, ed. by Martin F. Schmitt, Norman, Okla.: Univ. of Oklahoma Press, 1946

DeLong, S. R.: THE HISTORY OF ARIZONA FROM THE EARLIEST TIMES, San Francisco: Whitaker & Rey Co. 1905

Farish, Thomas E.: HISTORY OF ARIZONA, 8 vols. San Francisco: Filmer Brothers Electrotype C. 1915–1918

Galvez, Bernardo de: INSTRUCTION FOR GOVERNING THE INTERIOR PROVINCES OF NEW SPAIN, 1786, translated and ed. by Donald E. Worcester, Berkley, Cal.: Quivira Society, 1951

Goodwin, Grenville: THE SOCIAL ORGANIZATION OF THE WESTERN APACHE, Chicago: Univ. of Chicago Press, 1942
–: WESTERN APACHE RAIDING AND WARFARE, ed. by Keith H. Basso, Tucson, Ariz.: Univ. of Ariz. Press, 1971

Haley, James L.: APACHES, A HISTORY AND CULTURE PORTRAIT, Garden City, N. Y.: Doubleday & Co. Inc. 1981

Henson, Pauline: FOUNDING OF A WILDERNESS CAPITAL: PRESCOTT, A. T. 1864, Flagstaff, Ariz.: Northland Press, 1965

Horr, Davids Agee: comp. and ed. AMERICAN INDIAN ETHNOHISTORY: THE INDIANS OF THE SOUTHWEST: THE APACHE INDIANS, 12 vols.

Hunt, Aurore: THE ARMY OF THE PACIFIC, Glendale, Cal.: Arthur H. Clarke Co. 1951

Jackson, Orick: THE WHITE CONQUEST OF ARIZONA, Los Angeles: Grafton Co. 1908

Lockwood, Frank C.: ARIZONA CHARACTERS, Los Angeles: Times-Morror Press, 1928
–: MORE ARIZONA CHARACTERS, Tucson, Ariz.: Univ. of Arizona Press, 1943
–: PIONEER DAYS IN ARIZONA: FROM SPANISH OCCUPATION TO STATEHOOD, New York: Macmillan Co. 1932

Moorhead, Max L.: THE APACHE FRONTIER: JACOB UGARTE AND THE SPANISH-INDIAN RELATIONS IN NORTHERN NEW SPAIN, 1769–1791, Norman, Okla.: Univ. of Oklahoma Press, 1969

Ogle, Ralph H.: FEDERAL CONTROL OF THE WESTERN APACHES, 1848–1886, Albuquerque, N. M.: Univ. of New Mexico Press, 1940

Opler, Morris E.: AN APACHE LIFE-WAY: THE ECONOMIC AND RELIGIOUS INSTITUTIONS OF THE CHIRICAHUA INDIANS, Chicago: Univ. of Chicago Press, 1941
–: APACHE ODYSSEY: A JOURNEY BETWEEN TWO WORLDS, New York: Holt, Rinehart & Winston, 1969

376

–: MYTHS AND TALES OF THE CHIRICAHUA APACHE INDIANS, Millwood, N. Y.: Kraus Reprint Co. 1976
Pettis, George H.: THE CALIFORNIA COLUMN, Santa Fé, N. M.: New Mexican Printing Co. 1908
Roca, Paul M.: PATHS OF THE PADRES THROUGH SONORA, Tucson, Ariz.: Arizona Pioneer's Historical Society, 1967
Schellie, Don: VAST DOMAIN OF BLOOD, Los Angeles: Westernlore, 1968
Schmeckebier, Laurence F.: THE OFFICE OF INDIAN AFFAIRS: ITS HISTORY, ACTIVITIES AND ORGANIZATION, Baltimore: John Hopkins Press, 1927
Simmons, Marc: WITCHCRAFT IN THE SOUTHWEST, Lincoln and London: Univ. of Nebraska Press, 1980
Smith, Cornelius C.: WILLIAM SANDERS OURY: HISTORY MAKER OF THE SOUTHWEST, Tucson, Ariz.: Univ. of Arizona Press, 1967
Spicer, Edward Ha.: CYCLES OF THE CONQUEST: THE IMPACT OF SPAIN, MEXICO AND THE UNITED STATES IN THE INDIANS OF THE SOUTHWEST: 1533–1960, Tucson, Ariz.: Univ. of Arizona Press, 1962
Terrell, John Upton: APACHE CHRONICLE, New York: World Publishing Co. 1972
Thomas, Alfred Barnaby: AFTER CORONADO, Norman, Okla.: Univ. of Oklahoma Press, 1935
Thrapp, Dan L.: THE CONQUEST OF APACHERIA, Norman Okla.: Univ. of Oklahoma Press, 1941
–: AL SIEBER, CHIEF OF SCOUTS, Norman, Okla.: Univ. of Oklahoma Press 1964
–: VICTORIO, Norman, Okla.: Univ. of Oklahoma Press 1974
Utley, Robert M.: FRONTIER REGULARS: THE UNITED STATES ARMY AND THE INDIANS, 1866–1891, New York: Macmillan Co. 1973
–: FRONTIERSMAN IN BLUE: THE UNITED STATES ARMY AND THE INDIANS, 1848–1865, New York: Macmillan Co. 1967
Wagoner, Jay J.: ARIZONA TERRITORY, 1863–1912, A POLITICAL HISTORY, Tucson, Ariz.: Univ. of Arizona Press 1970

Dokumente der Regierung:
Secretary of War: ANNUAL REPORTS, 1849–1871
Commissioner of Indian Affairs: ANNUAL REPORTS, 1854–1871
National Archives and Records Service: Army Record Groups 75, 98.

Zeitungen:
Los Angeles, Cal.: LOS ANGELES TIMES
Mesilla, N. M.: NEWS
Prescott, Ariz.: ARIZONA MINER
San Francisco, Cal.: DAILY ALTA CALIFORNIA
Tucson, Ariz.: ARIZONA CITIZEN
Tucson, Ariz.: WEEKLY ARIZONAN

Fachzeitschriften:
Abarr, James W.: »Fort Ojo Caliente«, DESERT MAGAZINE, vol. XXII, 1959
Basso, Keith H.: »In Pursuit of Apaches«, ARIZONA HIGHWAYS, vol. LIII, 1977
–: »Western Apache Witchcraft«, ANTHROPOLOGICAL PAPERS OF THE UNIVERSITY OF ARIZONA, No. 15, 1969

377

Becknell, P. C. und Matthews, W.: »Why the Apaches Eat No Fish«, JOURNAL OF THE AMERICAN FOLKLORE SOCIETY, vol. XI, 1898

Corbusier, Dr. William, F.: »The Apache-Yumas and Apache-Mojaves«. AMERICAN ANTIQUARIAN, vol. VIII, 1886

Egli, Werner J.: »Der Apachen-Hinterhalt«. MAGAZIN FÜR AMERIKANISTIK, Heft 2, 1981

Gifford, E. W.: »The Southeastern Yavapai«. UNIVERSITY OF CALIFORNIA PUBLICATIONS IN AMERICAN ARCHAEOLOGY AND ETHNOLOGY, vol. XXIX, 1930–1932

Goodwin, Grenville: »The Characteristic and Function of Clan in Southern Athabascan Culture«. AMERICAN ANTHROPOLOGIST, vol. XXXIX, 1937
–: »White Mountain Apache Religion«. AMERICAN ANTHROPOLOGIST, vol. XL, 1938

Gould, M. K.: »Mojave-Apache Legends«. JOURNAL OF THE AMERICAN FOLK-LORE SOCIETY, vol. XXXIV, 1921

Gunnerson, Dolores A.: »The Southwest Athapascans. Their Arrival in the South-west«. EL PALACIO, vol. LXIII, 1956

Hastings, James K.: »The Tragedy of Camp Grant in 1871«. ARIZONA AND THE WEST, vol. I, 1959

Hoijer, Harry: »The Southern Athapascan Languages«. AMERICAN ANTHROPO-LOGIST, vol. XL, 1938

Murphy, Nellie: »Recollections of the Walapai«. THE NATIVE AMERICAN, vol. VIII, 1907

Officer, James E.: »A Note on the Elias Family of Tucson«. ARIZONA AND THE WEST, vol. I, 1959
–: »Notes on Chiricahua and Apache Culture: Supernatural Power and the Shaman«. PRIMITIVE MAN, vol. XX, 1947

Rush, Rita: »El Chivero-Merejildo Grijalva«. ARIZONANA, vol. I, 1960

Smith, Ralph A.: »John Joel Glanton, Lord of the Scalp Range«. THE SMOKE SIGNAL, No. 6, 1962

Teal, John W.: »Soldier in the California Columm: The Diary of John W. Teal«. ed. by Henry P. Walker, ARIZONA AND THE WEST, vol. XIII, 1971

Thrapp, Dan L.: »Dan O'Leary: Apache Scout«. ARIZONA AND THE WEST, vol. VII, 1965
–: »Juh, An Incredible Indian«. SOUTHWESTERN STUDIES, Monograph No. 39, 1973

Woody, Clara T.: »The Woolsey Expeditions of 1864«. ARIZONA AND THE WEST, vol. IV, 1962

Karte
Apachen-Land

1   Mimbreno-Apachen (Warm-Spring-Apachen)
2   Chiricahua-Apachen (Bedonkohe)
3   Sierra-Madre-Apachen (Nednhi)
4   White-Mountain-Apachen / Coyotero-Apachen
5   Cibeque-Apachen
6   Pinal-Apachen
7   Tonto-Apachen
8   Östliche Yavapai
9   Westliche Yavapai
10 Hualpai
11 Walapai
12 Mojave
13 Yuma
14 Pima / Maricopa
15 Papago
16 Navajo
17 Hopi
18 Zuni
19 Rio Grande Pueblo
20 Mescalero-Apachen
21 Jicarilla-Apachen

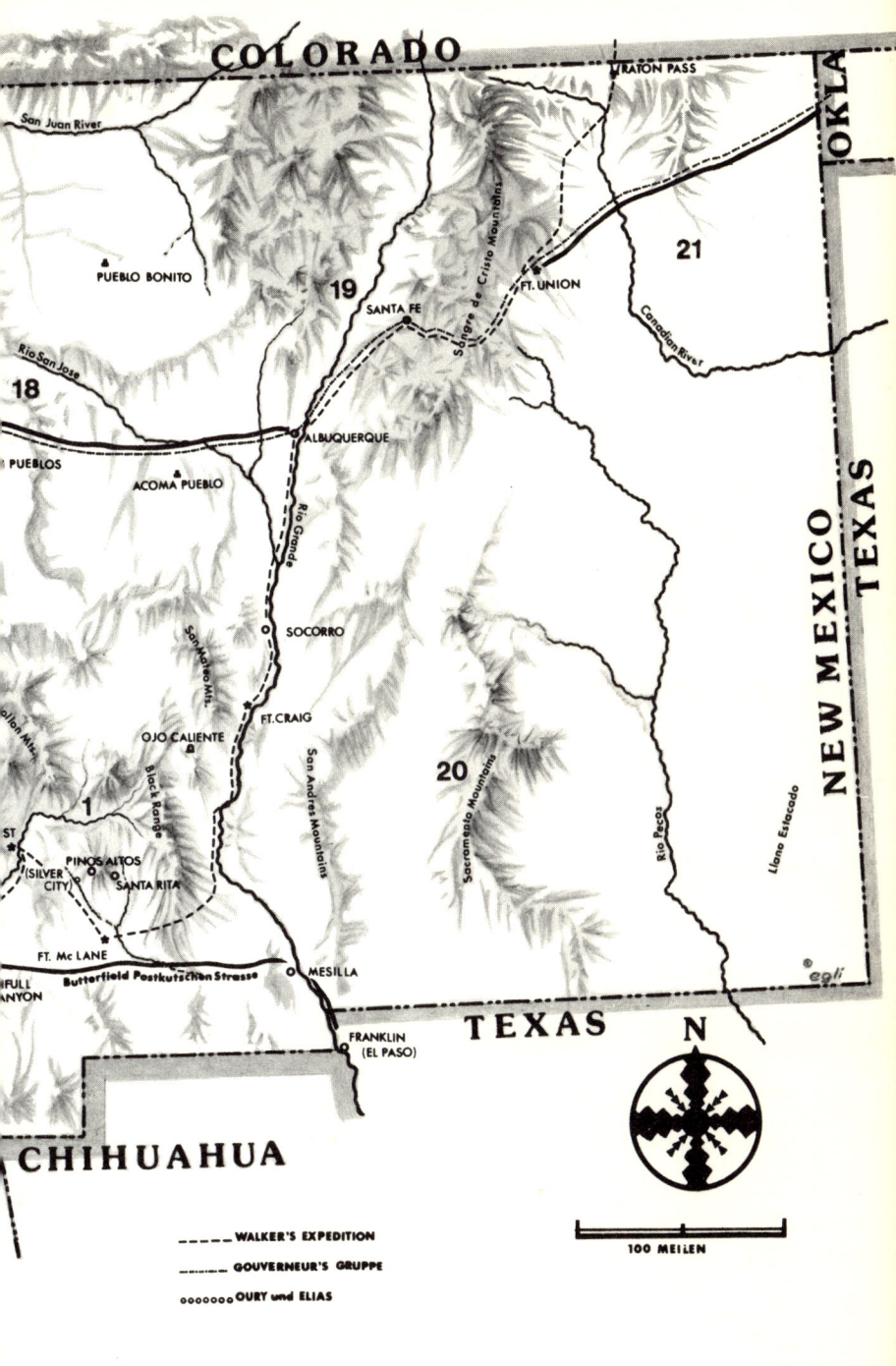

COLORADO

San Juan River

PUEBLO BONITO

Rio San Jose

18

PUEBLOS

ACOMA PUEBLO

19

SANTA FE

Sangre de Cristo Mountains

FT. UNION

RATON PASS

21

OKLA

Canadian River

NEW MEXICO

TEXAS

ALBUQUERQUE

Rio Grande

SOCORRO

San Mateo Mts.

OJO CALIENTE

FT. CRAIG

San Andres Mountains

20

Sacramento Mountains

Rio Pecos

Llano Estacado

Mogollon Mts.

1

Black Range

ST

(SILVER CITY)

PINOS ALTOS

SANTA RITA

FT. Mc LANE

FULL ANYON

Butterfield Postkutschen Strasse

MESILLA

FRANKLIN (EL PASO)

TEXAS

CHIHUAHUA

egli

N

- - - - - WALKER'S EXPEDITION

.... GOUVERNEUR'S GRUPPE

ooooooo OURY und ELIAS

100 MEILEN